R & L

Simon Andreae

Das Lustprinzip

Warum Männer und Frauen doch zusammenpassen

Aus dem Englischen
von Gabriele Herbst

Rütten & Loening
Berlin

Für Lisa

Inhalt

Vorwort

»Jungs sind fürs Spritzen gemacht und Mädchen fürs Eierlegen. Und um die Wahrheit zu sagen, Jungs ist es ziemlich egal, in was sie reinspritzen.« Gore Vidal blickte über den Rand seiner Kaffeetasse und lächelte. »Schreiben Sie das ruhig in Ihrem Buch.«

Wir legten gerade eine Pause während der Dreharbeiten für eine Fernsehserie über die amerikanischen Präsidentschaftswahlen ein, und Vidal gab sich wie immer boshaft. Ich war damals mit der ersten Fassung dieses Buchs schon ein gutes Stück vorangekommen, und während die eine Seele in meiner Brust ihm zustimmte, hätte die andere nicht heftiger widersprechen können. Den meisten Männern ist es ganz und gar nicht egal, »in was sie reinspritzen«, selbst in höchster Erregung nicht, und Frauen legen nicht für jedermann Eier. Überdies wird die Sexualität nicht nur vom Fortpflanzungstrieb bestimmt, auf den Vidal vermutlich anspielte, sondern auch von massiven kulturellen Einflüssen, und diese haben uns oft genauso nachhaltig geprägt.

In England stand beispielsweise auf Homosexualität bis 1861 die Todesstrafe durch Erhängen, und in den Vereinigten Staaten galt sie noch bis vor zwei Jahrzehnten als psychische Störung. Dann wurden, wie der Neurologe Simon LeVay geistreich bemerkt, »zwanzig Millionen Homosexuelle auf einen Streich geheilt«. Viele von ihnen begehrten nur Angehörige des eigenen Geschlechts, doch die drohende Todesstrafe bzw. Stigmatisierung bewirkte, daß sie sich für verdammt oder krank hielten, denn sie lebten in beständiger Angst, die sie bis ins Innerste verstörte.

Die volle Wucht der kulturellen Zwänge hat jedoch traditionell die Frauen getroffen. Da die natürliche Selektion sie ausersehen hatte, für das Weiterbestehen der menschlichen Gattung zu sorgen, wurden sie fast paranoid überwacht, in ihrer Bewegungsfreiheit eingeschränkt und wurde ihre Sexualität oft grausam unterdrückt.

Menschliche Gesellschaften in aller Welt strotzen vor Moralvorstellungen, Gesetzen und religiösen Geboten, die die Sexualität ihrer Bürger definieren und oft radikal umlenken. Dennoch bin ich in den acht Jahren, in denen ich mich jetzt als Autor und Fernsehproduzent mit dem Thema Sexualität befasse, zu der Einsicht gekommen, daß zum Wesen unserer Geschlechtlichkeit weit mehr beiträgt als bloß »die Natur« oder »die Kultur«. Es gibt auch noch den entscheidenden Faktor Sozialisation.

Einmal arbeitete ich mit der Familie und ehemaligen Kollegen von Jeffrey Dahmer zusammen. Der Serienmörder aus Milwaukee hatte junge Männer zerstückelt und sexuelle Handlungen an ihren Leichenteilen vorgenommen. Andere Male interviewte ich eine nekrophile Frau, einen autoerotischen Mann, der sich durch Selbsterstickung befriedigte, und einen älteren Herrn, der sich ausschließlich für oberschenkelamputierte Frauen interessierte. Menschen wie diese brachten mich zu der Einsicht, daß die unterschiedlichsten physischen und psychischen Faktoren unsere Sexualität beeinflussen und daß sie von frühester Jugend an, ja bereits im Mutterleib auf uns einwirken und uns formen.

Wenn ich mir dann all diese Einflüsse in ihrer Gesamtheit ansah, hatte ich den Eindruck, daß die menschliche Sexualität von drei ineinandergreifenden Prinzipien dominiert wird: von unseren in der Evolution festgelegten Grundtrieben, den »Urinstinkten«; von den Gesetzen und Glaubensvorstellungen unserer Kultur, den »formenden Kräften«; und von den mentalen wie körperlichen Besonderheiten unserer individuellen Veranlagung und Lebensgeschichte. Natur, Kultur und Sozialisation sind verantwortlich für unser »sexuelles Selbst«.

Dieses Buch ist der Versuch einer Zusammenschau dieser drei Prinzipien. Es will der Sexualität bis in ihre Bestandteile nachgehen und untersuchen, wie diese zusammenspielen und ineinandergreifen. Einige der komplexesten Themen können unmöglich mit der gebührenden Ausführlichkeit behandelt werden. Daher habe ich mich in erster Linie um Verständlichkeit bemüht und für diejenigen

Leser, die sich mit bestimmten Themen näher beschäftigen möchten, eine umfangreiche Literaturliste beigefügt. Ich hoffe, daß es mir gelungen ist, die in meinen Augen wichtigsten roten Fäden herauszupräparieren und zu verfolgen; schließlich geht es um ein Thema, das für jeden Menschen von vitalem Interesse ist und über das wir immer noch zu wenig wissen.

Ich bin ein Mensch, nichts Menschliches ist mir fremd.
Terenz (190–159 v. Chr.)

Teil I Urinstinkte

Die grundlegenden Merkmale des männlichen und weiblichen sexuellen Begehrens. Wie es sich entwickelte und warum es Unterschiede gibt.

1 Männer

Fast fünftausend Kilometer vor der Nordostküste Neuseelands, den Wellen des offenen Pazifiks preisgegeben, liegt die winzige Insel Pitcairn. Mit ihren etwas mehr als drei Kilometern Länge und anderthalb Kilometern Breite ist sie noch heute englische Kolonie, und ihre fünfzig Bewohner sind das Erbe eines verblüffenden natürlichen Experiments, das den Wesenskern der männlichen Sexualität schlaglichtartig erhellt.

Vor gut zweihundert Jahren, im Jahr 1790, landeten fünfzehn Männer und dreizehn Frauen auf diesem bis dahin unbewohnten Eiland und gingen daran, sich ein neues Leben aufzubauen. Neun der Männer waren Meuterer jener berüchtigten Fahrt der *Bounty* unter Kapitän Bligh; die übrigen Neuankömmlinge waren polynesische Frauen und ihre Partner.

Der Anführer der Gruppe hieß Fletcher Christian, ehemals Blighs treu ergebener Maat, der in den neun auf die Meuterei folgenden Monaten die See durchstreift und nach einem geeigneten Ort gesucht hatte, wo sein gekapertes Schiff und dessen zunehmend gereizte Mannschaft Ruhe finden konnten. Als Christian die *Bounty* in die Gewässer Pitcairns lotste, glaubte er, endlich eine sichere Zuflucht gefunden zu haben. Das Land schien üppig und fruchtbar, das Klima war angenehm, und die schroffen Klippen der Küstenlinie würden gewiß alle Besucher abschrecken, soweit sie nicht zum Äußersten entschlossen waren. Überdies gaben die einzigen existierenden Aufzeichnungen über Pitcairn die Position der Insel um mehr als dreihundert Kilometer weiter östlich an.

Voll Jubel über ihre Entdeckung kämpften sich die Meuterer an Land, erkletterten die Felsen und standen vor einer grünen Landschaft, die sich vor ihnen ausbreitete. In sechzig Metern Höhe über dem Meer, umgeben von wildwachsenden Früchten und Bäumen, mit ihren Frauen zur Seite und der unerforschten See um sie herum müssen sich Christian und seine Gefährten gefühlt haben wie die ersten Menschen. Hier, in ihrem neuen Eden, würden sie sich ein neues Leben aufbauen, ungehindert von Obrigkeit oder Religion. Jeder Meuterer würde ein Haus besitzen, eine Frau, ein Stück Land. Darüber hinaus würde es kein Gesetz geben und keinerlei künstliche Einschränkungen der Freuden und Vergnügen. Alle sollten tun können, was ihnen beliebte; und das taten sie denn auch. Die Männer stritten, rauften und töteten einander, und die Sieger, deren Zahl ständig schrumpfte, teilten die Frauen unter sich auf.

Es begann damit, daß der Schmied der *Bounty*, Jack Williams, dem Polynesier Tararo seine Gefährtin raubte, als Ersatz für seine eigene Frau, die beim Eiersammeln von einer Klippe gestürzt war. Daraufhin rotteten sich die polynesischen Männer zu zwei Rachefeldzügen zusammen. Der erste scheiterte, und zwei der Polynesier kamen um. Der zweite war erfolgreicher; er trug ihnen die Skalps von vier Meuterern ein und zudem die Gelegenheit, sich ihrer vier Frauen zu bemächtigen. Doch dann gerieten die Polynesier untereinander in Streit um eine der Frauen, Teraura. Teimua, der sie für sich beanspruchte, begann sie mit Liedern zu umwerben. Doch Minarii, der anderer Ansicht war, ergriff eine Muskete und schoß Teimua den Kopf weg.

Einem der beiden restlichen Polynesier wurde der Schädel mit einer Axt gespalten, als er versuchte, zu der Witwe des ermordeten Brown ins Bett zu steigen, und der andere wurde von dem rachedurstigen Edward Young gejagt und erschossen. Die vier verbliebenen Meuterer teilten die Frauen mehr oder weniger gleichmäßig unter sich auf, bis der verdrießliche Quintal seinen Saufkumpan McKoy verlor (der sich von einer Klippe gestürzt hatte) und beschloß, Ärger zu machen und Youngs zweite Gemahlin Mauatua zu rauben. Young (der sich mit dem anderen übriggebliebenen Meuterer, Adams, verbündet hatte) wollte schneller sein. Er lud Quintal auf einen Drink zu sich ein, füllte ihn bis zum Umfallen mit Alkohol ab und streckte ihn dann mit einer Axt nieder.

Von den fünfzehn Männern, die auf der Insel gelandet waren, erlebten nur zwei den Anbruch des neuen Jahrhunderts. Und 1800 starb auch Young, an Asthma. In den zehn Jahren ihres Aufenthalts waren zwölf Männer ermordet worden, einer hatte sich selbst getötet, und einen beerdigte der letzte Überlebende, John Adams. Dieser letzte Seemann, selbst erst sechsunddreißig Jahre alt, blickte in tiefer Verzweiflung auf das Chaos, das sowohl seine Kameraden als auch die Polynesier angerichtet hatten, und seinen einzigen Trost bildeten die zehn Frauen, die das Blutvergießen unversehrt überstanden hatten, und die zwanzig Kinder, die unter seine Obhut kamen.

Der Untergang des edlen Wilden

Die Chronik der Ereignisse von Pitcairn ist nur eine von vielen Geschichten über das, was geschieht, wenn Menschen aus ihren natürlichen Lebenszusammenhängen herausgerissen werden und auf einer unbewohnten Insel stranden, wo sie sich alleine durchschlagen müssen. Von *Robinson Crusoe* bis *Der Herr der Fliegen* haben solche Geschichten stets einen besonderen Reiz ausgeübt, weil sie mit einer der grundlegendsten Fragen unseres Lebens spielen: Wenn wir aller Annehmlichkeiten beraubt würden, wenn wir ohne die Gebote der Religion, die leitende Hand des Gesetzes oder den ausgetretenen Pfad von Sitte und Brauch dastünden, wie würden wir uns dann verhalten? Was geschähe, wenn es niemanden gäbe, der uns bestraft, wenn wir Böses tun, und der uns lobt und ermuntert, wenn wir brav waren? Würden wir unsere egoistischen Regungen im Zaum halten und zum Wohle der Gemeinschaft handeln? Oder würden wir unsere hehrsten moralischen Grundsätze bei erster Gelegenheit über Bord werfen?

Schriftsteller, Philosophen und – in neuerer Zeit – Sozialwissenschaftler haben dieses Problem aus ebenso vielen Perspektiven erörtert, wie es anschauliche Beispiele dafür gibt. Doch nirgends wurde die Debatte hitziger geführt als in den europäischen Salons des achtzehnten Jahrhunderts etwa zu der Zeit, als die *Bounty* zum ersten Mal Segel setzte.

In dem einen Lager versammelten sich die Anhänger des englischen Philosophen Thomas Hobbes, der die Auffassung vertrat, daß der Mensch seinem Wesen nach ein egoistisches, gewaltbereites Geschöpf sei, dessen niedrige Impulse durch Zivilisation und gesellschaftliche Kontrolle in Schach gehalten werden müßten. Ohne dies, so erklärte Hobbes, wäre das Leben des Menschen einsam, barbarisch und kurz, weil alle in ständiger Furcht und Gefahr eines gewaltsamen Todes leben würden.

Im Gegensatz dazu war der französische Denker Jean-Jacques Rousseau zutiefst überzeugt, daß der Mensch von Natur aus gut sei, und behauptete, daß die Gesellschaft einen an und für sich »edlen Wilden« verderbe. Wenn wir uns von der Kultur befreien und in einen »Naturzustand« zurückkehren könnten, dann würden, Rousseaus Ansicht zufolge, durch die Befreiung von »zivilisierenden« Gesetzen menschliches Laster und Elend verschwinden und wir würden wieder in einen Zustand der Unschuld und des Glücks zurückkehren. Den Anhängern Rousseaus versetzte es einen schweren Schlag, als die Nachricht vom Schicksal der Meuterer der *Bounty* Anfang des neunzehnten Jahrhunderts britische Gestade erreichte.

Fehden, Eifersucht und Mord. Erbitterte Machtkämpfe mit ständigen Gewaltausbrüchen. Welche Partei auch gerade unterlegen war und ausgebeutet wurde, die Sieger blieben angreifbar. Und Ursprung all dessen war die männliche sexuelle Konkurrenz um Frauen, um den dauerhaften Zugriff auf möglichst viele von ihnen als höchstes Ziel jedes Mannes. Drängender als das Bedürfnis nach Frieden, dringender als der Wunsch nach Wohlstand, mächtiger als das Leben selbst. Das Bild, das sich hier abzeichnete, war genau das Gegenteil von dem, das Rousseau gemalt hätte, und genauso düster wie alles, was sich Hobbes vorstellte. Es war abstoßend; doch traf es auch zu?

Der erste Lebensfunke

Wenn wir die menschlichen sexuellen Antriebe, ob die des Mannes oder der Frau, von ihrem Ursprung her verstehen wollen, müssen wir uns auf eine Reise in die Vergangenheit begeben. Wir müssen über die Ursprünge unserer frühen Vorfahren hinausgehen, hinaus über die Ursprünge von männlich und weiblich, ja sogar hinaus über

Der »edle Wilde« – um einen Zustand von Unschuld und Glück zu erreichen, forderte der französische Denker Jean-Jacques Rousseau die Überwindung von Gesellschaft und Kultur.

die Ursprünge der Sexualität, bis zu den Ursprüngen des Lebens selbst. Nur sechs Jahre nach dem Erscheinen eines Berichts über die Ereignisse auf Pitcairn nahm ein Mann genau dies in Angriff, und er tat es in einer Weise, die eine weltweite Debatte entfachen sollte.

Charles Darwin war in zwei Berufen gescheitert, einmal als Arzt und dann als Kleriker, bevor er Naturforscher wurde, an Bord der *Beagle* ging, die Welt umsegelte und sein erstes revolutionäres

Der erste Lebensfunke – in einer Zeit, in der man davon ausging, daß die Welt von einem Mann mit weißem Rauschebart geschaffen worden war, mußte Charles Darwins Evolutionstheorie als ketzerisch gelten.

Meisterstück niederschrieb: *Der Ursprung der Arten durch natürliche Zuchtwahl.* Auf seiner Reise waren ihm grundsätzliche Ähnlichkeiten zwischen zahlreichen verschiedenen Spezies, lebenden wie ausgestorbenen, aufgefallen und hatten ihn zu der Vermutung veranlaßt, daß sich möglicherweise alle Tiere aus demselben Ursprung ableiteten und im langsamen Lauf der Zeit durch Anpassung an verschiedene Umgebungen unterschiedlich und unabhängig voneinander weiterentwickelt hatten.

Zu einer Zeit, in der es anerkanntes Wissen war, daß die Welt im Jahre 4004 vor Christus geschaffen worden war, und zwar von einem Mann mit einem weißen Rauschebart, der allen Geschöpfen

gleichzeitig Leben eingehaucht und dann den Menschen erschaffen hatte, um über sie zu herrschen, galt Darwins Sicht als ketzerisch. »Hoffen wir, daß es nicht wahr ist«, flüsterte die Frau des Bischofs von Worcester, »aber wenn doch, dann wollen wir beten, daß es nicht allgemein bekannt wird.« Zu ihrem Unglück und zu dem aller, die an einen sechstägigen Schöpfungsrausch, eine Rippe und einen reifen Apfel glaubten, war es wahr und wurde es allgemein bekannt; nur wissen wir heute ein bißchen mehr über die Umstände und viel mehr über den Prozeß. Und wenn wir dessen Konsequenzen akzeptieren, wird die Geschichte von Pitcairn sehr viel glaubwürdiger.

Vor dreieinhalb Milliarden Jahren war die Erde ein lebloser Hexenkessel, durchzuckt von Blitzen und gepeitscht von tobenden Stürmen. Es gab keine Bäume auf dieser Erde, keine Pflanzen, kein Gras, keine Felder. Nach heutigen Maßstäben war dieser Planet absolut lebensfeindlich, eine höllische Suppe aus Schwefel und Säuren, doch an und in seiner Oberfläche fanden sich alle Elemente, die zur Entstehung des ersten Lebens notwendig waren: Kohlenstoff, Phosphor und Wasserstoff. Was noch fehlte, war eine Initialzündung.

Dann schlugen gewaltige Blitze in die Erdoberfläche ein, Kohlenstoff, Wasserstoff und Sauerstoff verbanden sich miteinander, und schließlich bildeten sich die ersten chemischen Bausteine, die Voraussetzung für belebte Materie waren. In der Ereigniskette, die schließlich zur Entstehung des Lebens führen sollte, waren diese Bausteine entscheidend, denn nachdem sich ihre Stabilität dadurch erhöht hatte, daß sie sich an Phosphor-Zucker-Gerüste angelagert hatten, entwickelten sie die Fähigkeit, sich zu vervielfältigen. Die erste dieser Verbindungen war die RNS (Ribonukleinsäure); etwas später folgte die DNS (Desoxyribonukleinsäure). Im Lauf der folgenden Milliarden Jahre bildeten sich unvorstellbar viele verschiedene Kombinationen von DNS und RNS, von denen sich einige besser reproduzieren konnten als andere. Im fortlaufenden Prozeß von Versuch und Irrtum behaupteten sich die erfolgreichen und brachten immer weitere Generationen hervor, während die weniger erfolgreichen ausgelöscht wurden.

Am Ende dieser Phase erwies sich als eine der erfolgreichsten Kombinationen ein Gebilde aus mehreren langen DNS-Strängen, die sich zusammengelagert und mit einer Schutzhülle aus Fetten umgeben hatten. Dies war der Ursprung der Zelle, und Bakterien, die ersten einzelligen Lebewesen, entstanden.

Wiederum reproduzierten sich einige Bakterien erfolgreicher als andere, so daß die Eigenschaften, die zu einer erfolgreichen Vermehrung beitrugen, an nachfolgende Generationen weitergegeben wurden. Dann ereignete sich vor etwa zwei Milliarden Jahren eine radikale Neuerung im Reproduktionsprozeß, die weitreichende Auswirkungen haben und die Entwicklung vielfältigerer und komplexerer Organismen als je zuvor erlauben sollte. Diese Neuerung war der Sex.

Die Erklärung vom Ursprung des Lebens aus den Bausteinen der menschlichen DNS

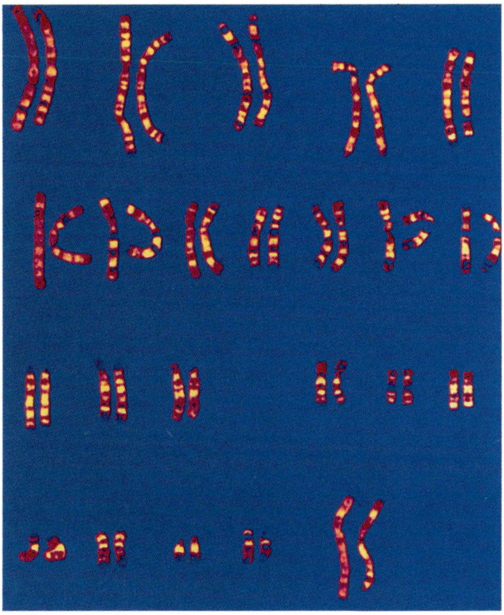

Statt sich dem Geschäft der Fortpflanzung ganz allein zu widmen und immer wieder exakte Kopien von sich selbst hervorzubringen, begannen einige Lebensformen zusammenzuarbeiten, und zwar paarweise. Jeder Partner spendete eine Kopie seines genetischen Materials, und das Gebräu wurde zu einem dritten Organismus – der Nachkommenschaft – zusammengemixt, der zwar jedem der Elternteile ähnelte, aber sich auch von beiden unterschied. Diese »Hybriden« waren die ersten und einfachsten sexuell reproduzierten Geschöpfe der Erde, nicht größer oder komplizierter gebaut als eine Zelle. Dennoch hatte trotz ihrer scheinbaren Einfachheit etwas Erstaunliches stattgefunden. Sex, die geschlechtliche Fortpflanzung, der simple Akt der Vermischung von DNS, war geboren. Und von diesem Augenblick an gab es kein Zurück.

Sex, nachdem er einmal erfunden war, wurde zur stabilsten und erfolgreichsten Art der Fortpflanzung auf der Erde. Sex wäre in einer vollständig vorhersagbaren Umwelt, in der alles wie am Schnürchen abläuft und sich nichts verändert, gegenüber älteren Formen der Reproduktion wie ungeschlechtlicher Fortpflanzung ein Nachteil. Die Erzeugung von erbgleichem Nachwuchs, von

Klonen also, ist sehr viel effizienter. Dazu ist nur ein Elternteil vonnöten, alle Nachkommen sind identisch, und die Energie, die gespart wird, weil die Partnersuche entfällt, kann in die Erzeugung von mehr Nachwuchs gesteckt werden. In der Tat weisen Arten, die sich ungeschlechtlich vermehren, eine viel höhere Reproduktionsrate auf als solche mit sexueller Reproduktion. Unter bestimmten Bedingungen jedoch – wenn das Klima schwankt, räuberische Wesen ständig auf neue Tricks verfallen und nichts für selbstverständlich gelten kann – ist Sex ein Geschenk des Himmels. Denn weil er zur Entstehung ständig variierender Organismen führt, erhöht er die Wahrscheinlichkeit, daß zumindest einige davon den Freßfeinden, Parasiten, Stürmen oder Hungersnöten entkommen, mit denen sie eine feindselige Erde konfrontiert.

Und die junge Erde war bei all ihrer Großzügigkeit nicht ohne Gefahren. Als die Zahl der Organismen auf dem Planeten wuchs, erschlossen sich manche von ihnen Nahrungsquellen in anderen Organismen, was zu einem unaufhörlichen Kampf zwischen Parasit und Wirt führte. Große Lebewesen ernährten sich von kleinen und kleine von mikroskopischen. Die Mikroben wiederum setzten sich zur Wehr, indem sie ihre Feinde von innen parasitierten. Es war weniger eine Nahrungskette als vielmehr ein Kampf jeder gegen jeden. Die Erde, die das Leben hervorgebracht hatte, hatte auch die Macht, es zu vernichten. Erdbeben, Meteoriteneinschläge, Überschwemmungen, Unwetter und bitterkalte Winterstürme sowie mehrere Eiszeiten trugen das Ihre dazu bei, daß genauso viele Lebensformen ausstarben wie überdauerten.

Die geschlechtliche Vermehrung gewann allmählich die Oberhand über die ungeschlechtliche und wurde bei den meisten Arten zur bevorzugten Form der Reproduktion. Durch den endlosen Strom einzigartiger Kombinationen, die sie hervorbrachte, taten sich unausgesetzt neue Möglichkeiten auf, so daß schließlich die erfolgreichsten Organismen sich ausbreiteten und differenzierten und dabei immer ausgefeiltere Methoden entwickelten, um ihr Überleben zu sichern. Sie vereinigten sich und bildeten komplexe, vielzellige Strukturen mit schützenden Panzern, raffinierten Tarnverkleidungen und hochentwickelten Werkzeugen zur Nahrungsaufnahme. Manche suchten nach noch ausgefuchsteren Überlebensstrategien und taten den nächsten großen Sprung in die wirbelnden Wasser der Evolution. Sie brachten nicht nur die Vermehrung durch Sex hervor, sondern darüber hinaus verschiedene Geschlechter.

Der britische Biologe John Maynard Smith nimmt an, daß die Antwort auf die Frage, warum unterschiedliche Geschlechter entstanden, in der Spezialisierung zu finden ist. Wenn zwei Exemplare derselben Spezies sich unterschiedlich ausdifferenzierten, konnten sie auch unterschiedliche Reproduktionsaufgaben besser erfüllen. Diese Spezialisierung ist es, die männlich oder weiblich im Grunde ausmacht. Tatsächlich wird der männliche Organismus definiert als derjenige, der kleine, bewegliche Fortpflanzungszellen oder Gameten (Sperma) produziert, die zum Ei schwimmen, und der weibliche als derjenige, der große, nährstoffreiche Gameten (Eier) produziert, die den entstehenden Fötus am Leben erhalten können. Dies erklärt zwar, warum sich bei uns zwei Geschlechter vererben statt eines oder einhundert, aber es erklärt nicht, warum eines davon eine soviel größere Bürde bei der Fortpflanzung trägt als das andere.

Die große Frage bei der Geschlechterdifferenzierung lautet aus biologischer Sicht: Warum gibt es das männliche Geschlecht? Auf den ersten Blick scheint es dafür keinen sinnvollen Grund zu geben. Es ist nicht abfällig gemeint, aber die Männchen steuern kaum mehr als ihre eigene DNS zur Reproduktion bei. Keine Nahrung für den Fötus, kein Mutterleib, in dem er sich entwickeln kann, und keine Mitwirkung an dem mühevollen Geschäft von Schwangerschaft, Nestbau oder Entwöhnung, das die Weibchen der meisten Arten auf sich nehmen müssen. Warum ließen die Weibchen das zu? Warum warteten sie nicht, bis sie auf einen ähnlich ausgestatteten Partner trafen, der fähig und bereit war, die Last zu gleichen Teilen zu schultern?

Der Grund dafür liegt in Gebilden, die im Schwanz des Spermiums und im Zellplasma des Eis enthalten sind und als Organellen bezeichnet werden. Solche Organellen treiben das Spermium auf seinem Weg zum Ei an, doch obwohl sie einen großartigen Motor abgeben, sind sie strenggenommen zur eigentlichen Reproduktion nicht nötig. Wenn das Ei sie hineinließe, würden sie zudem mit größter Wahrscheinlichkeit gegen die Organellen des Eis zu kämpfen beginnen und so den Nachwuchs schwächen oder vernichten. Infolgedessen schlossen Spermium und Ei einen Kompromiß; ersteres fand sich damit ab, alles außer der für die Fortpflanzung unabdingbaren DNS außerhalb der Eizellenmembran zurückzulassen. Keine Organellen, kein Schwanz. So gesehen bestand gerade im fehlenden Beitrag des männlichen Parts sein größter Aktivposten. Und solange er eine Partnerin finden konnte, die bereit war, beide Teile ausreichend mit Nahrung zu versorgen, waren alle glücklich und zufrieden. Aus diesem Grund vererbt sich bei uns nicht nur irgendeine Kombination von Geschlechtern, sondern das besondere binäre Ergänzungsverhältnis von weiblich und männlich, das alle sich geschlechtlich fortpflanzenden Arten auszeichnet.

Da sich die erfolgreichsten Männchen und Weibchen paarten und ihre kombinierten Gene zukünftigen Generationen vererbten, verfügte die Natur jetzt über einen sich ständig erweiternden Fundus neuer und verschiedenartiger Organismen, aus dem sie schöpfen konnte. Und die Frage, welche davon gedeihen und welche untergehen würden, hing wie gehabt von ihrem Reproduktionserfolg ab. Organismen, die nicht ausreichend an diese Aufgabe angepaßt waren, schwanden dahin und starben aus; Organismen, denen sie gelang, breiteten sich aus, vervielfältigten und vervielfachten sich und entwickelten immer noch raffiniertere Waffen im Kampf ums Überleben und zur Steigerung der Effizienz ihrer Reproduktion.

Im Lauf der Zeit und mit stets zunehmender Komplexität entwickelten sich Fische, dann Amphibien, Reptilien, Vögel und schließlich Säugetiere. Doch im wesentlichen blieben all diese verschiedenen Lebensformen bei all ihrer Differenzierung, Effizienz und sogar Schönheit angepaßt an eine einzige Aufgabe: ihre Gene in möglichst großer Zahl und mit möglichst großem Erfolg an Folgegenerationen weiterzugeben. Darin liegt der Ursprung von Haut und Knochen, Venen und Arterien, inneren Organen und Muskeln, Gliedmaßen und Gehirn. Doch die Evolution hat nicht nur Körper geformt. Beim Menschen ist sie auch der Ursprung von Denken und Bewegung, von Plan und Phantasie und von Träumen und

Wünschen. Ob es uns gefällt oder nicht, wir sind, wie alle lebenden Kreaturen, im Grunde Maschinen zur Maximierung unseres Reproduktionserfolgs; wir leben nach einem Plan, der sich über dreieinhalb Milliarden Jahre entwickelt hat, seit dem Moment, in dem jener Blitz den ersten Lebensfunken entzündete.

Ganz einfach ausgedrückt bedeutet dies, daß unser Körper und unser Gehirn nach drei ineinandergreifenden Prinzipien konstruiert sein müssen: erstens dem Wunsch nach Sex mit dem bestmöglichen Partner, zweitens der Sicherung unseres eigenen Überlebens, damit wir diesen Wunsch in die Tat umsetzen können, und drittens Schutz und Versorgung unserer Nachkommenschaft.

In einer Spezies, die sich in verschieden ausgestattete Geschlechter unterteilt, entstehen ganz von selbst verschiedene Spezialisierungen im Paarungsverhalten. Ausgehend von den nackten Tatsachen der geschlechtlichen Fortpflanzung, schrieb der Biologe Robert Trivers 1972 einen bahnbrechenden Aufsatz, in dem er das Rätsel der Partnerwahl dadurch entwirren wollte, daß er die Kosten der Elternschaft einkalkulierte. Bei allen Lebewesen, so argumentierte er, lassen sich die Zeit und Energie, die für die Produktion von Samen- und Eizellen, für die Partnerwahl und den Fortpflanzungsakt und für das Austragen und Aufziehen der Jungen aufgewendet werden, am sinnvollsten als Investitionen auffassen, die jeder Elternteil in den eigenen Reproduktionserfolg steckt. Die Aufzucht von Jungen ist einfach zu kräftezehrend, als daß man sie auf die leichte Schulter nehmen könnte. Dasjenige Geschlecht – welches auch immer –, das am meisten in den Nachwuchs zu investieren gezwungen ist, ist sehr wahrscheinlich auch dasjenige, welches seine Partner am sorgfältigsten auswählt.

Wie schon erwähnt, sind männliche Gameten – Spermien – klein, mobil und sehr einfach zu erzeugen. Weil sie so klein sind und nicht mit Nährstoffen vollgestopft werden müssen, lassen sie sich in schwindelerregender Zahl herstellen. Ein ganz normaler Mann kann Sperma mit einer Rate von drei Millionen Stück pro Minute produzieren, was bedeutet, daß jeder Mann theoretisch genug Sperma produzieren könnte, um sämtliche Frauen auf diesem Planeten zu befruchten – sollten diese das mitmachen. Sperma, so folgert Trivers, ist also dazu da, so weit wie möglich verbreitet zu werden. Das absolute Mindestmaß, das ein Mann aufbringen muß, um einen neuen Menschen zu zeugen, sind ein paar Minuten Sex, der in einer Ejakulation gipfelt. Darüber hinaus ist die elterliche Mitwirkung ganz und gar freiwillig. Wenn man dies mit den hohen und unvermeidlichen Kosten auf seiten der Frauen vergleicht – die Produktion von Eiern, die neunmonatige, anstrengende Schwangerschaft und die folgenden Jahre des Stillens und Umsorgens –, dann ist die elterliche Investition, die Männer erbringen müssen, gleich Null. Wenn die Vaterschaft so wenig verlangt, was sollte dann Männer daran hindern, sich so viele Sexualpartnerinnen wie nur möglich zu suchen? Schließlich haben sie sehr wenig zu verlieren und sehr viel zu gewinnen.

Trivers Theorie mag trivial klingen und wie geschaffen, um Männern eine hübsch evolutionstheoretisch verbrämte, aber fragwürdige Begründung für zügellose Promiskuität zu liefern. Doch die Eleganz und der Wert seiner Grundvorstellung tritt klarer zu Tage, wenn wir die Handvoll Spezies betrachten, bei denen die Männchen den Großteil der Nachwuchsaufzucht leisten. Bei den Seepferdchen und über dreißig Vogelarten produzieren zwar die Weibchen die Eier, doch die Aufzucht erledigen überwiegend die Männchen; erwartungsgemäß sind die Männchen wählerischer bei der Partnerwahl, und die Weibchen müssen um ihre Aufmerksamkeit konkurrieren. Wie wir weiter unten sehen werden, achten die Männchen, wohin wir auch blicken, deutlich mehr auf die Qualität ihrer Sexualpartnerinnen, wenn sie mehr in ihren Nachwuchs werden investieren müssen.

Trivers Botschaft ist, was die sexuellen Strategien des Menschen betrifft, zu großen Teilen unverblümt und brutal. Da Männer kaum mehr zur Reproduktion beitragen als kleine hochbewegliche DNS-Pakete, profitieren sie am meisten, wenn sie erbittert um den Zugang zu Frauen konkurrieren und sich dann hemmungslos mit möglichst vielen von ihnen paaren. So gesehen liegt das Überraschende an der Geschichte von Pitcairn nicht darin, daß sie in einer Spirale von Frauenraub und Mord eskalierte, sondern daß derartige Verhaltensweisen im Gefüge der menschlichen Beziehungen keinen größeren Raum einnehmen. Wenn sie es nicht doch tun.

Das Sexualleben in den alten Großreichen

Laura Betzig, Anthropologin an der Universität von Michigan und glühende Darwinistin, hat sich in den vergangenen zehn Jahren mit der Geschichte des männlichen Geschlechtstriebs befaßt. Die Geschichte von Pitcairn überrascht sie nicht im geringsten. Betzig konstatiert, daß immer dort, wo es Besitz anzuhäufen und Land zu beherrschen galt, Männer erbittert um die Vorherrschaft gekämpft und dann ihre Energien darauf gerichtet haben, die größtmögliche Anzahl Frauen in ihre persönliche Verfügungsgewalt zu bringen. In den ersten Großreichen, in denen Feudalismus und Sklaverei das Fundament für die Erbeutung und Hortung von Frauen bildeten, erreichte deren Anzahl in den Frauengemächern schwindelerregende Höhen.

Der babylonische König Hammurapi (1728–1686 v. Chr.) hielt sich mehrere hundert »Sklavenehefrauen«, die Könige der Azteken und Inka mehr als viertausend, der chinesische Kaiser Fei-ti zehntausend und der indische Kaiser Udayama mehr als sechzehntausend, die ganze Stadtviertel bewohnten, umgeben von Feuerringen und bewacht von Palasteunuchen.

Soviel zum Despotismus in frühen Hochkulturen. Hier, wo einst rücksichtslose Durchsetzung das Überleben noch am ehesten gewährleistet hatte, war das mindeste, was das Volk eines solchen Königs tun konnte, sicherzustellen, daß sein Führer angemessen mit den Privilegien der Macht versehen war – unter anderem mit Frauen. Das künftige Wohlergehen der Gemeinschaft konnte davon abhängen. Doch wie steht es mit der Urbanität und der vielgerühmten verfeinerten Kultur im Römischen und den darauf folgenden europäischen Reichen? Hier ist Betzig doch sicherlich auf eine männliche Sexualität gestoßen, die sich durch größere Besonnenheit und Selbstbeherrschung auszeichnete? »Fehlanzeige«, sagt Betzig.

Denn ein rascher Überblick über die zwölf römischen Kaiser ergibt folgendes: Julius erläßt ein Gesetz, das seine Verbindung »mit jeder Frau oder allen Frauen nach seinem Wunsch« legitimierte; sein Nachfolger Augustus »hegte eine Vorliebe für die Defloration von

Mädchen, die aus jedem Stadtviertel für ihn zusammengesucht wurden, sogar von seiner Gattin«. Tiberius' Lüste waren »eines orientalischen Tyrannen würdig«; Caligula »übertraf die Zügellosigkeit seines Vorgängers noch«; Claudius war »äußerst leidenschaftlich«, während der sechste Cäsar, Nero, als Inbegriff der grausamen Lüsternheit und Ausschweifung galt, der Frauen auf den Scheiterhaufen binden ließ und »seine grausame Lust an dem Anblick ihrer von den Flammen verzehrten Glieder ergötzte«. Über den siebten, achten und neunten Cäsar existieren relativ wenige schriftliche Aufzeichnungen; allerdings werden Galba als brutal und gierig und Otho und Vitellius »wegen ihres üblen, eitlen und vergnügungssüchtigen Lebenswandels [als] die beiden verabscheuungswürdigsten Männer auf der ganzen Welt« beschrieben. Die letzten drei, die das Dutzend vervollständigten, waren Vespasian und seine beiden Söhne Titus und Domitian. Während sich Vespasian mit einem nachmittäglichen Nickerchen in Gesellschaft »einer der mehreren Mätressen, die er sich hielt« begnügte, hatten Titus und Domitian weniger konventionelle Neigungen. Wie Sueton, der sittenstrenge und stets tadelnde Chronist ihrer kleinen Sünden schreibt, tröstete sich ersterer mit einer »Truppe von Invertierten und Eunuchen«, während letzterer »ausschweifend war und geil auf Frauen und Knaben gleichermaßen« und »seine unausgesetzten sexuellen Aktivitäten als ›Bettringkampf‹ bezeichnete, als ob sie ein Sport wären«.

Was zeigt uns das? Die zwölf Cäsaren waren nicht so sehr die glorreichen Führer eines nüchternen und mächtigen Staates als vielmehr eine Gruppe sexueller Gierhälse, die sich mit Klauen und Zähnen nach oben gekämpft hatten, sich das Beste schnappten und es bis zur Neige auskosteten. Ganz im Gegensatz zu der Solidität und Würde ihrer Standbilder waren sie nichts als eine Horde in Togen gehüllter Ungeheuer.

Im nachhinein, auf dem Hintergrund der demokratiebedingten Stabilität und einer seit langem bestehenden Tradition der Monogamie, ist es einfach, sich über die groteske Primitivität dieser frühen Hedonisten lustig zu machen, über diese staunenden Kinder, die mit ihren Reichen wie mit Puppenhäusern spielten. Wir heutigen sind weiser, klüger, selbstbeherrschter. Zweitausend Jahre

Warten auf ein fürstliches Handzeichen. Angeregt durch Erzählungen über orientalische Harems, die auch im 19. Jahrhundert noch Ingres zu seinem »Türkischen Bad« inspirierten, ließen sich mittelalterliche Fürsten in ihren Burgen streng abgetrennte Frauengemächer, sogenannte Gynaecea, einrichten.

christlicher Erziehung und Mäßigkeit haben uns gelehrt, uns und unsere Gelüste im Zaum zu halten. Oder etwa nicht?

Nach dem Blick auf Rom wendet Betzig ihre Aufmerksamkeit der mittelalterlichen Christenheit zu, wo auch nicht alles Gold war, was glänzte. Angeregt durch Erzählungen über orientalische Harems ließen sich mittelalterliche Fürsten nach den Kreuzzügen Burgen mit streng abgetrennten Frauengemächern, den *Gynaecea*, errichten, deren Bewohnerinnen gehalten waren, sich die Zeit, in der sie auf einen Ruf ihres Herrn warteten, mit Spielen und Nähen zu vertreiben. Selbst die Leitfiguren der christlichen Moral, die

Rodrigo de Borgia alias Papst Alexander VI. (1492–1503). Wenn er nicht mit Beten beschäftigt war, orderte er 25 Prostituierte in seine Gemächer und veranstaltete das berüchtigte »Hurenturnier«.

Päpste, machten keine Ausnahme. Das Bild der päpstlichen Keuschheit bekam schon im Jahr 440 erste Risse, als Papst Sixtus III. vor Gericht gestellt wurde, weil er eine Nonne verführt hatte. Von diesem Augenblick an ging es fast ständig bergab. Johannes XII., Pontifex von 995 bis 964, hatte angeblich mit seiner Mutter, seiner Nichte, den Konkubinen seines Vaters und zahlreichen Ehefrauen von Adligen geschlafen; Johannes XXIII. (1410–1415) warf man vor, er habe sich »dreihundert Nonnen gehalten und frevlerischen Verkehr mit ihnen gepflegt«; Alexander VI. (1492–1503), besser bekannt unter seinem Taufnamen Rodrigo de Borgia, hatte den wohl übelsten Leumund von allen. Schon bevor er den Thron bestieg, hatte sich Borgia einen schweren Tadel von dem üblicherweise nachsichtigen Papst Pius II. eingehandelt, weil er an einer Orgie mit sämtlichen adligen Damen von Siena in Abwesenheit ihrer Männer teilgenommen und dabei seine Amtsinsignien getragen hatte (diese, nicht die Orgie, waren der Stein des Anstoßes). Borgia schien keinerlei Notiz von der Rüge zu nehmen. Als Papst reiste er niemals ohne eine Truppe von Tänzerinnen, bestellte fast jeden Abend fünfundzwanzig Prostituierte in seine Gemächer und veranstaltete das berüchtigte »Hurenturnier«: Die Frauen mußten nackt auf allen vieren über kerzenerhellte Gänge rennen, während Borgia und seine Kumpane jede zu besteigen versuchten, die ihre Neugier reizte.

Wenn man Betzigs Befunde zu den frühen Reichen, den Römern, den Christen des Mittelalters und sogar Herrschern jüngerer Zeiten analysiert, könnte man zu der durchaus verzeihlichen Annahme kommen, daß Männer, die über uneingeschränkte Macht verfügen, diese überwiegend zur Erreichung zweier miteinander verknüpfter Ziele einsetzen: zum Schutz ihres Status und zur Aneignung von Frauen. Wohin man auch blickt – und was immer sie behaupten mögen –, das Muster scheint immer dasselbe. Von den Atollen des Pazifik bis zum Dschungel des Amazonas, vom Ödland von Waco bis zu den königlichen Palästen von Brunei und vom Tianmen-Platz bis zum Playboy Mansion sind Frauen die Währung, der Anreiz und der Lohn der Macht. »Alles Geld der Welt«, bemerkte der einst reichste Mann der Erde, Aristoteles Onassis, »bedeutet nichts ohne Frauen.« Frauen im Plural, versteht sich.

Das angepaßte Bewußtsein

Hier liegt jedoch ein Problem. Bislang haben wir uns nur mit dem Liebesleben der Mächtigen befaßt. Zweifelsohne sind sie nützliche Studienobjekte, weil sich an ihnen zeigt, zu was Männer imstande sind, wenn sie über den oder jenseits der gesetzlichen Grenzen stehen, die für die meisten von uns gelten. Doch wäre es nicht möglich, daß etwas an ihrer Führerrolle selbst die Männer so verändert? Könnten Machthaber per se etwas an sich haben, das sie zu einer Ausnahme, einer für die Männer im allgemeinen nicht repräsentativen Gruppe macht?

Da das Herz oder die Hände oder die Ohren aller Menschen, gleichgültig ob sie einem Arbeiter oder einem Regenten gehören, gleich gebaut seien, so argumentieren die Evolutionspsychologen John Tooby und Leda Cosmides, verfüge auch das Denken aller Menschen über ein ähnliches Paket von Programmen. Die Evolution dieses Programmpakets gehorche demselben Selektionsdruck, der auch alle anderen Organe des menschlichen Körpers geformt hat: vorrangig der Notwendigkeit, sich so effizient wie möglich zu reproduzieren. Beim Mann, dessen wichtigste Strategie zur Sicherung seines Reproduktionserfolgs in häufigen Paarungen mit einer großen Anzahl Partnerinnen liegen müßte, erwarteten Tooby und Cosmides Belege für mentale Programme oder »Anpassungen«, wie sie sagen, die Männer zu ebendiesem Verhalten anregen, unabhängig von ethnischer Zugehörigkeit, Status, Hautfarbe oder Weltanschauung. Und ihre Kollegen machten sich bald daran, nach solchen Belegen zu fahnden.

Gemeinsam mit seinem ehemaligen Schüler Bruce Ellis ging Donald Symons, der selbsternannte Gründervater des evolutionären Ansatzes, daran, Fragebögen an mehr als vierhundert Studenten zu verteilen, um Informationen über Art und Ausmaß ihrer sexuellen Phantasien zu erheben. Nach Symons' Auffassung würde sich aus diesen Phantasien ein zutreffenderes Bild der die Sexualität bestimmenden Strategien ergeben als aus dem tatsächlichen Verhalten. Während das sexuelle Verhalten im wirklichen Leben Kompromisse mit den Wünschen des anderen Geschlechts, den verfügbaren Ressourcen und der zähnefletschenden männlichen Konkurrenz schließen muß, haben in ihrer Phantasie alle Männer die Macht, genau das zu tun, was sie wünschen.

Symons fand heraus, daß 30 Prozent der Männer in ihrer Vorstellung mit mehr als tausend Frauen geschlafen hatten und mehr als die

Hälfte während jeder einzelnen Phantasievorstellung regelmäßig die Partnerinnen austauschte. Aufgefordert, diese Phantasien zu schildern, berichtete ein durchschnittlicher Mann etwa folgendes: Er sei Bürgermeister einer Kleinstadt mit lauter nackten Mädchen im Alter zwischen zwanzig und vierundzwanzig. »Ich gehe gerne spazieren«, erklärte er, »und picke mir die Bestaussehende heraus, und sie hat Verkehr mit mir. Alle Frauen schlafen mit mir, wann immer ich will.«

Doch Sex erfordert Zeit. Wenn Männer solche Phantasien unter entsprechenden Umständen umsetzen würden, müßten sie spezielle Anpassungen entwickelt haben, die sie die Sache so rasch wie möglich in Angriff nehmen ließen. Wie sonst sollten sie solche Mengen bewältigen? Genau eine solche Anpassung wollte David Buss in einer der Gruppenstudien nachweisen, für die er berühmt geworden ist. Buss, ein Riese von einem Mann mit stahlblauen Augen und schraubstockartigem Händedruck, fragte seine sämtlichen College-Studenten nach der Mindestspanne, die sie mit einer Partnerin zusammensein müßten, bevor sie mit ihr ins Bett gingen. Die meisten hielten etwa eine Woche für angemessen, doch fast die Hälfte war mit nur einer Stunde genauso zufrieden. »Je mehr Frauen, um so weniger Zeit«, ist so gesehen nicht nur ein eitler, arroganter Witz. Die Relation bringt das männliche sexuelle Dilemma auf den Punkt.

Der Evolution bliebe noch eine zweite Möglichkeit, Männer dazu zu bringen, möglichst viele Frauen zu erobern. Sie könnte dafür sorgen, daß Männer sich jederzeit um die Aufmerksamkeit von mehr als nur einer Partnerin bemühen. Um diese Hypothese zu prüfen, tat sich der Neuseeländer Glenn Wilson, der heute am London Institute for Psychiatry tätig ist, mit dem *Mirror* zusammen, einem der auflagenstärksten englischen Boulevardblätter. Er sammelte die sexuellen Phantasien von 788 britischen Männern verschiedenen Alters und sozioökonomischer Gruppenzugehörigkeit. Seine Ergebnisse lassen annehmen, daß fast 50 Prozent der Männer mindestens einmal Gruppensexszenarios phantasiert hatten. Diese Zahl wird von fast allen Partnertauschgruppen bestätigt, deren Angaben zufolge fast immer die Männer und nicht ihre Ehefrauen den ersten Kontakt herstellen und anfangs am deutlichsten an der Teilnahme interessiert sind.

Obwohl die Arbeiten von Symons, Buss und Wilson für sich sprechen, sind bestimmte Studien noch weiter gegangen, um diese männlichen sexuellen Anpassungen sozusagen mit heruntergelassenen Hosen zu beobachten. Zwei Forscher taten sich in dieser Hinsicht besonders hervor: Russell Clark und Brian Gladue.

Clarks Experiment war sehr simpel. Er wollte einfach die theoretischen Ergebnisse von Forschern wie Buss in der Praxis überprüfen: vor allem ihre Feststellung, daß Männer gemäß ihrer Anpassung danach streben, die Zeit, die sie mit einer Frau verbringen, bevor sie mit ihr ins Bett gehen, zu minimieren. Zu diesem Zweck stellte er mit seiner Mitarbeiterin Elaine Hatfield eine Gruppe attraktiver Studentinnen zusammen und positionierte sie diskret auf dem Campus seines Colleges in Florida. Die Studentinnen sollten sich männlichen Passanten nähern und sie mit folgenden Worten in eine Unterhaltung verwickeln: »Hallo, du bist mir kürzlich in der Stadt aufgefallen, und ich finde dich sehr attraktiv.« Dann sollten sie ihm eine von drei Fragen stellen: »Hättest du Lust, heute abend auszugehen?«, »Hast du Lust, mit zu mir zu kommen?« oder »Hast du Lust, heute nacht mit mir zu schlafen?« Rund 50 Prozent waren zu einem Rendezvous bereit, 69 Prozent wollten die Studentin in ihr Zimmer begleiten, und nicht weniger als 75 Prozent waren einverstanden, ohne Umschweife mit ihr ins Bett zu gehen. Es waren also mehr Männer dazu bereit, mit einer Wildfremden zu schlafen, als einfach einen Abend mit ihr zu verbringen.

Alle Ergebnisse deuteten auf starke Mechanismen hin, die Männer motivieren, jede sich bietende sexuelle Gelegenheit beim Schopf zu ergreifen. Neben einem möglichst geringen Zeitaufwand für die einzelne Frau und dem Interesse an Möglichkeiten zu Sex mit mehreren verschiedenen Partnerinnen zugleich bestünde ein dritter Weg der Chancenmaximierung für den Mann darin, die eigene Torschlußpanik einzubauen: Er findet Frauen um so attraktiver, je mehr die Chancen auf Sex mit ihnen schwinden. Brian Gladue wollte diese Hypothese prüfen und bat deshalb Männer in einer Bar im mittleren Westen der Vereinigten Staaten, die Attraktivität von weiblichen Gästen zu drei verschiedenen Zeitpunkten im Verlauf eines Abends zu beurteilen: um neun Uhr, um halb elf und um Mitternacht. Sein Experiment war nichts anderes als der Versuch, die sprichwörtliche Redensart, wonach die Mädchen kurz vor Schließung des Lokals am hübschesten sind, wissenschaftlich zu beweisen. Indem er die Auswirkungen des Alkohols einkalkulierte und dafür sorgte, daß seine »Laborratten« sich lange genug in der Bar aufhielten, hatte Gladue das Feld sorgfältig bestellt, und sein Verdacht bestätigte sich. Im Verlauf der vier Stunden, die die Männer in der Bar zubrachten, stiegen ihre Bewertungen um etwa 17 Prozent, was bedeutete, daß eine Frau, die am frühen Abend 6 von 10 möglichen Punkten erhalten hatte, gegen Ende wahrscheinlich den Punktwert 7 erreichte.

Bis jetzt scheint sich der Gedanke von Tooby und Cosmides zu bewahrheiten, daß Männer möglicherweise spezifische Anpassungen entwickelt haben, um das meiste aus ihrem Reproduktionspotential herauszuholen. Sie phantasieren über große Anzahlen von Frauen; sie finden die Vorstellung von Sex mit mehreren Partnerinnen gleichzeitig verlockend, sie versuchen, möglichst wenig Zeit mit jeder zu verbringen; ihr Verlangen wächst in dem Maße, wie sich die Gelegenheiten zum Sex verringern. Darüber hinaus gelten diese Befunde offenbar überall, ob auf dem Dorf oder in der großen Welt, ob im Labor oder auf dem Campus. In allen Teilen der Welt sammeln die Anthropologen freimütige Enthüllungen von Männern, die nicht durch das kulturelle Ideal der Monogamie gebunden sind. Ein Angehöriger des zentralindischen Stammes der Muria erwiderte auf die Frage, warum er unbedingt mit einer Vielzahl von Partnerinnen schlafen wollte, statt sich mit einer einzigen zufriedenzugeben, mit der trockenen Gegenfrage: »Wer will schon Tag für Tag dasselbe Gemüse essen?«

Das Problem der Zahl

Jeden Tag ein anderes Gemüse. Oberhaupt einer Stadt voller nackter Mädchen. Harems mit endlosem Frauenvorrat. Der Monotonie des männlichen sexuellen Ideals kommt nur die Schwierigkeit gleich, es zu erreichen. Lassen wir zwei der bedeutsamsten

Barrieren für einen Augenblick zur Seite: die Wünsche der Frauen und die jeweils geltenden Gesetze. Was bleibt, ist das nackte Problem der Zahl.

Das Verhältnis der Geschlechter beträgt bei der menschlichen Rasse etwa 1 zu 1. Oberflächlich betrachtet müßte es also ein Dekkelchen für jedes Töpfchen geben und umgekehrt. Doch wenn wir uns in Erinnerung rufen, daß die männliche sexuelle Schablone über mehr als eine Milliarde Jahre hinweg auf maximalen Reproduktionserfolg getrimmt wurde, sollte es uns nicht wundern, daß sie Frauen bevorzugt, die aller Wahrscheinlichkeit nach fruchtbar sind. Wie wir in Kapitel 5 sehen werden, haben beide Geschlechter eine außerordentlich vielfältige Palette von Mechanismen entwickelt, die dazu dienen, die Fruchtbarkeit potentieller Partner abzuschätzen. Doch bleiben wir im Augenblick bei den nackten Tatsachen und mutmaßen wir, daß Frauen, die schwanger oder über das gebärfähige Alter hinaus sind, im allgemeinen (wenn auch keinesfalls universell) als sexuell weniger anziehend gelten als die anderen.

Ziehen wir nun noch in Betracht, daß Frauen weniger lange fruchtbar sind als Männer, dann sinkt der Anteil potentieller Partnerinnen, die verfügbar oder begehrenswert sind, dramatisch. Wenn überdies manche Männer die nötigen Mittel aufbringen, um eine große Anzahl von Frauen zu horten, wie im Fall der frühen Despoten, dann sinkt dieser Anteil noch mehr. Wenn infolgedessen Männer auch nur den Hauch einer Chance auf ihr sexuelles Nirwana unbegrenzt williger Frauen erreichen wollen, dann sind sie gezwungen, miteinander zu konkurrieren. Und Konkurrenz ist die zweite große Triebkraft hinter den sexuellen Urinstinkten von Männern.

Auf Pitcairn zeigte die sexuelle Konkurrenz ihr rohes und brutales Gesicht, möglicherweise noch verschärft durch den Umstand, daß die Anzahl der Männer und Frauen, die auf der Insel landeten, unausgewogen war. Fünfzehn Männer auf dreizehn Frauen. Es brauchte nur den Tod einer weiteren Frau, um eine anfangs gespannte Lage in offene Gewalt umschlagen zu lassen. Unter den frühen Despoten war die Konkurrenz genauso scharf. Doch wie neuere Forschungen zeigen, entbrennt unter fast allen Umständen, unter denen Männer aufeinandertreffen, Konkurrenz, oftmals in weniger gewalttätiger Form und mit weniger tödlichem Ausgang, aber doch Konkurrenz. Zu welchem Anteil wurzelt nun die ewige Rivalität zwischen Männern im Kampf um sexuellen Erfolg?

Brian Gladue stellte einen interessanten Unterschied zwischen der Einstellung von Männern und Frauen zu Konkurrenz fest, als er ihnen in seinem Labor in Cincinnati ein geplantes Experiment erklärte. Die Versuchspersonen sollten paarweise ausgewählt und in getrennten Räumen plaziert werden. Beide sollten warten, bis ein Licht aufleuchtete. Wenn sie es sahen, sollten sie so rasch wie möglich einen Knopf auf dem Tisch vor sich drücken. Die Versuchsperson, die zuerst drückte, wurde zum Sieger erklärt und durfte der gegnerischen Person im anderen Raum einen Elektroschock zufügen.

Die Männer fanden das Vorhaben ausnahmslos reizvoll. Sie stellten sich reihenweise an und machten begeistert mit, eifrig darauf aus, den Knopf zu drücken und Schocks auszuteilen. Die meisten Frauen dagegen sahen keinen Sinn darin. Ein Großteil weigerte sich rundheraus, und diejenigen, die mitmachten, schienen keine Eile mit dem Knopfdrücken zu haben. Selbst wenn sie es taten, waren sie im allgemeinen nicht begeistert, daß sie der gegnerischen Person einen Schock versetzen sollten. Oberflächlich gesehen schien das alles überhaupt nichts mit Sexualität zu tun zu haben, bis Gladue die Hormonspiegel der männlichen Konkurrenten analysierte. Dabei entdeckte er, daß diejenigen Männer, die am aggressivsten konkurrierten und die stärksten Elektroschocks austeilten, auch diejenigen waren, die das meiste Testosteron – das männliche Sexualhormon – im Blut aufwiesen. Ihr Spiegel stieg noch weiter an, wenn die Rivalen über ihre Siege informiert wurden.

Daß das Hormon Testosteron hauptverantwortlich für den männlichen Geschlechtstrieb ist, bezweifelt allem Anschein nach niemand. In chemisch reiner Form isoliert, ist es ein Kristall und wird hauptsächlich von den Leydigschen Zwischenzellen der Hoden erzeugt. Es wird in regelmäßigem Rhythmus ausgeschüttet; der Spiegel im Blut erreicht während der Hauptfortpflanzungsjahre eines Mannes etwa viertelstündlich ein Maximum. Man nimmt an, daß Testosteron bei Männern die Bereitschaft zu regelmäßigem Sex stimuliert, und es wurde mit einem gewissen Erfolg zur Behandlung von Männern mit abnorm geringem Verlangen eingesetzt.

Weniger allgemein bekannt ist, daß Testosteron auch eine Rolle bei der Konkurrenz zu spielen scheint. Dennoch kam der Psychologe James Dabb Jr. zu einem Ergebnis, das ganz auf der Linie von Gladues Befund liegt, wonach die am schärfsten konkurrierenden Männer die höchsten Testosteronspiegel zeigen: Er ermittelte bei Schauspielern und Unterhaltungskünstlern, Football-Spielern und Richtern an hohen Gerichten höhere Testosteronspiegel als bei Geistlichen. Und auch der Befund, daß der Testosteronspiegel von Siegern hochzuschnellen scheint, bestätigt sich in anderen Untersuchungen. In einer Studie stellten die Forscher fest, daß der Testosteronspiegel von Kadetten während der anfänglichen deprimierenden Phase der Offiziersausbildung sinkt und beim Abschluß förmlich hochschnellt. Eine andere Studie an Tennisspielern ergab, daß deren Testosteronspiegel als Reaktion auf einen Sieg stieg und nach einer Niederlage absackte.

Doch wie hängt beides zusammen? Sind die hormonellen Regelkreise für diese Form der aggressiven Konkurrenz von denjenigen für das sexuelle Begehren getrennt, oder hängen sie in irgendeiner Weise zusammen? Nähern wir uns dieser Frage aus zwei ganz verschiedenen Richtungen: nämlich von der Welt der Transsexualität und vom amerikanischen College-System her.

Milo, Johnnie und Matt sind Biker aus San Francisco. Mit ihren muskulösen Armen, ärmellosen T-Shirts und Tätowierungen sehen sie für jedermann aus wie Rocker. In gewissem Sinn sind sie das auch, doch sie sind außerdem urspünglich weibliche Transsexuelle: genetische Frauen, die männliches Aussehen und männliche Identität erreichen möchten und sich zu diesem Zweck Testosteron spritzen. Dies hat mehrere verblüffende Wirkungen. Die nach außen hin auffälligsten sind physischer Natur. Die transsexuellen Frauen entwickeln eine deutlich ausgeprägte Muskulatur und Gesichtsbehaarung, ihre Stimme wird tiefer und ihre Haut rauh, und ihre Klitoris beginnt zu wachsen, oft bis zur Größe eines kleinen Penis. Genauso dramatisch sind die Auswirkungen auf psychischer Ebene. Sehr bald nach der Injektion stellt sich bei den Transsexuellen sexuelle Erregung ein. Doch diese Erregung ähnelt nicht mehr derjenigen, die sie verspürten, als ihr endokrines System hauptsächlich von den weiblichen Hormonen Östrogen und Progesteron gesteuert wurde. Sie ist aktiv, intensiv und sehr drängend. Insbesondere optische Reize können im Grunde überhaupt nicht mehr ignoriert werden, und der Drang, die Erregung in die Tat umzusetzen, wird ausgeprägter. Sie fühlen sich, wie Milo es ausdrückt, »von der Ersatzbank auf das Spielfeld gejagt, und du willst nichts anderes als das Tor machen«. Transsexuelle mit weiblichem Ausgangsgeschlecht betonen ausdrücklich, daß ihr Sexualtrieb nicht plötzlich vom Himmel gefallen ist; sie haben auch schon vor den Injektionen Erregung und Begehren verspürt. Verändert hat sich der *Charakter* dieses Begehrens. Während früher Empfindungen wie Rivalität und sexuelle Erregung unterschwelliger und getrennt auftraten, werden sie jetzt als drängend, aggressiv und miteinander verschmolzen erlebt.

Nach den Befunden von Todd Crosset, Professor für Sportmanagement an der Universität von Massachusetts, erweist sich die Spielfeldmetapher als besonders treffend. Er untersuchte 107 Fälle von Vergewaltigung, versuchter Vergewaltigung und unerwünschten Betatschens an 30 der National Collegiate Athletic Association angeschlossenen Schulen. Die Zahlen von 1990 bis 1993 ergaben, daß Schüler, die viel Sport trieben, nur 3 Prozent der gesamten Schülerpopulation stellten, dafür aber für 19 Prozent der sexuellen Angriffe verantwortlich waren.

Diese beiden Beispiele sprechen dafür, daß die männliche Sexualität und die aggressive männliche Konkurrenz in einem Zusammenhang stehen könnten, und vom evolutionstheoretischen Standpunkt aus erscheint dies durchaus glaubhaft. Wenn der direkteste Weg zum Reproduktionserfolg darin bestand, sich mit vielen Frauen zu paaren, und wenn die Anzahl der dafür verfügbaren Frauen und die der paarungswilligen Männer nicht in einem ausgeglichenen Verhältnis stand, dann war es eine sinnvolle Strategie der Evolution, die Männer mit einem einzigen Allzwecktreibstoff auszurüsten, der sie dazu trieb, mit aller Kraft um den Zugang zu diesen Frauen zu kämpfen und im Falle eines Sieges sofort zur Paarung bereit zu sein.

Umstrittener ist die Hypothese einiger Wissenschaftler, daß sich aufgrund der Doppelfunktion von Testosteron auf allen Stufen der männlichen Sexualstrategie Rivalisieren und Begehren vermischt haben. Die testosteronbefeuerte Aggression könnte sich dann nicht nur gegen Männer, sondern auch gegen unwillige Frauen richten. Was hätte es auch für einen Sinn, die Konkurrenz hinter sich zu lassen, wenn die Siegprämie selbst sich verweigert? Könnten Todd Crossets vergewaltigende Sportsmänner also schlicht testosterongeladene, dominante Männchen sein, die nur ein sexuelles Programm, das in allen Männern lauert, in Extremform ausführen?

Die Vorstellung, daß in jeglicher männlichen Sexualität etwas von einem Vergewaltigungsaffekt steckt, hat Sprengkraft. In den letzten drei Jahrzehnten haben feministische Autorinnen wie Susan Brownmiller dargelegt, daß es bei Vergewaltigung viel eher um Unterwerfung und Macht geht als um Sex. Vergewaltigungen werden, so ihre Argumentation, in einer patriarchalischen Gesellschaft begangen, die die Unterdrückung der Frauen durch ein Regime von Angst und Schrecken aufrechtzuerhalten strebt. Doch je näher man die Gründe von Vergewaltigungen untersucht, desto klarer zeichnet sich ab, daß sie nicht ohne eine gewisse brutale Evolutionslogik sind. Wenn das Endziel männlicher Sexualität darin besteht, die eigenen Gene möglichst weit zu verbreiten, dann spielt das weibliche Einverständnis zumindest auf einer gewissen Ebene keine Rolle.

Neil Malamuth von der Universität von Kalifornien in Los Angeles erforscht seit mehr als zwei Jahrzehnten die Ursachen von Vergewaltigungen und räumt ein, daß es die evolutionär verankerten sexuellen Mechanismen in der männlichen Psyche sind, die gemeinsam mit anderen Persönlichkeitsfaktoren die Weichen für Übergriffe stellen, die er als »erzwungene Sexualität« bezeichnet. Wie Malamuth vermutet, sind Männer aufgrund ihrer größeren Fähigkeit zu unpersönlichem Sex auch dann sexuell voll funktionstüchtig, wenn die Partnerin nicht will. Malamuth legt jedoch Wert auf die Feststellung, daß der evolutionstheoretische Ansatz

Aggressive männliche Konkurrenz auf dem Spielfeld wie im Leben? Wenn der direkteste Weg zum Reproduktionserfolg darin besteht, sich mit möglichst vielen Frauen zu paaren, dann war es eine sinnvolle Strategie der Evolution, Männer mit einem Allzwecktreibstoff auszurüsten: Testosteron.

seine Grenzen hat. Es bleibt einfach eine Tatsache, daß im realen Leben nicht alle Männer Vergewaltiger sind – ob sie entsprechende Wünsche hegen mögen oder nicht. Vergewaltigung, so betont er, ist keine unausweichliche Folge der Evolution; sie hat auch sehr viel mit Macht zu tun.

Zahlreiche Studien versuchten mit einander widersprechenden Ergebnissen zu erhellen, ob dem männlichen sexuellen Begehren tatsächlich zu einem Großteil ein Vergewaltigungsaffekt zugrunde liegt. Die Verfechter dieser These verweisen auf den hohen Prozentsatz von Männern, die von Vergewaltigungsphantasien berichten, auf den beträchtlichen kommerziellen Erfolg von pornographischem Material, das Vergewaltigungsszenen darstellt (in Japan gibt es eine Comic- und Videoserie, die um die Heldentaten einer Figur namens Rapeman kreist), und auf die Massenvergewaltigungen in Kriegszeiten, wo keine rechtlichen Sanktionen greifen. Die Gegner argumentieren, daß viele Vergewaltigungen durch Banden oder in Kriegszeiten mit Flaschen oder Gewehrläufen statt mit dem Penis begangen werden, daß häufig orale und anale Vergewaltigungen vorkommen und daß die Opfer genauso häufig alt oder männlich sind wie jung oder potentiell fruchtbar. In vielen Fällen werden die Opfer nach der Vergewaltigung umgebracht. Dies könne nicht das Ergebnis von sexuellen Mechanismen sein, die darauf abzielen, potentielle Reproduktionschancen zu nutzen.

In Wirklichkeit sind Vergewaltigungen komplexer als jede dieser Positionen und erfordern einen mehrdimensionalen Erklärungsansatz, der viele Faktoren berücksichtigt: die familiäre Dynamik, innerhalb deren der Täter aufgewachsen ist, die Einstellungen seiner Gesellschaft zu Frauen und zu Vergewaltigung sowie eine Reihe möglicher neurologischer und psychiatrischer Störungen. Doch selbst wenn die Theoretiker, die Vergewaltigung auf fundamentale männlichen Anpassungen zurückführen, tatsächlich einen Zipfel der Wahrheit erhascht haben, wieso werden dann nicht mehr Männer zu Vergewaltigern? Um diese Frage zu beantworten, müssen wir ein wenig mehr über die Struktur des menschlichen Gehirns wissen.

Intellektuelle Fähigkeiten und animalische Neigungen

In den vierziger und fünfziger Jahren des zwanzigsten Jahrhunderts vertrat der namhafte Neurologe Paul MacLean eine Theorie, wonach das Gehirn als dreistufige Hierarchie zu verstehen sei. Den Kern bildet die primitive Reptilienschicht um den Hirnstamm herum. Dieser Teil steuert die einfachsten körperlichen Reflexe: Atmung, Herzschlag und Bewegung. Um dieses Reptiliengehirn herum schließt sich das Gehirn der urtümlichen Säuger, auch limbisches System genannt, das wir von unseren frühesten Säugetiervorfahren geerbt haben und das für tiefe und starke emotionale Reaktionen zuständig ist, die unser Überleben sichern: Angst, Wut, Freude und sexuelles Verlangen. Schließlich legt sich wie eine Ummantelung über fast die gesamte Oberfläche des Gehirns das Gehirn der modernen Säugetiere, auch als Gehirnrinde oder Kortex bezeichnet – die graue Substanz, mittels derer wir denken, erinnern, verstehen und kommunizieren. Diese drei miteinander verzahnten Systeme, Vermächtnisse aus verschiedenen Evolutionsstufen, verbinden sich zu einem zusammengesetzten Ganzen, das MacLean als das »dreieinige Gehirn« bezeichnete.

Während alle Säugetiere über ein ähnlich gebautes limbisches System verfügen, so stellte MacLean fest, besitzen nur die höheren Säuger diesen großen Mantel aus grauer Materie, vor allem den überaus wichtigen frontalen Kortex. Und seiner Ansicht nach war es der Kortex mit seiner Fähigkeit zu Sprache, Logik und langfristiger Planung, der die urtümlichen Instinkte des limbischen Systems in Schach hielt. Handfeste Beweise dafür, daß unter der Gehirnrinde das unverfälschte limbische System lauerte, waren nicht leicht zu finden und stammten aus einigen abseitigen Quellen.

Schon etwa hundert Jahre bevor MacLean seine Theorie veröffentlichte, ergab sich unter unfreiwilliger Mithilfe eines Gleisarbeiters namens Phineas P. Gage ein Beleg dafür. Gage war in den fünfziger Jahren des vorletzten Jahrhunderts Vorarbeiter eines Trupps Gleisarbeiter nahe der Stadt Cavendish in Vermont. Er war beliebt und verantwortungsbewußt und planierte gerade ein neues Schienenbett, als eine unbeabsichtigte Explosion ihm eine fast meterlange Eisenstange glatt durch den Schädel jagte. Gage wurde auf den Rücken geschleudert, sein Körper zuckte konvulsivisch. Man brachte ihn eilig in seine Unterkunft, wo ein Dr. Harlow ihn versorgte. Erstaunlicherweise war Gage soweit bei Bewußtsein, daß er den Hergang des Unglücks schildern konnte und sogar auf das Loch wies und sagte: »Die Eisenstange trat hier ein und ging durch meinen Kopf.« Dann bekam er Fieber und verlor das Bewußtsein.

In den Tagen unmittelbar nach dem Unfall sah die Prognose nicht gut aus. Aus dem Loch in Gages Kopf trat eine schwammige Geschwulst aus; seine Freunde flehten Harlow an, ihn sterben zu lassen. Doch der Arzt fuhr fort, seinen fiebernden Patienten zu baden, eifrig bemüht, ihm das Leben zu retten, und zugleich neugierig darauf, was geschehen würde, wenn ihm das wider eigenes Erwarten gelang. Denn die Eisenstange war Gage mitten durch die Stirn gefahren, hatte aber die tieferliegenden Teile völlig unversehrt gelassen.

Langsam begann Gage zu genesen, und nach einem Monat Pflege rund um die Uhr ließ ihn Harlow gehen, begierig auf das Ergebnis. Er mußte nicht lange warten. Gage wurde entlassen, weil »das Gleichgewicht zwischen seinen intellektuellen Fähigkeiten und seinen tierischen Neigungen zerstört zu sein schien«. Er wurde eigensinnig, halsstarrig und unrealistisch, spann Eskapaden und Abenteuer aus, die er genauso rasch erdachte wie fallenließ. Er begann zu trinken und sich zu prügeln. Er verließ seine Frau, stürzte sich in eine Reihe erfolgloser Affären, ging in Bordellen ein und aus und starb schließlich 1861 nach einer Serie epileptischer Anfälle.

Anfangs schien Gages Geschichte an ein Wunder zu grenzen, doch letztlich erwies sie sich als Tragödie. Ohne die kontrollierende Einwirkung des frontalen Cortex waren seine instinkthaften Impulse entfesselt – und in ihnen vereinte sich rohes sexuelles Verlangen mit drängender, oft feindseliger Impulsivität.

Peter Fenwick findet die Geschichte von Gage faszinierend. Fenwick ist Professor für Psychiatrie am Maudsley Hospital in London. Und er glaubt, daß Sexualität und Aggression nicht untrennbar verknüpft sind. Sie sind vielmehr sehr dicht beieinander angesiedelt; die Sexualität ist hauptsächlich im Hypothalamus konzentriert, und unter diesem, in einer kleinen Region namens Mandelkern (Campus amygdaloideum), köchelt die Aggression vor sich hin. Die männliche Sexualität und Aggression sitzen demnach an getrennten, aber benachbarten Stellen im limbischen System. Sie werden durch dasselbe Hormon gesteuert und können sich vermischen, werden jedoch von dem weitaus größeren Kortex im Zaum gehalten. Es ist der frontale Kortex, der dafür sorgt, daß die antisozialen Aspekte der limbischen Triebe eher in der Phantasie als in der Wirklichkeit ausgelebt werden; es ist der frontale Kortex, der das rohe sexuelle Verlangen in sozial akzeptable Ausdrucksbahnen lenkt; es ist der frontale Kortex, der den potentiellen Nutzen oder Schaden sexuellen und/oder aggressiven Verhaltens abwägt, bevor er es unterdrückt oder ausagiert.

Doch der Kortex ist nicht nur der gestrenge Zuchtmeister, der die ausschweifenden Wünsche des limbischen Systems in die Schranken weist. Er ist auch durch und durch selbst ein Sexualorgan. Denn wenn das limbische System der Sitz des rohen und ungezügelten Sexualtriebs ist, dann ist der Kortex der Sitz der Versuchung. Die gesamte Erotik – und ein Großteil der Lust – des Sex entspringt hier. Und in einem Land, in dem das Ermorden der Rivalen und das Vergewaltigen der Beute verboten sind, hat der kluge Kortex eine beeindruckende Palette sexueller Alternativen erfunden.

David Buss, dem wir schon weiter oben begegnet sind, als wir uns mit Männerphantasien befaßten, interessiert sich darüber hinaus für das Arsenal von Techniken, mit deren Hilfe Männer diese Phantasien in die Tat umzusetzen suchen. Wo die frechsten, kühnsten, kräftigsten, bestaussehenden Männer bereits die größte Anzahl fruchtbarer Frauen erobert hatten, mußte der Rest der Männerschaft zu List und Tücke greifen. Ihnen standen zweierlei Strategien zur Verfügung: zum einen das Schmähen und Schlechtreden anderer Männer und das Schmälern ihrer tatsächlichen Attraktivität in den Augen von Frauen und zum anderen das übertriebene Herausstreichen der eigenen Vorzüge.

In einer Untersuchung, die *The Journal of Sex Research* 1994 veröffentlichte, fragte Buss fünfundzwanzig männliche Studenten nach den wirksamsten Methoden, sexuelle Kontakte herbeizuführen. Das Verächtlichmachen von Konkurrenten und das Herausstreichen der eigenen Attribute rangierten weit oben auf der Liste; als Schmähstrategie wurde »das gefühllose Verhalten von Nebenbuhlern anprangern« genannt, und zu den Strategien des Eigenlobs gehörte »Stärke demonstrieren«, »Statussymbole vorzeigen« und »den wahrnehmbaren Wert als Partner durch Flirten mit anderen steigern«. Sorgfältiger Einsatz von Designer-Logos, unbekümmerte Bemerkungen über abstoßende Persönlichkeitszüge oder mangelnden beruflichen Erfolg eines Rivalen, beiläufiges Erwähnen von Anrufen anderer Frauen, am Frühstückstisch plötzliche Einsatzfreude beim Aufschrauben unnachgiebiger Marmeladenglasdeckel – welcher Mann kennt das nicht? Wenn Männer ihre Rivalen nicht aus dem Feld schlagen können, dann versuchen sie, sie auszumanövrieren. Und wenn sie über ihre Sexualpartnerin nicht einfach herfallen wollen, versuchen sie, sie zu verführen.

Geoffrey Miller, einer aus der jüngeren Garde der Evolutionspsychologen, dessen eigener Kortex (umrahmt von präraffaelitischen Locken) sich seit Jahren mit dieser Frage herumschlägt, vermutet sogar, daß dieser Kampf der sexuellen Intelligenzen möglicherweise der Grund dafür ist, daß sich der einzigartig große Kortex des Menschen überhaupt erst entwickelte. Er ist keine Kandare, um das limbische System daran zu legen, so meint er, sondern vielmehr ein Apparat, »um Partner anzulocken und an sich zu binden«. Je größer er wurde, desto besser gelang es durch ihn, Rivalen auszustechen und Partnerinnen anzulocken, und je mehr Partnerinnen verführt wurden, desto häufiger fanden sich in den Folgegenerationen große Gehirnrinden, was ein evolutionäres Wettrüsten in Gang setzte, welches schließlich in das einzigartige Gehirnvolumen des modernen Menschen mündete. Millers These hat sich noch nicht allgemein durchgesetzt, doch eines ist sicher: Es war der Kortex, der dafür gesorgt hat, daß das menschliche Paarungsverhalten sich zu derartigem Raffinement verfeinert hat, uns Worte gab, um zu werben, Lieder, um zu locken, und List und Tücke, um Köder auszulegen, wenn nötig auszuharren, zu überreden und zu überzeugen. Und durch eine Ironie des Schicksals ist es wieder die besondere Größe des Kortex, die zum dritten Eckpfeiler des männlichen sexuellen Begehrens geführt hat: Männer sagen Ja zur Monogamie.

Ein Ja zur Monogamie

Betrachten wir das Gleichnis des Sämanns. Ein Großteil des Saatguts, das er so großzügig am Wegrand und auf Grasstreifen verteilte, wuchs nie zu einer Pflanze heran. Auf steinigem Boden, erstickt von Disteln oder von Vögeln gefressen, konnte das wertvolle Korn keine Frucht bringen. Nur die Körner, die auf fruchtbare Erde fielen, konnten wachsen und reifen und sich weitervermehren. Dasselbe Prinzip gilt für die menschliche Reproduktion.

Vor drei Millionen Jahren, als der frühe Mensch durch die afrikanischen Savannen streifte, war die Fortpflanzung weniger aufwendig als heute. Die Hominidenbabies wurden in einem weiter fortgeschrittenen Entwicklungszustand geboren und vermochten relativ bald nach der Geburt zu laufen. Binnen kurzem konnten sie selbständig Nahrung zu sich nehmen und halfen ihrer Gruppe schon in sehr frühem Alter bei der Nahrungssuche. Doch als das menschliche Gehirn an Größe zunahm, brauchte es auch einen größeren Schädel, und je größer dieser wurde, desto schwieriger wurde die Entbindung für die Mütter. Der aufrechte Gang erforderte eine bestimmte Form des weiblichen Beckens, das Gebären von Kindern mit großen Köpfen jedoch eine andere. Ein Kompromiß war notwendig, denn wenn ein Kind im Geburtskanal seiner Mutter steckenblieb, bedeutete das den sicheren Tod für beide.

Infolgedessen gebaren die Frauen ihre Säuglinge zu einem früheren Zeitpunkt, bevor deren Gehirn sich voll entwickelt hatte. Während dies gewisse Vorteile für die zukünftige Reproduktionsfähigkeit des Kindes mit sich brachte, trug es wenig zu seiner Überlebensfähigkeit im frühen Alter bei. Menschliche Säuglinge sind insofern einzigartig, als sie bei der Geburt vergleichsweise hilflos sind; ihr erstes Lebensjahr verbringen sie quasi als externer Fötus, der in jedem Aspekt seines Wohlergehens auf seine Mutter angewiesen ist. Dies war das erste Problem, das das große Gehirn aufwarf. Doch noch ein zweites entstand: Ein großes Gehirn ist auf eine eiweißreiche Ernährung angewiesen, und Eiweiß hieß hauptsächlich Fleisch. Während sich die frühen Menschen zuvor weitgehend vegetarisch ernährt hatten und nur gelegentlich ein Tier erbeuteten und verzehrten, brauchten sie jetzt einen weit höheren Fleischanteil in ihrer Ernährung, und eine Mutter, deren Mobilität durch einen abhängigen Säugling eingeschränkt war, konnte diesen Anteil nicht alleine sicherstellen.

Etwa zu diesem Zeitpunkt der menschlichen Vorgeschichte mußten sich die Männer an den Umstand anpassen, daß nun der Reproduktionserfolg mehr erforderte, als nur jeder fruchtbaren Frau, die sich blicken ließ, hinterherzujagen und sich mit ihr zu paaren. Ein Mann, der sich so verhielt, mochte vielleicht mehr Kinder zeugen, doch seine Gene würden sich nie verbreiten, wenn keines von ihnen überlebte. Und deshalb mußte der männliche Trieb zur Herumstreunerei ein Gegengewicht in Form eines völlig andersartigen Impulses erhalten: den Impuls, in der Nähe zu bleiben und Mutter und Kind zu versorgen.

Es ist wahrscheinlich zu großzügig gedacht, wenn man behauptet, daß die Männer diesen Drang von sich aus entwickelten oder daß sie sich bereitwillig dazu bequemten, verläßliche Partner und Väter zu werden. Wie wir im nächsten Kapitel erfahren werden, könnten sehr wohl die Frauen die treibende Kraft hinter diesem Schritt gewesen sein, indem sie eine Batterie biologischer Techniken entwickelten, die ihnen die dauerhafte Aufmerksamkeit eines Mannes sicherten. Doch welche Ereigniskette nun im einzelnen das herbeiführte, was heute als »männliche elterliche Investition« gelten kann – fürs erste genügt die Feststellung, daß die Gene von Männern, die bei ihren Frauen und Kindern blieben und für ihr Wohlergehen Sorge trugen, insgesamt besser wegkamen als die von Männern, die das nicht taten. Infolgedessen wurden die Gene (oder psychologischen Anpassungen) für väterliches Verhalten mit größerer Wahrscheinlichkeit weitervererbt. Das elterliche Engagement des »Neuen Mannes« ist nicht nur Ausdruck des gefühlsbetonten Zeitgeistes: Es ist genauso ein genuiner männlicher Trieb wie das Verlangen, sich durch die Betten zu schlafen.

Es gab jedoch eine Bedingung für diese neuerworbene Anteilnahme. Wenn ein Mann bleiben sollte, mußte er die Gewißheit haben, daß die Kinder, deren Zukunft er mit sicherte, tatsächlich von ihm waren. Unter genetischem Aspekt könnte es keine sinnlosere Zeit- und Energieverschwendung geben, als die Kinder eines anderen Mannes aufzuziehen und zu beschützen, als ob es die eigenen wären. Der männliche Drang zur Monogamie entsprang also zwei Notwendigkeiten: erstens, das Überleben des Kindes zu fördern, und zweitens, die Mutter zu bewachen und sicherzustellen, daß sie nicht von einem anderen Mann geschwängert wurde. Wie aber ließen sich die beiden Strategien – einerseits Bindung und aktive Beteiligung, andererseits zügellose Promiskuität – miteinander in Einklang bringen?

Für die Despoten der frühen Großreiche läßt sich diese Frage leicht beantworten. Hammurapi in Babylon, Achenaten in Ägypten, Fei-ti in China und andere schon erwähnte Herrscher besaßen genügend Macht und Reichtum zum Schutz und zur Versorgung ganzer Heerscharen von Frauen – und ihrer Kinder. Sie brauchten sich nicht mit einer zu begnügen und zeigten auch keinerlei Neigung dazu. Der Energieaufwand, den sie zur Bevölkerung ihrer Harems betrieben, kommt nur der Grausamkeit gleich, mit der sie andere Männer bestraften, die etwa in diese eindrangen. Im sechzehnten Jahrhundert sollte jeder Mann, der beim Liebäugeln mit einer der Konkubinen des aztekischen Herrschers Montezuma ertappt wurde, »gesteinigt und in den Fluß oder den Geiern vorgeworfen werden«. Jeder, der die Tollkühnheit aufbrachte, sich einer der dem Herrscher vorbehaltenen Jungfrauen zu nähern, riskierte es, zusammen mit seiner Frau, seinen Kindern, Verwandten, Dienern und sämtlichen Bewohnern seines Dorfes gefangengenommen und umgebracht zu werden; das Dorf wurde dem Erdboden gleichgemacht und mit Steinen bedeckt.

Solche Verfahrensweisen führten natürlich dazu, daß die große Mehrzahl der weniger mächtigen, weniger erfolgreichen Männer noch verzweifelter um eine bereits geschrumpfte Anzahl von Frauen konkurrierte. Und in einer Welt, in der man schon einen Hauptgewinn gezogen hatte, wenn man überhaupt dauerhaften Zugang zu einer Frau erreichte, bestand der beste Weg dazu in der Verpflichtung, lebenslang sowohl in sie selbst als auch in die Kinder, die aus der Verbindung hervorgingen, zu investieren. Dies ist der Ursprung der Einehe, des Systems der Monogamie, das sich im Westen bis auf den heutigen Tag vererbt. In Kulturen, in denen streng über ihre Einhaltung gewacht wird und Seitensprünge drakonische Strafen nach sich ziehen, bildet die Monogamie ein recht wirksames Verfahren, um beiden Geschlechtern ein gutes genetisches Geschäft zu garantieren. Die Frauen können auf die lebenslange Versorgung durch einen einzelnen Mann rechnen, und die Männer können sich darauf verlassen, daß ihre Investition nur dem eigenen genetischen Nachwuchs zugute kommt.

Auf Umwegen gelangte ebendieses System nach Pitcairn. Nach all dem Blutvergießen und nach dem Tod aller sonstigen Männer auf der Insel quälten John Adams lebhafte und erschreckende Alpträume. Er durchlebte seine Schandtaten erneut, und seine

Verdammnis schien ihm sicher. Getrieben von seinen Gewissensbissen und voller Angst vor dem, was in der einzigen auf der Insel erhaltenen Bibel stand, warf sich Adams nun mit ganzer Kraft auf die Aufgabe, aus Pitcairn eine vorbildliche christliche Gemeinschaft zu machen. Mit der Unterstützung einer Reihe von Missionaren wurden aus den Einwohnern von Pitcairn im Verlauf der beiden folgenden Jahrhunderte strenge Adventisten vom Siebenten Tag, die jeden Sonntag zur Kirche gehen, um die Vergebung der Sünden beten und sich in heiliger, treuer, monogamer Ehe miteinander verbinden. Als Donald Brown und Dana Hotra, zwei Anthropologen von der Universität von Kalifornien in Santa Barbara, die Aufzeichnungen aus diesen zwei Jahrhunderten in der Erwartung durchmusterten, auf zahlreiche Indizien für Ehebruch und Betrug seitens der Männer zu stoßen, waren sie verblüfft angesichts der offenbar großen sexuellen Treue der Inselbewohner. Wenn man aber bedenkt, daß sie zwangsläufig stets auf engstem Raum zusammenlebten und ihre Gemeinschaft nie mehr als hundert Köpfe zählte, überrascht das weniger. Jeder Versuch eines Mannes, über die Stränge zu schlagen, wäre sehr rasch von den anderen unterbunden worden, aus Angst, um ihren Anteil am Fortpflanzungskuchen gebracht zu werden. Und wer hätte angesichts der eigenen gewalttätigen Vergangenheit noch eine Übertretung gewagt?

Neben despotischen Harems und treuer Monogamie gibt es eine dritte mögliche Reaktion auf die einander scheinbar widersprechenden männlichen Triebe, einerseits in Frau und Kinder zu investieren und andererseits zu möglichst vielen Frauen sexuelle Kontakte herzustellen. Dieses Verfahren ist am verbreitetsten in Kulturen, die ein monogames Ideal hochhalten, es jedoch gegenüber Männern, die es darauf anlegen, nicht durchsetzen können – in den modernen europäischen und amerikanischen Kulturen beispielsweise. In diesen Gesellschaften besteht die vom genetischen Standpunkt aus attraktivste männliche Option darin, eine treue, vertrauenswürdige Frau zu heiraten, deren über jeden Zweifel erhabenen Nachwuchs man seiner gesetzlich verankerten Aufsicht unterstellen kann, und dann gelegentliche Abenteuer nebenbei zu suchen.

David Buss geht sogar so weit zu behaupten, daß Männer möglicherweise eine Art inneres Eichmaß entwickelt haben, anhand dessen sie abschätzen, ob sich eine Frau besser zur Ehefrau oder für eine Nacht eignet. In einer Befragung, die er Anfang der neunziger Jahre durchführte, sollten Männer angeben, welche Eigenschaften sie bei langfristigen Gefährtinnen im Gegensatz zu kurzfristigen schätzten. Dabei schälten sich klare Muster heraus. Zunächst einmal legen die meisten Männer die Meßlatte für Attraktivität bei einer Partnerin für eine Nacht niedriger. Sie sind bereit, bei einem flüchtigen Abenteuer ein breiteres Altersspektrum zu akzeptieren, und stellen geringere Ansprüche an Vorzüge wie Charme, Ehrlichkeit, Freundlichkeit, Intelligenz, Vermögen, Humor und emotionale Stabilität. Die absoluten Ausschlußkriterien ließen sich auf zwei Faktoren reduzieren: schwache sexuelle Begierde und Behaartheit.

Die eigentlich interessanten Befunde kristallisierten sich später heraus, als Buss feststellte, daß genau die Eigenschaften, die Frauen in den Augen der Männer als langfristige Partnerinnen attraktiv machten, sie ihnen als kurzfristige ungeeignet erscheinen ließen und umgekehrt. Auf einer Skala von -3 (absolut negativ) bis +3 (unverzichtbar) wiesen die Männer dem »Bedürfnis nach und Bereitschaft zu Bindung« den außerordentlich positiven Wert von +2,17 bei einer dauerhaften oder Ehepartnerin zu, bei einer kurzfristigen oder zeitweisen Partnerin jedoch ein definitiv unerwünschtes -1,4. Im Gegensatz dazu wurden sexuelle Verfügbarkeit, sexuelle Erfahrung und sexuelle Promiskuität bei langfristigen Partnerinnen heftig abgelehnt, bei kurzfristigen jedoch ausdrücklich angestrebt. Wie schon Mae West sagte: »Männer mögen Frauen mit Vergangenheit, weil sie hoffen, daß sich die Geschichte wiederholt.«

Wir begannen diese Erzählung in einem Land ohne Gesetz, in der Hoffnung, das natürliche Muster des männlichen sexuellen Begehrens aufzuspüren. Doch anstelle eines zivilisierten, friedlichen Utopia, in dem je ein Mann mit je einer Frau zusammenlebt, sahen wir erbitterte Kämpfe, oftmals auf Leben und Tod, in denen Männer um den Zugang zu Frauen konkurrierten und sich gegenseitig

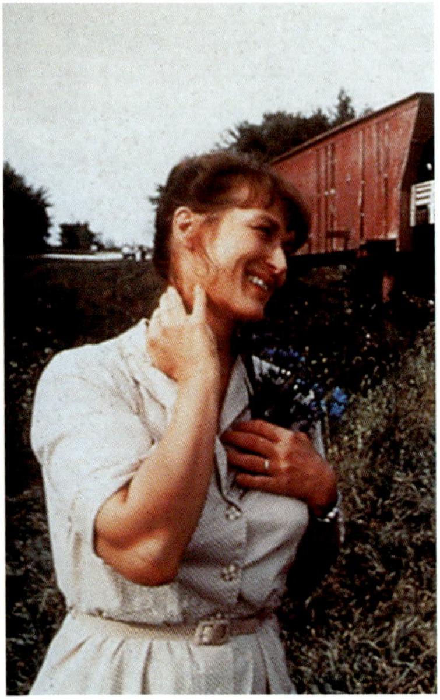

Männliche Träume vom häuslichen Glück …

umbrachten. Auf der Suche nach einer Erklärung gingen wir der Frage nach dem Verlauf der Evolution des Menschen nach. Wofür sind wir geschaffen, fragten wir, und die Anwort war: Sex. Für die Männer bedeutete dies, um Frauen zu kämpfen und sich dann mit der größtmöglichen Anzahl zu paaren, ein Muster, das sich mit schöner Regelmäßigkeit bei den männlichen Herrschern wiederholte, die den Beschränkungen, die sie ihren Untertanen auferlegten, selbst nicht unterworfen waren. Dennoch scheint es, daß das einzige, was die Herrscher vom Rest der Männer unterschied, in ihrer Macht bestand, zu realisieren, wovon ihre männlichen Untertanen nur träumen konnten. Denn bei einem Blick in die Gedankenwelt der Männer erkannten wir verschiedene Programme, die sie sowohl die Konkurrenz untereinander als auch die Aussicht auf Sex mit zahlreichen Frauen genießen lassen. Diese Programme scheinen der Textur ihres Körpers eingeschrieben zu sein, von den Hormonen, die in ihrem Blut kreisen, bis hin zur Struktur und Funktion der verschiedenen Teile ihres Gehirns. Selbst der Drang zur Monogamie, der sich als unvorhergesehene Nebenwirkung eines sexuell effizienten Kortex entwickelte (eines Kortex, der so-

... und vom sexuellen Abenteuer

wohl meisterhaft zu verleumden als auch zu verführen vermochte), erweist sich schlicht als Versuch, auf nichts zu verzichten.

Dies ist ein düsteres Bild für die Anhänger der Rousseauschen Überzeugung, daß die Menschen von Natur aus gut sind, und ein noch düstereres für diejenigen, die glauben, daß Mann und Frau in diese Welt gestellt wurden, um einander zu dienen und zu helfen. Aber wir haben erst die eine Seite der Medaille betrachtet. Aus Gründen der Klarheit betrachte ich die sexuellen Urinstinkte des Mannes isoliert von denen der Frau. In Wirklichkeit hätte sich natürlich keiner von ihnen ohne weibliche Mitwirkung, Einwirkung und Gegenwirkung auf jeder Stufe entwickeln können. Wenn also das Bild bisher zu unterstellen scheint, daß Frauen kaum mehr als passive Zuschauerinnen ihres eigenen sexuellen Schicksals waren, zusammengetrieben von den Mächtigen, umworben von den Machtlosen und ausgebeutet von beiden, dann lesen Sie weiter. Denn das nächste Kapitel handelt von den sexuellen Urinstinkten der Frau, und wie wir gleich sehen werden, haben Passivität und Trägheit darin nie einen Platz gehabt.

2 *Frauen*

Peter Hegedus war der erste, der dran glauben mußte, im Schlaf vergiftet von seiner Frau. Zeit: das Jahr 1914; Ort: das kleine Dorf Nagyrev, rund hundert Kilometer südöstlich von Budapest an der Theiß gelegen. Das österreichisch-ungarische Kaiserreich wurde von Rußland bedroht, und der Erste Weltkrieg hatte begonnen. Wie die Männer überall aus dem Hinterland Osteuropas waren auch die Ehemänner und Bräutigame der jungen Frauen in Nagyrev zu den Waffen gerufen worden und verließen einer nach dem anderen das Dorf. Manche nahmen unter Tränen und lautem Lebewohl Abschied, andere schlichen sich still davon, in den frühen Morgenstunden vor Sonnenaufgang.

Wir können nur spekulieren, was die weibliche Bevölkerung angesichts ihres plötzlichen Weggangs empfand. Einigen brach zweifellos das Herz. Andere fühlten sich einsam und verängstigt. Wer weiß, manche vielleicht erleichtert. Mit Sicherheit wissen wir nur, daß sich die Dinge in Nagyrev bald ändern sollten.

Die Frauen waren ohne ihre Männer gezwungen, unabhängiger zu werden und alleine die Verantwortung für ihren Hausstand, ihre Kinder und sich selbst zu übernehmen. Viele begannen sich aktiv an der Verwaltung des Dorfs zu beteiligen, andere übernahmen Funktionen in der regionalen Verwaltung. In den nächsten Monaten kehrte nach und nach wieder Optimismus, sogar guter Mut ins Dorf ein. Dann wurde unter allgemeinem Aufsehen bekanntgegeben, daß wenige hundert Meter vom Dorf entfernt ein Kriegsgefangenenlager eingerichtet werden sollte. Die Errichtung nahm nur ein paar Wochen in Anspruch, und das Lager faßte viele hundert Gefangene. Ein Flüstern ging von Haus zu Haus. Was waren das für junge Männer? Würden sie sicher hinter Schloß und Riegel bleiben? Waren sie gefährlich? Es dauerte nicht lange, bis diese Fragen geklärt waren. In den folgenden Wochen hatte nahezu jede der jungen Frauen von Nagyrev Kontakt zu dem Lager hergestellt und sich einen Liebhaber erwählt. Dann taten es ihnen die älteren Frauen nach. Manche waren einen einzigen Mann bald leid, und allmählich wurden zwei oder drei Liebhaber zur Regel. Jede Frau legte sich ihre eigene Truppe zu und schlief mit jedem, den sie wollte und wann sie wollte. Selbst wenn die Männer sich hätten beklagen wollen, sie konnten es nicht. Sie waren Kriegsgefangene, und ihnen blieb kaum etwas anderes übrig als zu gehorchen.

Diese Situation bestand fort, bis die ersten verwundeten und kriegsmüden Ehemänner von der Front zurückkehrten. Sie erlebten einen äußerst kühlen Empfang. Die Frauen von Nagyrev hatten den Geschmack von sexueller Unabhängigkeit und echter Macht gekostet und zeigten wenig Neigung, davon Abstand zu nehmen. Sogar so wenig Neigung, daß sie sich an die örtliche Hebamme mit Namen Fazekas um Hilfe wandten. Frau Fazekas war Opportunistin. Sie hatte entdeckt, daß sich durch Auskochen des Leims von Einberufungsplakaten ein Gift herstellen ließ. Gegen ein geringes Entgeld gab sie das tödliche Gebräu an ihre Kundinnen ab, und die Morde begannen – mehr als einhundert zwischen 1914 und 1929.

Diese bizarre Episode wäre vielleicht überhaupt nicht ans Licht gekommen, hätte es nicht Frau Ladislaus Szabo gegeben, die einem Mann, den sie »nicht mochte«, die falsche Dosis verabreichte und unter der Anklage vor Gericht gestellt wurde, sie habe seinen Wein vergiften wollen. Da sie keine Lust verspürte, diese Suppe alleine auszulöffeln, zog sie ihre Freundin Frau Bukenowski mit hinein, die wiederum gestand, eine Portion Arsen von Frau Fazekas erhalten zu haben. Frau Fazekas stritt alles ab, wurde jedoch von der Polizei auf ihrem Nachhauseweg beschattet, den sie an zahlreichen Häusern unterbrach, um ihre Kundinnen zu warnen, daß die ganze Sache möglicherweise auffliegen würde. Die Polizisten nahmen in jedem Haus, das sie besucht hatte, eine Frau fest und ergriffen schließlich Frau Fazekas selbst, als sie ihr eigenes betrat, wo Töpfe voller eingeweichter Fliegenfänger ein Geständnis überflüssig machten. Insgesamt sechsundzwanzig Frauen wurden vor Gericht gestellt und verurteilt. Acht erhielten die Todesstrafe, sieben lebenslängliches Zuchthaus und die übrigen verschiedene Gefängnisstrafen.

Obwohl viele der Mörderinnen sowohl ihre Liebhaber als auch ihre Ehemänner umgebracht hatten, zeichnete sich der Gattenmord als deutlichstes und durchgängigstes Muster ab. Befragt nach ihren Motiven antworteten Rosalie Sebestyen und Rosa Hoyba ganz einfach, ihre Männer hätten sie »gelangweilt«, während Juliane Lipka von dem Ratschlag erzählte, den sie einer Nachbarin erteilt hatte, deren Ehe kaputt war: »Mir tat die arme Frau so leid, daß ich ihr ein Fläschchen Gift gab und sagte, daß sie, wenn gar nichts anderes mehr half, es damit versuchen sollte.«

Obwohl die Geschichte der Giftmörderinnen von Nagyrev wahr ist, hört sie sich eher wie eine Parabel an. Was geschähe, wenn Frauen offen die Macht über Männer ausübten, wenn sie sich ganz nach Belieben mit ihnen vergnügen und über sie verfügen könnten, ohne dabei Strafe oder Vergeltung fürchten zu müssen? Was geschähe, wenn man all die fest im Sattel sitzenden Männer abservierte, zusammen mit ihrer Macht zu strafen oder zu belohnen, und sie durch ein neues Kontingent machtloser Männer ersetzte, mit denen die Frauen ganz nach Wunsch verfahren könnten? Würden die Frauen unter diesen Umständen einen Kurs hemmungsloser Promiskuität einschlagen, sich die Männer nach Lust und Laune herauspicken und wieder vom Hals schaffen, oder würden sie sittsam, ohne jegliches Interesse an sexuellen Abenteuern zu Hause sitzenbleiben und geduldig auf ihre Ehemänner warten? Als sich die Ereignisse von Nagyrev abspielten, war dies nicht nur ein harmloses Ratespiel. Es war eine brennende Frage, denn das zwanzigste Jahrhundert war angebrochen, und was den wahren Charakter der weiblichen Sexualität anging, so herrschten Unwissenheit und Angst. Viele Jahre lang war das Thema zwischen zwei extremen Lagern heißumstritten.

Ein dunkler Kontinent

Im einen Lager sammelten sich diejenigen, in deren Augen Frauen genauso unersättlich und auf Abwechslung aus waren wie Männer. Diese Seite könnte man als das »aktive« Lager bezeichnen, und seine Parteigänger hatten einen langen, vornehmen und internationalen Stammbaum vorzuweisen. Er reichte von dem indischen Weisen Vatsyayana, der im Kamasutra schrieb: »Wenn Frauen nicht zu einem Mann gelangen können, dann fallen sie wollüstig sogar übereinander her, denn sie werden ihrem Gatten niemals die Treue halten«, bis zu den Hexenjägern im Europa des Mittelalters, Jakob Sprenger und Heinrich Krämer, deren *Malleus Maleficarum* (Hexenhammer) Frauen so schildert: »schön anzuschauen, verderblich zu berühren und tödlich zu besitzen«. Sie waren überzeugt, daß »alle Hexerei aus der fleischlichen Lust kommt, die bei Frauen unstillbar ist«.

Eine diametral entgegengesetzte Position vertrat die zweite Denkrichtung. Danach würden Frauen, wenn sie überhaupt einen Geschlechtstrieb hatten, diesen wohlverborgen halten und ihm nur selten nachgeben. Dies könnten wir das »passive« Modell nennen, und es hatte seine Hochzeit im viktorianischen England, als der bedeutende Chirurg Dr. William Acton verkündete, daß »die Mehrheit der Frauen zu ihrem Glück kaum durch sexuelle Empfindungen irgendwelcher Art beunruhigt« würden. Er leugnete nicht, daß manche Frau zu Erregung fähig war, doch er hielt sie für »traurige Ausnahmen« und sah sie auf dem direkten Weg in eine »Form von Wahnsinn, mit der diejenigen, die Irrenanstalten besuchen, völlig vertraut sein müssen«.

Es schien, daß der Streit niemals beigelegt würde. Vor allem schien es schlichtweg unmöglich, einen endgültigen Beweis zu finden. Denn abgesehen von den außergewöhnlichen Umständen in Nagyrev hatten Frauen niemals ausreichend Macht oder Freiheit genossen, um ihre Sexualität ohne Zwang oder Kontrolle durch Männer auszuleben. In der gesamten Geschichte und in aller Welt verfügten stets Männer über den Löwenanteil an Besitz, Geld, Freiheit, körperlicher Stärke und politischer Macht. Bislang war noch

Die Vorstellung des unstillbaren weiblichen Verlangens im »Kamasutra«

keine Kultur entdeckt worden, in der die Frauen völlige Entscheidungsfreiheit hatten.

Ein zweites Problem lag, wie auch bei fast allen sexuellen Sachverhalten, darin, daß fast ausschließlich Männer sich theoretisch mit dem Thema beschäftigten; und ihre Ansichten enthüllten meist mehr über männliche Hoffnungen und Ängste im Zusammenhang mit der weiblichen Sexualität als über diese selbst. Frauen, die nicht durch irgendwelche sexuellen Empfindungen beunruhigt wurden, gaben wahrscheinlich gute Ehefrauen und zuverlässige Mütter ab, während die lüsternen vermutlich jederzeit für einen unverbindlichen Koitus zu haben waren.

Ein drittes Problem bestand darin, daß, selbst wenn sich die klügsten Köpfe so objektiv wie nur möglich an der Aufgabe versucht hatten, ihre Ergebnisse immer noch voller Unklarheiten und Ungereimtheiten steckten. Die Pioniere der Sexualwissenschaft im neunzehnten und frühen zwanzigsten Jahrhundert wie Richard von Krafft-Ebing, Magnus Hirschfeld und Henry Havelock Ellis schienen zuerst den einen Standpunkt und dann einen anderen zu vertreten. Krafft-Ebings umfangreiche Untersuchung zur Sexualpathologie *Psychopathia sexualis* erwähnt, daß »so viele Ehemänner« im vertraulichen Gespräch mit dem Arzt sich über die Frigidität ihrer Frau beklagten, enthält jedoch auch ausführliche Abschnitte über Nymphomanie. Und während manche von Ellis' Fallstudien sich wie eine Klagelitanei über weibliche Orgasmusstörungen lesen, spricht aus seinen Schriften insgesamt die Überzeugung, daß Frauen am Sex Freude haben können und auch haben.

Vielleicht erklären diese scheinbaren Widersprüche, warum Männer, zumindest in der westlichen Geschichte, häufig beide Bilder zugleich für wahr hielten. Entweder sie unterteilten die Frauen generell in zwei unterschiedliche Kategorien, in »Heilige« oder »Madonnen«, die sie heirateten, und »Huren«, die sie nebenbei aufsuchen konnten. Oder sie unterschieden – was aber unwahrscheinlicher war – bei der einzelnen Frau zwei getrennte Teile, die in der Mitte verbunden waren. »Vom Gürtel nieder sind's Zentauren«, schrie Shakespeares König Lear, »wenn auch von oben Weib.« Magnus Hirschfeld machte sogar einen phantasievollen Versuch, die beiden Lager zu versöhnen; er vertrat die Theorie, daß die weibliche Erregung solange im Dornröschenschlaf liege, bis sie durch die Substanz »Andrin«, die angeblich im Sperma enthalten ist, geweckt würde und dann erst aufblühen könnte.

Proteste gegen diese reduktionistischen, männerorientierten und oft recht schaurigen Ansichten wurden um die Jahrhundertwende laut, als die ersten Frauen sich als Ärztinnen und Autorinnen durchsetzten; doch jahrzehntelang blieben die Bemühungen, Verhütungsmethoden zu verbreiten und Frauen mehr Kontrolle über ihr Leben in die Hand zu geben, vordringlicher als die Erforschung des weiblichen Sexualtriebs. Einige der frühen Feministinnen wollten das Problem der Sexualität sogar herunterspielen oder gänzlich umgehen, weil sie befürchteten, es könnte ihrer Sache schaden, wenn Sinnenfreude in den Vordergrund gestellt würde. »Wahlrecht für Frauen und Keuschheit für Männer« war eine der Lieblingsparolen der englischen Suffragettenbewegung.

Als in den sechziger und siebziger Jahren im Westen feministisches Gedankengut echten Einfluß gewann, ließ sich die Aufgabe, die weibliche Sexualität aus einer zumindest teilweise weiblichen Perspektive zu erforschen, nicht länger vernachlässigen. 1966 machte sich das Forscherehepaar William Masters und Virginia Johnson an eine eingehende Untersuchung der weiblichen Sexualität und publizierte die Ergebnisse in seinem Buch *Die sexuelle Reaktion*. Die Forscher waren mit Hilfe einer ganzen Batterie elektrischer Sonden und Meßgeräte zu der folgenden hyperrealistischen, allerdings gänzlich unerotischen Darstellung des weiblichen Orgasmus gelangt: Im äußeren Drittel des Vaginalrohrs setzten starke Kontraktionen ein, wobei die erste Kontraktion zwischen zwei und vier Sekunden dauerte und die späteren in Intervallen von 0,8 Sekunden auftraten; leichte Ausdehnung der inneren zwei Drittel der Vagina; Kontraktion des Uterus; größte Intensität und Ausbreitung des *Sex flush*; häufig starke Muskelkontraktionen in vielen Körperbereichen; nahezu Verdopplung von Atmung und Pulsschlag; Blutdrucksteigerung bis hin zu einem Drittel über normal; und in manchen Fällen stimmliche Äußerungen.

Acton und alle, die sich um sein Banner scharten, wären entsetzt gewesen. Dies war nicht nur ein lebhafter, ins Detail gehender Beweis für die Erregbarkeit der Frau, sondern er war auch noch während einer Masturbation erhoben worden, die Acton wohl kaum als eine erlaubte, geschweige denn lustvolle Tätigkeit betrachtet hätte. Und als ob nachträglich noch Salz in die Wunde gerieben werden sollte, folgten bald Umfragen, die darauf hindeuteten, daß mindestens 50 Prozent aller Frauen regelmäßig zum Orgasmus kamen, daß dieser sich am leichtesten durch Stimulation der Klitoris herbeiführen ließ, daß es im allgemeinen bis zum Orgasmus länger dauerte als beim Mann, daß jener jedoch, einmal erreicht, länger anhalten und rascher wiederholt werden konnte. Überdies brauchte eine Frau keinen Verkehr, um zum Orgasmus zu kommen. Wie Shere Hite in ihrem 1977 auf deutsch erschienenen *Hite-Report* dokumentierte, bildete die Penetration sogar einen weitaus weniger wirksamen Weg dazu als die Masturbation.

Für alle, die dennoch Zweifel hegten, gab es hier den lebendigen Beweis: Zumindest einige Frauen konnten Vergnügen am Sex empfinden und taten es auch, und sie brauchten ihre Ehemänner dazu nicht. Doch der Streit um »aktiv« oder »passiv« war damit nicht beigelegt. Er ging nur in eine neue Runde. Die gegnerischen Lager modifizierten ihre Positionen, machten der Opposition ein paar Zugeständnisse und spitzten dann ihre Federn für den nächsten großen Waffengang. Sie rückten von der Frage der Existenz des weiblichen Orgasmus ab und wandten sich statt dessen seiner Funktion zu. Wozu war er eigentlich da?

Im Westen hatte es auf diese Frage traditionell zwei Antworten gegeben, die beide auf die antiken Griechen zurückgingen. Die erste behauptete, daß der weibliche Orgasmus auf irgendeine Weise zur Empfängnis beitrage; das Erschauern und die Kontraktionen, die sein Nahen ankündigen, sollten helfen, das Sperma zu seinem Bestimmungsort zu bringen. Die andere lautete, daß der Orgasmus gut für die allgemeine Gesundheit der Frau sei.

Die feministische Psychiaterin Mary Jane Sherfey griff eine Abwandlung der letzteren Position auf und verfocht sie in ihrem 1972 veröffentlichten und 1974 auf deutsch erschienenen, umstrittenen Buch *Die Potenz der Frau*. Darin entwarf die Autorin ein Bild vom Leben unserer frühesten Vorfahren, die in kleinen Gruppen gelebt hätten, angeführt von sexuell promiskuitiven Frauen, die ungehemmt und häufig mit allen Männern, die sie erwählten, kopulierten, wobei die Orgasmen unerwünschte »Vasokongestionen« (Blutanstauungen) in ihrem Becken beseitigten. Die Evolution, so

Sherfey, habe Frauen begünstigt, die sich häufig sexuell betätigten und die Fähigkeit zu langen, starken und häufigen Orgasmen besaßen. Diese augenscheinlich idyllische matriarchale Gesellschaft, in der alle sich gern der »Herrschaft der Mutter« unterwarfen, war schon im neunzehnten Jahrhundert eine Lieblingsvorstellung radikaler Feministinnen gewesen. Leider fand die Archäologie kaum Belege für das von Sherfey vertretene Gesellschaftsmodell, und ihre Theorie des weiblichen Orgasmus hatte keine Grundlage in der modernen Medizin. Infolgedessen fanden ihre Ansichten keinen Anklang unter den Wissenschaftlern, sie regten jedoch Feministinnen aus anderen Disziplinen dazu an, plausiblere Szenarien zu entwickeln.

Eine Vorreiterrolle spielte hierbei Sarah Blaffer Hrdy, eine Primatenforscherin tschechischer Herkunft, die einen Großteil ihrer Feldstudien an einer Altweltaffenart namens Hulman (Hanuman-Langur) in Indien durchführte. Bei der Beobachtung dieser Tiere in freier Wildbahn fielen Hrdy zwei bedeutsame Umstände auf. Erstens zeigten die Weibchen (wie auch diejenigen mehrerer anderer Primatenarten) Anzeichen einer selbstbewußten und aktiven Sexualität. Und zweitens versuchten männliche Tiere, die neu zu der Gruppe stießen, die Säuglinge zu fangen und zu töten. Der Grund für diesen Infantizid war erschreckend klar. Wenn ein neues Männchen die Jungen eines Weibchens tötete, wurde dieses sofort wieder paarungsbereit, und er konnte sie begatten.

In einer derart erbarmungslosen Umwelt brauchten die Weibchen schlaue Strategien, um den Killermännchen einen Strich durch die Rechnung zu machen. Vielleicht hatten die Weibchen eine aktive Sexualität entwickelt, so Hrdys Überlegung, um sich mit vielen Männchen paaren zu können und sie damit im unklaren darüber zu lassen, ob sie nun der Vater der neugeborenen Jungen waren oder nicht. Da für jeden von ihnen stets die Möglichkeit bestand, daß er der Vater war, würden sie im besten Fall sowohl Mutter als auch Junges versorgen und verteidigen; im schlimmsten Fall würden sie sie in Ruhe lassen. In jedem Fall aber wäre der Tötung vorgebeugt. In Hrdys Rekonstruktion unserer möglichen eigenen entfernten Vergangenheit war also eine aktive Sexualität für die

Weibchen sowohl ein Werkzeug, um Nutzen aus den Männchen zu ziehen, als auch ein Schutzschild für die Jungen. Und wenn der Drang zum Sex mit mehreren Partnern in Zukunft wenigstens einen dieser Vorteile brachte, dann war es ausgesprochen sinnvoll, daß eine proaktive weibliche Sexualität sich durch die gesamte Evolution hindurch erhielt.

So viel zum »aktiven« Lager. Die Mehrheit der Evolutionstheoretiker jedoch beschritt einen anderen Weg. Frauen empfinden zweifelsohne Lust, sagten sie, doch es ist eine sanftere, weniger drängende Lust, die hauptsächlich an soziale und emotionale Interaktion gebunden ist. Diese Argumentation entspricht im wesentlichen dem alten »passiven« Standpunkt, unter Zugabe von ein paar Orgasmen. Einer der einflußreichsten neuen »Passivisten« war der bereits erwähnte Donald Symons. Symons, zu jener Zeit ein junger Anthropologe an der Universität von Santa Barbara, behauptete, es könne bei Frauen kaum einen besonderen Grund für einen starken Sexualtrieb oder auch für eine Klitoris als dessen zentrales Organ geben, weil kaum einzusehen sei, wieso der Zeit- und Energieaufwand für die Jagd nach dem Phantom der sexuellen Befriedigung, für das endlose und fruchtlose Bemühen, ein Faß ohne Boden zum Überfließen zu bringen, zum Reproduktionserfolg einer Frau beitragen sollte. Was immer die alten Griechen sich gedacht haben mochten, der Orgasmus war zur Empfängnis mit Sicherheit nicht vonnöten, er trat definitiv nicht automatisch beim Geschlechtsverkehr ein, die Vorstellung einer Vasokongestion war als falsch entlarvt worden, und die Theorie, wonach Frauen sexuell unersättlich seien, um das Überleben ihres Nachwuchses zu sichern, schien Symons sowohl unelegant als auch ungereimt. Er behauptete sogar: »Unersättlichkeit würde die für die Anpassung bedeutsamen Tätigkeiten wie Nahrungssuche und Jungenaufzucht empfindlich stören.« Symons leugnete nicht, daß es den weiblichen Orgasmus gab oder daß Frauen sexuelle Lust empfinden konnten und auch empfanden. Doch in seinen Augen war dies nur ein Nebenprodukt des Evolutionsprozesses. Eine aktive Sexualität war nützlich bei Männern, also war sie möglicherweise auch bei Frauen rudimentär vorhanden. Doch diese Rudimente hatte die Evolution nicht eigens ausgebildet.

Aktiv oder passiv? Unersättlich oder spröde? Die Debatte zog sich durch die siebziger Jahre bis in die achtziger hinein; es kamen immer neue Beiträge von Primatenforschern, Anthropologen, sogar Ornithologen. Dann, mit der Welle neuer Verhaltensstudien zur Sexualpsychologie des Mannes, begannen experimentelle Forscher ihre Verfahren auch auf Frauen anzuwenden.

Qualität statt Quantität

Aus Robert Trivers' Theorie über die unterschiedlichen Investitionen von Männern und Frauen bei Zeugung, Austragen und Aufzucht ihrer Nachkommen geht hervor, daß dasjenige der beiden Geschlechter, das die größere Bürde zu tragen hat, seinen Partner sorgfältiger wählt. Was den Menschen betrifft, so investieren Männer oft ungewöhnlich viel, helfen ihrer Partnerin während der Schwangerschaft und sorgen über viele Jahre nach der Geburt für den Unterhalt ihrer Kinder. Doch wie wir gesehen haben, ist das nicht immer der Fall. Vielleicht galt sogar während des überwiegenden Teils unserer Evolutionsgeschichte, daß der Mann seinen Reproduktionserfolg insgesamt am besten dadurch steigerte, daß er in einige wenige, sorgfältig betreute Kinder investierte und nebenbei eifrig der Promiskuität frönte. Dies ist möglich, weil Männer die Option haben, in ihren Nachwuchs nicht mehr zu investieren als ein paar Minuten für den Koitus und eine kleine Portion billig produziertes, leicht zu ersetzendes Sperma.

Frauen haben keine solche Option. Erstens stehen für die Fortpflanzung weit weniger Eizellen zur Verfügung als Samenzellen. Zweitens muß die Eizelle mit Nährstoffen versorgt werden, um die Entstehung eines Fötus zu sichern. Drittens zieht jede erfolgreiche Befruchtung eine kräftezehrende und belastende Schwangerschaft von neun Monaten Dauer nach sich; während dieser Zeit hängt das Überleben des Fötus in jeder Hinsicht von seiner Mutter ab. Die Mutter ernährt ihn in ihrem Leib, schützt ihn körperlich und wacht rund um die Uhr über seine Gesundheit, indem sie ihre Sensibilität gegenüber Toxinen erhöht (eine der Ursachen für die morgendliche Übelkeit). Wenn das Kind schließlich geboren ist, bleibt die Mutter durch ihre Milch weiterhin die Hauptnahrungsquelle. Gewöhnlich stillt eine Mutter über mehrere Monate nach Geburt des Kindes, was zeitweise die Ovulation und damit die Möglichkeit, ein weiteres Kind zu empfangen, unterbindet. Nimmt man all diese Faktoren zusammen, so bedeutet das ein sehr hohes Mindestmaß an Investitionen, das die Frau für jede erfolgreiche Befruchtung zu erbringen hat.

Die heutigen Methoden der Empfängnisverhütung haben natürlich zur Folge, daß Frauen nicht mehr jedesmal, wenn sie Sex haben, die Bürde einer Schwangerschaft fürchten müssen. Zum ersten Mal in der Geschichte der Menschheit ist Sexualität nicht mehr untrennbar mit Fortpflanzung verknüpft. Doch während des größten Teils unserer Evolution konnte es eine Frau immer mehrere Jahre kosten, wenn sie sich nur ein einziges Mal mit dem falschen Mann einließ. Infolgedessen haben wir Grund zu der Annahme, daß Frauen weniger an der Quantität als vielmehr an der Qualität ihrer Partner interessiert sind.

Welche psychischen Mechanismen mögen sich also entwickelt und den weiblichen Sexualtrieb geformt haben? Kehren wir zum Campus zurück. Als wir uns mit dem männlichen Sexualtrieb befaßten, zogen wir eine Reihe von Studien zu Rate, die nachwiesen, daß Männer auf Sex mit einer Vielzahl potentiell fruchtbarer Frauen programmiert sind. Im Experiment von Russell Clark und Elaine Hatfield zeigten sich männliche Passanten um so begeisterter von den unsittlichen Angeboten attraktiver College-Studentinnen, je direkter diese ihr Ansinnen formulierten. 50 Prozent der Männer waren zu einem Rendezvous bereit, 69 Prozent zu einem Besuch in der Wohnung der Frau und 75 zum sofortigen Sex. Doch damit war die Sache nicht zu Ende.

Clark und Hatfield probierten ihr Experiment jetzt auch an Frauen aus; sie baten männliche Studenten, sich auf dem Campus zu verteilen und Passantinnen dieselben Fragen zu stellen. Sie achteten darauf, daß die Studenten gut gekleidet waren und so wenig bedrohlich wie möglich wirkten. Das Experiment fiel ganz eindeutig aus. Während etwa die Hälfte der Frauen zu einem Rendezvous bereit war (derselbe Anteil wie bei den Männern), sackten die Zahlen bei allen direkteren oder zweideutigeren Angeboten ab. Nur 6 Prozent der Angesprochenen willigten ein, die Wohnung des Studenten aufzusuchen, und keine einzige war ohne weiteres zum Sex bereit. Als Clark und Hatfield dann die negativen Reaktionen beider Geschlechter näher analysierten, stellten sie eine noch ausgeprägtere Kluft fest: Die Männer drückten eher Bedauern, die Frauen eher Verachtung aus. »Ich kann heute abend nicht, aber morgen ginge es prima«, war eine typische Männerantwort, während Frauen beispielsweise mit »Du spinnst wohl« reagierten.

Clark und Hatfield unterstreichen ausdrücklich, daß sich hier nicht nur eine evolutionstheoretische Erklärung anbietet. Die Frauen mochten zurückhaltender gewesen sein, weil ihre traditionelle Rolle sie konditioniert, solche Angebote zurückzuweisen. Und welche Vorkehrungen auch immer die Männer getroffen hatten, um nicht bedrohlich zu wirken, manche Frauen scheuten vielleicht die Gefahr, allein mit einem wildfremden Mann zu sein. Andere Forscher arbeiteten dann allerdings wesentlich detailgenauer und kamen zu sehr viel schärferen Schlußfolgerungen.

Einer dieser Forscher ist David Buss, der Anfang der neunziger Jahre 148 Männer und Frauen fragte, wie lange sie glaubten eine Person kennen zu müssen, bis sie mit ihr schliefen, vorausgesetzt, sie fänden die fragliche Person grundsätzlich begehrenswert. Männer und Frauen gleichermaßen behaupteten, wahrscheinlich mit einem potentiellen Sexualpartner Verkehr zu haben, wenn sie ihn fünf Jahre kannten. Bei jeder Zeitspanne unter fünf Jahren waren die Frauen jedoch seltener zu Sex bereit als die Männer. Als der Zeitraum auf eine Woche reduziert wurde, zeigten sich die Männer im Durchschnitt Sex gegenüber noch immer nicht abgeneigt, die Frauen jedoch lehnten diese Vorstellung meist ab; selbst bei der Annahme, daß die Bekanntschaft erst eine Stunde dauerte, sank die Bereitschaft der Männer zu Sex nur geringfügig, während die Frauen unter diesen Bedingungen Sex praktisch für unmöglich hielten.

Buss befragte danach dieselben Männer und Frauen, wie viele Sexualpartner sie in verschiedenen Zeiträumen für wünschenswert hielten, beispielsweise im nächsten Monat, im nächsten Jahr, in den nächsten fünf Jahren, in den nächsten zehn Jahren, in ihrer gesamten Lebenszeit. Wie sich herausstellte, wünschten sich die Frauen für jeden Zeitraum weniger Partner; sie wollten durchschnittlich nicht mehr als einen im nächsten Jahr, nicht mehr als zwei in den nächsten fünf Jahren und nicht mehr als vier oder fünf in ihrem gesamten Leben. Die Männer dagegen wollten mindestens sechs im nächsten Jahr und im Durchschnitt mehr als achtzehn in ihrem gesamten Leben.

Obwohl zwischen den einzelnen Individuen beträchtliche Unterschiede bestanden, wie zwangsläufig auch zwischen verschiedenen untersuchten Gruppen, nahm Buss die eindeutige allgemeine Richtung dieser Ergebnisse als Beleg dafür, daß die Evolution Frauen mit einer Sexualpsychologie ausgestattet hat, die dafür sorgt, daß Frauen weniger als Männer an der Zahl und Verschiedenheit angestrebter Sexualpartner interessiert sind. Doch wenn ihnen weniger an der Quantität liegt, was ist dann mit der Qualität? Legen Frauen einen höheren Maßstab an, bevor sie zum Sex bereit sind, oder fällt das Los einfach nur auf den, der zufällig vorbeikommt, wenn sie gerade in Stimmung sind?

Um diese Frage zu klären, erstellten Douglas Kenrick und seine Mitarbeiter eine Liste mit 24 positiven Eigenschaften – darunter Liebenswürdigkeit, Intelligenz, Erwerbsfähigkeit, körperliche Attraktivität, Freundlichkeit und Kreativität – und befragten sowohl Männer als auch Frauen danach, welchen Mindestprozentsatz jeder Eigenschaft ein Partner/eine Partnerin aufweisen müsse, bevor sie sich mit ihm/ihr verabreden, mit ihm/ihr schlafen, eine feste Beziehung mit ihm/ihr eingehen oder ihn/sie heiraten würden. Für jede Art von Beziehung verlangten die Frauen bei jeder Eigenschaft einen höheren Prozentsatz als die Männer, doch die deutlichste Differenz zeigte sich, wenn es um einen unverbindlichen sexuellen Kontakt ging: Hier erwarteten die Frauen vom Mann einen Durchschnittsprozentsatz von mindestens 46 Prozent, während die Männer sich mit nur etwa 35 Prozent zufriedengaben.

David Buss setzte bei Kenricks Untersuchung an und führte sie noch einen Schritt weiter. Er wollte klären, wie Männer und Frauen auf negative wie positive Eigenschaften bei potentiellen Partnern reagieren. Er erstellte mit seinen Studenten eine Liste mit 61 Merkmalen, die auf beide Geschlechter wenig anziehend wirken dürften. Die Liste umfaßte »lieblos«, »bigott«, »langweilig«, »billig«, »intolerant«, »ordinär«, »unehrlich«, »dumm«, »ohne Ehrgeiz«, »hat Mundgeruch« und so fort. Dann forderte er Männer und Frauen auf, diese Eigenschaften mit einer Skala von »äußerst begehrenswert« bis »äußerst abstoßend« zu bewerten. Wie erwartet nannten die Frauen bei über zwei Dritteln der Eigenschaften strengere Ausschlußkriterien als die Männer und zeigten sich besonders ablehnend gegenüber Personen mit folgenden Eigenschaften: »zu seelischer Grausamkeit neigend«, »zu körperlicher Mißhandlung neigend«, »bisexuell«, »anderen unsympathisch«, »starker Alkoholkonsument«, »dumm«, »ungebildet«, »Spieler«, »besitzergreifend«, »promiskuitiv«, »egozentrisch«, »selbstsüchtig«, »humorlos«, »unsinnlich«, »klein«, »unterwürfig«, »gewalttätig«, »launisch«. Es zeugt nicht nur von der weiblichen Qualitätskontrolle, sondern auch von der Dringlichkeit des männlichen Triebs, daß die Männer diese Eigenschaften zwar als unerwünscht, aber oft doch nicht als absolutes Ausschlußkriterium betrachteten.

Insgesamt scheint sich also Trivers' Theorie, daß dasjenige Geschlecht, das am meisten in den Nachwuchs investiert, seine Partner sorgfältiger auswählt, zu bestätigen. Doch bedeutet dies tatsächlich, daß Frauen sexuell desinteressierter sind als Männer oder einfach nur, daß sie in sexueller Hinsicht anders sind? Um diese Frage zu beantworten, müssen wir den Campus verlassen und uns ins Labor begeben.

Der Sexstuhl

Der Sexstuhl ähnelt einer Apparatur aus der alten Science-fiction-Serie *Raumpatrouille*. Doch im Grunde ist der Sessel mit den Hebeln in den Armlehnen, den Knöpfen auf der Bedienkonsole und den Kabeln, die unter der Sitzfläche hervorlaufen, ein vollautomatischer Erregungsdetektor, der die sexuellen Reaktionen jedes Menschen, der darin Platz nimmt, messen kann. Ein Teil der Meßvorrichtungen registriert die bewußte Erregung. Beispielsweise ist ein Hebel vorhanden, mit dem die weibliche oder männliche Versuchsperson die Stärke ihrer psychischen Reaktion auf dargebotene Stimuli signalisieren kann. Doch ein Teil des Instrumentariums soll auch die schwächeren, oft unbemerkten Signale aufspüren, die innerhalb des Körpers entstehen. Das wichtigste dieser Geräte ist der »vaginale Plethysmograph«, eine Art intravaginaler Lügendetektor, der selbst die genitalen Reaktionen zu erfassen vermag: eine leichte Schwellung des Schamlippengewebes oder den Beginn des Anschwellens der Vagina.

Der Stuhl gehört der Universität Amsterdam und ist das wichtigste Forschungsinstrument von Dr. Ellen Laan, deren ingeniöse Untersuchungen zur Vielschichtigkeit des weiblichen Begehrens ihr einen der leuchtendsten (und einen der jüngsten) Namen in der aktuellen Sexualforschung eingebracht haben.

Laan fand, daß die Debatte darüber, ob der Sexualtrieb von Frauen von Natur aus schwächer oder stärker sei als der von Männern, aufgrund der Art der Fragen, die man zur Klärung des Problems stellte, in die falsche Richtung ging. Die meisten Tests konfrontierten Frauen mit Situationen, auf die Männer sexuell ansprechen würden, stellten dann fest, daß Frauen nicht so prompt reagierten, und schlossen daraus, daß Frauen weniger erregbar seien. Doch Laan war sich sicher, daß diese Ergebnisse weniger mit der Eigenart der weiblichen Sexualität denn mit der Eigenart der verwendeten Stimuli zu tun hatten. Um ein klareres Bild zu gewinnen, mußten die Stimuli sorgfältiger gewählt werden. Laan beschloß, mit Hilfe des Stuhls den Erregungsgrad von Frauen zu messen, während diese zwei verschiedene Pornofilme sahen: Der eine war von einem männlichen Regisseur für ein männliches Publikum produziert worden, der andere von einer Regisseurin, die vom Standpunkt einer weiblichen Erotik dachte. Wenn die weibliche Sexualität sich genuin von ihrem männlichen Gegenstück unterschied, so die Überlegung der Forscherin, dann ergab sich aus dem unterschiedlichen Stil dieser Filme vielleicht ein Anhaltspunkt, ob sie nur schwächer ausgeprägt sei oder ob sie sich grundlegend und wesentlich von der männlichen Sexualität unterschied.

Die Wahl des männerorientierten Films erfolgte anhand der höchsten Ausleihrate in Laans örtlicher Videothek. Er spielte, wie sie schreibt, in »einer eindeutig bordellartigen Umgebung, in der der Mann die Dienste einer ihm unbekannten Frau erwartete [...] ein Vorspiel fand nicht statt, und es wurde nur ein Minimum nichtsexueller Details gezeigt«. Der frauenorientierte Film dagegen, produziert von einem ehemaligen weiblichen Pornostar, der mit der Männervorherrschaft im Pornogewerbe unzufrieden war, spielte in einem Lift, in dem sich zwischen den Akteuren beiderseitige Anziehung entwickelte, »was zu Streicheln, Küssen und schließlich wechselseitigem Entkleiden führte«.

Laan plazierte nahezu fünfzig Versuchspersonen in unterschiedlichem Alter, mit unterschiedlichen Persönlichkeiten und religiösen Überzeugungen in dem Stuhl. Die Filme liefen nacheinander, und langsam zeichneten sich die Ergebnisse ab. Zunächst einmal gab es beträchtliche Abweichungen zwischen den Frauen: Diejenigen, die noch nie Pornographie gesehen hatten, berichteten über schwächere Erregung als diejenigen, die vertrauter damit waren, und ältere Frauen zeigten weniger genitale (allerdings nicht weniger psychische) Erregung bei beiden Filmen. Doch trotz dieser individuellen Unterschiede schälten sich mehrere allgemeine Trends heraus, die genauso überraschend wie prägnant waren.

Zunächst einmal waren die mit dem Plethysmographen gemessenen genitalen Erregungsniveaus sehr hoch, und zwar im allgemeinen bei beiden Filmen gleich. Zumindest auf genitaler Ebene reagierten die Frauen positiv auf Episoden mit schnellem, anonymem Sex. Doch als Laan die Daten prüfte, die die Probandinnen per Hebel generiert hatten, zeichnete sich ein ganz anderes Muster ab. Die Frauen gaben an, daß sie der »weibliche« Film psychisch durchgängig viel stärker erregt hatte als der »männliche«, und beschrieben ersteren mit Adjektiven wie »aufregend«, »sinnlich«, »süß«, »erregend«, »besser«, »real«, »überraschend«, während sie in bezug auf letzteren Wörter wie »schrecklich«, »brutal«, »grotesk«, »banal«, »geschmacklos«, »obszön«, »unästhetisch« benutzten.

Die klare Trennung zwischen genitaler und psychischer Erregung warf einige sehr spannende Fragen auf. Die physiologischen

Messungen sagten einfach nicht die ganze Wahrheit. Bei Männern, deren Penis ein einfaches, genaues und gut sichtbares Maß der Erregung liefert, stellt die Aufzeichnung seiner Veränderungen eine direkte und sinnvolle Meßmethode dar. Laans Ergebnisse jedoch sprechen dafür, daß bei der weiblichen Erregung das Gehirn eine sehr viel bedeutsamere und unabhängigere Rolle spielt. Könnte es sein, daß es verlangt, daß bestimmte Kriterien erfüllt sind, bevor es bewußte Erregung bei seiner Besitzerin zuläßt und auf die Anzeichen reagiert, die ihre Genitalien bereits zeigen? Dieses neue Szenario ließ die meisten älteren Modelle der weiblichen Sexualität allzu vereinfacht aussehen. Die Debatte über ihren aktiven oder passiven Charakter ging möglicherweise am Kern der Sache vorbei. Am spannendsten war jetzt die Frage nach dem komplexen Wechselspiel zwischen psychischer und physischer Erregung. Die psychische Erregung spielte eindeutig eine höchst bedeutsame, vorrangige Rolle im weiblichen sexuellen Begehren, eine noch wichtigere vielleicht als die pure körperliche, genitale Erregung. Doch welche Bedingungen riefen sie am wirksamsten hervor?

Der Richtige

Halb zwölf in einer geschäftigen Büroetage. Die Beschäftigten, elegant gekleidet, sitzen an ihren Schreibtischen, gehen die Post durch, tippen auf ihrer Computertastatur und machen telefonisch Termine aus. Alles scheint kühl, ruhig und geschäftsmäßig. Dann scheinen mit einem Mal alle die Arbeit zu unterbrechen. Ein Raunen geht durch das Büro. Die Beschäftigten flüstern miteinander, grinsen verstohlen und mit einem kräftigen Schuß Anzüglichkeit. Alle eilen zum Fenster und recken die Hälse, um einen Blick auf straffes, sonnengebräuntes und zur Schau gestelltes Fleisch zu erhaschen. Als das Objekt der Begierde eine Getränkedose öffnet und durstig trinkt, seufzt das Publikum am Fenster sehnsüchtig. Alle Augen folgen jeder Linie des Körpers dieses herrlichen Geschöpfs. Die sexuelle Spannung erreicht den Siedepunkt.

Der Witz in diesem höchst erfolgreichen Fernsehwerbespot ist, daß die hochbezahlten, lüsternen Beobachter an den Bürofenstern Frauen sind, die Gestalt jedoch, nach der sie lechzen, ein muskulöser, bis zur Taille entblößter Bauarbeiter, der seine Diet-Coke-Pause genießt. Der Werbespot stellt alle eingefahrenen Klischees auf den Kopf und spiegelt eine neue Welt wider, in der Frauen ihren Lebensunterhalt selbst verdienen und ihre Partner selbst wählen. Der Spot war ein Hit; vielleicht weil er auf einen Aspekt des sexuellen Begehrens anspielte, der sich auf dem globalen Markt erst allmählich bemerkbar zu machen begann. Die Frauen in dieser Werbung wissen sehr wenig über ihr Idol, und was sie wissen, ist nicht alles positiv. Er scheint zwar durchaus fleißig zu sein, doch er arbeitet auf einer Baustelle, also schwimmt er höchstwahrscheinlich nicht im Geld. Sie wissen nicht, woher er kommt, wie er ist oder wohin er geht. Im Grunde können sie ihn nur nach seinem Aussehen beurteilen ... und sie sind alle hingerissen.

Frauen finden gutaussehende Männer attraktiv, selbst wenn sie nichts über sie wissen. Dies mag wie eine Binsenweisheit klingen, doch es lohnt sich, sie zu wiederholen, weil sie sich zwar im wirklichen Leben vielfach bestätigt hat, jedoch von den Evolutionstheoretikern und Wissenschaftlern traditionell eher oberflächlich abgehandelt wurde.

Gutaussehende Männer vererben ihre körperlichen Vorzüge den Kindern all der Frauen, mit denen sie sich zusammentun, und verschaffen diesen Kindern damit einen Vorsprung im Rennen um den Reproduktionserfolg. Wie wir noch sehen werden, sind die Gradmesser für konventionelle männliche Schönheit – ein kantiges Kinn, breite Schultern, volles Haar und eine kräftige Statur – auch Anzeichen für genetische Gesundheit und Stärke. Dennoch scheint das Aussehen des anderen Geschlechts für Frauen weniger wichtig zu sein als für Männer, und weniger wichtig als andere Faktoren. In Douglas Kendricks Studie, die untersuchte, zu welchem Prozentsatz potentielle Partner über bestimmte Eigenschaften verfügen mußten, bevor Frauen bereit waren, sich mit ihnen zu verabreden, mit ihnen zu schlafen, eine feste Beziehung einzugehen oder sie zu heiraten, war »gutes Aussehen« das einzige Kriterium, bei dem die Frauen durch die Bank einen niedrigeren Prozentwert akzeptierten

»Und wo wart ihr, als ich euch gebraucht hätte?«

als die Männer. Sie waren sogar bereit, Männer von unterdurchschnittlicher physischer Attraktivität in Betracht zu ziehen, wenn sie dafür anderes zu bieten hatten.

Ein Gerücht will wissen, daß der Schauspieler Dustin Hoffman vor einigen Jahren in einem Restaurant saß und ruhig sein Abendessen genoß, als er merkte, daß er die Aufmerksamkeit einiger weiblicher Gäste erregte. Sie schauten zu ihm herüber, flüsterten, kicherten. Hoffman begann sich ein wenig unbehaglich zu fühlen. Schließlich näherten sie sich ihm und baten um ein Autogramm. Eine bot ihm sogar ein Rendezvous an. Das ging Hoffman über die Hutschnur; er blickte ihnen offen ins Gesicht und stieß mit gespielter Empörung hervor: »Und wo wart ihr, als ich euch gebraucht hätte?«

Hoffman dürfte nach gängigen Maßstäben nicht schön zu nennen sein. Als männliches Model, bis zur Taille entblößt und neben den Diet-Coke-Sexbolzen gestellt, wäre er wahrscheinlich durchgefallen. Doch Hoffman besitzt wie die meisten berühmten Männer andere Qualitäten.

Ruhm ist nicht der einzige Indikator für einen Mann mit hohem Status und üppigen Mitteln. 1986 publizierte die amerikanische

Psychologin Elizabeth Hull die Ergebnisse eines Experiments, bei dem ihre Studenten angeben sollten, welche Kleidung sie bei Männern mit hohem Status und bei solchen mit niedrigem Status erwarteten. Bei ersteren nannten sie elegante Anzüge, Polohemden, Designer-Jeans und teure Uhren, bei letzteren No-Name-Jeans, Achselhemden und T-Shirts. Danach fotografierte die Forscherin verschiedene Männer in Variationen beider Kleidungsstile und zeigte die Bilder einer anderen Gruppe von Studentinnen, die jeden Mann nach seiner Attraktivität beurteilen sollten. Insgesamt wurden dieselben Männer als attraktiver bewertet, wenn sie Kleidung mit hohem Statuswert trugen, als wenn ihre Kleidung einen niedrigen Status anzeigte.

Man muß jedoch anfügen, daß nicht bloß Statussymbole und der Besitz, für den sie stehen, auf Frauen anziehend wirken. Attraktiv sind diejenigen Persönlichkeitsmerkmale, die auf die Fähigkeit hinweisen, sich diese Symbole in Zukunft zu erwerben. In den meisten Kulturen können sich Frauen kaum den Luxus leisten, auf einen Mann zu warten, bis er all seine Ziele erreicht hat, bevor sie sich mit ihm verbinden; infolgedessen müssen sie sich zum Teil auf noch unrealisiertes Potential stützen, wenn sie abschätzen, wie begehrenswert er ist.

Um diese Merkmale des zukünftigen Erfolgs dingfest zu machen und ihren Zusammenhang mit dem weiblichen Begehren aufzuklären, untersuchte der Psychologe Michael Wiederman von Januar bis Juni 1992 mehr als tausend Kontaktanzeigen in verschiedenen amerikanischen Zeitschriften. Er vermutete, daß Männer und Frauen auf einem Schauplatz, auf dem sie dafür bezahlten, die Aufmerksamkeit potentieller Partner zu erregen, die gesuchten Eigenschaften offener beschreiben und ihre Prioritäten unumwundener aufdecken würden als gewöhnlich. Wiederman ordnete die verschiedenen Wunschvorstellungen der Inserenten in Kategorien ein und stellte fest, daß Begriffe, die auf hohen Status und üppige finanzielle Mittel hindeuteten (Begriffe wie »Geschäftsmann«, »feinere Lebensart«, »erfolgreich«, »vermögend«, »wohlhabend« und »finanziell unabhängig«) in der Wunschliste der Frauen zehnmal häufiger auftauchten als in der der Männer. Es zeigte sich auch eine beträchtliche weibliche Vorliebe für Begriffe wie »ehrgeizig«, »fleißig«, »karriereorientiert« und »höhere Bildung«, mit anderen Worten, für Begriffe, die klar für das Potential sprachen, in der Zukunft einen hohen Status zu erwerben und Besitz anzuhäufen.

Douglas Kenrick zeigte in seiner Studie, mit der er untersuchte, wie intelligent, gutaussehend und so fort Männer und Frauen sein mußten, bevor sie in den Augen des anderen Geschlechts als sexuell attraktiv galten, daß Erwerbsfähigkeit in den Augen von Frauen viel höher rangierte als in denen von Männern. David Buss fand in einer umfangreichen Studie der menschlichen Paarungsgewohnheiten, die 10000 Teilnehmer in 37 Kulturen in aller Welt einbezog, daß die Frauen finanzielle Mittel im Durchschnitt mindestens doppelt so hoch bewerteten wie Männer.

Manche Forscher halten eine evolutionstheoretische Erklärung hier für unangebracht. Frauen begehren nur deshalb wohlhabende Männer, so argumentieren sie, weil es die meisten Kulturen Frauen nicht gestatten, selbst Besitz zu erwerben. Doch das weibliche Streben nach wohlhabenden Männern scheint unabhängig vom eigenen finanziellen Status vorhanden zu sein. Heute gibt es unabhängige, sich selbst ernährende Frauen mit eigenen Mitteln in noch nie dagewesener Zahl, und dennoch folgen ihre Partnerwünsche offenbar dem uralten, entwicklungsgeschichtlich bedingten Muster, nach Männern zu suchen, die mehr zu bieten haben. Eine Studie an frischverheirateten Ehepaaren im Jahr 1993 stellte fest, daß finanziell erfolgreiche Bräute noch mehr Wert auf die Erwerbsfähigkeit ihres Gatten legten als diejenigen, die weniger gut gestellt waren. Und wie sich bei einer anderen Untersuchung an College-Studentinnen herausstellte, maßen diejenigen, die später wahrscheinlich prestigeträchtige Berufe ausüben und mehr Geld verdienen würden, den finanziellen Aussichten ihres zukünftigen Ehemannes mehr Gewicht bei als diejenigen, die voraussichtlich weniger verdienen würden. Buss' Fachkollege Bruce Ellis faßte die Aussichten für die zukünftige Partnerwahl wie folgt zusammen: »Der sexuelle Geschmack der Frauen wird eine eher schärfere Auswahl treffen, je mehr ihr Vermögen, ihre Macht und ihr sozialer Status steigen.«

Befriedigung garantiert

Es spielen also zwei Faktoren eine Schlüsselrolle bei der weiblichen Partnerwahl. Gutes Aussehen (was sich grob mit »gute Gene« übersetzen läßt) und die Fähigkeit, Status und Vermögen zu erwerben. Doch vom evolutionstheoretischen Standpunkt dürfte es noch einen dritten wesentlichen Faktor für das weibliche Begehren geben. Um ihn dingfest zu machen, müssen wir uns in die Stadt Don Mills im kanadischen Ontario begeben. Dort befindet sich die Firmenzentrale von Harlequin Enterprises, dem erfolgreichsten Verlag der Welt für ein Produkt, in dem die weibliche Phantasie ihren verbreitetsten und profitabelsten Ausdruck findet: Liebesromane. Das Unternehmen verfolgt rein kommerzielle Zwecke und zielt eindeutig darauf, eine möglichst große Konsumentenzahl anzusprechen. Es nutzt einen funktionierenden Rückmeldungsmechanismus: Das Zeichen, daß ein Druckerzeugnis den Nagel auf den Kopf getroffen hat, sind die Verkaufszahlen.

Das Angebot gliedert sich in verschiedene Buchreihen von den »romantischen, zarten Liebesgeschichten« der Reihe Harlequin Romance bis zu den »provokanten, sinnlichen, leidenschaftlichen Geschichten« der Temptation-Serie. Doch trotz der scheinbaren Vielfalt sind die Bücher alle nach demselben Muster gestrickt. Die Helden sind immer stattlich, verwegen und überhaupt so geartet, daß »Befriedigung garantiert« ist, wie Harlequin behauptet. Das setzt voraus, daß sich der Held, wenn dies anfangs auch verborgen bleibt, letztlich in die Heldin verlieben und deutlich dazu bekennen wird, daß er glücklich und zufrieden bis ans Ende seiner Tage mit ihr zusammenleben und dauerhaft und ausschließlich für sie und ihre Kinder sorgen will. In den konventionelleren Œuvres findet fast immer der Gang zum Altar statt. In den pikanteren Romanen ist manchmal schon ein Kind unterwegs.

The Stormchaser, ein neuerer Bestseller von Rita Clay Estrada aus der Temptation-Reihe, verrät uns das ganze Rezept mit allen Zutaten. Die Story ist in vieler Hinsicht verblüffend modern. Die Figuren leben in einer Welt, in der es von unglücklichen Kindheiten, gescheiterten Ehen, Überstunden und persönlicher Unsicherheit nur so wimmelt. Sie arbeiten am PC, verzehren Fast food und haben klar erkennbare Fehler (der Held trinkt Bier aus der Dose, die Heldin macht sich Sorgen wegen ihrer Schwangerschaftsstreifen). Doch die Innovationen lassen die ewig gleichen Ingredienzien nur um so deutlicher hervortreten.

Cane Mitchell, der gutaussehende Held in den Dreißigern, arbeitet als Versicherungssachverständiger im Kielwasser aller möglichen Naturkatastrophen. Bei der Begutachtung eines Schadens begegnet er Bernadette Conrad, einer Witwe mit einem achtzehnjährigen Sohn, deren Haus bei einem Erdbeben zerstört wurde. Ihrer spontanen gegenseitigen Zuneigung stehen Klassen- und Bildungsunterschiede im Weg, vor allem jedoch Canes Abneigung gegen eine ernsthafte Beziehung nach einer gescheiterten Ehe und einer Serie von flüchtigen Liebschaften. Dennoch küssen sie sich und schlafen miteinander, bald nachdem sie sich kennengelernt haben, und bewohnen ein glückliches Intermezzo lang eine gemeinsame Übergangsunterkunft. Leider hält die Eintracht angesichts ihrer einander widersprechenden Ziele nicht lange vor. Bernadette möchte eine dauerhafte und verbindliche Beziehung, zu der Cane nicht bereit ist; die Verwirrung auf beiden Seiten ist groß, und in einer Flut von Tränen kommt es zur Trennung. Doch es gibt einen weiteren Faktor, der alles noch komplizierter macht. Ohne daß Cane etwas davon ahnt, ist Bernadette ungeplant schwanger von ihm. Sie beschließt, dem Schicksal die Stirn zu bieten und das Baby zu bekommen und es alleine aufzuziehen. Er leidet unterdessen Qualen der Trennung und der Reue – und wagt schließlich einen Versöhnungsversuch. Auf den letzten Seiten bahnt sich die Lösung des Konflikts in drei deutlich unterschiedenen Stufen an.

Zuerst verkündet Cane, daß er Bernadette von ganzem Herzen liebt:

»Cane stand da und schaute sie an. Er ließ die Decke auf den Beton gleiten. In seinem Gesicht malte sich in herzzerreißender Weise seine Liebe. ›Nein. Ich weiß, was ich will, und es steht genau vor mir. Für immer.‹«

Danach gibt er mit einem verqueren Heiratsantrag seine Absicht kund, dauerhaft für sie dazusein:

»›Und möchtest du eine richtige Hochzeit, oder können wir einfach zusammen durchbrennen?‹

Ihre feierliche Miene verwandelte sich in ein breites Grinsen. ›Eine richtige Hochzeit, eine große.‹

›Verdammt‹, murmelte er. ›Ich habe geahnt, daß du das sagen würdest.‹«

Schließlich muß Cane sich dem ersten Test seiner versprochenen dauerhaften Fürsorge stellen, einem Kind, um das er sich auch noch kümmern muß.

»Sie holte tief Atem und legte die Hände auf ihren Bauch, die leichte Wölbung streichelnd. ›Hurricane Mitchell, wenn du mich jetzt verläßt, dann verläßt du zwei Menschen. Es gibt für keinen von uns eine dritte Chance. Wir stehen entweder zueinander und sorgen für dieses Kind mit all der Liebe und Fürsorge, die jeder Mensch verdient, oder wir lassen es jetzt gleich sein, wo ich noch ohne dich zurechtkomme.‹«

»Hurricane« wächst an der Aufgabe, und die Naturkatastrophen, denen er sein bisheriges Leben gewidmet hat, treten von der Bühne ab, um der soliden Stabilität der Elternschaft Platz zu machen.

Dieser Typus Happy-End, bei dem der Mann seine langfristige und ausschließliche Fürsorge zusagt, bildet die dritte wichtige Dimension des weiblichen Begehrens, was vom evolutionstheoretischen Standpunkt aus gesehen vollkommen sinnvoll ist. Wenn sich Frauen zu gutaussehenden Männern hingezogen fühlen, dann kann die Wahrscheinlichkeit steigen, daß sie genetisch gesunde Kinder zur Welt bringen; wenn sie sich zu wohlhabenden Männern hingezogen fühlen, dann kann die Wahrscheinlichkeit steigen, daß die Kinder bessere Startbedingungen erhalten; doch wenn sie sich zu Männern hingezogen fühlen, die bei ihnen bleiben, ihnen die Treue halten und sich auf Dauer dem Schutz und der Ernährung

Eines der meistverkauften Fotos der 1980er Jahre. Bilder des Models Adam Perry allein brachten schon einen guten Absatz, doch in dieser Pose – halbnackt und in liebevoller Hingabe an ein Kind – erlebte seine Karriere einen raketenhaften Aufschwung.

der Familie verschreiben, dann ist dies in vielerlei Hinsicht der nützlichste Anziehungsfaktor überhaupt. Vielleicht ist es kein Zufall, daß eine der meistverkauften Fotografien der achtziger Jahre ein halbnacktes männliches Model zeigte, der einen winzigen Säugling in den Armen wiegt. Bilder von Adam Perry allein gingen schon gut, doch als er in dieser Pose der Hingabe an ein Kind abgebildet wurde, erlebte seine Karriere einen raketenhaften

Aufschwung. Leider entsprach, wie es auf vielen Schlachtfeldern des Geschlechterkampfes der Fall ist, sein Image auf dem Papier nicht seinem realen Verhalten. Wie jüngst berichtet wurde, hatte Perry nicht nur finanziell von dem Bild profitiert: Mit seiner Hilfe verführte er viele von den dreitausend Frauen, mit denen er sich brüstet, in den vergangenen zehn Jahren geschlafen zu haben.

Dies hat natürlich nur anekdotischen Wert. Doch Bruce Ellis, heute an der Vanderbilt-Universität in Tennessee, hat umfangreiche wissenschaftliche Arbeiten über die Parameter der männlichen Attraktivität durchgeführt, und er behauptet, einen vorläufigen Zusammenhang zwischen der Zeit, die Männer in ihre Frauen »investieren«, und der Orgasmushäufigkeit dieser Frauen gefunden zu haben. Peggy La Cerra führte kürzlich eine Parallelstudie zu derjenigen durch, der zufolge Frauen Männer mit Kleidung bevorzugen, die einen hohen Status anzeigt. Sie ließ Frauen Fotos von Männern beurteilen, die entweder Babies anlächelten oder diese ignorierten oder die alleine abgebildet waren. Die Männer, die Babies anlächelten, erhielten durchgängig höhere Attraktivitätswerte. Das weibliche Begehren richtet sich offenbar tatsächlich auf Männer, bei denen Befriedigung garantiert scheint: eine dauerhafte, liebevolle Bindung an die Partnerin und ihre Kinder. Das Ideal des Neuen Mannes ist keine Erfindung des sentimentalen späten zwanzigsten Jahrhunderts; es ist die Wiederentdeckung einer weiblichen Urphantasie.

Leider sind lebensechte Harlequin-Helden und reiche, stattliche Superväter sehr dünn gesät, und das aus gutem Grund. Man bedenke, daß in jedem Mann ein polygamer Frauenheld steckt, der nur darauf wartet, losgelassen zu werden, und besonders die Reichen und Mächtigen erfüllen sich ihre Wünsche nach Sex außerhalb der Paarbeziehung. Von den frühen Despoten über die Popstars, Playboys und Politiker von heute bis hin zu den muskelgestählten Ebenbildern von Adam Perry haben mächtige, finanzkräftige und außergewöhnlich schöne Männer stets mehr Sexualpartnerinnen gehabt als die anderen – einfach weil sie die Möglichkeit dazu haben.

Angesichts dieser Vorgaben scheint das entwicklungsgeschichtlich vorgeprägte Ideal der Frau – ein Leben in der zärtlichen, liebevollen Fürsorge eines einzigen, vollkommenen Mannes – zum Scheitern verurteilt. Das wäre es auch, wenn es nicht mit einigen eher pragmatischen Rückzugsstrategien unterfüttert wäre. Denn es scheint ganz so, daß die Evolution, die Pragmatikerin schlechthin, den Frauen in der Realität einen weit komplexeren Weg weist.

Im Volksgarten

Im Inneren des Volksgartens ist die Luft zum Schneiden. Zigarettenrauch kringelt sich in den Lichtkegeln der Scheinwerfer, die im Raum umherschweifen und -kreisen und einzelne Tänzer wie Akrobaten in einem abgedunkelten Zirkuszelt herausheben. In der Mitte der Tanzfläche wippt und schüttelt sich Sophie zu den zwerchfellerschütternden Beats des allerneuesten House. Hier ist der Techno-Balzplatz des zwanzigsten Jahrhunderts, einer der angesagtesten Clubs in Wien. Und heute nacht läuft das Geschäft (und das Amüsement) wie immer. Bis auf einen Unterschied.

In einem kleinen Kellerraum unter der Tanzfläche sitzen Wissenschaftler der Universität Wien, die das Verhalten der weiblichen Clubgäste untersuchen. Sie bitten sie, einzeln herunterzukommen und eine Speichelprobe in ein kleines Plastikröhrchen zu geben, das danach verschlossen, registriert und zur Analyse ins Labor gebracht wird. Dann befragen die Forscher die Probandin nach ihrer gegenwärtigen Stimmungslage, nach der Zahl ihrer Begleiter bei diesem Clubbesuch und danach, ob sie in einer festen Beziehung lebt oder nicht. Eine Videokamera schwenkt über ihre Kleidung, während ihre Antworten aufgezeichnet werden. Nach etwa fünf Minuten kann sie wieder gehen. Das Experiment erfolgt unter der Federführung von Professor Karl Grammer, eines Urbanethnologen, der in Arbeiten untersucht hat, ob und inwieweit evolutionäre Kräfte das Verhalten des modernen Menschen beeinflussen. Heute geht er dem Zusammenhang zwischen der weiblichen Sexualität und den wichtigsten sie steuernden Hormonen nach.

Seit in den zwanziger Jahren die Hormone entdeckt wurden, vermuten die Wissenschaftler, daß sie eine entscheidende Rolle bei der

Ausformung unseres Geschlechtstriebs spielen, daß sie nachhaltig beeinflussen, wie häufig wir Erregung empfinden, welcher Art diese Erregung ist und sogar welche Art von Menschen uns erregt. Der männliche Sexualtrieb wird, wie wir gesehen haben, hauptsächlich von einem relativ stabilen Testosteronspiegel gesteuert, was den Wunsch nach häufiger sexueller Aktivität mit vielen verschiedenen Frauen hervorruft. Der weibliche Sexualtrieb dagegen wird beeinflußt von einer komplexen Mischung dreier sehr unterschiedlicher Hormone: Östrogen, Testosteron und Progesteron.

Seit den vergangenen fünfzig Jahren toben Debatten über die genaue Wirkungsweise und den zeitlichen Einfluß dieser Hormone. Eine Partei argumentiert, daß sie sehr wenig Bedeutung haben, insbesondere im Vergleich zu den massiven sozialen und kulturellen Zwängen, die Frauen traditionell auferlegt sind. Andere behaupten, daß Hormonspiegel und -gleichgewicht sich von Frau zu Frau so sehr unterscheiden, daß keine vernünftigen Verallgemeinerungen möglich sind. Eine dritte Gruppe verweist darauf, daß die Erforschung des Wechselspiels zwischen Hormonen und sexuellem Verlangen immer noch in den Kinderschuhen steckt, so daß man noch keine endgültigen Schlüsse ziehen sollte. Was letztendlich stimmt, ist noch alles andere als klar, doch es zeichnen sich Trends ab, die uns erlauben, erste, wenn auch vorläufige Skizzen zu entwerfen. Wir werden daher aus Gründen der Einfachheit die vorliegenden Befunde zusammenstellen und resümieren, was wir über die hormonellen Gezeiten im Zyklus einer Frau und das damit verbundene psychische Profil wissen.

Als erstes Hormon sollten wir das Östrogen untersuchen. Es wird während des gesamten Zyklus produziert, erreicht aber unmittelbar vor dem Eisprung einen Gipfelpunkt. Die Sexualtherapeutin Theresa Crenshaw bezeichnet Östrogen als das »Marilyn Monroe«-Hormon, das Komm-her-und-berühr-mich-, das Nimm-mich-ich-gehör-dir-, das Küß-und-drück-mich-Hormon, das für das Weibliche an einer Frau, ihre runden Brüste und kurvigen Hüften und für ihr Verlangen nach sexuellem Kontakt verantwortlich ist.

Das zweite wichtige Hormon ist das Testosteron, das bei Frauen in weitaus geringeren Mengen erzeugt wird als bei Männern. Es erreicht jedoch seinen höchsten Spiegel etwa um die Zeit des Eisprungs, wo es offenbar eine ganz ähnliche Wirkung wie bei Männern entfaltet. Testosteron – das ist der Frauenaufreißer bei Nacht, der Stürmer auf dem Weg zum Tor, der Geschäftsmann kurz vor dem Abschluß, der aktive, aggressive Drang zu jagen, zu kämpfen und zu erobern. Und dies gilt auch in der sexuellen Arena. Testosteron will nicht Augen-zu-und-es-über-sich-ergehen-lassen. Es will mitmischen.

Das letzte der drei wichtigsten Hormone ist Progesteron, bekannt für seine dämpfende Wirkung. Progesteron ist die kalte Dusche des Trios, die Triebkraft hinter dem weiblichen Wunsch, zu Hause zu bleiben und die Privatsphäre zu wahren. Wenn der Progesteronspiegel gegen Ende des Monatszyklus sowie während der Schwangerschaft ansteigt, zeigen Frauen in aller Regel fürsorgliches und abwehrendes statt aktives und aggressives Verhalten.

Wenn wir bedenken, wie diese hochwirksamen chemischen Substanzen ineinandergreifen, im Verlauf jedes Zyklus einander ergänzend ansteigen und abflauen, dann zeichnet sich ein weitaus differenzierteres Bild des weiblichen sexuellen Begehrens ab.

Kehren wir zurück zu Sophie, der wir gerade in dem Wiener Club begegnet sind. Sie ist ihren Angaben zufolge sechsundzwanzig und hat eine feste Beziehung. An dem Abend, an dem sie den Club aufsuchte, blieb ihr Freund zu Hause, doch im Gegensatz zu ihm, der nur müde und lethargisch herumhing, hielt es sie nicht in der Wohnung. Sie beschloß, allein loszuziehen, schlüpfte in ein kleines Schwarzes und landete an diesem Ort. Sie hatte nicht die Absicht, jemanden kennenzulernen, zog sich aber dennoch für diesen Fall an. Bald wurde Sophie zum Ziel der Annäherungsversuche verschiedener Männer, und sie fühlte sich versucht, darauf zu reagieren. Als die Forscher sie ansprachen, war sie in voller Fahrt – den Kopf zurückgeworfen, das Kleid hochgerutscht und ein gefährliches Glitzern in den Augen.

Nach Ansicht der Forscher, die Sophie befragt hatten, ist dies ein immer häufiger auftretendes Muster: nicht nur, daß vermehrt Frauen, die eine feste Beziehung haben, den Club alleine aufsuchen, sondern auch ihr Verhalten und die Art ihrer Kleidung. Die Analyse von Sophies Speichelprobe schließlich ließ die Forscher noch mehr aufmerken. Die Probe wies sowohl einen hohen Östrogen- als auch Testosterongehalt auf. Sophie hatte gerade einen Eisprung.

Die Art, wie sie sich anzog, ihr Hormonstatus und die Voraussetzungen, unter denen sie den Club aufsuchte, faßten die Wissenschaftler zu folgendem Resümee zusammen: Sophie war, wie ein unverhältnismäßig hoher Anteil von weiblichen Clubgästen, an diesem Abend ohne ihren Freund da, maximal fruchtbar und knapper bekleidet als fast alle diejenigen Frauen, die keinen Eisprung hatten. Aus der Studie geht nicht hervor, ob Sophie in dieser Nacht mit einem anderen Mann schlief, doch das spielt keine Rolle. Der Einfluß ihrer Hormone trieb sie dazu, sich so zu verhalten, daß sie eine entsprechende Gelegenheit bekommen würde, und zwar zu genau dem Zeitpunkt, zu dem sie mit größter Wahrscheinlichkeit empfängnisbereit war. Die Frage ist nur warum?

Krieg der Spermien

Im April 1989 veranstaltete die britische Frauenzeitschrift *Company*, die auf berufstätige soziale Aufsteigerinnen zielt, eine Umfrage unter dem Titel »Der Orgasmus: Ihre Chance, ihn neu zu definieren«. Auf den anschließenden Seiten wurden die Leserinnen aufgefordert, detaillierte Informationen über ihre sexuellen Erfahrungen preiszugeben. Der Fragebogen wollte wissen, wie oft die Frauen Sex hatten, mit wem, zu welchem Zeitpunkt im Monat, unter welchen Umständen, welche Verhütungsmethoden sie einsetzten und ob und wann sie den Höhepunkt erreichten. Oberflächlich betrachtet handelte es sich um einen Fragebogen wie viele andere. Doch es gab einen bemerkenswerten Unterschied. Die Fragen waren nicht von einer gestreßten Redaktionsassistentin zusammengestellt worden, sondern von zwei der interessantesten Biologen des Landes.

Robin Baker und Mark Bellis waren zwei wissenschaftliche Einzelgänger, die sich gerade an eine radikal neue Theorie der weiblichen Sexualität herantasteten. Seit Anfang der achtziger Jahre arbeitete Baker gemeinsam mit dem Biologen Geoffrey Parker an einem Phänomen aus der Tierwelt, das als »Spermienkonkurrenz« beschrieben wurde. Man nahm an, daß sich die Ejakulate zweier verschiedener Männchen innerhalb des Fortpflanzungstrakts eines Weibchens bekämpfen und eine Art Rennen um die Befruchtung liefern. Nachdem sich Baker eine Zeitlang anderen Forschungsgegenständen zugewandt und mit räumlicher Orientierung und Schwindel befaßt hatte, griff er das Thema Sexualität wieder auf und nahm gemeinsam mit Bellis, der bei Baker promoviert hatte, ein Projekt in Angriff, das enorme Auswirkungen haben sollte – nicht nur auf die Wissenschaftlergemeinde, sondern auf die gesamte institutionalisierte Sexualforschung.

Daß Baker und Bellis an einer der brutaleren Tatsachen der Biologie wie der Spermienkonkurrenz angesetzt hatten, verhalf ihnen zu einem neuen Blickwinkel auf die Kontroverse über die weibliche Sexualität. Sie stellten fest, daß die Hodengröße (im Verhältnis zum Körpergewicht) bei anderen Primaten in Abhängigkeit davon variierte, wieviel Kontrolle die Männchen über die Paarungsgewohnheiten »ihrer« Weibchen ausüben konnten. Bei polygamen Arten, in denen ein Männchen über einen Harem von Weibchen herrschte (bei den Gorillas beispielsweise), waren die Testikel relativ klein. Unter egalitäreren Arten, wo beide Geschlechter promiskuitiv waren, kamen viel größere Hoden vor – am ausgeprägtesten bei unseren allernächsten Verwandten, den Bonobos, einer Schimpansenart. Die Größe der Hoden beim Menschen liegt jedoch irgendwo dazwischen, was nach Ansicht von Baker und Bellis nachdrücklich dafür spricht, daß wir uns unter Bedingungen entwickelt haben, unter denen sich die Männer an eine zwar wenig ausgeprägte, aber dennoch durchgängige weibliche Promiskuität anpassen mußten.

Wenn die Männer die weibliche Strategie mit der Entwicklung entsprechender Organe beantwortet und sogar innerhalb des weiblichen Fortpflanzungstrakts konkurriert haben, standen dann den Frauen selbst auch biologische Instrumente zur Verfügung, mit denen sich das Ergebnis dieser Konkurrenz beinflussen ließ? So lautete die Kernfrage, und von ihrer unmittelbaren Prämisse aus kamen Baker und Bellis näher als alle anderen Forscher vor ihnen an eine Lösung der verbleibenden großen Rätsel der weiblichen Sexualität heran. Warum war sie so variabel, worin bestand die wahre Funktion der Klitoris, und warum hatten Frauen überhaupt Orgasmen?

Um ihre Resultate auf eine solidere und breitere Basis zu stellen, versicherten sie sich der Mitarbeit zweier Gruppen von Frauen. Die erste Gruppe – Frauen, die in festen Beziehungen lebten – sollte so detailliert wie möglich die Bewegungen des Spermas in ihrem Fortpflanzungstrakt aufzeichnen. Wieviel wurde ejakuliert, wie lange blieb es in ihrem Körper, und wieviel tropfte danach heraus? Wenig überraschend, war dieser Aspekt des sexuellen Akts zuvor noch nie systematisch untersucht worden. Niemand hielt es für ein interessantes oder bedeutsames Phänomen, und selbst wenn es so gewesen wäre, hätte wohl jeder die Finger davon gelassen. Doch Baker und Bellis gingen einem Verdacht nach, und sie waren der Meinung, daß in diesem oberflächlich wenig anziehenden Phänomen vielleicht der Schlüssel zum Verständnis des menschlichen Paarungsverhaltens lag. Sie gaben ihm sogar einen Namen: »Rückfluß«.

Es fanden sich elf Paare, die meisten davon Studenten und Studentinnen, alle monogam. Die Paare sollten ihr gewohntes Sexualleben fortführen, jedoch mit zwei Unterschieden. Erstens sollte jeder Partner die zeitliche Koordination seines beziehungsweise ihres Orgasmus aufzeichnen, und zweitens sollten die Frauen alle Flüssigkeiten, die nach dem Akt aus ihrer Vagina tropften, auffangen und in Behälter mit chemischen Fixiermitteln geben. Dieser Rückfluß sollte den Forschern so bald wie möglich zur Analyse übergeben werden. Die zweite Gruppe von Versuchspersonen war viel größer und ihre Aufgabe bedeutend einfacher. Die Probanden brauchten nur den *Company*-Fragebogen auszufüllen. Die Ergebnisse der beiden Untersuchungen wurden danach gemeinsam analysiert, und es zeigte sich das folgende erstaunliche Muster.

Erstens war die Flüssigkeitsmenge, die nach dem Sex aus der Vagina austrat, nicht immer gleich – und sie hing nicht vom Volumen des Ejakulats des Mannes ab. Vielmehr variierte die Rückflußmenge mit dem Zeitpunkt des weiblichen Orgasmus. Wenn eine Frau zu irgendeinem Zeitpunkt in einer Spanne zwischen einer Minute vor dem Mann und drei Minuten danach den Höhepunkt erreichte, blieb mehr Sperma in ihrer Vagina, als wenn sie bedeutend früher oder später als er oder gar nicht zum Orgasmus kam.

Zweitens ereigneten sich zwar nur 20 Prozent der Orgasmen der Frauen während des vaginalen Verkehrs (die übrigen 80 Prozent wurden durch Masturbation, Phantasie oder Vorspiel erreicht), doch die Häufigkeit dieser Orgasmen war weitaus am höchsten, wenn die Frauen auf dem Gipfel ihrer Fruchtbarkeit, also um den Eisprung herum waren. Vielleicht, so vermuteten Baker und Bellis, waren die alten Griechen doch auf der richtigen Fährte gewesen, auch wenn ihre Vorstellungen im einzelnen nicht zutrafen. Vielleicht spielt der Orgasmus einer Frau während oder im Umkreis des Koitus doch eine Rolle bei der Befruchtung. Doch welche Rolle und in welcher Weise?

Seit Masters und Johnson in den sechziger Jahren ihre Beobachtungen angestellt hatten und seit Gorm Wagner an der Universität von Kopenhagen in den Siebzigern den weiblichen Orgasmus sogar in der Vagina gefilmt hatte, war den Forschern ein einzigartiger physiologischer Effekt bekannt. Sie gaben ihm den Namen »Zelt-Phänomen«. Wenn die Muskeln der Vagina und des Uterus kontrahieren, zeigt die Hinterwand der Vagina rhythmische Wellenbewegungen nach oben, während die Zervix, der Gebärmutterhals, mehrmals nach unten taucht. Dies erzeugt eine Saugwirkung, so daß jede Flüssigkeit, die sich in der Vagina sammelt – entweder Sperma oder die eigenen Sekrete der Frau – durch die Öffnung der Zervix gezogen wird. Für die Spermien ist dies eine echte Starthilfe bei der Reise zu den Eileitern, wo sie ein Ei finden und befruchten müssen. Außerdem hilft es ihnen, die Vagina hinter sich zu lassen, die zwar für einen Penis eine zuträgliche Umgebung sein mag, für die einzelnen Spermien aber ein recht feindliches Milieu darstellt. Der pH-Wert einer gesunden Vagina ist leicht sauer, daher leicht spermizid. Wenn die Samen jedoch einmal den Weg durch die Zervix geschafft haben, sind die Bedingungen ihrem Überleben weitaus förderlicher. Der Mechanismus ist sehr fein und kompliziert, erhielt jedoch einen grobschlächtigen Namen: »Hochsaugen«. Nachdem Baker und Bellis ermittelt hatten, wieviel Sperma unter welchen Umständen in der Vagina verblieb, mußten sie genau klären, wessen Sperma es war. Um dies festzustellen, mußten sie zuerst ihre mathematischen Hausaufgaben machen: abklären, wie oft die Frauen während ihrer fruchtbaren Tage Sex hatten und mit wem.

Die Befragungsergebnisse enthüllten, daß 47 Prozent der Befragten sich »doppelt gepaart« hatten, das heißt, sie hatten mindestens einmal innerhalb eines Zeitraums von fünf Tagen mit mehr als einem Mann geschlafen. Dies schien mit anderen Befunden zur Sexualpartnerwahl von Frauen übereinzustimmen. Schon 1948 hatte Kinseys Team herausgefunden, daß 8 Prozent der jungen Ehefrauen außereheliche Affären gehabt hatten, in der Altersgruppe der Fünfunddreißigjährigen sogar 20 Prozent. Mit der wachsenden sexuellen Freizügigkeit junger Frauen in den vergangenen Jahrzehnten stiegen diese Zahlen. 1980 ergab eine Umfrage von *Cosmopolitan*, daß die Hälfte der verheirateten Frauen unter vierunddreißig Jahren Untreue zugab. Dieser Anteil stieg unter den über Fünfunddreißigjährigen auf 70 Prozent. Die Leserinnen von *Company* und *Cosmopolitan* dürften zugegebenermaßen sexuell informierter, aktiver und auskunftswilliger als die Durchschnittsfrau gewesen sein – und das mag insbesondere für die Gruppe gelten, die bereit war, diesen Sexfragebogen auszufüllen. Doch angesichts solcher Zahlen ließ sich die Behauptung, daß Frauen von Natur aus sexuell weniger aktiv seien oder weniger nach Abwechslung suchten als Männer, immer weniger aufrechterhalten.

Wenn schon diese Zahlen an dem gepriesenen Ideal der weiblichen Monogamie kratzten, so gelangten Baker und Bellis bald zu einem weiteren Ergebnis, das noch entlarvender war. Die Frauen schliefen mit ihren festen Partnern am häufigsten in der ersten und letzten Woche ihres Menstruationszyklus, am seltensten in der Zyklusmitte, wenn die Wahrscheinlichkeit einer Schwangerschaft am höchsten war. Dagegen trafen sich die Frauen mit ihren Liebhabern am ehesten an den fruchtbarsten Tagen. Genau dies bestätigte Karl Grammers Club-Experiment. An den fruchtbaren Tagen, wenn ihr Östrogen- und Testosteronspiegel am höchsten war, suchten die Frauen mit der größten Zielstrebigkeit nach sexueller Befriedigung, und das am liebsten außerhalb einer festen Beziehung.

Zudem förderte das Testosteron nicht nur die Bereitschaft zum Geschlechtsverkehr. Es regte die Frauen auch zur Masturbation an. Ganz im Gegensatz zu dem verbreiteten Vorurteil, daß sich frustrierte, einsame Frauen, so gut sie eben können, Lust verschaffen, haben Studien durchgängig nachgewiesen, daß Frauen um so mehr masturbieren, je mehr Sex sie kriegen. Es würde nicht überraschen, wenn sich dies zum Teil mit dem Hochgefühl und der sexuellen Erregung, einen Liebhaber gefunden zu haben, erklären ließe. Doch könnte es nicht auch noch einen weniger offensichtlichen Grund geben? Unter Berücksichtigung des pH-Werts der Vaginalflüssigkeit und der Saugwirkung des Orgasmus stellten Baker und Bellis die Hypothese auf, daß masturbatorische Episoden die Zugbrücke für die nächste Ladung Sperma hochziehen und nicht nur in der Vagina, sondern auch weiter oberhalb, über die Zervix hinaus, ein saures Milieu schaffen.

Die Befruchtungschancen für das Sperma des festen Partners sahen nicht gut aus. Doch als Baker und Bellis diese zweite wichtige Information miteinbezogen, wurde das Bild noch düsterer. Sie wußten jetzt, wann die Frauen Sex hatten. Wissen wollten sie aber auch wie. Bald zeichnete sich ab, daß die festen Partner doppelt (oder sogar dreifach) im Nachteil waren. Selbst wenn eine Frau während ihrer fruchtbaren Tage sowohl mit ihrem Partner als auch mit ihrem Liebhaber schlief, waren ihre Orgasmen viel häufiger synchron mit denen ihres Liebhabers als mit denen ihres Partners, was entsprechende Auswirkungen auf die in der Vagina verbleibende Spermamenge hatte. Bei 70 Prozent dieser Kontakte mit einem Liebhaber wurde sehr viel Sperma in der Vagina zurückgehalten, dagegen nur bei 40 Prozent der Akte mit dem festen Partner. Die Chancen lagen tatsächlich ganz auf seiten des Nebenbuhlers. Es stellte sich heraus, daß eine Frau sogar doppelt so oft mit ihrem Ehemann wie mit ihrem Liebhaber schlafen konnte, und die Wahrscheinlichkeit einer Vaterschaft ihres Liebhabers war dennoch größer.

Insbesondere Robin Baker ist keiner, der daran glaubt, daß Menschen logische Entscheidungen über irgend etwas treffen, schon gar nicht über ihr Sexualleben. Er ist überzeugt, daß wir sehr weitgehend im Bann evolutionärer Triebe stehen, deren wir uns nicht bewußt sind, geschweige denn, daß wir sie auszugleichen und zu berechnen imstande wären. Ihm zufolge »denken« wir weitgehend aus dem Bauch heraus und haben vielleicht ein insgesamt zu schmeichelhaftes Bild von der Macht unseres Gehirns. Und an dieser Stelle kommt eines der überraschendsten Ergebnisse der *Company*-Studie ins Spiel. Man möchte meinen, daß Frauen angesichts des hohen Risikos, ertappt zu werden, peinlichst auf Verhütung achten, wenn sie schon fremdgehen. Aber die Erfahrung sagt uns, daß dies nicht immer der Fall ist. Sogar solchen Liebespärchen, die die raffiniertesten Strategien ausgeheckt haben, um das Haus verlassen und sich heimlich treffen zu können, unterlaufen »Pannen«, was die Verhütung betrifft. Dabei sind sie ganz eindeutig in der Lage, Risiken einzuschätzen und überlegt zu handeln. Warum also solche Schnitzer?

Wie Baker und Bellis feststellten, verhüteten Frauen, die sich »doppelt paarten«, mit größerer Wahrscheinlichkeit als der Durchschnitt überhaupt nicht. Diese Frauen nahmen auch seltener die Pille. Und sie benutzten bei ihrem Affärenpartner viel seltener Verhütungsmittel als bei ihrem festen Partner.

All diese Indizien ließen nur einen einzigen Schluß zu. Frauen waren genauso wie Männer darauf angelegt, das bestmögliche genetische Geschäft zu machen – und wenn dieses Geschäft nicht innerhalb einer Beziehung zu haben war, dann waren sie nur allzu willig, es außerhalb zu suchen. Wie manche Soziobiologen sarkastisch bemerkten, als sie sich mit dem Problem der weiblichen Sexualität herumschlugen, hätte sich der männliche Drang nach möglichst vielen Partnerinnen außerhalb der Beziehung nie erhalten, wenn nicht zumindest einige Frauen die Männer auf dem Weg des Evolutionsprozesses dazu gezwungen hätten. Und dabei konnte es ihnen nicht nur darum gehen, deren Vermögen anzuhäufen. Frauen waren auch hinter etwas viel Dauerhafterem her – Genen.

Ob sie sich dessen, was in ihrem Körper vorgeht, nun bewußt sind oder nicht, Frauen sind mit einem ganzen Arsenal von Werkzeugen ausgestattet, um die Vaterschaft ihrer Kinder zu manipulieren: Ovulation im verborgenen, Befruchtung im Körperinneren, »Rückfluß«, »Aufsaugen«, Masturbation, Orgasmus – all das sind mehr oder weniger unbewußte Methoden, das Chancengleichgewicht zugunsten des eines oder anderen Mannes zu verschieben. So gesehen ist die Funktion der Klitoris und des weiblichen Orgasmus alles andere als eine bloße Zufälligkeit der Säugetierevolution. Sie gab den Frauen *Macht*. Und diejenigen, die auch nur um einen Teil dieser Vorgänge wußten, konnten sogar bewußtere Entscheidungen treffen. Tim Taylor, Archäologe an der Universität von Bradford, vermutet, daß der Rückfluß in unserer Evolutionsvergangenheit eine noch entscheidendere Rolle gespielt haben mag, da regelmäßige, anstrengende körperliche Arbeit (und ein eklatanter Mangel an Stühlen) unseren weiblichen Vorfahren zu einer starken und steuerbaren Beckenbodenmuskulatur verholfen haben dürfte. Die frühen Frauen waren möglicherweise imstande, Sperma nicht nur heraustropfen zu lassen, sondern es aktiv auszustoßen.

Hurenböcke und Familienväter

Dennoch bleibt eine zentrale Frage. Warum das Risiko eingehen? Wenn das unumgängliche Geschäft der Fortpflanzung – Schwangerschaft, Stillen und Kinderpflege – schon an und für sich so erschöpfend und gefahrvoll war, warum dann die Gefahren noch durch Untreue vervielfachen? Es stand jede Menge Sperma zur Verfügung, und die männliche Eifersucht war rabiat und verbreitet genug, um ein echter Abschreckungsfaktor zu sein. Doch irgendwie schien das nie vom Sex außerhalb der Partnerschaft abzuhalten. Die Frauen nahmen das extreme Risiko, erwischt zu werden, für den Vorteil in Kauf, sich gute Gene zu verschaffen. Wie läßt sich dies erklären?

Der männliche Wunsch nach Abwechslung und die ungleichen Investitionen in die Elternschaft hätten Frauen in eine ausweglose

Situation ohne jegliche Gewinnchance bringen können. Frauen sind auf Ressourcen angewiesen, um zu überleben und Kinder großzuziehen. Doch die Männer, die solche Ressourcen besitzen, sind nicht unbedingt diejenigen mit den besten Genen. Es ist schwer, klagen die Frauen von heute, alles auf einmal zu finden. Dieses Problem ist wahrscheinlich mit der Zeit komplizierter geworden, wie sich auch die Methoden, für den eigenen Lebensunterhalt zu sorgen, verfeinert haben und nicht mehr bloß auf Stärke oder List beruhen. Doch es war wohl während des größten Teils der Menschheitsgeschichte ein Dilemma. Wen soll sie wählen? Den beständigen, verläßlichen Versorger? Oder den bettelarmen, kraftstrotzenden Burschen, der ihr Herz höher schlagen läßt?

Natürlich waren in unserer urzeitlichen Umwelt die Männer mit Ressourcen höchstwahrscheinlich zugleich die größten, stärksten und gesündesten und auch die attraktivsten. Das machte das Leben für die Frauen aber nicht einfacher. Kerle mit guten Genen würden mit noch größerer Wahrscheinlichkeit als der Durchschnittsmann kaum bei einer Frau ausharren. Nicht nur die Männer mußten also mit allen nur möglichen Mitteln um die Chance auf größtmöglichen Reproduktionserfolg konkurrieren. Frauen mußten genauso heftig und gewitzt – wenn auch in der Praxis weniger gewalttätig – um den bestmöglichen Partner und den größten Anteil an der Beute konkurrieren. In polygamen Gesellschaften war es noch schwieriger, den besten zu ergattern. Das Leben im Harem mochte für Despoten ein Zuckerschlecken gewesen sein, für die Frauen bedeutete es einen ständigen Kampf um Macht, Besitz, ja ums Überleben. Sie hätten es sicher vorgezogen, einen durchschnittlichen Ernährer für ihren Nachwuchs zu finden und die genetische Ernte von Sex mit anderen, eindrucksvolleren Männern einzufahren, wenn sich die Gelegenheit bot.

Das alles erinnert merkwürdig an die männliche Mischstrategie: eine Partnerin finden, einen Hausstand gründen, um das Überleben zumindest einiger Kinder zu sichern, und alternative Wege verfolgen, wenn die Kosten nicht zu hoch sind. Ist es möglich, daß es bei beiden Geschlechtern ähnliche psychologische Anpassungen gibt, um die Optionen beider Seiten auszugleichen?

David Buss ist davon überzeugt. In seiner Studie über lang- und kurzfristige Partnerbindung, die einige der weniger erbaulichen Aspekte der männlichen Partnerwahl ans Licht brachte, ließen auch einige Frauen ihre Vorlieben durchblicken. Wir haben bereits gesehen, daß Männer Frauen in »brave Mädchen« und »böse Mädchen« einteilen und ihre Wahl für lang- oder kurzfristige Beziehungen entsprechend treffen. Und wir erinnern uns, daß die Männer, wenn es um puren Sex ging, ihre Ansprüche bis auf ein Niveau sinken ließen, auf das sich die Frauen nie begeben hätten. Alles schien darauf hinauszulaufen, daß Männer geil und scharf sind und Frauen sittsam und wählerisch. Doch bei näherer Betrachtung zeigt sich, daß die Frauen eine spiegelbildliche Version desselben Kurzzeit-Spiels spielten. Sie teilten die Männer in »Familienvater« und »Hurenbock« ein, männliche Gegenstücke zu »Heilige« und »Hure«.

Buss erklärte einen Gutteil seiner Befunde so: Während Männer sich nur um des Sex willen kurzfristige Partnerinnen suchten (daher auch ihre geringeren Ansprüche), lohnte es sich für die Frauen aufgrund ihrer ungleich höheren Investition in die Elternschaft einfach nicht, kurzfristige Beziehungen als Selbstzweck anzustreben. Frauen hatten meist andere Gründe dafür: »Unmittelbarer Ressourcengewinn und Verwendung der kurzfristigen Beziehung als Instrument zur Abschätzung der langfristigen Aussichten [sowie] Sicherstellen von Schutz vor Mißhandlung durch ungebundene Männer«. Das war es, was die Frauen bei einem kurzfristigen Partner suchten. Demnach müßten Anzeichen für die Bereitschaft des Mannes, sich spendabel zu zeigen und Investitionen zu tätigen, besonderes Gewicht haben. In der Tat äußerten sich Frauen auf die Frage, welche Eigenschaften sie bei einem kurzfristigen Partner attraktiv fänden, sehr positiv über Großzügigkeit und sehr negativ über Geiz.

Abweichende Ergebnisse schienen jedoch dafür zu sprechen, daß andere Ursachen am Werk waren – manche davon genau gegenläufig zum allgemeinen Trend. Während Frauen durchgängig wählerischer waren als Männer, selbst bei kurzfristigen Partnern, zeigten sie sich, wie Männer auch, bei langfristigen Partnern mäkeliger als bei kurzfristigen. Es ist viel leichter, mit jemandem für ein paar Stunden in der Woche auszukommen als für den Rest des Lebens. Seltsamerweise brachen jedoch Frauen, wenn es um die körperliche

Attraktivität ging, radikal mit ihrem eigenen Muster, an einen langfristigen Partner höhere Ansprüche zu stellen. Beispielsweise legten sie bei einem kurzfristigen Partner viel größeren Wert auf Körperkraft als bei einem langfristigen. Auch stellten sie bei einem kurzfristigen Partner höhere Ansprüche an die äußerliche Attraktivität. Frauen widersprachen hier nicht nur ihren eigenen Trends, sondern unterschieden sich auch von Männern, die wie erwähnt bereit waren, bei einem Seitensprung ihre Ansprüche an das Äußere zu senken. Wenn du ohne Kosten oder Verpflichtung mit mir ins Bett steigen möchtest, so schienen die Frauen zu sagen, dann mußt du schon außergewöhnlich attraktiv sein. Damit sind wir wieder bei dem Diät-Cola-Sexprotz.

Es schien, daß Frauen gute Gene sehr gut gegen Besitz und Bindungsbereitschaft abwägen konnten, und zuweilen gewannen die Gene. Auch Buss' anfängliche Überzeugung, daß es Frauen sehr auf materiellen Gewinn ankäme, wurde von anderen erstaunlichen Ergebnissen massiv erschüttert. Den Frauen war es offenbar ziemlich gleichgültig, ob ihr kurzfristiger Partner mittellos, ungebildet oder ohne Ehrgeiz war – obwohl sich diese Eigenschaften bei langfristigen Partnern als massive Handicaps erwiesen. Zudem nahmen Frauen Eigenschaften wie »hat vielversprechende Karriereaussichten«, »wird wahrscheinlich beruflichen Erfolg haben«, »wird mit Sicherheit Karriere machen« und »wird wahrscheinlich viel Geld verdienen« nicht einmal halb so wichtig, wenn es um kurzfristige Partner ging, als wenn sie langfristige bewerten sollten. Junge Männer ohne Besitz mögen bei Frauen mehr Chancen haben, als sie glauben, sofern diese Frauen sich bereits materieller Mittel aus anderer Quelle versichert haben.

All dies deutet auf eine radikal neue Erklärung des weiblichen Sexualtriebs hin. Denn in all den Jahren, in denen die Forscher sich abmühten, Frauen in die sprichwörtlichen Kategorien »Heilige« oder »Hure« einzuordnen, begründeten sie ihre Vorstellungen mit einem fundamentalen Mißverständnis: daß nämlich die beiden Kategorien sich wechselseitig ausschlössen, daß keine Heilige eine Hure und keine Hure eine Heilige sein könnte. Vielleicht glaubten die Männer, sie könnten die weibliche Sexualität besser kontrollieren, wenn sie diese auf eine griffige binäre Formel reduzierten, selbst wenn ihre Formel zuweilen mindestens die Hälfte der Tatsachen kraß überging. Wenn die Frauen alle Heilige waren, warum sollten Männer sich dann damit abgeben, ihnen Vergnügen zu bereiten? Und wenn sie alle Huren waren, dann konnte man zumindest Vorkehrungen zur Kontrolle ihrer unberechenbaren Neigungen treffen. Überdies ließen sich solche Maßnahmen gut rechtfertigen. Doch was, wenn sie *beides* waren – je nach Laune, nach dem Zyklusabschnitt, nach den Männern, denen sie begegneten –, welche Chancen hatte da ein Mann?

Welche Chancen, genau das ist die Frage. Die Evolution hat Männer und Frauen nicht für ein Leben in ruhiger, ungestörter Harmonie geschaffen, sondern dafür, sich mit allen nötigen Mitteln Vorteile bei der Verbreitung der eigenen Gene zu verschaffen. Männer und Frauen unterscheiden sich grundlegend, wenn es um Sex geht. Wegen des Ungleichgewichts bei den Kosten der Fortpflanzung ist verständlich, warum wir so lange geglaubt haben, daß Männer für maximale Polygamie und Frauen für sichere Monogamie gemacht sind. Doch wir haben uns geirrt. Frauen und Männer sind verstrickt in einen evolutionären Rüstungswettlauf, bei dem ihre Interessen manchmal unversöhnlich scheinen. In einer Welt mit begrenzten Ressourcen, begrenzter Energie und existentieller Konkurrenz entwickelt sich unvermeidlich eine Art »Geschlechterkampf«. Dennoch haben die kriegführenden Parteien mehr gemeinsam, als sie denken. Beide haben biologische Handicaps zu tragen: das Rätsel der Vaterschaft, das Risiko der Schwangerschaft. Beide verfügen über biologische Triebe und Werkzeuge, um diese Handicaps wettzumachen und ihre Gene weiterzugeben: Männer ihre gigantische Spermienzahl und ihren Wunsch nach Abwechslung, Frauen ihre Orgasmen und ihre mütterliche Fürsorge. Beide verfügen über raffinierte psychische Mechanismen, um das Potential dauerhafter und zeitweiser Partner abzuwägen.

Und wie schwer es uns auch fallen mag, uns damit abzufinden, wie unverständlich das jeweils andere Geschlecht uns auch zuweilen vorkommen mag, sowohl Männer als auch Frauen sind angepaßt an ein grundlegendes Muster: langfristige Beziehungen, um gesicherte Nachkommen aufzuziehen, gewürzt mit Sex nebenbei.

Teil II Formende Kräfte

Soziale Kontrollmechanismen des Sexualverhaltens. Warum sie entstanden und wie sie die Sexualität in westlichen Kulturen geformt haben.

3 Der Weg zur Ehe

1937 wurde Helena Valero entführt. Als Tochter eines spanischstämmigen Siedlers, der sich in die gewaltigen Regenwälder zwischen dem Rio Grande und dem oberen Rio Orinoco vorgewagt hatte, war sie ein cleveres und robustes Kind, doch auf den Tag des Angriffs war sie nicht vorbereitet. Ihre kleine Familie paddelte gerade in ihrem Kanu zu einem verlassenen Haus, in dem sie sich hatte niederlassen wollen, als sie Rauch von einer nahegelegenen Lichtung aufsteigen sah. Sie steuerte ans Ufer, und Helenas Vater stieg an Land, um nachzusehen, was da los war. Zwei Minuten später kam er zurückgerannt, in Todesangst und mit einem Pfeil im Arm. »Da sind Indianer«, schrie er. »Indianer! Laßt alles stehen und liegen! Paddelt los!«

Alle sprangen in das Kanu und fuhren, so schnell sie konnten, stromabwärts, doch die Indianer nahmen die Verfolgung auf und ließen Wolken von Pfeilen auf sie herabregnen. Ein Pfeil streifte Helenas Bauch und bohrte sich in ihre Hüfte. Für einen Augenblick lang glaubten die Valeros entkommen zu können, doch vor ihnen ragten bedrohliche Felsen auf und obenauf stand eine lange Kette von Kriegern, Bogen und Speere bereit. Verzweifelt sprang die Familie über Bord in die Stromschnellen. Alle kämpften sich ans Ufer und versuchten, in Deckung zu rennen, doch Helenas jüngere Brüder konnten beide nicht schnell genug laufen, und Helena mit ihrer schweren Pfeilwunde vermochte kaum zu gehen. Helenas Eltern nahmen die Jungen hoch, rannten in den Wald und riefen Helena zu, sie würden zurückkommen.

Das nächste, was Helena wußte, war, daß es Nacht war und sie mitten im Indianerdorf neben einem Feuer lag. Dies war der Beginn einer langen Irrfahrt, auf der sie die Lebensweise eines der letzten »unerforschten« Stämme auf der Erde kennenlernen sollte.

Die Yanonami, wie man sie nannte, lebten in Gruppen zu etwa fünfzig Personen im Umkreis von befestigten Dörfern tief im Dschungel. Sie aßen Spinnen, Kröten und, zu zeremoniellen Zwecken, die Asche ihrer toten Verwandten. Die Frauen steckten sich Knochen durch die Nase, die Männer trugen Penisfutterale, und beide Geschlechter bemalten sich den Körper mit einer roten Paste namens *urucu*.

Helena beobachtete verwundert die Sitten und Gebräuche ihres Adoptivvolkes. Dazu zählten rituelle Ohrfeigen, Schamanentänze und der Gebrauch von tranceerzeugenden Drogen. Als sie in die Pubertät kam, wurde auch Helena den Ritualen unterzogen. Abrupt wurde sie von zwei Frauen ergriffen und in einen Bambuskäfig gesteckt, in dem sie mehrere Wochen lang mit sehr wenig Nahrung und Wasser ausharren mußte. Am Ende dieser Phase wusch, bekleidete und bemalte man sie und veranstaltete einen Festumzug durch das Dorf, um zu verkünden, daß sie nun als Frau galt. Sie war jetzt, wie die Yanonami sagen, eine Frau »von Bedeutung«, und die Männer begannen Interesse an ihr zu zeigen. Die Kunde von ihr verbreitete sich über die Grenzen des Dorfes hinaus, und bald stellte sich ein potentieller Ehemann mit einer Schar Krieger ein, um sie fortzuführen.

Yanonami-Hochzeiten hatten offenbar wenig gemein mit den Ritualen des Umwerbens und Verführens in westlichen Kulturen. Häufig erfolgten sie nach brutalen Raubzügen; die Krieger überfielen ein benachbartes Dorf, töteten oder verwundeten die Männer, zerschmetterten die Köpfe der Kinder und schleppten die schreienden Frauen fort. Obwohl der Mann, der Anspruch auf Helena erhob, sich weniger kriegerisch gab, war er doch keinen Deut zartfühlender. Helena beschrieb ihr Erlebnis so: »Ich lag in der Hängematte; ich sah viele Männer, alle bemalt. Der erste näherte sich mit seinen Pfeilen in der Hand und musterte mich stumm. Ich wandte mein Gesicht zum Hüttendach hinauf; ich wollte durch die Blätter des Daches fliehen. Der Mann, der vor all den anderen stand, legte seine Pfeile ab und packte mich am Arm. Ich drehte immer noch meinen Kopf zum Dach. Der Mann sagte: ›Ich bin gekommen, um sie zu nehmen.‹«

Doch die alten Frauen aus Helenas Dorf wollten sie nicht herausgeben. Darauf folgte ein Tauziehen mit ihrem Körper; die Krieger versuchten, sie an den Beinen fortzuschleifen, die alten Frauen klammerten sich an ihrem Hals fest. Schließlich verlor Helena das Bewußtsein und wurde für tot liegengelassen. Sie war der Gefangennahme entgangen und wurde schließlich mit dem Häuptling des Dorfes, Fusiwe, verheiratet, der bereits vier andere Frauen hatte.

Leider herrschten zwischen den verschiedenen Ehefrauen oft gespannte Beziehungen, wie Helena herausfinden sollte. Sie sah einmal mit an, wie eine neue Ehefrau unbekümmert von einem Rendezvous mit ihrem Mann im Wald zurückkehrte und unterwegs von seiner ersten Ehefrau mit einem Knüppel heftig attackiert wurde. Solche Auseinandersetzungen kamen häufig vor und endeten oft blutig. Zuweilen stand der Mann dabei und sah zu, manchmal mischte er mit und verprügelte eine oder beide Frauen.

Das Leben mit Fusiwe war schwer. Helenas Mitfrauen waren eifersüchtig, und Fusiwe selbst war brutal. Er bekam Wutanfälle, wenn eine von ihnen sich ans Feuer seines Bruders setzte, und pflegte sie auf den Kopf zu schlagen. Helena gebar Fusiwe zwei Söhne, bevor er einem Raubzug zum Opfer fiel; sie geriet in eine neue Gruppe und wurde dem grausamen und bösartigen Akawe zugeteilt, der ihr ständig drohte, sie umzubringen. Viele Jahre seien nun vergangen, seit sie gekommen war, sagte er. Sie sei zu alt, um noch anziehend zu sein, und ihr Alter hindere ihn, die Gesellschaft jüngerer Frauen zu genießen. Helena ertrug seine Beleidigungen und Mißhandlungen für die Jahre, die ihre letzten im Urwald sein sollten. Dann, gerade als sie sich in höchster Gefahr fühlte, kam ein venezolanisches Handelsschiff vorbei, und es gelang ihr, sich an Bord zu schmuggeln. Vier Tage später erreichte sie Rio. Die Zeitungen erfuhren von ihrer Geschichte und berichteten über das Leben dieser weißen Frau bei den Wilden mit derselben Sensationslüsternheit wie die übelsten Revolverblätter heutzutage. Doch woher diese Faszination?

Helena hatte ein außergewöhnliches Abenteuer überlebt, doch ihre Geschichte war verschlungener, eindrucksvoller und aufschlußreicher als die üblichen abgedroschenen Räuberpistolen über

Frauen in Gefahr. Sie hatte nicht nur bei diesen Menschen gelebt und ihre Lebensweise von außen beobachtet. Sie hatte gelebt wie sie, ihre Rituale befolgt und in ihrer Tradition geheiratet. Doch wo lag die wahre Bedeutung ihrer Erfahrung? Handelte es sich nur um eine alptraumhafte Reiseerzählung über ein Volk von Wilden, das sich von der »zivilisierten« Welt unterschied wie die Nacht vom Tage? Stellte die ständige Gewalt in der Yanonami-Gesellschaft eine seltsame Abweichung dar, bedingt durch die rauhen Lebensbedingungen im Dschungel? Oder war das eigentlich Schockierende an Helenas Geschichte gerade ihre Vertrautheit? War es möglich, daß ihre Erfahrungen nur ein Extrembeispiel eines vertrauten globalen Musters waren – des Archetypus aller Eheformen?

Es lebe die Differenz

Die Vorstellung, daß die sexuellen Beziehungen von Menschen auf der ganzen Welt im wesentlichen demselben Muster folgen, halten die meisten Anthropologen für absurd. Seit der Zeit, als Menschen zum ersten Mal in See stachen, um neue Völker zu unterwerfen und neue Länder zu erforschen, fanden sie stets Vergnügen an Geschichten über die Unterschiede zwischen ihnen, und nirgends mehr als auf sexuellem Gebiet. Zur Zeit der Antike berichteten die Römer entgeistert und begeistert zugleich über die ägyptische Gepflogenheit des pharaonischen Inzests. Im Mittelalter füllten die spanischen Konquistadoren ihre Tagebücher mit Berichten über Sodomie und Transvestismus bei den Inkas. Im viktorianischen Zeitalter, als sich die Missionare aufmachten, den »wilden« Völkern Afrikas, Asiens und Ozeaniens das Wort Gottes zu predigen, folgten alsbald atemlose Berichte über Bandenvergewaltigung, institutionalisierte Pädophilie, rituelle Defloration von Jungfrauen und Witwenopferung.

Die Betonung der Differenz, wenn auch in einem gewandelten Sinn des »unvoreingenommenen« Berichtens, hat sich in neuerer Zeit fortgesetzt. Das Fach Anthropologie wächst und gedeiht mit der Entdeckung, Erforschung und oftmals Befürwortung der

Eigenheiten verschiedener Stämme und Kulturen. Auf Feldforscher wirken Gesellschaften, deren Normen so weit wie nur irgend denkbar entfernt sind von denen der modernen westlichen Kultur, anziehend wie ein Magnet. Die Veröffentlichung von Berichten über Völker mit radikal anderen Sexualpraktiken oder Eheformen ist ein sicheres Erfolgsrezept, das Ruhm und Ansehen des Wissenschaftlers mehrt.

So haben wir erfahren, daß es im Pazifik eine Gesellschaft gibt, die nichts von dem Schmerz und der Lust der romantischen Liebe weiß; in einer anderen, beheimatet in den Prärien Nordamerikas, ist sexuelle Eifersucht wirksam gebannt; in einer dritten in Westafrika, in der Frauen reicher und rarer sind als Männer, haben jene das sexuelle Sagen und nehmen die sexuellen Dienste respektvoller und gehorsamer Männer in Anspruch, wie es ihnen paßt. In einer Welt, in der die Medien uns mit Berichten über Gewalt in der Ehe, Liebesleid und sexuelle Frustration plagen, scheinen solche Kulturen einen flüchtigen Blick in eine bessere, glücklichere Welt zu gewähren. Wenn sich das Sexualleben derart radikal anders gestalten läßt, so denken wir, dann kann doch kein sexuelles Problem unlösbar sein.

Doch je mehr diese Kulturen ein zweites Mal beobachtet und untersucht werden, desto weniger Differenzen halten der Überprüfung stand. In manchen Fällen haben Forscher, die am falschen Ort die falschen Fragen stellten, die Sitten und Gebräuche falsch interpretiert; in anderen erhoben Anthropologen in ihrer Gier, sich einen Namen zu machen, Nebensächlichkeiten zu zentralen kulturellen Einrichtungen und deuteten unbekümmert Ausnahmen zur Regel um. Andererseits gab es auch Missionare, die in ihrem Übereifer, die Lehren der eigenen Religion zu verbreiten, Verhaltensweisen aufdeckten (oder erfanden), die sie als gottlos und ungerecht anprangern und womit sie eine sofortige Bekehrung rechtfertigen konnten.

Die so beschriebenen »Eingeborenen« waren an diesem Geschehen nicht immer ganz unschuldig. Ein berühmtes Beispiel sind die Bewohner der Trobriand-Inseln. Sie verleiteten den weltberühmten Anthropologen Bronislaw Malinowski zu der irrigen Annahme, sie wüßten nicht, daß Sex zur Empfängnis führt, und ließen ihn entsprechende Berichte veröffentlichen, bevor sie zu verstehen gaben, daß sie sehr wohl wußten, woher die kleinen Kinder kommen. Ein weiteres Beispiel war die Behauptung, die Bewohner der Insel Mangaia gäben sich hemmungslosen sexuellen Ausschweifungen hin und hätten keinerlei Vorstellung von zärtlicher Liebe, die sich als Scherz erwies: Eine erschütternde anthropologische Enthüllung beruhte auf bloßen Prahlereien von ein paar betrunkenen Dorfjungen.

Im ersten Teil dieses Buches hoffe ich gezeigt zu haben, daß es so etwas wie eine universelle sexuelle Natur gibt. In diesem Teil nun möchte ich zeigen, daß es eine grundlegende sexuelle *Kultur* gibt, die sich in den vergangenen 30000 Jahren herausgebildet hat, die menschliche Natur widerspiegelt und in ihr gründet und sich je nach den Voraussetzungen unterschiedlicher Landschaften, unterschiedlicher Bevölkerungsverteilung und einem je unterschiedlichen Stand der Technik ausgeformt hat – jedoch auf einer tieferen Ebene in Form und Struktur konstant ist. Diese menschliche Sexualkultur hat die Geschichte der größten Zivilisationen der Welt bestimmt, hat manche zur Blüte und manche zum Untergang geführt und prägt noch heute uns und unsere Sexualität.

Ein unheimliches Gefühl

Es folgt eine wahre Geschichte. Terri und Kim begegneten sich im Juni 1985 als Endzwanziger. Es war ein schöner Sommertag. Verschleierter Sonnenschein, die Luft durchzogen von diesem typisch britischen Duft aus blühenden Rosen und frischgemähtem Rasen. Terri ging im Haus umher, räumte auf und bereitete alles für den Besuch ihrer Schwester vor, die sich zum Mittagessen angekündigt hatte. Ein Auto fuhr draußen vor. Beim Blick durch das Wohnzimmerfenster sah Terri, daß ihre Schwester in Begleitung zweier Männer eingetroffen war. Einer der beiden war der Freund ihrer Schwester, der andere war zu Terris Erstaunen ihr lange verschwundener Bruder Kim, der bei der Geburt von der Familie getrennt worden und bei Adoptiveltern aufgewachsen war.

Kaum hatte sie Kim erblickt, war Terri verzaubert. »Es war wie ein Stromstoß«, erinnert sie sich, »und ich wußte sofort, daß ich ihn liebte, mit einer Liebe jenseits meiner Vorstellungskraft.« Kim fühlte genauso: »Als ich Terri traf, war das Gefühl so mächtig und tief«, berichtet er. »Es war, als ob eine Art unsichtbare, unbewußte Bindung zwischen uns bestünde, noch bevor wir ein Wort miteinander gewechselt hatten.«

Das Mittagessen verlief ohne Zwischenfall. In den nächsten Tagen nahm Terri ihr normales Leben wieder auf und Kim das seine. Doch zwei Wochen danach trafen sie sich wieder. Ende Juni war Terri zu einem Grillfest in Kims Heimatstadt Southend eingeladen. Sie rief ihn an und fragte, ob sie ein paar Tage bei ihm bleiben könnte. Er war hocherfreut. Terri kam am Freitagabend, und sie aßen zusammen zu Abend. Die Anziehung war immer noch da, jetzt stärker als je zuvor. »Wir starrten uns nur an«, erinnert sich Kim, »und ich hatte das Gefühl, sie schon mein ganzes Leben lang zu kennen. Es war ein unheimliches Gefühl.«

Nach dem Essen zeigte Kim Terri ihr Zimmer, und sie setzten sich aufs Bett, um sich noch zu unterhalten. Langsam rückten sie immer näher zusammen, und kurz nach Mitternacht küßten sie sich zum ersten Mal. Es war eine wunderbare Erfahrung. Außerstande, einander noch länger zu widerstehen, entkleideten sie sich und stiegen ins Bett.

Einerseits war es ein Traum, der in Erfüllung gegangen war. Zwei ganz gewöhnliche Menschen erleben eine außergewöhnliche Liebe. Doch andererseits war die Geschichte von Terri und Kim ein Alptraum, der gerade erst begonnen hatte. Einige Monate später wurde Terri schwanger. Sie und Kim waren überglücklich, doch nur wenige andere sahen einen Grund zur Freude. Es ging das Gerücht, das Baby würde geistig behindert sein oder mißgebildet oder beides. Dann, kurz nach der Geburt ihres Kindes, eines hübschen Mädchens namens Lisa, beschlich Terri und Kim das Gefühl, sie würden beobachtet. Eine Woche später klopfte es an der Tür. Es war die Polizei. Das Paar mußte zum Verhör auf die Wache mitkommen. Sie wurden für mehrere Stunden in eine Zelle eingeschlossen, dann verwarnt und freigelassen. Was sie getan hatten, war widerwärtig, gefährlich und illegal. Sie erhielten beide eine Bewährungsstrafe, und es wurde ihnen verboten, jemals wieder wie Mann und Frau zusammenzuleben.

In den vergangenen zehn Jahren erduldeten Terri und Kim ein fragwürdiges Dasein; sie wohnen im selben Haus und sorgen für Lisa, jedoch mit getrennten Schlafzimmern und unter ständiger Überwachung. Ihre Geschichte liest sich wie eine Episode aus George Orwells *1984*, wo Liebe und persönliche Zuneigung verboten sind und die Fortpflanzung vom Staat kontrolliert wird statt von den Launen des individuellen Begehrens. Doch so ist es nicht. Es ist eine ganz gewöhnliche Mann-trifft-Frau-Geschichte, die ganz und gar in der realen Welt spielt. Sie findet hier und heute statt, in Essex, doch sie hätte sich zu jeder anderen Zeit, an jedem anderen Ort, in jeder anderen Zivilisation der Geschichte abspielen können, und das Umfeld hätte ganz genauso reagiert. Denn Terri und Kim haben eines der ältesten und am tiefsten verwurzelten sexuellen Gebote der Menschheit gebrochen.

Inzest – Geschlechtsverkehr mit einem nahen Blutsverwandten – war in fast allen Kulturen der Erde seit dem Beginn schriftlicher Aufzeichnungen gesetzlich verboten. Inzest ist eines der frühesten und vielleicht das verbreitetste aller menschlichen Tabus und war mit einer breiten Palette von Sanktionen verknüpft, die von der Exekution (im alten Babylon) über das Umarmen einer rotglühenden Statue (im alten Indien) bis zum Gebratenwerden in neun verschiedenen Höllenkreisen (im alten China) reichten.

Trotz der Universalität des Tabus belegten einige Kulturen den Inzest konsequenter mit Strafe als andere. Bei den alten Ägyptern beispielsweise waren inzestuöse Ehen innerhalb der herrschenden Schicht erlaubt; sie galten als der einzig praktikable Weg, um zu verhindern, daß das wertvolle Land am Nil zwischen Familien zersplittert wurde, die sich stets weiter verzweigten und mit Fremden vermischten. Die Hebräer, am entgegengesetzten Ende der Skala, verurteilten alle Formen des Inzests mit einem Eifer, der an Fanatismus grenzte, teilweise um sich von den Ägyptern abzuheben, unter deren verhaßter Herrschaft sie so lange gelebt hatten. Beginnend mit den Verboten, die Moses am Berg Sinai erhalten hatte und die verlangten, daß die Schwester tabu sein sollte (»Du sollst deiner Schwester Blöße, die deines Vaters oder deiner Mutter Tochter ist, daheim oder draußen geboren, nicht aufdecken«), dehnten die ersten Rabbis den Kreis der verbotenen Beziehungen zu einem wuchernden Netzwerk immer weiter entfernter Verwandtschaftsgrade aus. Als sie ihr Werk vollendet hatten, waren sie weit über den engsten Kreis aus Eltern, Kindern, Enkeln, Onkeln, Tanten und Vettern ersten Grades hinausgedrungen, die die meisten Kulturen getrennt halten; verboten war nun auch Sex mit der »Frau des Vaterbruders der Großmutter mütterlicherseits«.

Doch warum die universelle Bestürzung über den Inzest? Warum ihn überhaupt verbieten? Sex ist eine gefährliche, unvorhersehbare Sache, bei der man Demütigung, Zurückweisung und zuweilen auch Aggression riskiert. Warum sie nicht beschränken auf diejenigen, die man kennt und denen man vertraut, also auf die Familie? Es ist richtig, daß manche Kulturen tatsächlich bestimmte Formen sexuellen Kontakts zwischen Verwandten kennen: Yanonami-Väter konnten die Vulva ihrer kleinen Töchter kitzeln und küssen, ohne auch nur einen Hauch von Skandal zu erregen. Unter den Sirionó in Südamerika beruhigten Mütter ihre kleinen Söhne traditionell durch Masturbation oder Saugen an ihrem Penis.

In größerem Maßstab betrachtet gibt es jedoch drei sehr gute Gründe, warum sich Kulturen in aller Welt generell bemühen, inzestuöse Beziehungen zu verhindern oder zu unterbinden – und zwar unter allen Umständen außer in vorübergehenden Ausnahmezuständen oder aus sehr eng begrenzten taktischen Erwägungen. Der erste Grund ist der, daß die Familiendynamik dort schon komplex und diffizil genug ist, wo sie keine völlig andersartige Beziehungsform zu integrieren hat. Aufgrund des Machtgefälles zwischen Eltern und Kindern ist ein Inzest zwischen den Generationen ein klassischer Kandidat für Mißbrauch oder Machtumsturz; die Begünstigungen, Leidenschaften und Eifersüchteleien, die Sex mit sich bringt, dürften sich kaum reibungslos in ein bestehendes Muster aus familiärer Liebe und Fürsorge einfügen.

Zweitens kann Inzest die Gesundheit und Stabilität der daran Beteiligten beeinträchtigen, wenn sie ihn zu oft oder zu lange praktizieren. Wir müssen uns vor Augen halten, daß Sinn und Zweck von Sex in der Mischung neuer Gene besteht, so daß Freßfeinde und Schmarotzer niemals immer nur mit identischen Organismen konfrontiert sind. Wenn jedoch im Verlauf vieler Generationen wiederholt inzestuöse Paarungen vorkommen, verkleinert sich der Genpool einer Kultur; bekannte Krankheiten breiten sich aus, und neue können sich leichter einnisten. In der Tat scheint in den sehr seltenen Mikrokulturen, in denen Inzucht die Regel war, die Gesundheit der Bevölkerung gelitten zu haben. Auf der winzigen südatlantischen Insel Tristan da Cunha beispielsweise, auf der das Blut der dreiundzwanzig ersten Siedler und ihrer Nachkommen während sechs Generationen von 1827 bis 1961 nicht mehr durch fremdes Blut aufgefrischt wurde, registrierte man eine deutliche Verschlechterung der allgemeinen Gesundheit. Von den 267 Menschen, die 1961 auf der Insel lebten, litten vier an einer Erbkrankheit, die Blindheit verursachte, sechs weitere trugen die Anlage dazu, und acht weitere waren potentielle Merkmalsträger. Zudem stellten die Forscher fest, daß die Inselbewohner mit der hochgradigsten Inzucht in ihrem Stammbaum im allgemeinen weniger intelligent schienen als diejenigen mit weniger ausgeprägter Inzucht.

Doch die Geschichte von Terri und Kim bietet paradoxerweise eine gute Illustration der dritten Erklärung für das menschliche Inzesttabu. Unsere urzeitlichen Vorfahren waren sich der genetischen Nachteile des Inzests wahrscheinlich nicht deutlich bewußt; das brauchten sie auch nicht, da sie, genau wie wir heute, mit einer raffinierten evolutionären Anpassung ausgestattet waren, die uns von Geburt an auf die Vermeidung des Inzests programmiert.

Eine der erstaunlichsten Einrichtungen des Kibbuzsystems in seiner Reinform, wie es in Teilen Israels zwischen den vierziger und neunziger Jahren praktiziert wurde, war die Art der Kindererziehung. Die Kinder wurden nicht von ihren biologischen Eltern großgezogen, sondern in großen, dem jeweiligen Kibbuz zugehörigen Kindergärten betreut. In diesen hielt man sie dazu an, intensive Bindungen zueinander einzugehen, sexuell zu experimentieren (wenn sie wollten) und später die nächste Generation Kibbuzkinder zu zeugen. Es war eine kühne Idee und eine neuartige dazu, doch das Bemerkenswerteste daran war, daß trotz der dort gepflegten intensiven Bindungen und lebenslangen Freundschaften nicht ein einziges Individuum eine Person heiratete, die im selben Kibbuz aufgewachsen war. Auf die Frage nach den Gründen erwiderten sie, daß sie sich einfach nicht zu ihnen hingezogen fühlten. Es schien, daß der intensive und wiederholte Kontakt, den jedes Kind von früh auf zu den anderen hatte, das Verlangen eher erstickte als anfachte.

So gesehen ist die Geschichte von Terri und Kim die Ausnahme, die die Regel bestätigt. Daß sie sich ineinander verliebten, war vielleicht nur deshalb möglich, weil sie getrennt aufwuchsen.

Neben der sozialen Verwirrung, die der Inzest stiftet, und dem natürlichen Abscheu, den die Menschen davor hegen, gibt es noch einen weiteren Grund, warum Kulturen in aller Welt den Inzest auszurotten trachten, und das ist vielleicht der gewichtigste von allen. Inzest verringert das Maß dessen, was wir Exzest nennen könnten. Und Exzest – die Praxis, sich mit Fremden zu verbinden – könnte der wichtigste Faktor überhaupt gewesen sein, der darüber bestimmte, welcher der frühen Stämme wuchs und gedieh und welcher verkümmerte und verschwand.

Exzest verlangte, sich einen Sexualpartner aus einer Gruppe zu suchen, die sich von der eigenen unterschied. In der Frühgeschichte der Menschheit gab es zwei Möglichkeiten, dies zu bewerkstelligen. Eine bestand, wie wir gesehen haben, darin, Partner aus einer Nachbargruppe mit Gewalt zu rauben. Dies ist das Verfahren, das die Yanonami heute noch anwenden, und obwohl es inzestuöse Verbindungen zuverlässig verhindert, ist es doch dem Frieden und dem Wohlergehen in der Kultur allgemein wenig förderlich. Die Yanonami-Kultur insgesamt läßt sich in gewisser Hinsicht sogar als eine Kette blutiger interner Kriege zwischen verschiedenen Gruppen betrachten; dabei werden die Frauen ständig hin und her verschleppt, während sich das Mannsvolk gegenseitig umbringt.

Andere, vielleicht intelligentere Gruppen müssen erkannt haben, daß sich Exzest auf friedlichere und einträglichere Art praktizieren ließ. Indem sie sexuelle Emissäre aussandten, die als langfristige

Partner der Mitglieder einer benachbarten Gruppe dienten, konnten sie Allianzen mit dieser Gruppe eingehen und nützliche Informationen austauschen, etwa Methoden zum Schutz vor Raubtieren, Hinweise auf jagdbares Wild oder gute Weidegründe sowie Wissen über die mögliche Feindseligkeit oder Friedfertigkeit benachbarter Stämme. Wenn es die Umstände verlangten, hatten sie auch Verbündete zur Hand, an deren Seite sie kämpfen oder mit denen sie zusammengehen konnten. Und in der Frühzeit der Menschheit, in der scharfer Wettbewerb um Nahrung und Revier herrschte, mochte diese Bündnisfähigkeit entscheidend darüber bestimmt haben, welche Gruppen gediehen.

Doch wenn Bündnisse zwischen Stämmen durch die Entsendung von sexuellen Emissären geschlossen wurden, wer waren dann diese Emissäre, und wie funktionierte das System?

Die Ursprünge der Ehe

1908 grub ein Gleisarbeiter an den Ufern der Donau, etwa fünfzig Kilometer oberhalb von Wien, einen seltsamen kleinen Gegenstand aus dem Gleisbett. Er hatte etwa die Größe seiner Hand und ähnelte einer gedrungenen, beleibten Frau mit einem Topfhaarschnitt, großen Hängebrüsten und ungewöhnlich dicken Hüften und Schenkeln. In der Annahme, das Objekt sei eine Laune der Natur, ein Steinbrocken, der zufällig einer Frau ähnelte, wollte er es schon wegwerfen, beschloß dann jedoch, es vorsichtshalber einem Archäologen zu zeigen, der in der Nähe mit Grabungsarbeiten beschäftigt war.

Der Archäologe nahm den »Stein« mit nach Wien, wo er sich mit seinen Kollegen besprach und schließlich bestätigte, daß es das älteste und schönste Exemplar einer Reihe kleiner Statuetten darstellte, die die Erde Europas über drei Jahrzehnte hinweg freigegeben hatte. Die österreichische Skulptur erhielt den beziehungsreichen Namen »Venus von Willendorf«, nach der Stadt, bei der sie entdeckt worden war.

Seit 1908 sind nahezu zweihundert weitere Venusfigurinen ans

Die »Venus von Willendorf«: matriarchalische Göttin, Steinzeit-Playmate oder 30 000 Jahre altes Fruchtbarkeitssymbol?

Licht gekommen; ihre Fundorte reichen von der russischen Steppe im Osten bis zu den spanischen Pyrenäen im Westen. Die Figuren sind verblüffend, nicht nur wegen ihres Verbreitungsgebiets, sondern auch wegen ihrer Gleichförmigkeit. Sie sind alle fein gearbeitet, manche aus Kalkstein und andere aus Knochen oder Nephrit; bei manchen sind Haar und Kleidung dargestellt, bei anderen nicht, doch fast alle zeigen dieselbe Statur mit stark vergrößerten Brüsten, übertriebenen Hüften und deutlich ausgearbeitetem Genitalbereich. Der Schamhügel ist bei allen Figurinen deutlich erkennbar, und bei manchen sind sogar die Schamlippen in der Pracht der

Details dargestellt, wenn auch hier und da etwas übertrieben wurde. Doch trotz der Sorgfalt, die ihre Schöpfer dem Genitalbereich angedeihen ließen, hat fast keine der Venusse ein Antlitz. Ihre Gesichter sind glatt und leer. Die Meinungen, wer sie gemacht hat und warum, gehen weit auseinander.

Der ersten Hypothese zufolge stellen sie so etwas wie eine mächtige matriarchale Göttin dar und spiegeln ein Zeitalter wider, in dem die Frau als Lebensspenderin, Todesbringerin und Erneuerin herrschte. Ein zweiter Vorschlag geht dahin, daß die Figurinen eine Art Steinzeit-Playmates waren und von Männern als Masturbationsvorlagen benutzt wurden. Seit dem Fund einer Reihe von phallischen Objekten, die die Archäologen als Dildos (manche davon doppelendig) deuten, könnte diese Erklärung, auch wenn sie kurios bleibt, nicht ganz so unwahrscheinlich sein, wie sie sich zunächst anhört. Wenn es seit 30000 Jahren Masturbationshilfen für Frauen gibt, warum dann nicht auch für Männer?

Die dritte und vielleicht plausibelste Hypothese lautet, daß die Venusfiguren Geschenke waren, hergestellt von den ersten Ehemännern der Welt in Erwartung ihrer Ehefrauen. Diese kamen in Begleitung ihrer Familie und Freunde von weit entfernten Stämmen und wurden mit den Männern in einer Zeremonie vereint, zu der höchstwahrscheinlich Gesänge, Tänze und der Austausch von Geschenken gehörten – darunter vielleicht der Figurinen, die ein Symbol für die Fähigkeiten der Männer und ein gutes Vorzeichen für Fruchtbarkeit waren. Die Eltern nahmen die Statuetten mit nach Hause und hielten sie als Erinnerung an ihre Tochter hoch; sie waren vermutlich besser imstande, sich deren Gesicht auf der glatten, leeren Fläche vorzustellen als der Ehemann, der sie ja zum Zeitpunkt der Herstellung noch nicht zu Gesicht bekommen hatte. Diese Interpretation ist nicht solider durch Tatsachen begründet als die ersten beiden, doch die Vermutung, daß um 30000 v. Chr. ein formalisierter Exzest stattfand und daß es Frauen waren, die als sexuelle Sendboten dienten, scheint in verschiedener Hinsicht plausibel zu sein.

Wie die Untersuchung von menschlichen Knochen aus der Küstensiedlung Téviec im nordwestlichen Frankreich ergab, hatten sich die Männer überwiegend von der örtlichen Meeresfauna ernährt, die Befunde bei Frauen dagegen deuteten auf das Inland als Nahrungsquelle. Die Frauen waren nicht mit Fisch und Meeresfrüchten aufgewachsen; sie waren aus dem Binnenland gekommen oder geholt worden. Zudem weiß man aufgrund von Grabfunden dieser Periode aus ganz Europa, daß die Menschen bereits Begräbniszeremonien durchführten, die häufig eine Raum- und Motivsymbolik einschlossen. Und überall dort, wo Begräbnisriten existieren, haben wir Grund zu der Annahme, daß es auch andere Übergangsriten gibt.

Alle diese Faktoren sprechen dafür, daß es vor etwa 30 000 Jahren bereits formelle Eheschließungen zwischen den Stämmen gegeben haben muß und daß es die Frauen waren, die von außen in den Stamm hereinkamen. Doch obwohl sich diese Praxis zur Sicherung von Bündnissen zwischen rivalisierenden und potentiell feindlichen Gruppen entwickelt haben mochte, blieb es nicht aus, daß der Zuzug heiratsfähiger Frauen aus benachbarten Stämmen genauso viele Probleme erzeugte wie löste. Zwar mag diese Lösung zur Befriedung zwischen den Stämmen beigetragen haben, doch innerhalb eines Stammes hatte sie auch Sprengkraft.

Wie wir bereits wissen, sind Männer darauf programmiert, möglichst viele fruchtbare Frauen sexuell zu begehren. Sie streben nach sexuellem Zugang und kämpfen darum, entweder mit Muskelkraft oder mit ihrem Gehirn oder mit beidem. Was wir noch nicht wissen, ist, wie Männer reagieren, wenn ihre eigenen Frauen zum Ziel solcher Bestrebungen werden. Und genau dies war es, was in der Frühzeit der Ehe zwangsläufig geschah. In den Augen ihres Mannes war die Frau jetzt sein Eigentum. Doch für alle anderen Männer war sie potentielle Beute.

Das rote Trio

Hoch in den Bergen des nördlichen Tschechien liegt die alte Siedlung Dolní Véstonice. Sie stammt aus der Zeit von vor etwa 20 000 Jahren, dem Höhepunkt der letzten Eiszeit, als Mammuts, Bisons und Wildpferde die Steppen Osteuropas durchstreiften. Die Bewohner von Dolní Véstonice schliefen in Zelten aus Tierhäuten, verbrannten Kohle in ihren Feuerstellen und kleideten sich in Häute und Felle. Wir haben keine stichhaltigen Beweise, die belegen könnten, inwieweit sie eine ausgeprägte Kultur mit sexueller und sozialer Organisation, Gesetzen, Sitten und Gebräuchen oder religiösen Vorstellungen entwickelt hatten, doch wir verfügen über einige faszinierende Anhaltspunkte.

Am Rand der Siedlung befindet sich ein Grab, das die Überreste dreier junger Erwachsener enthält: wahrscheinlich eine Frau und zu ihren Seiten zwei mit Sicherheit männliche Körper. Alle sind in der Blüte ihrer Jahre dahingerafft und in einer offenbar aufwendigen Zeremonie gemeinsam bestattet worden. Der Mann auf der linken Seite ist sorgfältig auf den Rücken gebettet worden, sein Kopf der Frau in der Mitte zugewandt und seine Hände über ihre Genitalien ausgestreckt. Die Frau, ebenfalls in Rückenlage, schaut von ihm weg, hin zu dem anderen Mann zu ihrer Rechten. Dieser, auf Gesicht und Bauch liegend bestattet, hat seinen Arm über die Hand der Frau in der Mitte gelegt, seinen Kopf jedoch schroff abgewandt.

Was hatte sich hier ereignet? Keiner der Körper zeigt irgendwelche Zeichen von Krankheit oder Entstellung, die einen Hinweis auf die Todesursache geben könnten. Jedenfalls zog ein natürlicher Tod in dieser Region fast nie eine Beerdigung nach sich. Dies war ein Sonderfall. Eine genauere Analyse der Gebeine ergibt einige sensationelle Indizien. Im Genitalbereich der Frau und an den Köpfen aller drei Toten lassen sich noch winzige Spuren eines Pulvers ausmachen. Es handelt sich um roten Ocker. Zudem ist das Steißbein des Mannes zur linken, dessen Hände sich über die Genitalien der Frau strecken, mit einem spitzen Instrument, wahrscheinlich einem Speer, durchbohrt worden.

Es gibt mehrere Deutungen dieses außergewöhnlichen Grabfundes, aber die plausibelste geht dahin, daß dies der erste offizielle Nachweis für gewaltsame Sanktionen der Menschheit gegen den Ehebruch ist.

Betrachtet man den Fund in diesem Licht, dann kann man in der Frau in der Mitte die auf Abwege geratene Ehefrau sehen, deren Mann zu ihrer Rechten zum Zeichen seiner Besitzerschaft seinen Arm über ihre Hand gelegt hat, dessen Kopf jedoch angewidert abgewandt ist. Der Mann auf der linken Seite ist der sexuelle Eindringling; seine Hand über ihren Genitalien deutet auf den Charakter ihrer Beziehung hin, und sein Kopf ist ihr voll Verlangen zugewandt. Doch wer brachte wen um und wann? Es ist möglich, daß der Ehemann den Geliebten der Frau mit dem Speer tötete und daß Mann und Frau dann beide vom Stamm zum Tode verurteilt wurden; man bestrich sie mit rotem Ocker, um anzudeuten, daß der Streit etwas mit Fruchtbarkeit zu tun hatte. Der Liebhaber könnte aber auch den Ehemann getötet haben und die Frau danach von einer wutentbrannten Sippe streng bestraft worden sein. Es könnte auch ein anderes Stammesmitglied den Fehltritt entdeckt haben, was allen dreien die Todesstrafe eingebracht hatte.

Zugegeben, diese Interpretation ist so, als nähme man hundert Teile aus einem tausendteiligen Puzzle heraus – was die anderen neunhundert Teile betrifft, die vielleicht ein Gesamtbild der prähistorischen Gesellschaft liefern würden, so können wir nur raten. Die Natur des Sexualverhaltens selbst bedingt, daß die Archäologie uns nur sehr wenig Konkretes über den prähistorischen sexuellen Sittenkodex zu sagen vermag. Dennoch hallt das Thema der ehebrecherischen Übergriffe von Männern und der gewaltsamen Vergeltungsmaßnahmen, die sie nach sich zogen, durch die Jahrhunderte bis in unsere Zeit wider.

Das grünäugige Ungeheuer

Die drei klassischen Sexualhandbücher der Weltkultur, Ovids *Ars amandi*, Vatsyayanas *Kamasutra* und *Der duftende Garten des Scheich Nefzaui*, geben eine Fülle von Ratschlägen zur Verführung der Frauen anderer Männer. Ovid, der im ersten vorchristlichen Jahrhundert für ein urbanes römisches Publikum schrieb, empfiehlt, sie bei den Spielen zu treffen, mit ihr unter dem Tisch zu fußeln und sich mit ihrer Zofe gut zu stellen. Vatsyayana, dessen *Kamasutra* etwa vierhundert Jahre später schriftlich niedergelegt wurde, empfiehlt, sie zum Picknick einzuladen, ihr Geschenke zu senden und Liebe zu ihren Kindern zur Schau zu tragen. Und

Scheich Nefzaui, der im sechzehnten Jahrhundert für den Großwesir von Tunis schrieb, regt an, in die Tür ihres Hauses ein Loch zu schneiden, durch das sie penetriert werden kann.

Doch wie alle diese Autoren wußten, war die Verführung fremder Frauen eine gefährliche Sache. Denn seit es die Ehe gibt, muß die Gesellschaft mit der eifersüchtigen Wut des bedrohten Ehemanns leben und kämpfen.

Viele Jahre lang galt Eifersucht, zumindest in der soziologischen Literatur, als »sekundäre« Emotion, die weniger grundlegend und bedeutsam sei als die »primären« Emotionen Angst, Wut und Ekel. Viele glaubten sogar, sie sei Zeichen einer abweichenden oder ungesunden psychischen Verfassung, und zogen als Beleg für diese These gerne glücklichere, stabilere Völker wie die Diere in Südostaustralien, die Hidatsa in Nordamerika und die Bewohner der Marquesas-Inseln im Pazifik heran, wo Eifersucht angeblich unbekannt war.

Wie Martin Daly und Margo Wilson, ein kanadisches Forscherehepaar, behaupten, ist Eifersucht alles andere als pathologisch und eine Ausnahmeerscheinung, sondern vielmehr genauso grundlegend für die menschliche Verfaßtheit wie Essen, Schlafen und sexuelles Verlangen. Auch wenn sie unangenehme Konsequenzen haben mag, ist sie doch ein lebenswichtiger Bestandteil unserer evolutionären Ausstattung, denn sie soll uns davor bewahren, von den Menschen, in die wir unser größtes Vertrauen setzen müssen, verraten oder betrogen zu werden: die langfristigen Sexualpartner, mit denen wir unsere Kinder zeugen und aufziehen.

Wir wissen, daß trotz guter Absichten Männer wie Frauen von Natur aus darauf angelegt sind, sich gegenseitig auszunutzen, also sich zu einem Paar zusammenzuschließen und dann Ausschau nach strategisch günstigen Paarungsgelegenheiten nebenbei zu halten. Wir wissen außerdem, daß zwar die meisten Menschen mit Entschuldigungen ihres eigenen Fehlverhaltens rasch bei der Hand sind, dem ihres Partners jedoch weitaus weniger Toleranz entgegenbringen. Wir mögen die Doppelmoral, die darin steckt, mißbilligen, verstehen können wir sie allemal.

Vom Standpunkt des Mannes aus kann der Seitensprung seiner Frau dazu führen, daß sie mit dem Samen eines anderen Mannes befruchtet ins eheliche Bett zurückkehrt. Während dies für sie vielleicht ganz in Ordnung ist, stellt es für ihn eine Katastrophe dar. Genetisch gesehen könnte ihn kein grausamerer Schicksalsschlag treffen bzw. ihm keine schlimmere Zeitvergeudung unterlaufen, als seine Energie und seine Mittel darauf zu verwenden, das Kind eines anderen Mannes aufzuziehen, in dem Glauben, es sei sein eigenes. Damit wären die Zeit, die Energie und die materiellen Mittel, die er dafür aufgebracht hat, sie zu gewinnen und zu unterhalten, nutzlos verschwendet. Bedenkt man diese hohen Kosten, dann dürfte die Evolution Männer begünstigt haben, die die sexuelle Aktivität ihrer Partnerin sorgsam überwachten und darauf eingestellt waren, rasch und entschlossen auf jedes Anzeichen von Fremdgehen zu reagieren. Mit anderen Worten, Männer, die eifersüchtig waren.

Vom Standpunkt der Frau ist das Fremdgehen ihres Mannes genauso bedrohlich. Obwohl sie immer weiß, daß die Kinder, die sie gebiert, ihre eigenen sind, und obwohl die sexuellen Treulosigkeiten ihres Mannes ihre eigenen Reproduktionschancen nicht direkt schmälern, läuft sie dennoch Gefahr, daß der eine oder andere dieser Seitensprünge sich zu etwas Dauerhaftem auswächst und ihn dazu ermutigt, seine Zeit und Finanzkraft von den gemeinsamen Kindern abzuziehen.

Angesichts der unterschiedlichen Prioritäten von Männern und Frauen erwarteten Daly und Wilson, daß die Auslöser der Eifersucht bei jedem Geschlecht etwas anders liegen. Bei Männern, so glaubten die Wissenschaftler, könnte die Drohung physischer Untreue mehr Eifersucht erregen, bei Frauen der emotionale Rückzug, der das drohende Verlassenwerden und das Abdrehen des Geldhahns durch den Partner signalisiert. Mehrere ältere Untersuchungen hatten entsprechende Indizien erbracht. Eine wies nach, daß Männer in eifersuchtweckenden Situationen wütend werden, während Frauen entweder mit Tränen, gespielter Gleichgültigkeit oder Bemühungen zur Steigerung der eigenen Attraktivität reagieren. Die Ergebnisse waren vielversprechend, doch erst als David Buss die Arbeiten von Daly und Wilson kennenlernte und beschloß, sie im Labor nachzuprüfen, konnte der Unterschied eindeutig nachgewiesen werden.

Buss wußte, daß er sich mit jeder Art konkreter wissenschaftlicher Untersuchung der sexuellen Eifersucht auf dünnes Eis begab. Er entschloß sich zu folgender Methode: Er wählte eine Gruppe von sechzig Männern und Frauen aus, die alle in einer langfristigen Beziehung lebten, und bat sie einzeln in ein physiologisches Labor, wo aufgezeichnet werden konnte, wie oft sie die Stirn runzelten und wie sich ihr Puls und ihre Transpiration verhielten. Jede Versuchsperson sollte sich zwei mögliche Szenarios vorstellen. Im ersten ging ihr Partner eine tiefe emotionale Bindung zu einer anderen Person ein. Im zweiten hatte er einen einmaligen sexuellen Fremdkontakt. Zwischen beide Szenarios wurde eine Erholungspause eingelegt, während der die physiologischen Messungen fortgesetzt wurden. Exakt wie Buss erwartet hatte, zeigten die Frauen heftigere physiologische Reaktionen auf das emotionale Szenario, die Männer auf das physische. Wenn sich ein Mann seine langfristige Partnerin mit einem anderen Mann im Bett vorstellte, schnellte sein Puls im Durchschnitt auf ein Niveau hoch, wie es nach dem Konsum von drei ordentlichen Tassen Kaffee eintritt. Eifersucht war offenbar tatsächlich beiden Geschlechtern eigen, wenn auch in etwas unterschiedlicher Weise.

Doch wenn Daly und Wilson nachweisen wollten, daß Eifersucht in der Tat ein universelles Phänomen ist, mußten sie auch mit der Vorstellung aufräumen, daß bestimmte Völker und bestimmte Kulturen von ihr frei wären. Sie brauchten nicht lange dazu. Bei einer gründlichen Durchsicht der Ethnographien von Kulturen, die Soziologen als »eifersuchtsfrei« gepriesen hatten, stießen sie in jeder einzelnen auf Belege für die eifersüchtige Wut gehörnter Ehemänner – Beweise, die überhaupt nicht schwer zu finden waren. Obwohl die Diere ein System der Vielehe praktizierten, bei dem eine Frau mehreren Männern sexuell zur Verfügung stand, war das Blutvergießen bei sexuellen Eifersuchtsdramen legendär; und unter den Hidatsa in Nordamerika galt zwar sexuelle Eifersucht als verachtenswert, war jedoch eine allgegenwärtige Macht. »Manche Männer brachten ihre Frauen fast um, weil sie mit anderen Männern gingen«, gestand eine Hidatsa-Frau.

All diese Berichte, ebenso die wissenschaftlichen Arbeiten über sexuelle Eifersucht im allgemeinen, betrachten dieses Problem vorwiegend aus dem Blickwinkel des Mannes, nicht weil Frauen weniger eifersüchtig wären, sondern weil sich die Eifersuchtsraserei von Männern üblicherweise spektakulärer und von der Warte der Gesellschaft aus fataler ausdrückt. Die Wut des gehörnten Ehemanns ist ein Standardthema in Sage und Literatur, und die instinktive Eifersucht reicht zurück durch die Geschichte bis zu den Ursprüngen der Menschwerdung.

Jede Gesellschaft, die blühen und gedeihen wollte, mußte den menschlichen sexuellen Beziehungen eine Struktur vorgeben, die Partnerschaft und Kooperation maximierte und Eifersuchtskonflikte minimierte. Natürlich war es da von Nutzen, wenn die sexuelle Kultur mit Ermahnungen vollgestopft, mit Verboten eingegrenzt, religiös sanktioniert und mit der vollen Macht des Gesetzes geschützt wurde. Und so kam es, daß die Ehe nicht nur ein zeremoniell besiegelter Bund zwischen einem Mann und einer Frau war, sondern in der ganzen Geschichte zum Fundament der gesellschaftlichen Ordnung wurde.

Eherecht

In der altorientalischen Abteilung des Louvre in Paris erhebt sich ein großer, schwarzer Obelisk stolz auf einem quadratischen Steinsockel. Der Obelisk, ein gemeißeltes Zeugnis uralter Weisheit, durch ein purpurnes, samtenes Seil geschützt vor den Händen des Publikums, ist beschriftet mit einigen der ältesten Gesetze der Geschichte. Sie stammen aus dem Jahr 1750 v. Chr. und sind das Werk von Hammurapi, dem Herrscher des babylonischen Reiches, dessen Machtbereich sich über das gesamte alte Mesopotamien von der syrischen Küste bis zu den Gestaden des Schwarzen Meeres erstreckte.

Hammurapi war ein Reichsgründer im wahrsten Sinn des Wortes. Er erweiterte seinen Herrschaftsbereich durch Eroberungen und erhob seinen Willen zum Gesetz. Dennoch war er sich bewußt, daß die Sicherheit seiner Herrschaft von der Stabilität seines Volkes abhing. Deshalb zielten seine Gesetze hauptsächlich nicht darauf, die Eroberung anderer Länder voranzutreiben, sondern die innere

Stabilität abzusichern. Zu diesem Zweck regelten sie drei miteinander verbundenen Sachfragen.

Erstens war das Eigentum jedes Mannes unantastbar. Bevor die Menschen seßhaft geworden waren und als sie noch gemeinsam jagend die afrikanischen Savannen durchstreiften, war dieses Problem relativ bedeutungslos gewesen. Es gab kaum einen Begriff von Privatbesitz, weil es wenig zu besitzen und kaum Unterschiede im Wohlstand gab. Dagegen verhalfen in seßhaften Zivilisationen wie derjenigen Hammurapis harte Arbeit, nackte Gewalt oder Geburtsrecht manchen Menschen zu beträchtlichen Ländereien, die es zu bewirtschaften galt, oder zu persönlichem Vermögen, das gefestigt werden mußte. Entscheidend war jetzt, daß man sich dieses Besitzes ohne Störungen erfreuen konnte. Noch wichtiger war es, dieses Vermögen den Nachkommen vererben zu können. Genetisch gesehen war dies eine Revolution. Zum ersten Mal in der Geschichte vermochten Eltern sogar noch nach ihrem Tod in ihre Abkömmlinge zu investieren. Infolgedessen befassen sich Hammurapis Gesetze – und davor sehr wahrscheinlich mehrere ungeschriebene Kodizes – in erster Linie mit dem Eigentumsrecht. Nicht weniger als 140 der 282 Gesetze betreffen das Eigentum.

Doch wie wir uns erinnern, bestand der eigentliche Wert von Eigentum darin, daß es einen Mann für mehr und bessere Frauen attraktiv machte, die ihm wiederum mehr und bessere Kinder gebären konnten. Daher waren die Zeugung und der Schutz von Kindern der zweite Eckstein von Hammurapis Gesetzessammlung. Fruchtbarkeit war nicht nur heilig, sondern auch gesetzlich geschützt. Wenn eine Frau abzutreiben versuchte, wurde sie ertränkt. Wenn sie versuchte, ihren Mann durch Zerquetschen seiner Hoden zu sterilisieren, wurde sie gesteinigt. Und wenn sie unfruchtbar war, hatte er das Recht, eine Sklavin als Ersatzmutter zu nehmen. Die Ehefrau konnte sogar dazu verpflichtet werden, eine passende Sklavin für ihn auszusuchen und zu kaufen.

Dennoch blieb die Weitergabe von Ressourcen an die größtmögliche Anzahl von Kindern sinnlos, wenn man nicht die Gewißheit hatte, daß diese Kinder die eigenen waren. Dies war für Männer nur dann wirklich garantiert, wenn die Frau in das eheliche Haus kam, ohne schwanger zu sein, und wenn gewährleistet war, daß sie nicht fremdging. Und deshalb bürgerten sich Verträge ein, in denen die Männer den Frauen im Austausch gegen das Exklusivrecht auf ihren Bauch langfristig Anteil an ihrem Schutz und ihrem Besitz gewährten. Diese Verträge bildeten gemeinsam mit ihren Sanktionen und Abwandlungen den dritten Eckstein des babylonischen Gesetzes. Sie lieferten auch das Vorbild für die babylonische Ehe und für Ehesysteme in aller Welt.

Im ersten Teil dieses Vertrages schenkte der zukünftige Ehemann seiner Braut Brautgaben, wofür er von der Familie des Mädchens eine Mitgift erhielt. Die Mitgift jedoch war nicht zu seinem persönlichen Gebrauch bestimmt, sondern als Beitrag zu ihren Unterhaltskosten und als eine Art Versicherung für die Frau gedacht. Wenn er sie verstieß, war er zur Rückgabe der Mitgift – oder was noch davon übrig war – verpflichtet. Wenn, was häufig geschah, die Frau nach der Hochzeit im Hause ihres Vaters blieb, war der Mann zu ihrem Unterhalt verpflichtet. Wenn er sich von ihr scheiden ließ oder wenn sie sich von ihm scheiden ließ, mußte er weiter für den Unterhalt eventueller gemeinsamer Kinder aufkommen.

Dieser Teil der Abmachung war relativ gerecht und durchaus human, doch von den Ansprüchen an die Jungfräulichkeit oder Treue der Frau ließ sich das nicht sagen, weder in Babylon noch später irgendwo sonst. Die Männer durften tun und lassen, was sie wollten, solange sie nicht die Rechte eines anderen Mannes verletzten. Für Frauen sollte die Geschichte einen ganz anderen Verlauf nehmen. Die Bühne war bereit für das Drama einer männlichen Obsession, die auf jungfräuliche Bräute und treue Ehefrauen pochte, ein Drama, in dem gelegentlich auch Verstümmelung und Mord vorkamen.

Die jungfräuliche Braut

Die einfachste und pannensicherste Möglichkeit sicherzustellen, daß die Frau bei ihrer Hochzeit noch Jungfrau war, bestand darin, sie zu verheiraten, solange ihr Ruf über jeden Zweifel erhaben war, mit anderen Worten, wenn sie noch ein Kind war.

Mohammed, der Stifter des Islam, heiratete seine Lieblingsfrau Aischa, als sie erst sechs Jahre alt war. Im heutigen Indien und Pakistan verheiraten trotz des Verbots der Kinderheirat Familien Kinder, die einander schon im Alter von vier oder fünf Jahren versprochen waren, mit Eintreten der Pubertät. In Rajasthan wurden im August 1985 in einer zweitägigen Massenverlobung 50000 Kinder einander versprochen.

Auch der Westen kennt solche Verfahren. Kinderheiraten waren in der gesamten Geschichte eine bevorzugte Praktik der europäischen Oberschichten; die Aristokratie wünschte, auf diese Weise ihren Landbesitz abzurunden und die Degeneration ihrer Blutlinien zu verhindern, bevor eigensinnige Kinder alt genug waren, für sich selbst zu sprechen.

Die Kinderehe wurde in aller Welt und in der gesamten Geschichte als vielleicht gängigster Weg genutzt, um sicherzustellen, daß Frauen nicht mit dem Kind eines anderen Mannes unter dem Herzen vor den Altar traten. Sie war aber keinesfalls die extremste Maßnahme zur Sicherung der Jungfräulichkeit. Diese Auszeichnung gebührt einer weitaus grausameren und übleren Praktik: der weiblichen Genitalverstümmelung. Obwohl sie im allgemeinen als »weibliche Beschneidung« bezeichnet wird, ähneln die drei Hauptverfahren eher einer Kastration. Selbst in der begrenztesten Form, bei der ein großer Teil der Klitoris entfernt wird, hat sie verheerende Auswirkungen auf Körper und Geist. Der Zweck der Operation war immer klar: Sie sollte die Keuschheit der Frau gewährleisten. Im Gegensatz zur Unwissenheit früher westlicher Gesellschaften über die Klitoris hatten andere Kulturen sehr klare Vorstellungen von ihrer Rolle und erkannten sie als den Sitz jeder unziemlichen weiblichen Begierde; daher schnitt man sie am besten weg, so die Überlegung, in der Hoffnung, daß ein Mädchen dann niemals in die Versuchung kam, ihre Jungfräulichkeit aufs Spiel zu setzen oder nach der Heirat ihren Mann zu hintergehen.

Bei brutaleren Formen der Genitalverstümmelung werden sowohl die kleinen und die großen Schamlippen als auch die Klitoris entfernt. Das extremste Verfahren geht jedoch noch weiter und zielt darauf, nicht nur das sexuelle Verlangen auszulöschen, sondern auch jegliche voreheliche Penetration zu verhindern. Diese Art der Verstümmelung, auch bekannt als Infibulation oder »pharaonische Beschneidung«, was auf ihren mutmaßlichen Ursprung im alten Ägypten anspielt, umfaßt die vollständige Entfernung aller äußeren Genitalien und das Zunähen der Wunde bis auf ein winziges Loch von der Größe eines Reiskorns, um Regelblut und Urin durchzulassen. Das Narbengewebe, das sich nach der Prozedur bildet, ist so hart und unnachgiebig, daß Penetration nicht ohne extreme Verletzungen möglich ist. Wenn solcherart infibulierte Frauen heirateten, mußten sie mit einem Messer »geöffnet« werden, um dem Mann die Penetration zu erlauben, und später, vor einer Entbindung, noch weiter. Selbst nach einer solchen Quälerei wurde sie nach der Geburt wieder infibuliert, um ihre Sittsamkeit zwischen den Schwangerschaften zu garantieren.

Die weibliche Genitalverstümmelung in all ihren Formen ist barbarisch und wurde nicht nur in der Vergangenheit praktiziert: In Afrika und im Mittleren Osten, vom Senegal bis nach Oman leben mehr als 120 Millionen Frauen, die sie erduldet haben.

Zum Glück für manche Frauen läßt sich der Verlust der Jungfräulichkeit heute genauso rückgängig machen wie verhüten. Für die Oberschichten haben einige Chirurgen, von Privatpraxen in der Harley Street und den noblen Stadtvierteln in Nahost bis zu den angesehensten Kliniken in Japan, einen höchst profitablen Nebenverdienst entdeckt: die Wiederherstellung kaputter Jungfernhäutchen. Der Anschein, wenn schon nicht die Realität von Jungfräulichkeit läßt sich auf zwei Weisen herstellen: entweder durch eine Art Infibulation, bei der eventuelle Reste des Hymens zusammengenäht werden, oder etwas subtiler durch die Transplantation eines Stückchens Schafsdarm, um eine zweite, künstliche Barriere zu schaffen.

Fumihiko Umezawa vom Jujin Hospital in Tokio ist ein Experte für dieses Verfahren, das in Japan unter dem heiteren Euphemismus »Hymenwiedergeburt« firmiert. Die weitaus meisten von Dr. Umezawas Kundinnen sind Frauen aus den reicheren Ländern des Mittleren Ostens (insbesondere den Golfstaaten), die vorehelichen Verkehr hatten und deren Ruf, ja sogar Leben ernsthaft bedroht wäre, wenn ihr Ehemann herausfände, daß sie keine Jungfrauen mehr sind.

In Afrika, den Mittelmeerländern und dem Mittleren Osten gibt es in Überschneidung mit lokalen Formen der weiblichen Beschneidung die gleichermaßen althergebrachte Tradition des Lakenvorzeigens. Dabei muß ein Diener oder eine weibliche Verwandte ein blutbeflecktes Laken vom Brautbett schwenken, um öffentlich kundzugeben, daß das Hymen der frischvermählten Frau durchstoßen ist. Wenn es jedoch keinen vorzeigbaren Beweis gibt, könnte dies bedeuten, daß die frischverheiratete Frau unter Schimpf und Schande zu ihrer Familie zurückgeschickt oder sogar getötet wird, weil sie die Familie entehrt hat. Der Leviticus – das 3. Buch Mose – schreibt vor, daß jene hebräischen Bräute, die die Prüfung des befleckten Lakens nicht bestanden, vor den Stadttoren zu Tode gesteinigt werden sollten. Am schrecklichsten war, daß die eigene Familie der Braut dazu gezwungen werden konnte, sie zu bestrafen und sogar zu töten. Selbst heute noch kommen in christlichen und muslimischen arabischen Gemeinden im Mittleren Osten regelmäßig »Ehrenmorde« vor. Mädchen und Frauen, von denen bekannt oder auch nur vermutet wird, daß sie vorehelichen Verkehr hatten, können mit vollem Wissen und Einverständnis eines großen Teils der Gemeinschaft umgebracht werden. Solche Hinrichtungen werden von der Polizei gewöhnlich ignoriert und von den Medien nicht gemeldet. Ein besonders bitterer Beigeschmack liegt in dem Umstand, daß die »Pflicht« zum Ehrenmord häufig dem Vater oder den Brüdern der unglücklichen jungen Frau obliegt.

Im allgemeinen sterben diese buchstäblichen Beweisformen allmählich aus, um symbolischeren Zeichen der Jungfräulichkeit Platz zu machen. Im christlichen Westen gehören dazu der zarte Schleier, den die Braut auf ihrem Gang zum Altar trägt, das steife weiße Kleid und die Einhaltung einer neunmonatigen Verlobungszeit, damit Anzeichen einer möglichen unerwünschten Schwangerschaft entdeckt und untersucht werden können. Wir haben uns daran gewöhnt, in dieser Inszenierung einer Hochzeit im westlichen Stil eine romantische Symbolik zu sehen; in Wahrheit reicht sie zurück in eine blutige Geschichte der Angst und Strafe.

Die treue Ehefrau

Die Forderung nach bräutlicher Jungfräulichkeit war unerbittlich, aber wenn es eine Frau endlich bis zum Altar geschafft hatte, fingen ihre Probleme eigentlich erst an. Auf jede Methode, mit der zuvor ihre Unschuld garantiert werden sollte, folgte eine weitere, um sich ihrer ehelichen Treue zu versichern.

Es genügte nicht, daß eine Frau in das Haus ihres Mannes gekommen war, ohne ein Kind von einem Mann zu tragen. Es mußte jede erdenkliche Anstrengung unternommen werden, um sicherzustellen, daß sie auch nicht den Hauch einer Chance bekam, ihrem Mann Hörner aufzusetzen und Unbefugte in seinem Revier wildern zu lassen. Und so begann sich das Ungleichgewicht im Ehevertrag, das von vorneherein bestanden hatte, immer weiter zu verschieben. Männer durften fremdgehen, Frauen dagegen niemals.

Als vorrangige und eklatanteste Maßnahme stand dem Mann zu Gebote, die Bewegungsfreiheit seiner Frau einzuschränken, ihr zu verbieten, das Haus zu verlassen. Jeglicher Kontakt mit Männern, die nicht zu ihrer oder zur Familie des Mannes gehörten, war ihr strikt untersagt. Diese Isolierung erreichte ein Extrem in islamischen Gesellschaften – von den aus Lehm erbauten, abgeschlossenen Innenhöfen Nordnigerias bis zu den kunstvoll ausgeschmückten Harems der indischen Mogule. An der Ostküste Afrikas ging das Suaheli-Sprichwort, daß eine wirklich tugendhafte Frau ihr Heim nur zweimal in ihrem Leben verläßt: zum ersten Mal an ihrem Hochzeitstag und zum zweiten Mal an ihrem Begräbnistag. Männer wie Frauen werden im Islam zu Züchtigkeit angehalten, sowohl in der Kleidung als auch im Verhalten, doch insbesondere Frauen sollen Koketterie und Blickkontakt vermeiden und »im Geheimen verbergen, was Allah verborgen hat«.

Etwa ab dem elften Jahrhundert v. Chr. griff die chinesische Gesellschaft zu noch konkreteren Maßnahmen, um die Bewegungsfreiheit von Frauen einzuschränken. Die Füße der Frauen wurden so fest gebunden, daß sie kaum zu gehen, geschweige denn zu laufen vermochten. Die Prozedur begann schon im Kindesalter, wenn die Fußknochen des Mädchens noch formbar waren. Eine in der

»Im Geheimen verbergen, was Allah verborgen hat«. Die tiefe Verschleierung der Taliban-Frauen, die sogar einen Blickkontakt unmöglich macht, signalisiert eindeutig, daß sie in festen Händen und für keinen Mann außer ihrem Ehemann verfügbar sind.

Technik des Bindens erfahrene Frau zwang die Füße zu winzigen, verdrehten Klumpen zusammen und umwickelte sie mit immer fester geschnürten Stoffstreifen. Die Zehen wurden unter die Fußsohlen gezwängt und der Spann so gebogen, daß der Ballen fast die Ferse berührte. Die Länge des Fußes wurde drastisch verkürzt; die Ideallänge für Frauen der Oberschicht lag bei ganzen zwölf Zentimetern. Jedes Binden war äußerst schmerzhaft, machte das Laufen zu einer Qual und deformierte den Fuß für immer. Dennoch wurden gebundene Füße ein weibliches Schönheitskriterium und ein nationaler Fetisch in China, besungen von Dichtern und peinlich genau nachgemessen von zukünftigen Schwiegermüttern, die jede mögliche Braut mit »großen« – das heißt normalen – Füßen kurzerhand zurückwiesen.

Einschränkungen für verheiratete Frauen galten in aller Welt. Vom Mittelalter an dürften europäische Frauen mehr Bewegungsfreiheit besessen haben als ihre Geschlechtsgenossinnen in China oder dem Mittleren Osten, doch ihr Betragen wurde nicht weniger

Seit dem 11. Jahrhundert griff die chinesische Gesellschaft zu drastischen Maßnahmen, um die Bewegungsfreiheit von Frauen einzuschränken: Ihre Füße wurden so fest gebunden, daß sie kaum mehr zu gehen vermochten. Trotz dieser qualvollen körperlichen Deformation galten gebundene Füße in China als Kriterium weiblicher Schönheit und nationaler Fetisch.

streng überwacht. Wenn sie sich aus dem Haus ihres Mannes herauswagten, wurden sie entweder von einem Wächter oder einer älteren Begleiterin eskortiert, die verpflichtet waren, alle aufdringlichen Männer zurückzuweisen und Fehlverhalten zu melden. Wenn ein Mann seine Frau eine gewisse Zeit lang alleinlassen mußte, konnte er sich, wie manche Historiker behaupten, ihrer Tugendhaftigkeit versichern, indem er ihr einen klirrenden, metallenen Keuschheitsgürtel anlegte, eine abschließbare Vorrichtung, die eine eventuelle Penetration verhindern sollte.

Natürlich ließen sich diese Methoden nicht generell durchsetzen. In den meisten Gesellschaften blieben den armen Frauen die strengsten Formen der Einschließung zwangsläufig erspart. Sie mußten arbeiten, daher waren alles verhüllende Schleier, Sänften und ein Leben hinter hohen Mauern schlichtweg unmöglich. Darum wurde die Einschließung auch zu einem Zeichen sozialer Distinktion.

Auf lange Sicht wirksamer als diese physischen Hindernisse waren aber psychische Hemmnisse, die die Frauen (und männliche Störenfriede) daran hindern sollten, an außereheliche Abenteuer auch nur zu denken. Die Rhetorik, die Familie, Religion und Gesetz zu diesem Zweck einsetzten, konnte zwei Formen annehmen. Im ersten, positiveren Fall wurden die Menschen zur Treue als einem Wert an sich angehalten; Jungfräulichkeit vor der Ehe und Treue danach bedeutete Ehre für die Familie, einen persönlichen guten Ruf und demgemäß ein gutes Leben. Doch noch wirksamer war die negative Methode, das heißt die Androhung schrecklicher Strafen für jede Frau, die die Ehe brach, und für jeden Mann, der sie dazu verleitete.

»Der Lohn der Sünde ist der Tod«

Historisch gesehen zog Ehebruch Sanktionen nach sich, die von einer einfachen Geldstrafe bis hin zur schlimmstmöglichen Bestrafung reichten – der Exekution. Hammurapis Kodex kennt diesbezüglich keine Gnade: Eine untreue Frau und ihr Liebhaber sollten gefesselt und in den Fluß geworfen werden, damit sie ertranken. Die Gesetze der Antike gaben dem Ehemann das Recht, den Liebhaber zu töten, nicht aber die Frau. Selbst heute noch ist Ehebruch in sechs Ländern – Afghanistan, Bangladesch, Iran, Pakistan, Somalia und Sudan – ein Kapitalverbrechen, und die Hinrichtung erfolgt gewöhnlich durch die biblische und äußerst brutale Methode der Steinigung.

Die Todesstrafe für Ehebruch mag schon an und für sich drakonisch erscheinen, doch der Tatbestand des außerehelichen Geschlechtsverkehrs führte zudem noch zur Erfindung einiger der übelsten und abgefeimtesten Exekutionsmethoden der Geschichte. Er rief offenbar die niedersten Rachegelüste auf den Plan; die Kulturen wetteiferten förmlich darin, sich immer neue und immer raffiniertere Formen der körperlichen Bestrafung auszudenken. Die Vietnamesen pflegten untreue Frauen Elefanten vorzuwerfen, die eigens darauf dressiert waren, sie in die Luft zu schleudern und dann totzutrampeln. Die nordamerikanischen Cheyenne, die Zulu in Südafrika und die Igbo im heutigen Nigeria vergewaltigten untreue Frauen beziehungsweise stießen Kakteen in ihre Vagina oder banden sie gemeinsam mit ihrem Geliebten an den Boden, wo sie zum Koitus gezwungen wurden, während man Pfähle durch ihre vereinten Körper trieb. Sogar die Chroniken der angeblich so hochgesinnten Römer enthalten Berichte über gebrochene Gliedmaßen, Kastration und gewaltsame Einführung stacheltragender Fische in den Anus, wenn es um Ehebruch ging.

Der geschlechtsunspezifische Begriff »Ehebruch« täuscht über ein grundlegendes Mißverhältnis in den Gesetzen zum außerehelichen Sex hinweg. Fast in der ganzen Geschichte war Ehebruch nämlich ein geschlechtsspezifisches Verbrechen, dessen sich nur verheiratete Frauen und ihre Liebhaber schuldig machten. Verheiratete Männer, die ihre eigene Ehe mit Mädchen oder Witwen brachen, galten keineswegs als Ehebrecher; nur Frauen, die ihren Gatten betrogen, und deren Liebhaber zogen die fürchterlichen Strafen auf sich.

Die Frauen konnten ohne Umschweife getötet werden, genauso oft jedoch unterwarf man sie einer Strafe, die sich lange hinzog. Infolge bestimmter Interpretationen des Koran gelangten Rechtsgelehrte zu dem Urteil, daß eine Frau, die die Ehe gebrochen hatte, für den Rest ihres Lebens in einen Raum im Haus ihres Gatten eingemauert werden sollte. Legenden aus dem mittelalterlichen Europa erzählen mehr als eine Geschichte von Rittern, die einen Seitensprung ihrer Frau entdeckten und nicht nur den Mann umbrachten, der ihnen Hörner aufgesetzt hatte, sondern außerdem die Frau zwangen, aus dem Schädel ihres toten Geliebten zu trinken. Zwar mochte die Sorge des Ehemanns um das Überleben seiner Kinder ihn davon abhalten, seine Frau zu töten, doch nichts hinderte einen verbitterten Hahnrei daran, sie zu schlagen, sie hungern zu lassen und zu mißbrauchen bis ans Ende ihrer unglücklichen Tage.

Der Eindringling hatte meist größere Chancen auf ein rasches Ende und wurde oft auch auf der Stelle getötet. Ehemänner, die das Gesetz in die eigene Hand nahmen, wurden häufig freigesprochen oder waren sogar ermutigt worden. Einem Ehemann im antiken Hellas war es offiziell erlaubt, einen Ehebrecher ungestraft zu töten, sofern dieser den Ehebruch unter dem Dach des Ehemannes begangen hatte. Aus der Rechtstradition des englischen Gesetzes heraus wird ein Mann, der nach der Entdeckung eines Ehebruchs seine Frau oder deren Liebhaber umgebracht hat, fast immer wegen Totschlags und nicht wegen Mordes angeklagt. Wie der große englische Rechtsgelehrte Blackstone kommentiert, erkennt das Gesetz an, daß es für einen vernünftigen Mann keine größere Provokation geben könne.

Bei der Formulierung und Anwendung der Gesetze gegen Ehebruch spielte jedoch noch ein anderer wichtiger Faktor eine Rolle: Geld. Wir haben oben gesehen, wie intensiv sich Hammurapis Kodex und spätere Rechtssysteme mit Eigentums- und Statusfragen auseinandersetzten und daß eines der Privilegien der Reichen die strikte Einschließung der Frauen war. In der Gesetzgebung zum Ehebruch gab es wie bei den meisten anderen juristischen Tatbeständen ein Gesetz für die Reichen und eines für die Armen. Männer aus den oberen Gesellschaftsschichten zogen sich nur sehr selten eine Strafe zu, wenn sie ihre sexuelle Aufmerksamkeit auf die Frau eines ärmeren Mannes richteten. Wenn jedoch umgekehrt ein Mann mit niedrigem einem Mann mit hohem Status Hörner aufsetzte, hatte er mit der vollen Wucht des Gesetzes zu rechnen. Je größer der Besitz, der auf dem Spiel stand, desto schrecklicher die Strafe, die den Ehebrecher traf. Bei den Ashanti in Ghana beispielsweise galt Ehebruch mit der Frau eines anderen als Privatangelegenheit und zog nur eine simple Geldstrafe nach sich. Hatte der Mann allerdings mit der Frau eines Häuptlings geschlafen, dann wurde er zu einem furchtbaren, langsamen Tod durch hundert Schnitte mit einer Machete verurteilt, den er vor den Augen der versammelten Gemeinde erlitt.

Von der Polygamie zur Monogamie

In polygamen Gesellschaften, in denen Männer alle Frauen heirateten und monopolisierten, die sie sich leisten konnten, entstand unweigerlich ein Bodensatz von Männern, die wenig oder gar keine Chance hatten, selbst zu Frau und Kindern zu kommen. Die ohnehin bestehende Spannung zwischen Reichen und Armen verschlimmerte sich noch durch die Konzentration fruchtbarer Frauen auf die Männer der herrschenden Klasse. Von einem reicheren Mann herumkommandiert zu werden war schon schlimm genug, doch auch noch der Chance zu sexueller Aktivität beraubt zu sein war eine noch schlimmere Provokation.

Manche Stammeskulturen wie die Yanonami und bestimmte Gruppen der australischen Aborigines versuchten das Problem zu umgehen, indem sie die Mädchen so jung wie möglich verheirateten und sie manchmal noch vor der Geburt zu zukünftigen Frauen des Häuptlings bestimmten. In ebendiesen Gesellschaften mußten Männer zuweilen bis zum vierten oder sogar fünften Lebensjahrzehnt warten, bis sie die Möglichkeit zur Heirat bekamen. Größere, zentralistischer organisierte Gruppen und Reiche, in denen die Oberen enorme Harems besaßen und die sexuellen Zukunftsaussichten der armen Männer noch trüber waren, mußten Zuflucht zu drastischeren Maßnahmen nehmen. Kaum etwas war gefährlicher für die öffentliche Ordnung einer hochentwickelten Gesellschaft als eine brodelnde Masse sexuell frustrierter, unverheirateter junger Männer. Die despotischen Herrscher und mächtigen Häuptlinge polygamer Gesellschaften mußten zu ausgefeilten und rücksichtslosen Methoden greifen, um die Situation unter Kontrolle zu halten. Häufig bestand die bestmögliche Lösung darin, die jungen Männer zum Militär einzuziehen und sie in den Krieg zu schicken. Dadurch wurde verhindert, daß sie zu Hause Unruhe stifteten, und zugleich bekamen sie eine Chance, sich eine Frau zu rauben. Eine große Anzahl von Männern konnte man auch zu der anstrengenden und oft tödlichen Arbeit in Bergwerken oder auf Schiffen abkommandieren.

Doch all diese Maßnahmen waren im Grunde nur Notbehelfe.

Auf lange Sicht nützten sie nichts, weil sie das Grundproblem nicht lösten. Die Polygamie verschärfte die sexuelle Eifersucht und Konkurrenz zwischen den Männern und schwächte so die Stabilität der gesamten Gesellschaft. Wenn die Situation bereinigt werden sollte, mußten die Herrscher solcher Gesellschaften das Horten von Frauen aufgeben und sich der Loyalität der Männer in den unteren Rängen dadurch versichern, daß sie ihnen Frauen abtraten.

Die Inkaherrscher, die sich Konkubinen in atemberaubender Zahl hielten, waren sorgfältig darauf bedacht, Hochadel und Generalität mit beeindruckenden sexuellen Vorrechten zu belohnen. Indem die Inkaherrscher »ausrangierte« Frauen verteilten, die sie nicht über ihr dreißigstes Lebensjahr hinaus behielten, und eine komplizierte Skala der Gunstbezeigungen entwickelten, gingen sie auf Nummer sicher und sorgten dafür, daß ihre wohlgeordnete, fein austarierte Gesellschaft flott blieb. Während der Haushalt des Herrschers Tausende von Frauen und der eines Fürsten bis zu vierhundert Konkubinen umfassen konnte, wurden höheren Beamten und »Führungspersonen« je fünfzig zugestanden, »auf daß es mehr Menschen im Reich gebe«. Führer von Vasallenstaaten erhielten zwanzig Frauen, mittlere Beamte zwölf, kleinere Stammesführer acht und Dorfvorsteher zwischen sieben und drei, je nachdem wie viele Männer sie befehligten.

Die Inkas standen damit nicht allein, denn im Hintergrund, verdeckt vom Hauptstrom der Geschichte, vollzog sich, beginnend mit dem Zeitalter der Despoten über das differenziertere Machtgefüge in den Gesellschaften der frühen Neuzeit bis hin zu den Umwälzungen der industriellen Revolution und endlich der Demokratie, kaum merklich ein sexueller Wandel. Und dieser private, persönliche Übergang spiegelt unsere offizielle, öffentliche Geschichte auf faszinierende Weise wider. Genau wie sich die Macht allmählich verteilte, wurden auch die Frauen verteilt. Immer wieder, in verschiedenen Kulturen und an verschiedenen Orten, haben Gesellschaften, die einstmals die Polygamie tolerierten, stillschweigend die Strategie geändert und die monogame Ehe institutionalisiert – eine Frau für einen Mann.

Das System Ein-Mann-eine-Frau hängt, wie Laura Betzig erklärt, unmittelbar mit einem politischen System Ein-Mann-eine-Stimme zusammen. Wo die Demokratie Fuß faßt, erwählen sich die Männer auch ihre Frauen selbst, begrenzen die Machtansprüche von Despoten sowohl in sexueller als auch in politischer Hinsicht. Und wo Vorstellungen von individuellen Freiheitsrechten um sich greifen, erhalten sie häufig Ansporn durch andere monogamiefördernde Strukturen: eine monotheistische Religion (ein Mann, ein Gott), die Kenntnis des Lesens und Schreibens und, am allerwichtigsten, Mobilität. Die Sklaven im antiken Griechenland oder Rom oder selbst die Bauern des mittelalterlichen Europa hatten kaum eine andere Wahl, als an Ort und Stelle zu bleiben und die Vielweiberei ihrer Herren zu dulden. Als es möglich wurde fortzuziehen – in ein Städtchen, in eine Großstadt oder sogar auf einen neuen Kontinent –, starb die Polygamie nach und nach aus. Die armen Männer stimmten mit den Füßen ab.

Die Polygamie ist nicht *als solche* weniger stabil als die Monogamie. In vielen Fällen erwies sie sich für kleine Gesellschaften als die schnellste Methode, fruchtbar zu sein und sich zu mehren, wobei ihre stärksten Männer sowohl sexuell als auch sozial dominierten. Von den Patriarchen der alten Hebräer bis zu den starken Männern der Yanonami und den chinesischen Kaisern haben polygame Männer Geschichte geschrieben. Doch das ungestillt brodelnde Begehren der ärmeren und heute vergessenen Männer hat ihren Verlauf genauso tief beeinflußt. Der Underdog hat sich am Ende durchgesetzt. In manchen Teilen der Welt ist die Polygamie noch lebendig und wohlauf und wird es wohl noch eine Zeitlang bleiben. Doch auf lange Sicht wird sie verschwinden.

In diesem Kapitel habe ich wie Theseus, der sich seinen Weg durch das Labyrinth ertastet, versucht, die Welt- und Kulturgeschichte der Sexualität entlang einiger entscheidender roter Fäden aufzurollen. Aus dem bunt gemusterten Flickenteppich der verschiedenen Kulturen stechen drei grundlegende menschliche Bestrebungen hervor. Die erste ist so elementar, daß sie häufig übersehen wird: das fundamentale Trachten der meisten Menschen, ob männlich oder weiblich, zu überleben und ihre Gene weiterzugeben. Danach kommen Inzest und Ehe, die Zwillingsobsession jeder menschlichen Gesellschaft, die zum Gegenstand immensen gesellschaftlichen Aufwands werden. Um zu überleben und sich weiterzuentwickeln, mußten die Urmenschengruppen einen Weg finden, den Inzest zu vermeiden. Die Lösung des Problems, Frauen in benachbarte Gruppen zu senden, war der Ursprung der Ehe und konsolidierte die Begriffe Eigentum und Tausch, die von da an für das Zusammenleben in der Gruppe grundlegend werden sollten.

Dennoch warf die Ehe genauso viele Probleme auf, wie sie löste – Probleme wie Eifersucht und Gewalt, die sich verschärften, als die Menschen seßhafte Gemeinschaften gründeten und die Vorstellung von Privateigentum entwickelten. Es gab nun Grundbesitz zu bewirtschaften, Vermögen anzuhäufen und Güter zu vererben, und wenn die Stämme sich zu stabilen Kulturen weiterentwickeln wollten, mußten sie sicherstellen, daß diese Besitztümer in die Hände legitimer Erben übergingen.

Frauen, nur allzu oft Faustpfand im Ehevertrag, wurden jetzt einschneidenden Restriktionen unterworfen, ihre Fruchtbarkeit überwacht und ihre Bewegungsfreiheit eingeschränkt. Als sich die Kulturen weiter differenzierten, tat sich zwischen denjenigen Männern, die viel Macht und viele Frauen besaßen, und den Macht- und Besitzlosen eine Kluft auf. Anfangs wurden die Frauen gehortet und streng bewacht, und man ersann immer raffiniertere Methoden, um sie ans Haus zu fesseln. Mit der Zeit erkannte jedoch die Führungsschicht, daß ihre Macht genauso von den Männern abhing, die sie beherrschte, wie von dem Besitz, den sie angehäuft hatte. Daher begann sie, die Verfügungsgewalt über die Frauen zu teilen, bis schließlich die Demokratie – und die Monogamie – eingeführt und zum Alltag wurde.

Dieses Bild von der Entstehung und Entwicklung der menschlichen Kultur ist unendlich weit entfernt von dem, das Soziologen und Historiker noch vor wenigen Jahrzehnten vertraten. Denn während nach herkömmlicher Auffassung die Sexualität kaum mehr ist als eine absonderliche Fußnote in der Geschichte der Menschheit, wird sie hier ins Zentrum gestellt, als Organisationsprinzip und Kernanliegen der Gesellschaften der ganzen Welt, ja als der Ursprung von Gesellschaft selbst begriffen. Doch während diese Regel auf einer sehr allgemeinen Ebene für die ganze menschliche Spezies gilt, waren die einzelnen Gesellschaften mit sehr unterschiedlichen Bedingungen konfrontiert. Um ihr tägliches Überleben zu sichern, mußten sie auf je eigene Weise je eigene Regeln für Partnerwahl, Ehe und Treue aufstellen. Trotz all der gemeinsamen Grundzüge war das menschliche Sexualverhalten niemals überall auf der Welt gleich. Unterschiedliche Voraussetzungen führten zu lokalen spezifischen Variationen der Grundthemen. Jede Kultur mußte ihre eigenen Regeln entwickeln – und diese Regeln konnten sich in radikaler, manchmal geradezu grotesker Weise auf die Sexualität ihrer Bürger auswirken.

Im nächsten Kapitel befassen wir uns detaillierter mit der Sexualität in der westlichen Kultur.

4 Das christliche Erbe

Es fing alles so gut an. Im ersten Jahrhundert v. Chr. war der Großteil der westlichen Welt fest in der Hand des Patriarchats, beherrscht vom Römischen Reich und immer noch gespeist vom Wissen der großen griechischen Kultur, die diesem vorausgegangen war. Beide Kulturen hatten offiziell die monogame Ehe institutionalisiert, doch beide ließen den Männern zugleich fast völlig freie Hand, die Palette ihrer Sexualpartner über das eheliche Lager hinaus zu erweitern. Zumindest für die Reichen hieß das häufig Verkehr mit Sklaven und Sklavinnen, Konkubinen, Prostituierten und Jünglingen. Das Gros der Frauen jedoch war nicht so gut dran. In Hellas waren verheiratete Frauen auf ihre Gemächer beschränkt, beteiligten sich selten am öffentlichen Geschehen und waren ihr Leben lang der Autorität eines Mannes unterstellt, ob Vater, Ehemann oder Sohn. In Rom, wo verheiratete Frauen wenigstens auf dem Papier bessergestellt waren (sie besaßen beispielsweise das Recht auf Scheidung), wurden sie weiterhin als Besitz vom Vater an den Ehemann übergeben, so daß sie ersterer als wertvollen Trumpf zur Sicherung von Vermögen und Landbesitz und letzterer als mobilen Brutkasten behandelte.

Im Nahen Osten in den Gegenden um Palästina dagegen siedelte die gleichermaßen männlich dominierte und auf Expansion angelegte jüdische Kultur, die einerseits sehr darauf hielt, sich nicht mit anderen Völkern zu vermischen, andererseits jedoch auf starke Vermehrung Wert legte, damit sie das Land, das ihr verheißen war, auch bevölkern konnte. In diesem Sinne diente ein Großteil des jüdischen Gesetzes dazu sicherzustellen, daß Frauen zum einen ausschließlich ihren Ehemännern Kinder gebaren und daß sie zum anderen so viele wie möglich gebaren. Unfruchtbare Frauen konnten umstandslos geschieden werden; Ehebrecherinnen konnten gejagt und gesteinigt werden.

Oberflächlich gesehen schien die jüdische Kultur, ebenso wie die römische und griechische, ein recht unbefangenes Verhältnis zur Sexualität zu haben und ihr auch in gewissen Maßen ihren Lauf zu lassen. Die Polygamie wurde aktiv gefördert, vorausgesetzt, der Ehemann suchte sich mit möglichst vielen seiner Ehefrauen fortzupflanzen; das Konkubinat war verbreitet; und die scharfsinnigsten Rabbis erdachten genaue Zielvorgaben für den Geschlechtsverkehr, an die sich alle guten Juden halten sollten: einmal pro Nacht für einen müßigen Edelmann, zweimal pro Woche für Arbeiter, einmal pro Woche für Eseltreiber und zweimal pro Jahr für Seeleute. Doch die Kehrseite dieser Ermahnungen war eine kategorische Verdammung aller Geschlechtsakte, die nicht der Fortpflanzung dienten. Homosexualität bei Männern galt als Greuel, Körperflüssigkeiten waren und machten unrein, und Verkehr mit Tieren wurde gebrandmarkt. Doch wie wir gesehen haben, traf die volle Wucht des jüdischen Fortpflanzungsgebots die Frauen.

Im ersten Jahrhundert v. Chr. hatten die Römer ihr Reich bis weit in den östlichen Mittelmeerraum einschließlich des jüdischen Kernlands Judäa ausgedehnt. Und in diesem kulturellen Schmelztiegel, in dem die ethnischen Spannungen rumorten, das geprägt war von Chauvinismus und dem Fortpflanzungsgebot, wurde irgendwann zwischen 7 und 4 v. Chr. Jesus von Nazareth geboren.

Jesus

Dem ältesten und verläßlichsten Bericht über sein Leben, dem Markusevangelium, zufolge haben wir keinen Grund zu der Annahme, daß seine Geburt ein in irgendeiner Weise herausragendes Ereignis gewesen wäre. Erst im Alter von zwölf Jahren zeigte sich, daß an dem Jungen offenbar etwas ungewöhnlich war. Er hatte die Schriften gelesen wie die meisten Kinder seines Alters, doch er schien sie in außerordentlichem Maße in sich aufgenommen zu haben – so sehr, daß ihn seine Mutter bei einer Reise nach Jerusalem von den Schriftgelehrten des Tempels umgeben vorfand, wie er sich über komplizierte Probleme von Ritus und Bedeutung verbreitete.

Einige Jahre später, als er um die zwanzig war, verließ Jesus sein Elternhaus und wandte sich südwärts nach Bethanien, wo ihn sein Vetter Johannes, der später einer seiner glühendsten Anhänger werden sollte, im Jordan taufte. Danach zog er sich in die Wüste zurück, wo ihn, wie die Legende behauptet, der Teufel versuchte, bevor er eine Schar von zwölf Jüngern um sich sammelte und nach Galiläa zurückkehrte, um zu predigen. Unglücklicherweise gefiel weder den Juden noch den Römern, was sie hörten.

Jesus' wichtigste Botschaft war über die Maßen simpel und läßt sich am besten mit den Worten zusammenfassen, die ihm Markus nach seinem Einzug in Jerusalem in den Mund gelegt hat: »Du sollst Gott, deinen Herrn, lieben von ganzem Herzen, von ganzer Seele, von ganzem Gemüte und von allen deinen Kräften (...) Du sollst deinen Nächsten lieben wie dich selbst.« Was Juden und Römer gleichermaßen empörte, war jedoch, daß sich der Satz »Liebe deinen Nächsten wie dich selbst« seinem Verständnis zufolge anscheinend nicht nur auf Männer, sondern auch auf Frauen beziehen sollte.

Als eine Gruppe Schriftgelehrter eine Frau ergriff, die beim Ehebruch ertappt worden war, und sie zu Jesus brachte, um ihn zu fragen, ob sie sie seiner Meinung nach steinigen sollten, schrieb Jesus »mit dem Finger auf die Erde« und meinte dann: »Wer von euch ohne Sünde ist, der werfe den ersten Stein auf sie.« Später, als er predigte, daß das Reich Gottes bevorstünde, bezog er ausdrücklich auch die am tiefsten verachtete Gruppe der jüdischen Gesellschaft mit ein, die unfruchtbaren Frauen. Doch es war sein Standpunkt zur Scheidung, die damals wie in den kommenden Jahrhunderten die hitzigste Debatte auslöste.

Die Rabbis und die Römer lehrten, wie wir gesehen haben, daß Ehefrauen gute Haushälterinnen und Mütter zu sein hatten. Wenn sie das waren, gut; wenn nicht, sollte man ihnen ohne viel Federlesens den Laufpaß geben. Die Meinungen gingen einzig darüber auseinander, wieviel Fehlverhalten übersehen werden sollte. Manche Rabbis plädierten dafür, alles, was weniger als Ehebruch war, zu verzeihen; andere beharrten darauf, daß sogar die geringste Abweichung vom Pfad der Tugend Grund genug sei, um die Frau davonzujagen. So sollte Rabbi Hillel zufolge einem Mann das Recht zustehen, seine Frau zu verstoßen, »wenn sie nur die Suppe anbrennen läßt«.

Während Jesus jenseits des Jordans predigte, kam eine Gruppe gelehrter Juden – Pharisäer – zu ihm und fragte ihn nach seiner Ansicht zu ebendieser Frage: »Darf ein Mann sich von seiner Frau scheiden?« Wie so oft parierte er ihre Frage zunächst mit einer Gegenfrage: »Was hat euch Mose geboten?«

»Mose hat zugelassen, einen Scheidebrief zu schreiben und sich zu scheiden.«

Dann kam die kalte Dusche.

»Um eures Herzens Härtigkeit willen hat er euch dieses Gebot geschrieben; aber von Anbeginn der Schöpfung hat Gott sie geschaffen als Mann und Weib. Darum wird der Mensch seinen Vater und seine Mutter verlassen und wird seinem Weibe anhangen und werden die zwei ein Fleisch sein. So sind sie nun nicht mehr zwei, sondern ein Fleisch. Was denn Gott zusammengefügt hat, soll der Mensch nicht scheiden.«

Die Vollmundigkeit dieser Erklärung sowie ihr revolutionärer Inhalt stießen auf eisiges Schweigen, bevor sich die Juden langsam abwandten. Keiner wollte seinen Ohren trauen. Kurz danach fragten ihn sogar seine Jünger, ob er sich dessen, was er da eben gesagt hatte, wirklich sicher sei. Jesus blieb unerschütterlich. »Wer sich scheidet von seiner Frau und freit eine andere, der begeht Ehebruch an ihr, und so sich eine Frau scheidet von ihrem Manne und freit einen anderen, die begeht Ehebruch.«

Die Vorstellung, daß die Ehe ein lebenslanges Band für den Mann wie für die Frau darstellte, das weder wegen Ehebruchs noch wegen Unfruchtbarkeit gelöst werden konnte, war in den Augen zweier Kulturen, die auf Fortpflanzung abzielten, ein Greuel und völlig neu in der Geschichte der Menschheit.

Auf Umwegen und in recht ironischer Weise wurde Jesus' umwälzende Botschaft zu einer der ersten feministischen Grundsatzerklärungen. Im Gefolge seiner Predigten mußte eine neue Hoffnung für die Frauen entstanden sein. Die Ehe mochte nicht das bequemste oder gerechteste Geschlechterarrangement der Welt sein, doch wenn sie für den friedlichen Fortbestand der Spezies nötig war, dann glich ihre Unauflöslichkeit die sexuellen Risiken mit Sicherheit ein wenig aus. Die Frauen konnten eine gnädigere Behandlung seitens des Gesetzes erwarten (wenn schon nicht seitens ihrer Ehemänner), eine erneute Aufwertung des kameradschaftlichen Charakters der Ehe und eine weniger paranoide Einstellung zur Funktion und Fruchtbarkeit ihres Bauches.

Als Jesus starb, hatte er eine derart ergebene und entschlossene Anhängerschaft um sich geschart, daß weder sein Name noch seine Botschaft in Vergessenheit gerieten. Die Stellung der Frau, so war zu hoffen, würde sich verbessern und die zwanghafte Kontrolle der Sexualität lockern. Erbarmen mit den Armen, Hilflosen und Bedürftigen würde sich verbreiten. Die Menschen allerorten würden ein friedlicheres, gerechteres, sinnvolleres Leben führen, frei von Verfolgung und Scham.

Dies wenigstens hätte geschehen können. Doch es sollte anders kommen.

In den ersten Jahrhunderten nach Jesus' Tod traten in den jordanischen Wüsten und den Provinzen des Nahen Ostens einige seltsame Prediger auf, die, im Namen Jesu, ganz andere Möglichkeiten vor Augen hatten. Gesegnet mit einem weniger reinen Lebenswandel und weniger hehren Zielen machten sie sich daran, seine Lehren zu vereinnahmen und sie in ein Pauschalprogramm zur Anwerbung und Manipulation von Millionen unzufriedener Seelen in der Abenddämmerung des Römischen Reiches zu verwandeln. Statt Gnade predigten sie Verdammnis. Statt Erbarmen das Höllenfeuer. Statt des himmlischen Königreichs auf Erden die drohende Apokalypse oder völlige Abkehr von irdischen Belangen. Sie hießen, wie klar sein dürfte, Paulus, Hieronymus und Augustinus; die unheilige Dreieinigkeit des frühen Christentums und die ersten großen Lobbyisten des entstehenden christlichen Glaubens.

Das Leben der Lobbyisten

»Dieser Mann hat eine neue Lehre eingeführt, absonderlich und schädlich für die menschliche Rasse. Er verunglimpft die Ehe, ja, die Ehe, die doch, wie man sagen könnte, der Anfang, die Wurzel und der Urquell unserer Natur ist.«

Der Erzähler in diesem Bericht über das Leben der Heiligen Thekla heißt Thamyris und ist ein wohlhabender junger Mann, der Theklas Gatte hätte werden sollen. Der Schurke, den er anklagt, seine Braut dazu verführt zu haben, ein Leben in Jungfräulichkeit gegen ihn einzutauschen, ist kein anderer als Paulus, dessen leidenschaftliche Rhetorik und nachdrückliches Eintreten für lebenslange Keuschheit künftig zahlreiche andere geplante Heiraten vereiteln sollten. Dieser außergewöhnliche Mann, klein, kahlköpfig und säbelbeinig, mit langer Nase und über der Nasenwurzel zusammengewachsenen Augenbrauen, sollte den frühchristlichen Glauben in einer Weise beeinflussen, die Sprengkraft barg. Seine Briefe an Gemeinden rund ums Mittelmeer hatten eine derart nachhaltige Wirkung, daß sie in das Neue Testament eingingen, und seine Lehren gestalteten das Christentum so tiefgreifend um, daß manche der Ansicht sind, es müsse eigentlich richtiger Paulustum heißen.

Paulus wurde in den ersten Jahren des ersten Jahrhunderts unserer Zeitrechnung in der kilikischen Stadt Tarsus geboren, nahe der heutigen türkischen Südküste. Er wuchs auf als griechisch sprechender Jude, geprägt von tiefem Haß auf eben den Glauben, den er bald annehmen sollte. Die Apostelgeschichte sagt, daß Paulus, zu dieser Zeit noch Saulus, »mit Drohen und Morden wider die Jünger des Herrn [schnaubte]«, und wir haben Grund zu der Annahme, daß er auch praktizierte, was er predigte, er, der der Steinigung des ersten christlichen Märtyrers Stephanus mit »Wohlgefallen« beiwohnte und die jüdischen Hohepriester um die Erlaubnis bat, die Häretiker verfolgen und in Gewahrsam nehmen zu dürfen.

Auf eben einer solchen Mission in die alte, weltoffene Stadt Damaskus wurde er plötzlich bekehrt. Saulus wurde zu Paulus, nicht durch geschickte Überredung, sondern durch eine unmittelbare, blendende Jesuserscheinung.

Paulus sollte fortan das Evangelium predigen, eine Aufgabe, der er sich mit demselben Eifer widmete, mit dem er es zuvor verunglimpft hatte. Leider war er nicht daran interessiert, allmählich in den christlichen Glauben, wie ihn seine neuen Glaubensbrüder verstanden, hineinzuwachsen. Er hatte es eilig, er hatte einen direkten Auftrag von Jesus erhalten, und Jesus würde ihn sicherlich persönlich unterrichten.

Gewiß lauschte Paulus den Stimmen in seinem Kopf, doch statt der ruhigen, klaren Stimme von Jesus vernahm er eine barbarische, mißtönende Kakophonie aus den rivalisierenden Philosophien der römischen Mittelmeerprovinzen. Angesichts eines solchen Tohuwabohus von Einflüssen überrascht es kaum, daß seine Predigten eine persönliche, eklektische Mischung aus christlicher Gnadenbotschaft, griechischem Neuplatonismus und hebräischem Fortpflanzungsgebot bildeten, die genausoviel über seinen früheren Lebenswandel wie über seine jetzige Berufung verrieten.

Wie Jesus pries Paulus die Enthaltsamen und die Unfruchtbaren, doch anders als Jesus plazierte er sie nicht auf gleicher Stufe mit den Verheirateten und Gebärenden, sondern stellte sie auf einen Sockel der Heiligkeit, der sie weit über jene erhob. Um diesen Schachzug zu rechtfertigen, koppelte er die Lehren Jesu mit der neuplatonischen Lehre des Dualismus, der zufolge die Seele das Edelste am Menschen ist und im vergänglichen Gehäuse des Körpers gefangen und der Weg zur höchsten Erfüllung darin besteht, den irdischen Vergnügungen zugunsten der spirituellen Kontemplation abzuschwören.

Glücklicherweise war Paulus trotz seiner Botschaft ein wenig realistischer als seine späteren Nachfolger und erkannte an, daß völlige Abstinenz für die meisten kein gangbarer Weg war. In seinem berühmten Brief an die Korinther, der seither das Fundament der christlichen Auffassung von Sexualität und Ehe bildet, machte er daher einen kleinen Rückzieher und erklärte, daß der Stand der Ehe zwar dem der Enthaltsamkeit unterlegen sei, daß sie aber für die Christen eine gangbare Alternative darstellt, denn »es ist besser freien als von Begierde verzehrt werden«.

Mit einer weiteren Unterwerfungsgeste gegenüber den jüdischen

Normen beharrte Paulus gleichwohl darauf, daß es darüber hinaus keine sexuellen Aktivitäten geben durfte; wenn Jesus zurückkehrte, um die Gläubigen um sich zu scharen, mußten sich Homosexuelle, Onanisten und Ehebrecher ganz hinten anstellen. »Lasset euch nicht irreführen!« warnte er die Korinther. »Weder die Unzüchtigen noch die Götzendiener noch die Ehebrecher noch die Weichlinge noch die Knabenschänder [...] werden das Reich Gottes ererben.«

Innerhalb zweier Jahrzehnte hatte Paulus Jesu Botschaft der Toleranz völlig unkenntlich gemacht und auf der Grundlage der sexuellen Entsagung eine Pyramide der ansteigenden Heiligkeit errichtet. Diese Rangliste der Reinheit sollte dem christlichen Glauben ihren Stempel aufdrücken und seine Anhänger fast zwei Jahrtausende lang nachhaltig beeinflussen. Doch während Paulus der geistige Architekt dieser Pyramide war, legte ein anderer Mann die Fundamente dafür im wirklichen Leben: Hieronymus.

Während der gesamten Zeitspanne, in der Paulus predigte, war das Christentum eine Sekte im Untergrund, die einen Lebensstil pflegte, der sowohl den Juden als auch den Römern verhaßt war. Im ersten, zweiten und dritten Jahrhundert n. Chr. wurden viele tausend Christen sogar in die Arenen verschleppt und den Löwen zum Fraß vorgeworfen. Im Jahre 324 jedoch avancierte das Christentum mit einem Mal zur Staatsreligion des Römischen Reichs. Kaiser Konstantin gelobte vor einer Schlacht gegen seinen Rivalen Maxentius, die er zu verlieren fürchtete, zum Christentum überzutreten, sollte er den Sieg davontragen. Er tat zuletzt beides, und die westliche Geschichte nahm einen anderen Verlauf.

In diesem Klima neuerworbener Respektabilität begann ein junger Mann namens Hieronymus zu predigen. Er war sich der Zugkraft, die die Arena gehabt hatte, wohl bewußt. Einerseits war das Leiden entsetzlich gewesen, andererseits hatte es für eine phantastische Öffentlichkeit gesorgt. Die Gefaßtheit der christlichen Märtyrer im Angesicht des Todes und ihre augenscheinliche Schmerzunempfindlichkeit hatte ihnen mehr Konvertiten von den Rängen beschert, als sie Anhänger in der Arena verloren.

Asketismus

Vor diesem Hintergrund ging Hieronymus daran, den christlichen Glauben mit einer neuen Ethik zu unterfüttern, indem er die Folter durch andere aufgab für jene Qualen, die man sich selbst zufügt. Denn der neue Feind waren nicht der römische Staat oder die Löwen in der Arena, sondern die inneren Leidenschaften, insbesondere im Zustand der Wollust – genauso mächtig, genauso verhaßt, genauso destruktiv. Und so begann die Ära der Einsiedler in der Wüste: fanatische Eremiten, weibliche wie männliche, die allen irdischen Bindungen entsagten und in die Wüste flohen, wo sie einander an körperlicher und sexueller Selbstkasteiung zu überbieten suchten.

Manche kastrierten sich, um sich von der Begierde zu befreien, die in ihren Lenden brannte; andere schlugen einen anderen Weg ein und umgaben sich absichtlich mit Frauen, um ihre Widerstandskraft desto härter auf die Probe zu stellen. (Dieses Verfahren erwies sich als so beliebt, daß es noch im neunten Jahrhundert praktiziert wurde, als der große irische Weise St. Swithin ob seiner Gewohnheit, zwei Jungfrauen mit in sein Bett zu nehmen, von seinem Klosterbruder St. Brendan herausgefordert wurde. Swithin forderte seinerseits Brendan heraus, der sich darob verpflichtet fühlte, dasselbe zu tun. Offenbar gelang es Brendan, seine Jungfrauen unberührt zu lassen, obgleich er später gestand, daß er die ganze Nacht kein Auge zugetan hatte.)

Hieronymus, das beredte Sprachrohr dieser Asketen schildert seine eigenen Leiden im Jahre 375:

»Meine ungestalten Glieder starrten im Bußgewande, und meine rauhe Haut war schwarz geworden gleich der eines Äthiopiers. [...] Also, jener ›Ich‹, der ich aus Furcht vor der Hölle mich selbst zu einem solchen Kerker verurteilt habe, in der einzigen Gesellschaft von Skorpionen und wilden Tieren, dachte oft zurück an die Tänze der Mädchen. Die Wangen waren bleich vom Fasten, aber im kalten Körper flammte der Geist auf in der Glut der Begierden. Vor dem Menschen, der dem Fleische nach bereits gestorben war, loderte einzig noch das Feuer der Sinnlichkeit auf. Verlassen von aller

Hilfe, warf ich mich nieder zu den Füßen Jesu, benetzte sie mit meinen Tränen und trocknete sie mit meinen Haaren, und das widerspenstige Fleisch bändigte ich durch wochenlanges Fasten.«

Dies war in der Tat ein mächtiger Feind. Je konsequenter man die Wollust bekämpfte, desto gnadenloser, so schien es, setzte sie einem zu. Je heftiger man sie verleugnete, desto tiefer schlug sie ihrem Opfer die Krallen ins Fleisch. Während die Wollust unter Paulus als natürliche Kraft gegolten hatte, die der Steuerung bedurfte, war sie unter Hieronymus zu einem Übel geworden, dem man Widerstand entgegensetzen mußte. Und je größer der Widerstand, desto größer die Belohnung im Himmel. Mit dieser düsteren und dennoch durchtriebenen Botschaft verließ Hieronymus schließlich die Wüste und begab sich nach Rom, wo er umgehend denjenigen Teil der Gesellschaft ins Visier nahm, bei dem ihm die Bekehrung am leichtesten und der eigene Verzicht am angenehmsten schien: die jungen Aristokratinnen von Rom.

Hier wirkte er als eine Art Rasputin der Reinheit und verlockte seine Adeptinnen mit seiner elektrisierenden Ausstrahlung und faszinierenden Redekunst zu einem Leben der Selbstverleugnung.

Gewöhnlich begann er damit, daß er den Ehestand herabsetzte und die berechtigte Angst der Frauen vor Schwangerschaft und Entbindung aufstachelte. »Ich billige das Heiraten und achte den Ehestand hoch,« schrieb er 384 an eine seiner Anhängerinnen, »aber deshalb, weil aus ihm die jungfräulichen Seelen hervorgehen. Ich pflücke Rosen von den Dornen und gewinne Gold aus dem Erdboden, Perlen aus den Muscheln.« Doch was erwartete diese Jungfrauen? Ein Leben in Elend und Einsamkeit, jeder menschlichen Zuneigung beraubt? Keineswegs. Diejenigen, die den Genüssen des Fleisches abschworen, erhielten in Hieronymus' Weltsicht Zugang zu einer reineren, geheimnisvolleren, umfassenderen Erotik: zu derjenigen, die der heilige Bräutigam Jesus bot. Seiner jungen Anhängerin Eustochium riet er in einem Brief:

»Dein verborgenes Kämmerlein sei Dein ständiger Schutz: Dort im geheimen möge Dein Bräutigam sich zärtlich gegen Dich zeigen.

Betest Du, so sprichst Du mit Deinem Bräutigam; liest Du, dann redet er mit Dir. Kommt der Schlaf über Dich, dann stellt er sich hinter die Wand, streckt seine Hand durch einen Spalt und berührt Deinen Leib. Du aber wirst erschreckt aufspringen und sprechen: ›Ich bin verwundet von Liebe.‹«

Dieses eigenartige System der Frömmigkeit, in dem das Christentum einerseits erotische Gefühle bestrafte, sich aber andererseits in offen erotischen Begriffen ausdrückte, sollte in späteren Jahren zu einem Schlüsselfaktor seiner Anziehungskraft und Macht werden. Doch bevor es seine Macht anwenden konnte, um alle guten Christen furchtbebend auf die Knie zu zwingen, mußte es erst über Paulus' Pyramide der sexuellen Entsagung und über Hieronymus' Pauschalverurteilung aller Zustände außer dem der Jungfräulichkeit hinaus zu einer Weltsicht gelangen, in der die Sexualität als etwas galt, das die gesamte Menschheit besudelte und befleckte, von der Wiege bis zur Bahre, von Anbeginn bis ans Ende aller Tage. Diese schier übermenschliche Aufgabe sollte einem jungen Bischof aus Numidien, dem heutigen Algerien, zufallen: Augustinus.

Erbsünden

Augustinus, im Jahr 354, etwa zehn Jahre nach Hieronymus geboren, hatte eine unglückliche Kindheit. Seine Mutter Monica war eine fromme Christin und sein Vater Patricius ein Heide, der ständig anderen Frauen nachstieg und sich herzlich wenig um die Frömmigkeit seiner Gattin scherte. Diese beiden entgegengesetzten Temperamente fochten in den ersten drei Jahrzehnten seines Lebens um Augustinus' Seele, und ihr Widerstreit drückte sich nirgends deutlicher aus als in seinem berühmten Stoßgebet: »Gott, gib mir Keuschheit, aber noch nicht jetzt.« Als Jugendlicher geriet er auf moralische Abwege, doch selbst dann noch spürte er die Anziehungskraft des asketischen Lebens; mit siebzehn beschränkte er sich auf eine einzige Konkubine und geriet langsam in den Sog der hyperasketischen Sekte der Manichäer, welche lehrten, daß alle körperlichen Bedürfnisse, angefangen von Essen und Trinken bis hin zu Sex, dem Reich des Bösen entstammten.

Im Sommer 386 ergriff Augustinus den Stab der christlichen Sexualitätsverachtung mit der ganzen Energie des Neubekehrten und bekannte sich zum Zölibat. Wie so viele Prediger und Lehrer vor ihm schrieb er über die entsetzliche Gefangenschaft der Seele im Körper. Doch anders als viele von ihnen wußte er genau, wovon er redete. Augustinus' ausschweifendes Vorleben hatte ihm nur zu deutlich die versklavende Macht des Sexus gezeigt. Es sei das lebhafteste Vergnügen auf sinnlicher Ebene, schrieb er (ein Gedanke, der für viele Zölibatsnovizen quälend gewesen sein muß), auf dem Höhepunkt der Erregung lähme es die Kraft des bewußten Denkens praktisch völlig.

Wie konnte dieses ungehorsame Fleisch, das imstande war, den kühl und rational denkenden Geist zu überrennen, einen angemessenen Platz in einer Welt haben, die ein allmächtiger und letztlich gütiger Gott geschaffen hatte? Dies war die Frage, die Augustinus am meisten umtrieb, und seine Antwort sollte sich ebenso verheerend auswirken, wie sie absurd war.

Er behauptete zunächst einmal, daß die Wollust ursprünglich nicht zu Gottes Bauplan für die menschliche Rasse gehört hatte. Im Garten Eden, so stellte er sich vor, hätten sich Adam und Eva sicherlich nur selten, leidenschaftslos und einzig zum Zwecke der Zeugung von Kindern sexuell betätigt. Dabei hätten sie sich der Technik bedient, Adams unerregtes Glied an die Öffnung von Evas Scheide zu legen, und die Ejakulation sei durch bloße Willensanstrengung erfolgt, so wie manche Leute musikalische Töne am Ende ihrer Anatomie erzeugen könnten, daß man glaubt, sie sängen.

Leider waren die Dinge nicht ganz nach Plan verlaufen. Als Eva den Apfel aß, brachte sie das wilde, unbezähmbare Ungeheuer Wollust in die Welt, und es bemächtigte sich des einst unschuldigen Körpers, brach die Kraft des Willens und tyrannisierte die menschlichen Geschlechtsorgane. Dieser Ansicht zufolge war die Wollust kein natürlicher Bestandteil der Schöpfung, sondern eine Krankheit, die im Augenblick des Sündenfalls zum Wesen des Menschen hinzugekommen war, die Verantwortung für die Vertreibung aus dem Paradies trug und alle Folgegenerationen bis auf den heutigen Tag befleckte.

Fortan galten die Genitalien als *pudenda* (das heißt Teile, derer man sich schämen muß), wurden alle Menschen als Sünder geboren und trug jeder Geschlechtsakt (der zwangsläufig ein Element der Wollust enthielt) den Stempel des ersten und größten Ungehorsams des Menschen gegen Gott. Doch das war nicht alles. Da auch der Tod Folge des Sündenfalls war, warf Augustinus beide in einen Topf und machte die Wollust zur Ursache nicht nur der Schwachheit, sondern auch der Sterblichkeit des Menschen.

Hiermit hatte die christliche Leib- und Lustfeindlichkeit ihren höchsten Pegelstand erreicht. Niemals wieder konnten Christen in Unschuld leben (nicht einmal, wenn sie Jungfrauen waren); niemals wieder konnten sogar verheiratete Paare miteinander schlafen ohne das dumpfe Gefühl, daß sie etwas Falsches taten; niemals wieder würde sexuelle Aktivität (ob heterosexuelle, homosexuelle oder masturbatorische) um der Lust statt um der Fortpflanzung willen in der christlichen Hierarchie der Heiligkeit einen anerkannten Platz haben.

In einer konzertierten Aktion, die sich über etwas mehr als dreihundert Jahre hinzog, hatten Paulus, Hieronymus und Augustinus die Sexualität in der westlichen Welt nachhaltiger verändert als alle anderen Denker in den zehn Jahrtausenden vor ihnen oder in den beiden, die ihnen bislang folgten. Die Pyramide der Sexualitätsfeindlichkeit, die sie so rasch und dennoch stabil errichtet hatten, hatte die Sexualität (innerhalb ihrer zusammengenommenen Lebensspannen) völlig umgedeutet: von dem Born der menschlichen Freude in den Urquell des menschlichen Elends, von der sichersten Garantie der Unsterblichkeit in den Ursprung des Todes.

Die Transfiguration der Frau

Eine besondere Ironie steckte darin, daß es diese drei Männer mit ihren Lehren fertigbrachten, die Schuld an dieser schrecklichen Spaltung, verursacht durch die angeborene und nahezu unüberwindbare Sündhaftigkeit der Menschen, den Frauen anzulasten.

Durch eine Frau fielen wir der Vernichtung anheim …

Ausgerechnet die Frauen, diejenige Gruppe der Gesellschaft, die Jesus so eifrig in Schutz zu nehmen bedacht war, galten jetzt als ihre Hauptfeinde. Während der Sündenfall einst als eine durch den menschlichen Ungehorsam hervorgerufene Tragödie galt, wurde er nun umdefiniert in ein rein sexuelles Vergehen und überdies in eines, bei dem die Frau sich mit den Mächten des Bösen gemein gemacht hatte. Mit Blick auf Eva, die den Sündenfall herbeigeführt hatte, weil sie Adam in Versuchung brachte, und auf Maria, der es irgendwie gelungen war, den weiblichen Status zu transzendieren, indem sie Jesus gebar, äußert Augustinus, daß wir durch eine Frau der Vernichtung anheimgefallen seien, durch eine Frau jedoch wieder versöhnt würden. Mit diesem einen Satz legte er den Grundstein für die Wiederauferstehung der traditionellen Antipathie der klassischen Welt gegen Frauen und für eine dauerhaft gespaltene

... und durch eine Frau werden wir wieder versöhnt.

Einstellung zur weiblichen Sexualität, die immer noch in unseren Köpfen herumspukt.

Nachdem Paulus, Hieronymus und Augustinus ihre Ansichten zur Jungfräulichkeit klargelegt hatten, wurde es um so wichtiger, herauszustellen, daß Jesus selbst unbefleckt von Sünde geboren worden war. In einer Art rückwirkender Reinigungsaktion wurde betont, daß nicht nur er selbst unberührt gewesen war, sondern auch seine Mutter. Die Vorstellung der Jungfräulichkeit Mariens avancierte von der apokryphen Legende zu einer tragenden Säule des christlichen Glaubens. Als die Jahrhunderte ins Land gingen und die christlichen Streitschriften und Kommentare sich zu Bergen auftürmten, wurde der Mythos der Jungfräulichkeit Mariens immer ausgefeilter und phantastischer. Im frühen Mittelalter verfügte die Kirche, daß Maria nicht nur vor Christi Geburt Jungfrau gewesen, sondern auch während der Entbindung und für den Rest ihres Lebens *Virgo intacta* geblieben sei, wobei man die möglichen Geschwister von Christus kurzerhand unter den Teppich kehrte. Es wurde sogar vermutet, daß Maria nicht durch die Vagina, sondern durch das Ohr geschwängert worden sein müsse. Überdies sei ihre körperliche Reinheit so unzerstörbar gewesen, daß sie nach ihrem Tod nicht verwest und direkt körperlich in den Himmel aufgefahren sei. Sie habe niemals menstruiert und sei bei der Entbindung von allen Schmerzen verschont geblieben. Kurzum, sie war eigentlich gar keine Frau aus Fleisch und Blut.

Der Marienkult erwies sich wie der christliche Glaube im ganzen für die Frauen als zweischneidig. Nach vielversprechenden Anfängen, in denen er Frauen die Chance zu eröffnen schien, ihre eigene Spiritualität auszuleben und einen Teil der neuen geistigen Autorität zu übernehmen, mündete er in die Unterdrückung und Verurteilung des Großteils der Frauen. Zwar konnte die Verehrung und Anbetung Marias den Frauen vielleicht ein nachahmenswertes Rollenmodell liefern, doch es war zugleich eine Rolle, die für immer und ewig außerhalb der Reichweite jeder sterblichen Frau lag. Selbst die frömmsten, christlichsten Frauen, von den Märtyrerinnen Roms bis zu Hieronymus' ergebenen Schützlingen, durften niemals ihre Minderwertigkeit vergessen.

Die Bischöfe im Schlafzimmer

John stand nackt vor dem Bischof, seine Kleider auf dem Boden aufgehäuft. Der Bischof ließ seinen Blick über Johns Glied schweifen, registrierte dessen Länge und Zustand, wandte sich dann ab und nickte einer Frau zu, die am Kamin saß. Die Frau erhob sich, ließ ihr Gewand fallen und prüfte die Temperatur ihrer Hände. Sie waren warm und weich. Langsam näherte sie sich John, hielt nur eine Armeslänge von ihm entfernt inne und ließ ihn ihre Brüste bewundern. Auf ein Zeichen des Bischofs nahm sie ihre Arbeit auf, ergriff Johns Penis und begann ihn zu liebkosen. Nach einigen Augenblicken befahl ihr der Bischof, aufzuhören und ihm das Ergebnis zu zeigen. Johns Penis war noch schlaff. Der Bischof nickte erneut, und die Frau ging wieder an ihr Werk, flüsterte John diesmal ins Ohr, während sie sein Glied mit der einen Hand und seine Hoden mit der anderen bearbeitete. Sie masturbierte ihn, das war klar. Nach einigen weiteren Minuten hörte sie wieder auf, und wiederum wurde Johns Penis inspiziert. Mit heiliger Herablassung begutachtete der Bischof dessen Länge und Umfang. Keine Veränderung. Er nickte ein letztes Mal, und die Frau machte sich wieder an die Arbeit, rieb Johns Penis heftig, preßte sich an ihn, erstickte ihn fast mit Küssen und redete ihm zu, seinen Widerstand aufzugeben und ihr seine Männlichkeit zu beweisen. John ließ all das bewegungslos über sich ergehen, mit versteinerter Miene und einem Blick ins Nirgendwo.

Nun gafften alle. Nicht nur die Frau und der Bischof, sondern alle, die sich in dem Raum versammelt hatten. Johns Bruder war da. Seine Freunde. Auch zufällige Zeugen waren anwesend. Denn hier handelte es sich nicht um ein pikantes Privatvergnügen für den Klerus, sondern um eine öffentliche Scheidungsanhörung (wie es der Zufall will, im Canterbury des dreizehnten Jahrhunderts); Klägerin war Johns Ehefrau und Verhandlungsgegenstand seine Fähigkeit, die Ehe zu vollziehen.

Tausend Jahre sind seit Augustinus' Tod vergangen, und in Europa wie in der übrigen christlichen Welt ist viel geschehen. Rom wurde entmachtet, das finstere Mittelalter kam und ging, Amerika wurde entdeckt (von den Wikingern), und Ostkirche und Westkirche spalteten sich. Langsam, aber stetig breitete sich der neue Glaube in der Welt aus. Die Franken werden 497 christianisiert, die Bulgaren und Serben 865, und gegen Ende des elften Jahrhunderts gibt es für die gesamte westliche Christenheit eine einzige Kirche, die vom Papst in Rom beherrscht wird und deren Machtbereich sich über den gesamten europäischen Kontinent von Island bis Italien und von Schweden bis Spanien erstreckt.

Während Augustinus und seine Zeitgenossen durch geschicktes Konterkarieren der römisch-jüdischen Fortpflanzungsdoktrin Millionen für die christliche Lebensweise gewonnen hatten, suchte die mittelalterliche Kirche die Gläubigen mittels eines strengen und konsequenten sexuellen Verhaltenskodex unter ihren Fittichen zu halten; dieser Kodex sorgte dafür, daß der Klerus seine Nase in alles steckte, was mit dem Intimleben seiner Schäfchen zu tun hatte.

Erstens gab es die zulässigen Tage für den Geschlechtsverkehr. Oder genauer gesagt, die vorgeschriebenen Tage für Enthaltsamkeit. Dazu gehörten der Donnerstag (im Gedenken an Jesu Gefangennahme), der Freitag (im Gedenken an seinen Tod), der Samstag (zu Ehren der Jungfrau Maria), der Sonntag (zu Ehren der Wiederauferstehung), der Montag (im Gedenken an die Verstorbenen) und alle Dienstage oder Mittwoche in den drei, fünf oder sieben Tagen vor der Kommunion, sowie die vierzig Tage vor Ostern, Pfingsten und Weihnachten.

Zweitens gab es die zulässigen Stellungen für den Geschlechtsverkehr. Oder genauer gesagt, die zulässige Stellung, denn es gab nur eine: die Missionarsstellung. Darin sollte sich nach Auffassung des sublimsten Denkers der mittelalterlichen Kirche, Thomas von Aquin, die Überlegenheit des Mannes über die Frau widerspiegeln; sie umzukehren oder zu verändern (ob die Frau oben lag oder ob der Verkehr *a more canino* – nach Art der Hunde – vollzogen wurde) hieß, das sofortige Verderben heraufzubeschwören.

Drittens gab es den zulässigen Zweck des Verkehrs, nämlich ausschließlich die Fortpflanzung. Je weiter man sich von diesem Ziel entfernte, desto abscheulicher war der Akt, mit der abstrusen Konsequenz, daß Homosexualität (bei der zwei Rationen Samen vergeudet wurden) ein schlimmeres Vergehen darstellte als Masturbation (bei der nur eine Portion verlorenging), die wiederum schwerer wog als Vergewaltigung, Inzest oder Ehebruch, bei denen der Samen (gleichgültig wie unfreiwillig) sich immerhin in Nachwuchs umwandeln konnte.

Viertens gab es die zulässige geistige Einstellung zum Verkehr, was den Lehren Augustinus' zufolge das Fehlen aller Leidenschaft bedeutete. Schließlich gab es die Beziehung, in deren Rahmen der Koitus zulässig war, und darunter war mit Rücksicht auf Paulus ausschließlich die Ehe zu verstehen. Die Kirche war vom vierten Jahrhundert an immer mehr zur ehestiftenden Institution geworden, hatte aber, hauptsächlich mit Rücksicht auf Hieronymus, die Ehe nicht zum Sakrament erklären wollen. Als sich aber im zwölften Jahrhundert herauskristallisierte, daß die Kirche mehr profitierte, wenn sie die Ehe kontrollierte, statt über sie herzuziehen, führte sie Gebühren ein – für Trauungen, für die Taufe legitimer Kinder und für die Untersuchung aller Arten von ehelichen Streitfragen einschließlich Impotenz, wie wir am Fall von John von Canterbury gesehen haben.

Aus den oben aufgeführten Verboten könnte man den Schluß ziehen, daß die Christen des Mittelalters versuchten, die Sexualität ganz und gar auszumerzen. Weit gefehlt! Im zehnten Jahrhundert hatte sich die Kirche als stärkster Machtfaktor im Europa des Mittelalters etabliert, und sie mußte einen Weg finden, die Strippen zu ziehen. Als irdische Macht brauchte sie ein Volk, auf das sie sich stützen konnte, deshalb mußte sie gewisse Kompromisse mit den Realitäten und das heißt, mit der Sexualität eingehen. Und genau wie sich die Kirche die offizielle Machtbefugnis aneignete, Steuern auf die Einkünfte der Menschen zu erheben, so beschloß sie auch, ihre Seelen zu besteuern, Handlungen zu verdammen, die dem Körper eingeschrieben waren, und ihnen dann die Mittel der Erlösung zu verkaufen.

So entwickelte sich das außergewöhnliche System von Beichte und Buße, durch das sich die Menschen der Herrschaft der Kirche unterwerfen mußten, indem sie jedesmal, wenn sie glaubten, sündige Gedanken zu haben, die christlichen Glaubensätze psalmodierten, rituelle Strafen auf sich nahmen oder Geld stifteten. Diese Idee war so genial wie abwegig und brachte die Menschen dazu, ihre moralischen Pluspunkte mit der Begeisterung von Fußballfans zusammenzuzählen und nie danach zu fragen, wer die Regeln erfunden hatte, ob sie wirklich so absolut waren oder was mit ihrem Geld geschah. Genauso wie die Menschen abhängig wurden von dieser käuflichen persönlichen Erlösung, wurde die Kirche abhängig davon, die Scherflein einzusammeln, die Palette besteuerbarer Vergehen so weit wie möglich auszudehnen und die Strafsätze ständig anzuheben.

Doch das warf ein Problem auf. Das zwanghafte Aufdecken,

Schildern und Bestrafen erotischer Vergehen begann direkt auf die europäische Libido zurückzuwirken. Selbst den frömmsten und gläubigsten Christen, fest entschlossen, seine Keuschheit zu bewahren oder sein Sexualleben auf das allernotwendigste Minimum zu beschränken, mußte die Kirche selbst durch ihr unablässiges Herumreiten auf der Sexualität schließlich auf mehr sündige Gedanken – und möglicherweise Taten – bringen, als wenn eine liberalere Atmosphäre geherrscht hätte. Die Predigten, Allegorien und Bilder des christlichen Kultus begannen auf subtile Weise gerade die Handlungen zu begünstigen, die sie diffamierten, und sogar den Willen zu stärken, sie zu begehen.

Die Jesusdarstellungen nahmen eine deutlich erotische Färbung an – die Agonie der frühen Märtyrer (insbesondere des Heiligen Sebastian) trat nur allzuoft in Gestalt von Ekstase auf, und die Jungfrau Maria wurde langsam von einem Symbol der Heiligkeit zu einem sexuellen Fetisch umgemodelt, insbesondere von dem Abt Bernhard von Clairvaux und seinen Anhängern, den Zisterziensern, im zwölften Jahrhundert. Und genau wie diese Gestalten sexuell aufgeladen wurden, wurde auch ihre Verehrung sexualisiert. Unter Nonnen waren Träume von ekstatischen Vereinigungen mit Jesus an der Tagesordnung, und unter Priestern, insbesondere solchen, die sich für ihre eigene Sündhaftigkeit mit Selbstgeißelung und härenen Hemden bestraften, wurde die Grenze zwischen religiöser und sexueller Inbrunst fließend. Die Heiligenlegenden enthalten zahlreiche derartige Geschichten, etwa die des Heiligen Felix, der beim Zelebrieren der Messe oft derart in Verzückung geriet, daß er nicht mehr zu sprechen vermochte, und die der Veronica Giuliani, die so sehr darauf erpicht war, das Lamm Gottes zu umarmen, daß sie ein lebendiges Lamm mit in ihr Bett nahm, es innig küßte und es an ihrer Brust saugen ließ. Das vielleicht faszinierendste Beispiel ist die Heilige Teresa de Ávila, die ihre Gemeinschaft mit Gott in eindeutig erotischer Sprache beschrieb:

»Ich sah einen Engel zu meiner Linken, in leiblicher Gestalt, was mir nur ausnahmsweise vergönnt ist. Er war nicht groß, sondern klein, sehr schön [...]. Er hielt eine goldene Lanze in der Hand,

Sebastian: Die Agonie der frühen Märtyrer wurde häufig in Bildern der Ekstase festgehalten.

und ich glaubte eine kleine Flamme an ihrer eisernen Spitze zu sehen. Er schien sie mir mehrmals ins Herz zu stoßen, bis zu den Eingeweiden, und diese mitsamt der Lanze herauszureißen; so ließ er mich von großer Liebe zu Gott entflammt zurück. Der Schmerz war so heftig, daß ich stöhnte, und die Süße dieses heftigen Schmerzes überstieg so sehr alles Maß, daß man nicht wünschen kann, er möchte ein Ende nehmen, und daß die Seele nur noch an Gott Gefallen findet.«

Diese seltsame Sexualisierung des Christentums fehlte auch nicht in der säkularen Welt. Zwischen dem dreizehnten und dem fünfzehnten

Katharina: Körperliches Martyrium und heilige Verzückung

Jahrhundert florierten in vielen Teilen Europas von der Kirche eingerichtete Bordelle; geile Mönche, lüsterne Nonnen und brünstige Beichtiger wurden zu handelsüblichen Phantasiefiguren von Prostituierten und Pornographen; im wirklichen Leben mochten die detaillierten und erschöpfenden Listen sexueller Sünden, die die Priester vor ihren Büßern herunterbeteten, zwar zur Bemessung der Strafe dienen, doch genauso oft wirkten sie wohl im Dienste der Versuchung. Es erübrigt sich fast, eigens darauf hinzuweisen, daß jedes reuige Beichtkind dem Beichtvater seine oder ihre Sünde bis in die kleinste Einzelheit schildern mußte. Weniger bekannt ist, daß es manchmal zur Buße gehörte, die Handlung mit dem Beichtiger selbst zu wiederholen.

Sadomasochistische Umtriebe

Von all den sexuellen Seltsamkeiten, die das mittelalterliche Christentum hervorbrachte, ist die vielleicht interessanteste die eigentümliche Vermischung von Lust und Schmerz, von Erniedrigung und Triumph, die wir heute als Sadomasochismus bezeichnen. Außerhalb des christlichen Abendlands (und aus anderen, aber ähnlich gelagerten Gründen auch Japans) hat der Sadomasochismus in der Sexualität kaum eine Rolle gespielt. Dennoch ist in Europa wie in den Vereinigten Staaten der Sadomasochismus im weitesten Sinn zu einem integralen Bestandteil unserer sexuellen Subkultur geworden. Er macht einen kleinen, aber bedeutsamen Prozentsatz aller professionellen sexuellen Dienstleistungen aus und bestimmt das Bildrepertoire des Geschäfts mit dem Sex in einem noch weitaus größeren Ausmaß. Es gibt zwar Indizien für sadomasochistische Tendenzen bei den Römern, die den Zirkus mit seiner blutrünstigen Atmosphäre als guten Ort zur Anknüpfung heimlicher Affären empfahlen, sowie bei den Indern, denen das *Kamasutra* dringend nahelegte, den Partner zu beißen, doch der Sadomasochismus in seiner ritualisierten sexuellen Form ist eine Eigenheit des christlichen Abendlands. Und er scheint, wie so vieles in unserem sexuellen Erbe, unter den Priestern und Nonnen des Mittelalters entstanden zu sein.

Die ersten einschlägigen Regungen zeigten sich wahrscheinlich im zwölften Jahrhundert, als die Franziskanermönche die Selbstgeißelung als Bußmethode zu preisen begannen. Diese Praktik griff bald danach auf den säkularen Raum über; Priester ließen Schäfchen, die gefehlt hatten, entkleiden und ihnen anstelle jedes früher abgesungenen Bußpsalms hundert Hiebe verabreichen; eine großzügige Zuteilung, selbst für die damalige Zeit. Obwohl sie grausam und gedankenlos schien, mußte diese Praxis doch eine spezifische Befriedigung mit sich bringen, denn bald begannen etliche besonders fromme (und besonders sündige) Menschen, sich für ihre eigene Wohnstätte Peitschen zuzulegen und sich damit selbst zu geißeln. Das Phänomen erlebte während des zwölften Jahrhunderts einen stetigen Aufschwung, explodierte dann im dreizehnten regelrecht,

Ursprünge des Sadomasochismus: Geißelung eines jungen Mannes im Nonnenkloster als bußfertige Übung

als Tausende selbsterklärter Flagellanten sich zu Prozessionen zusammenschlossen und durch die mittelalterliche Landschaft zogen, dabei sich selbst und ihre Mitflagellanten schlagend.

Die Angelegenheit war überaus spektakulär. Der erste Ausbruch ereignete sich im Jahr 1259 in Norditalien, wo dem Bericht eines Historikers zufolge »Tag und Nacht lange Prozessionen mit Teilnehmern aus allen Schichten und Altersgruppen in Zweierreihen durch die Straßen zogen, geführt von Priestern, die Kreuze und Banner trugen, betend und sich geißelnd«. Die örtlichen Stadträte waren entsetzt (nicht zuletzt, weil manche Flagellanten nicht älter als fünf Jahre waren) und versuchten, sie aus den Städten zu vertreiben, doch ohne Erfolg. Die Bewegung ergriff Deutschland, Österreich, Böhmen, die Rheinprovinzen, die Niederlande und sogar England und gewann immer neue Anhänger hinzu. Ganze Dörfer und sogar Städte legten die Arbeitsgeräte nieder, um die Geißel zu ergreifen und sich dreiunddreißigeinhalb Tage lang zu züchtigen, in Erinnerung an die dreiunddreißigeinhalb Lebensjahre

Flagellantenprozessionen: Ihr vorgebliches Ziel waren Buße für die Sünden der Welt und die Erlangung von Gnade im Jenseits, doch spricht die Inbrunst, mit der die Teilnehmer sich geißelten, für eine unmittelbare Art der Befriedigung.

Christi. Vorgebliches Ziel der Prozessionen war die Buße für die Sünden der Welt und die Erlangung von Gnade im Jenseits, doch die Inbrunst, mit der sich die Flagellanten geißelten, und die Atmosphäre der Raserei, in der sich die Prozessionen vollzogen, sprechen für eine unmittelbarere Art von Befriedigung.

Wir wissen heute, daß körperlicher Schmerz die Ausschüttung von Endorphinen auslösen kann. Die Wirkung kommt dem Kick gleich, von dem Extremsportler berichten. Wir wissen überdies, daß konzentrierte Schübe von Angst sexuelles Verlangen auslösen. Bei Männern wies David Barlow diesen psychischen Vorgang experimentell nach; er verzeichnete bei seinen Versuchspersonen untypisch starke Erektionen, als er ihnen Elektroschocks androhte. Für Frauen gilt Analoges, wie Donn Byrne zeigte. Er registrierte hohe Erregungsniveaus bei seinen Probandinnen, nachdem sie in die peinliche Lage gebracht worden waren, öffentlich Karaoke-Versionen der amerikanischen Nationalhymne zum besten geben zu müssen.

Diese Experimente können teilweise erklären, warum manche Menschen in gefährlichen oder demütigenden Praktiken Befriedi-

Die heutige S/M-Szene bedient sich häufig christlicher Ikonographie oder Fetische: Kreuz, Beichtstuhl, elender Sünder und unversöhnlicher Gott.

gung finden, doch sie genügen nicht, um das Phänomen Sadomasochismus umfassend zu erhellen. In den heutigen S/M-Clubs ist viel Theater mit im Spiel und bestimmt die Atmosphäre im selben Maße wenn nicht stärker als die Sexualität – eine Atmosphäre im übrigen, die sich häufig einer christlichen Ikonographie und christlicher Fetische bedient: das Kreuz, der Beichtstuhl, der elende Sünder und der unversöhnliche Gott. Manche themenbezogenen S/M-Clubs in Europa und den Vereinigten Staaten verfügen über Räume, die wie Kirchen gestaltet sind, ausgestattet mit Beichtstühlen, in denen die Kunden erniedrigt werden, und Kreuzen, an die sie »geschlagen« werden. Die Kirchen hatten es natürlich nicht nötig, zu tun als ob, und die Bußen, die Geistlichen auferlegt wurden, geben uns einen Hinweis auf die aphrodisierende Wirkung des mittelalterlichen Christentums: zwanzig Tage Fasten für Masturbation und dreißig Tage für Masturbation in der Kirche.

Den vielleicht deutlichsten Beleg dafür, daß das Christentum die Saat gesät hat, aus der der Sadomasochismus – diese extreme, doch archetypische Ausdrucksform der westlichen Sexualität – keimen sollte, liefert ein Vergleich der subjektiven Erfahrungen des

Priesterdaseins mit denen eines bekennenden Sadomasochisten. Harry Walsh, ehemals katholischer Priester und heute Sexualwissenschaftler, erinnert sich an seine Tage im Priesterseminar, die erst wenige Jahrzehnte zurückliegen. Er mußte dort Armreifen aus Stacheldraht mit nach innen gekehrten Dornen tragen und sich jedesmal, wenn seine Gedanken in Richtung Sex abschweiften, mit einer Knotengeißel züchtigen. »Diejenigen, die sich so heftig geißelten, daß die Wände ihrer Zelle blutbespritzt waren«, so berichtet er, »galten als ranghöher in der spirituellen Stufenleiter als wir übrigen.«

Sowohl der Form wie auch dem Inhalt nach spiegelt diese Erfahrung die vieler S/M-Anhänger wider. Als der Sexualforscher Martin Weinberg einen von ihnen fragte, warum er sadomasochistische Rituale praktiziere, lautete die Antwort: »Weil das ein heilender Prozeß ist [...] Ich reinige die alten Wunden und stille den ungestillten Hunger in mir, und ich schließe die Wunde. Ich denke mir angemessene Strafen für alte, irrationale Sünden aus und messe sie mir zu [...] Eine gute Szene endet nicht im Orgasmus: Sie endet in Katharsis.« Genau wie Harry Walsh nicht gebeten worden war, über Sex zu sprechen, sollte dieser Mann keine Frage über den christlichen Glauben beantworten, doch bei der Suche nach einem angemessenen Ausdruck seiner Wünsche griff er ganz selbstverständlich auf ein Script zurück, das die christliche Kirche und ihre Anhänger fast zwei Jahrtausende bearbeitet hatten und das von Sünde, Strafe, Schmerz und Erlösung handelt.

Von der Verdammnis zum Verfall

Wenige kämen wohl auf den Gedanken, daß die sauberen, biederen Cornflakes (und ihre Verwandten wie Müsli und Grahambrot) im Epizentrum eines entschlossenen Versuchs der Zurichtung der westlichen Sexualität standen, der sich ein doppeltes Ziel gesetzt hatte: einerseits die christliche Sexualfeindschaft in einer Phase wiederzubeleben, in der sich ihr Würgegriff zu lockern begann, und andererseits Einfluß auf die sexuellen Einstellungen des neunzehnten und zwanzigsten Jahrhunderts beiderseits des Atlantiks zu nehmen.

Der Boden wurde nach der englischen Reformation von 1534 bereitet, dann ein zweites Mal, als die Pilgerväter zu ihrer Überfahrt nach Amerika die Segel setzten. Die Christenheit war nun in zwei Hauptparteien gespalten: auf der einen Seite die ursprüngliche katholische Kirche, die eigentliche Erbin der Augustinischen Erbsünde und des ganzen Packens aus Schuld und Erlösung, der damit zusammenhing; auf der anderen die pragmatischeren, eher zu einer Haltung des Gewährenlassens neigenden Protestanten, aus denen die Puritaner hervorgingen, die vom siebzehnten Jahrhundert an Amerika besiedelten.

Die Einstellungen der Protestanten und Puritaner unterschieden sich deutlich von denen der Katholiken. Gewiß, die christlichen Prinzipien waren im Hintergrund vorhanden, jedoch gemäßigt durch Realismus, dem Verlangen, Konvertiten anzuziehen, und der Notwendigkeit, das Land zu bevölkern, in dem sie sich niedergelassen hatten. Infolgedessen stand der sexuelle Sittenkodex, dem sie sich verpflichtet fühlten, in viel engerer Beziehung zu den alten jüdischen Einstellungen als zu den mittelalterlichen christlichen: Er legte das Schwergewicht auf die Fortpflanzung (um die Zahl der Gläubigen zu erhöhen), fuhr eine harte Linie gegenüber dem Ehebruch (um den Frieden zu wahren) und verdammte kategorisch alle Formen von Sex, die nicht der Fortpflanzung dienten.

Die Entwicklung schien gefährlich auf die Art strenger, doch pragmatischer heterosexueller Orthodoxie zuzulaufen, zu der sich die meisten Kulturen in ihren Anfängen aus Gründen der Wachstumssteigerung bekannt haben. Das heißt, bis sich eine neue Variante des Fanatismus in den Vordergrund drängte und alte religiöse Mythen über sexuelle Verunreinigung mit frischgeprägten wissenschaftlichen Mythen über die Ursachen und die Natur von Krankheiten verwoben. Das war eine buchstäblich ungesunde Allianz, welche Vorurteile und Gefahren mit sich brachte, die bis zur Zeit der Aids-Krise zweihundert Jahre später nicht ihresgleichen fanden.

Die Geschichte beginnt mit einem anonymen Traktat mit dem Titel *Onania*, das im frühen achtzehnten Jahrhundert in England erschien und einem Kleriker namens Dr. Bekkers zugeschrieben wird. *Onania* befaßte sich mit der Praxis der Masturbation und leitete den Titel von der biblischen Gestalt Onan ab, der seinen Samen »auf die Erde fallen« ließ, statt ihn der Frau seines verstorbenen Bruders zu schenken, wie es die jüdische Tradition verlangte.

Einerseits war *Onania* bezeichnend für die Einstellungen der Zeit. Die Schrift wetterte in den farbigsten Ausdrücken gegen das Übel der Masturbation und die Sündigkeit derer, die sie praktizierten. Doch andererseits war sie revolutionär. Während alle früheren westlichen Autoritäten von einem moralischen und religiösen Standpunkt von der Masturbation abgeraten hatten, warnte *Onania* aus medizinischen Gründen davor, weil sie die Hauptursache von praktisch allen gravierenderen körperlichen Störungen sei, von Geschwüren und Grippe über Kinderlosigkeit und Tuberkulose bis hin zu Wahnsinn und sogar Tod.

Bekkers zauberte einen Mechanismus aus dem Hut, durch den die Masturbation angeblich all diese Krankheiten hervorrief, indem er auf die uralte Theorie des Samenverlusts zurückgriff. Dieser Theorie zufolge entstand Samen durch die sehr aufwendige Umwandlung von Blut, und seine unnötige Vergeudung führte zu Schwäche, Blutarmut und Kränklichkeit. Die Chinesen hatten die Sexualität ihrer Untertanen mit Hilfe dieser Vorstellung mehr als zweitausend Jahre lang reguliert, im Westen jedoch war sie nicht sehr gefragt gewesen – die Erleuchteten hier drohten lieber den unsterblichen Seelen ihrer Landsleute Unheil an als den vergänglichen Körpern, in denen jene ihre Wohnstatt hatten.

Jüngst hatten jedoch mehrere Entdeckungen die uralten Grundlagen der religiösen Glaubensvorstellungen erschüttert und begannen ein neues, schlüssigeres Schema zum Verständnis der Welt und unseres Platzes in ihr zu etablieren – ein Schema, das nicht auf der Religion gründete, sondern auf der Wissenschaft.

Mit der Erfindung von Teleskop und Mikroskop und der neuerworbenen Fähigkeit, den Himmel über uns und die Welt in uns genauer zu betrachten, zeichnete sich ab, daß möglicherweise die Wissenschaft über die nötigen Mittel verfügte, überkommene religiöse Dogmen in Frage zu stellen und einige der verzwickten

Glaubensfragen, mit denen sich die Christen und Anhänger aller anderen Glaubensrichtungen seit Jahrtausenden herumschlugen, überzeugend zu klären. Woher kommen wir, wohin gehen wir, und wo ist unser Platz im Universum?

Wenn also der Schwarzseher Dr. Bekkers und andere seiner Art die Menschen überzeugen wollten, daß sexuelle Exzesse, ob masturbatorische oder andere, von Übel waren, dann mußten sie die altmodische Rhetorik der religiösen Doktrin gegen die neue Begrifflichkeit der Wissenschaft austauschen. Da Bekkers' Thesen sich kaum belegen ließen, drehte er die Uhr zurück zu den alten Chinesen, erfand den Mythos des Samenverlustes neu und zäumte ihn als brandneue wissenschaftliche Tatsache auf. Und so liest sich die Theorie des Samenverlusts nach Dr. Bekkers:

»Das Blut wird zu Samen, der in den Epididymites [Nebenhoden] weiter verfeinert und gereinigt wird [...] je öfter die Vesiculae Seminales [Samenblasen] geleert werden, desto mehr Arbeit müssen die Testikel verrichten, und infolgedessen wird der feinste und balsamischste Teil des Blutes aufgezehrt.«

Für den modernen Leser ist das pure Scharlatanerie, doch für die Leserschaft des achtzehnten Jahrhunderts war es ein neues Evangelium. Und genau wie das althergebrachte Evangelium wurde es schließlich an den Schulen und Universitäten gelehrt und zog Wißbegierige aus aller Welt an.

Zum Hauptverfechter der Samenverlusttheorie in Europa wurde der Schweizer Arzt Samuel André Tissot, der in seiner Untersuchung *Von der Onanie, oder Abhandlung über die Krankheiten, die von der Selbstbefleckung herrühren* Bekkers' Vorstellungen unter dem Oberbegriff »Degeneration« neu faßte, die Liste der Krankheiten erweiterte, die durch sexuelle Ausschweifung hervorgerufen werden konnten, und nun auch Frauen einbezog. Zwar besaßen Frauen keinen Samen, der verlorengehen konnte, doch sie waren das schwächere Geschlecht, und daher übten die Flüssigkeiten, die sie ausschieden, eine genauso schädliche Wirkung aus. Tissot schrieb:

»Die Symptome, die sich bei Frauen einstellen, erklären sich genauso wie die bei Männern. Da die Sekrete, die sie verlieren, weniger wertvoll und ausgereift sind als der Samen des Mannes, schwächt ihr Verlust nicht so prompt, doch wenn sie sich dem im Übermaß hingeben, sind die Symptome, da ihr Nervensystem von Natur aus schwächer und anfälliger für Spasmen ist, heftiger.«

Diese Argumentation belegte er nicht mit den Wirkungen der Masturbation, sondern mit der gräßlichen Geschichte einer jungen Prostituierten, die angeblich in einer einzigen Nacht Verkehr mit sechs spanischen Soldaten gehabt hatte. Am nächsten Morgen wurde sie in die südfranzösische Stadt Montpellier gebracht, wo sie innerhalb von Stunden den Atem aushauchte, »in ihrem Blut schwimmend, das in beständigem Strom aus ihrer Gebärmutter floß«. Wie bei allen Fallstudien Tissots ist keine Quelle angeführt; selbst wenn die Geschichte wahr ist, klingt sie eher nach einer zu Tode vergewaltigten Frau als nach einer, die sich mit ihrer eigenen Wollust zu Tode erschöpfte.

Das Buch mit seiner Weltuntergangsstimmung und pseudowissenschaftlichen Sprache war ein Riesenrenner und machte Tissot und die Ärzte, die aus seiner Arbeit Profit zogen, steinreich. Zwar zeigte sich keiner von ihnen abgeneigt, die Panik einer ungebildeten Masse auszunutzen, doch sie dürften noch einen anderen, ernsthafteren Grund für ihre Besorgnis gehabt haben.

Vom Beginn des sechzehnten Jahrhunderts an begannen sich eine Reihe besonders ansteckender Erregerstämme der Syphilis in der Bevölkerung Europas auszubreiten. Mancherorts töteten sie jeden zwanzigsten und infizierten jeden zehnten. Es gab noch keinerlei Theorie des Verbreitungsmechanismus von Geschlechtskrankheiten; nur die Beobachtung, daß sie gewöhnlich diejenigen ereilten, die sexuell am aktivsten waren. Überdies herrschte beträchtliche Verwirrung hinsichtlich der Symptome von Syphilis, weichem Schanker und Gonorrhöe, die häufig für ein und dieselbe Krankheit gehalten wurden. Dies, in Verbindung mit der Beobachtung, daß die Insassen von Irrenanstalten ungewöhnlich oft und lange mit ihren Genitalien spielten, mag Tissot und andere wie ihn dazu veranlaßt haben, zwei und zwei zusammenzuzählen, dabei fünf zu erhalten und zu dem Schluß zu kommen, daß häufige genitale Erregung (ob durch sexuelle Vereinigung oder das sogenannte »einsame Laster«) die Schuld sowohl an körperlicher als auch geistiger Schwäche trügen.

Die Degenerationstheorie verbreitete sich wie im Schneeballsystem und derart rasch, daß es nicht lange dauerte, bis sie den Atlantik übersprang und Amerika erreichte. Hier griffen sie drei der berühmtesten Gesundheitsreformer des neunzehnten Jahrhunderts auf und verbreiteten sie, bereichert um einen interessanten neuen Dreh: Sylvester Graham, James Caleb Jackson und John Harvey Kellogg.

Raus aus den Federn

In vielerlei Hinsicht waren diese drei Männer die wissenschaftlichen Gegenstücke zu Paulus, Hieronymus und Augustinus, weil sie sich wie diese sowohl am Nervenkitzel öffentlicher Auftritte als auch am Abscheu vor sexueller Leidenschaft berauschen konnten. Während jedoch die christlichen Apologeten die Leidenschaft der Sünde des Ungehorsams anlasteten, schob die neue Gesundheitsreformerbewegung des neunzehnten Jahrhunderts sie auf einen entlegeneren und (bis auf den heutigen Tag) modischeren Sündenbock: übermäßig üppige Ernährung und rotes Fleisch. Demzufolge propagierten Graham, Jackson und Kellogg eine streng vegetarische Ernährung, die den sexuellen Appetit dämpfen und den Körper in Einklang mit den reinen Prinzipien der Natur bringen sollte. Doch das war nicht alles. Auf jede Leidenschaft, die durch den Mund aufgenommen werden konnte, kamen, wie Graham, Jackson und Kellogg glaubten, weitere, die die Luft durchdrangen und durch die Nase eingeatmet werden konnten. Diese durch die Luft übertragenen Leidenschaften gediehen besonders gut in verpesteter, verseuchter Atmosphäre und befielen mit besonderer Heftigkeit all jene, die eine sitzende Lebensweise pflegten. Infolgedessen propagierten die drei besondere Programme zur Gesundheitspflege – viel frische Luft, Leibesertüchtigung und kalte Duschen, ein

System, über das Graham mit eindeutig homoerotischem Zungenschlag sprach und das Kellogg so weit trieb, daß er sich jeden Morgen einen Einlauf mit kaltem Wasser verabreichte.

Neben den Gefahren reichhaltigen Essens und der verderblichen Wirkung schlechter Luft bildete den dritten Eckpfeiler der Überzeugungen dieser Männer die Vorstellung, daß die so erweckten Leidenschaften unausweichlich zu Siechtum und Tod führten. Zwar lehnte sich diese Vorstellung eng an die althergebrachte Degenerationstheorie an, doch sie stellte auch einen großen Fortschritt dar, denn während Tissot die Ursache der Degeneration noch am Verlust physischer Substanzen, nämlich Sperma oder Vaginalsekrete, festgemacht hatte, glaubten Jackson und Kellogg, daß die Leidenschaft selbst verantwortlich sei. Sie waren im Grunde der Augustinus zum Hieronymus Tissots.

Nachdem er zuerst die Risiken geschildert hatte, die denen drohten, die sich zum Masturbieren verderbte Bilder ausmalten, beschrieb Graham, was geschah, wenn sie so weitermachten:

»Der allgemeine geistige Verfall schreitet mit fortgesetztem Mißbrauch fort, bis der elende Sünder in erbärmliche Albernheit versinkt und schließlich vollends zum Idioten wird, dessen tief eingesunkenes und leeres, mattglänzendes Auge und dessen blasse, geschrumpfte, geschwürige, zahnlose Kiefer und stinkender Atem und schwache, gebrochene Stimme und ausgemergelter und zusammengeschrumpfter und verkrümmter Körper und fast haarloser Kopf – bedeckt vielleicht mit eiternden Pusteln und nässenden Wunden – Anzeichen sind für ein vorzeitiges Alter! einen zerstörten Körper – und eine ruinierte Seele!«

Um zu verhindern, daß ihre Anhänger und das amerikanische Volk im allgemeinen sich in eine Rasse von Krankheit zerfressener Zombies verwandelten, die schneller dahinstarben, als sie geboren werden konnten, gab es nach Ansicht von Graham, Jackson und Kelloggs nur ein einziges Heilmittel: einen langen und (relativ) teuren Aufenthalt in einem ihrer Erholungsheime, in denen die Gäste dazu angehalten wurden, häufig Sport zu treiben, ihre neu erfunde-

O N A N I A:

OR, THE

HEINOUS SIN

OF

Self=Pollution,

AND

All its Frightful Conſequen-
ces, in both Sexes, Conſidered

WITH

Spiritual and Phyſical ADVICE
to thoſe who have already injur'd themſelves
by this Abominable Practice.

To Which is Subjoin'd

A Letter from a Lady to the Author [very Curious]
concerning the Uſe and Abuſe of the Marriage-Bed with the Author's Anſwer.

There shall in no wiſe enter into the Heavenly Jeruſalems anything that defileth, or worketh Abomination. Rev. xxi.v.27

The Fourth Edition

LONDON, Printed for the Author
at the *Bell* in the *Poultry*; *P. Varre*
Somerſet House in the *Strand*; an
Ball against *St. Dunstan's Churc*
Price 1s. stitc

Warnung vor den »üblen Folgen« der Masturbation im 19. Jahrhundert: »Der allgemeine geistige Verfall schreitet mit fortgesetztem Mißbrauch fort, bis der elende Sünder in erbärmlicher Albernheit versinkt und schließlich vollends zum Idioten wird ...«

nen vegetarischen Frühstückszerealien (unter anderem Cornflakes) zu verzehren und sich, koste es, was es wolle, der Masturbation zu enthalten – dem unziemlichsten Aufreizen der Leidenschaften und der teuersten Verschwendung von Flüssigkeit überhaupt.

Damit nicht genug: Graham, Jackson und Kellogg veröffentlichten auch eine Reihe von Sexualratgebern, die die breite Masse des amerikanischen Volkes und insbesondere diejenigen, die nicht wohlhabend genug waren, ihre Einrichtungen aufzusuchen oder ihre Zerealien zu konsumieren, lesen und beherzigen konnten.

In all diesen Büchern ging es nüchtern, praxisbezogen, fast oberlehrerhaft zur Sache, doch ihre Inhalte waren eher Science fiction und ihr Ton geradezu rabiat.

Die neununddreißig Zeichen

In einem dieser Bücher mit dem Titel *Plain Facts for Old and Young* (Schlichte Tatsachen für Alt und Jung) erklärt Kellogg Eltern, wie sie herausfinden können, ob ihre Kinder masturbieren. Das Buch führt die sogenannten »neununddreißig Zeichen« auf, die so fürchterlich und allumfassend sind, daß sie im einen oder anderen Punkt jedes Kind im Land verdammen. Etwas gekürzt nach den ersten Beschreibungen, die Kellogg von ihnen gab, gehören zu den neununddreißig Zeichen die folgenden: allgemeine Schwäche, schwindsuchtartige Symptome, vorzeitige und verzögerte Entwicklung, plötzliche Stimmungsänderungen, Mattigkeit, Schlaflosigkeit, Versagen der geistigen Fähigkeiten, Launenhaftigkeit, mangelnde Vertrauenswürdigkeit, Hang zu Einsamkeit, Schüchternheit, unnatürliche Kühnheit, falsche Frömmigkeit, Ängstlichkeit, Ideenverwirrung, Aversion gegen Mädchen bei Jungen, dagegen eine ausgeprägte Vorliebe für Jungen bei Mädchen, runde Schultern, schwacher Rücken und steife Gelenke, Lähmung der unteren Extremitäten, unnatürlicher Gang, schlechte Haltung im Bett, ausbleibende Entwicklung der Brust bei Mädchen, schwankender Appetit, Vorliebe für unnatürliche oder unbekömmliche oder reizende Substanzen (wie Salz,

Pfeffer, Gewürze, Essig, Senf, Lehm, Griffel, Gips und Kalk), Abscheu vor einfacher Nahrung, Tabakkonsum, unnatürliche Blässe, Akne oder Pickel, Fingernägelkauen, unsteter Blick, feuchte, kalte Hände, Herzklopfen, Hysterie bei Mädchen, Chlorose oder Bleichsucht, epileptische Anfälle, Bettnässen und das Aussprechen obszöner Wörter oder Sätze.

Dieser Liste entging keiner, gleichgültig welche Neigungen er hatte, und falls doch ein Kind oder Jugendlicher durch die Maschen des Netzes schlüpfen konnte und der Entlarvung entging, dann nicht, so vermutete Kellogg, weil es unschuldig, sondern einfach nur schlauer war, denn »die dem Moloch Ergebenen gehen ihrem verderbten Tun mit äußerster Gerissenheit nach«. Den Eltern wurde daher geraten, ständig ein wachsames Auge auf die Schlafgewohnheiten ihrer Kinder zu haben, sie durch ihre Schlafzimmertür auszuspionieren und auf verräterische Geräusche zu lauschen. »Wenn der Verdächtige nach dem Zubettgehen sehr schnell still wird«, so schreibt er,

»sollte man unter einem Vorwand rasch die Bettdecke wegreißen. Wenn bei einem Jungen der Penis in erigiertem Zustand und die Hände in der Nähe der Genitalien aufgefunden werden, darf er ohne jeden Zweifel als Masturbierer gelten [...] Wenn man genauso bei Mädchen verfährt [...] findet man die Klitoris geschwollen, wie auch die anderen Genitalorgane, die zudem feucht sind von gesteigerter Sekretion.«

Die zuzumessenden »Heilmittel« im neuen Credo von John Harvey Kellogg bildeten den vielleicht grausamsten Aspekt seiner gesamten Lehren. Im Falle von Jungen empfahl er eine sofortige Beschneidung ohne Betäubung. Bei Mädchen war das Heilmittel noch extremer; überdies trug es das Gütesiegel der persönlichen Empfehlung. Er schreibt: »Bei Mädchen hat der Autor festgestellt, daß das Auftragen reiner Karbolsäure auf die Klitoris ein ausgezeichnetes Mittel ist, um die abnorme Erregung zu dämpfen.«

Heute würde ein solches Verhalten als Kindesmißhandlung gelten und Kellogg für längere Zeit ins Gefängnis wandern. In jenen

Tagen jedoch war er pompöser Richter, unwissender Geschworener und sadistischer Gefängniswärter in einer Person, und er setzte die Kindheit als Institution auf die Anklagebank, während doch, wie wir im nächsten Kapitel sehen werden, die Erforschung des Geschlechts gerade in dieser Zeit lebensnotwendig zu einer gesunden sexuellen Entwicklung gehört. Hätten sich Kelloggs Maximen auf eine Randgruppe beschränkt, hätten sie vielleicht nicht soviel Schaden angerichtet.

Zu Kelloggs Lebzeiten erlebten seine Bücher unzählige Auflagen und wurden von Millionen gelesen, seine Auffassungen flossen, wenn auch in verdünnter Form, selbst in die orthodoxesten Lehrtexte ein und wurden auf diese Weise in den USA für fast hundert Jahre integraler Bestandteil des allgemeinen Denkens und Meinens über Sexualität. Im späten neunzehnten Jahrhundert wurde eine ganze Palette sadistischer Onanieverhinderungsvorrichtungen ersonnen und verkauft; im frühen zwanzigsten wurden junge Menschen, die an Schwindsucht litten, nicht zum Arzt gebracht, aus Angst, sie würden als Onanisten gebrandmarkt, und noch um die Zeit des Zweiten Weltkriegs redeten Pfadfinderhandbücher und Aufklärungsfilme den Kindern ein, daß Masturbation »schmutzig« sei und körperliche und geistige Schäden nach sich zöge.

In gewissem Sinn wirkt das Erbe dieser Vorstellungen weiter. Bei all ihrer Wissenschaftsgläubigkeit untersagen viele Profifußballtrainer ihren Spielerstars heute immer noch Sex am Vorabend eines wichtigen Spiels, aus Sorge, das könnte an ihrer Vitalität zehren. Unser ererbtes Unbehagen gegenüber Masturbation und »verantwortungslosem« Sex lähmte auch unsere Reaktionsbereitschaft angesichts einer neuen sexuellen Epidemie: Aids. Noch 1994, als die US-amerikanische Generalstabsärztin Jocelyn Elders auf einer Konferenz zum Welt-Aids-Tag anregte, Teenager im Rahmen einer umfassenden Aufklärung über sicheren Sex über Masturbation zu informieren, ging sofort ein Aufschrei durch die Lande. Der wohlbekannte praktizierende Moralist Bill Clinton forderte ihren Rücktritt und erhielt noch am selben Tag das entsprechende Gesuch; doch Elders betont noch immer, daß sie kein einziges Wort bereut.

Sexuelle Revolutionen

Unter der Last der Schuldgefühle und Ängste, die Kellogg und andere seiner Art verbreitet hatten, fuhren dennoch Menschen fort, miteinander zu schlafen, zu masturbieren und es vermutlich auch zu genießen. Sie müssen auf einen *Beweis* gewartet haben. Einen Beweis, daß Kellogg unrecht hatte, daß die Christen unrecht hatten, daß Sex weder von Natur aus sündig noch der erste Schritt in den körperlichen Ruin ist. Innerhalb einiger weniger Jahre sollten sie ihn bekommen.

1861 entwickelte der französische Chemiker Louis Pasteur die Theorie der bakteriellen Infektion, der zufolge Krankheiten nicht durch verpestete Ausdünstungen oder durch ein Übermaß an sexueller Aktivität entstanden, sondern durch die Übertragung von Mikroben in Flüssigkeiten. Es war bald erwiesen, daß er recht hatte, und bis 1905 waren die Erreger der Gonorrhöe, des weichen Schankers und der Syphilis entdeckt. Fünfzig Jahre später sollten diese Krankheiten dank der Entdeckung des Penizillins auch heilbar sein.

Zur selben Zeit gab es große Fortschritte in der Geburtenkontrolle. Bis Mitte des neunzehnten Jahrhunderts waren die meisten Kondome in einem aufwendigen Verfahren von Hand hergestellt worden. Ein Rezept liest sich so: »Man nehme den Blinddarm eines Schafs, weiche ihn zuerst in Wasser ein, wende ihn mehrmals, wiederhole dann den Vorgang fünf- oder sechsmal hintereinander mit einer schwachen Sodalauge, die alle vier bis fünf Stunden gewechselt werden muß.« Und das waren erst die Vorarbeiten vor dem Reinigen, Zuschneiden, Formen und Zusammennähen, bis die Kondome schließlich gebrauchsfertig waren. Wirkliche Aufregung um die Empfängnisverhütung entstand erst, als in den vierziger Jahren des neunzehnten Jahrhunderts die Gummivulkanisierung erfunden wurde, die Empfängnisverhütung für Frauen mit Pessaren möglich machte. Nach dem Aufkommen des Kreppgummis einige Jahrzehnte später und des flüssigen Latex in den zwanziger Jahren konnten Kondome schließlich als Massenartikel produziert werden. Ein begeistertes Publikum erstand sie an den neuerfundenen

Aufwendig hergestellte Schafsdarm-Kondome aus der Mitte des 19. Jahrhunderts mit erotischen Motiven

Verkaufsautomaten, die in Männertoiletten, Tankstellen, Kneipen und an Tabakkiosken aufgestellt wurden.

Dann kam 1960 die Pille. Obwohl es schon seit einiger Zeit Kondome und Pessare gab, war es für die Frauen nie leicht gewesen, an sie heranzukommen. Das Erbe der Sexualfeindschaft lastete weiterhin insbesondere auf den Frauen und sorgte dafür, daß es ihnen peinlich war (selbst wenn es ihnen erlaubt war, Verhütungsmittel zu kaufen und zu benutzen), sie beim Apotheker zu verlangen, unangenehm, sie aus der Handtasche hervorzuziehen und womöglich zu zeigen, daß sie mit ihrer Anwendung vertraut waren. Mit einem Diaphragma ließ sich unter Umständen leichter leben, doch viele fanden es schwer zu plazieren und mit den günstigsten Momenten für den Koitus in Einklang zu bringen. Die Pille fegte all diese

Schwierigkeiten vom Tisch. Sie war diskret, zuverlässig und bot Frauen die Gewißheit, daß sie rund um die Uhr, den Monat über geschützt waren, so daß sie spontan ihrer Leidenschaft folgen konnten, ohne innehalten, erröten und ein Sperrfeuer von peinlichen Fragen stellen (oder beantworten) zu müssen.

Weitgehend infolge dieses neuen Empfängnisverhütungsmittels kamen die Frauen nun in den Genuß einer noch nie dagewesenen Freiheit. Mehr als zehn Jahrtausende lang waren sie der Autorität von Männern unterworfen gewesen, war ihre Fruchtbarkeit streng überwacht und ihre Handlungsfreiheit beschnitten und eingeschränkt worden. Alle möglichen Mythen waren erfunden worden, um diese Situation zu zementieren. Sie waren böse Verführerinnen, denen man Widerstand leisten mußte; Urheberinnen des Chaos, die unterjocht werden mußten; minderwertige Wesen, auf die man keine Rücksicht zu nehmen brauchte; das schwache Geschlecht, das Nachsicht verdiente; oder anmutige Einfaltspinsel, die ausschließlich mit Bagatellen behelligt werden durften.

In den sechziger Jahren jedoch gab keiner dieser Mythen noch etwas her. Da die Frauen nunmehr ihre Fruchtbarkeit in viel höherem Maße kontrollieren und eine Schwangerschaft vermeiden konnten, wenn sie wollten, konnten sie in viel höherem Maße selbst über ihr Leben verfügen. Sie konnten berufstätig sein und gutes Geld verdienen; sie konnten reisen, ohne auf männliche Begleitung angewiesen zu sein; und sie waren durch die Folgen ihrer sexuellen Aktivitäten deutlich weniger gefährdet. Überdies schwächte sich der Einfluß der Religion in dieser Phase wahrscheinlich merklicher ab als je zuvor in der westlichen Geschichte.

Dieses Zusammentreffen der Frauenemanzipation mit der Möglichkeit zu risikofreiem Sex für beide Parteien, das ganze noch in einer Atmosphäre sich lockernder religiöser Restriktionen, führte zu einer Veränderung der sexuellen Einstellungen und Verhaltensweisen, die wir heute als die sexuelle Revolution bezeichnen. Für die Frauen hatte sie etwas andere Folgen als für die Männer. Die Frauen hüpften nach wie vor nicht mit dem Erstbesten ins Bett. Das evolutionäre Programm, das sich in den mehr als vier Millionen Jahren der menschlichen Evolution in ihr Gehirn eingegraben

In den 1960er Jahren kommt die Pille auf den Markt und wird zum Medienthema.

hatte, war zu tief verwurzelt, als daß es in einer einzigen Generation hätte über Bord geworfen werden können.

Dennoch vollzog sich ein deutlicher Wandel. Die unspektakulärsten Veränderungen, die die sexuelle Revolution bewirkte, waren, daß Paare nicht mehr für vorehelichen Sex gebrandmarkt wurden, daß Alleinlebende sich relativ frei sexuell betätigen konnten und daß Sex zum reinen Vergnügen wurde und sogar in seinen oralen, analen oder masturbatorischen Varianten nicht mehr automatisch als minderwertig oder ungesünder galt als die Mann-oben-Penis-in-Vagina-Übung in Fortpflanzung, die mehr als fünfhundert Jahre lang die moralische Spitzenstellung eingenommen hatte.

Nun aber, da die Orgasmuszahlen pro Person und Jahr stiegen, befürchteten viele Traditionalisten das Schlimmste: Es drohte ein moralischer Niedergang der Jugend, mangelnde Achtung traditioneller Werte, was den Zusammenhalt der Gesellschaft gefährdete, es drohten Krankheit und Zerstörung, gar ein neues Sodom. Doch obwohl viele junge Leute tatsächlich aus den Traditionen ausbrachen, die in den letzten zweitausend Jahren geherrscht hatten,

Das Zusammentreffen von Frauenemanzipation und risikofreiem Sex führte zu einer Veränderung der sexuellen Einstellungen und Verhaltensweisen, die wir heute als sexuelle Revolution bezeichnen.

gab es kaum Anzeichen für einen unmittelbar bevorstehenden Weltuntergang. Der Höllenschlund öffnete sich nicht, und die Geschlechtskrankheiten löschten die Bevölkerung nicht mit einem Schlag aus. Für die Dauer einer glücklichen Zwischenphase von etwa zwanzig Jahren (vor Aids) schien es sogar, als ob die menschliche Sexualität endlich die lähmende doppelte Bürde der unerwünschten Schwangerschaft und der tödlichen Geschlechtskrankheiten abgeschüttelt hätte, die sie jahrtausendelang erstickt hatten. Zudem zeigte die Vitalität der westlichen Welt keinerlei Zeichen von Schwäche. Es lag sogar ein neuer Elan, ein neuer Optimismus in der Luft. Alles schien möglich.

Dann kamen die Sexualheiler und -therapeuten, die die Menschen wieder mit sich selbst »in Kontakt« bringen wollten; zu diesem Zweck propagierten sie erotische Massagen, sexuelles Experimentieren und ungehemmte und häufige Orgasmen. Seine extremste Ausprägung schließlich fand das neue sexuelle Evangelium in Projekten, die sich die freie Liebe auf die Fahnen geschrieben hatten wie heute noch Kerista in San Francisco, Ganas auf

Staten Island und Atlantis in Kolumbien. Hier experimentierten Opfer der sexuellen Repression oder selbsternannte sexuelle Abenteurer mit neuen Lebensstilen; die Ehe und alle Fesseln, die mit ihr verbunden waren, wurden über Bord geworfen, und Sex der Art »jeder mit jedem« wurde sowohl gefördert als auch erwartet.

Man kann nachfühlen, mit welchem Optimismus solche Projekte in Angriff genommen und die Käseglocke über so vielen Jahrhunderten der Sexualfeindschaft gesprengt wurden. Anfangs muß das äußerst befreiend gewirkt haben. Ein neues Eden, ohne den Sündenfall, aber mit Erektionen. Ein soziales und sexuelles Nirwana, in dem kaum ein sexueller Wunsch unerfüllt blieb. Doch trotz aller Bemühungen und oftmals bester Absichten war diesen Kommunen letztlich kein glückliches Schicksal beschieden. Und die Resultate dieser Experimente erteilen uns eine faszinierende Lektion über historische und kulturelle Formkräfte, nicht nur im christlichen Westen, sondern überall auf der Welt.

Die freie Liebe im freien Fall

1879 mußte der Mann, der den Ausdruck »freie Liebe« erfand, ein Pfarrer namens John Humphrey Noyes, aus seiner Kommune in Oneida im Norden des Staats New York fliehen, nachdem man ihm vorgeworfen hatte, zwei minderjährige Mädchen in die Sexualität eingeführt zu haben. 1994 starb David Berg, der untergetaucht war, nachdem man ihm vorgeworfen hatte, daß in seiner Sekte Children of God Prostitution, die als heilig galt, sowie Kindesmißbrauch grassierten. Und in den neunziger Jahren fielen die Reste der Rajneeshpuram-Kommune, gegründet von dem betrügerischen indischen Guru Bhagwan Sri Rajneesh, endgültig auseinander.

Dies scheinen zwar auf den ersten Blick außergewöhnliche und nicht miteinander zusammenhängende Ereignisse zu sein, die eher auf die Schwäche der Führer zurückzuführen waren als auf innere Spannungen in der Gruppe, doch das generelle Muster blieb immer dasselbe, und je genauer man hinschaute, desto mehr glichen sich die Abläufe. Anfangs hieß in vielen der Kommunen die Parole totale Freiheit: Rückkehr zur Natur, keinerlei Beschränkungen. Doch die totale Freiheit führte nicht zum totalen Glück. Eifersucht machte sich breit, Besitzansprüche griffen um sich, und in ihrem Gefolge entstanden Spannungen zwischen den Mitgliedern. Die Spannungen wiederum führten zur Aufstellung von Regeln, wer mit wem schlafen durfte, wie oft und zu welchem Zweck. Gewöhnlich wurden diese Regeln von den Anführern erlassen, und unabhängig von den Einzelheiten liefen sie immer auf dasselbe hinaus. Es waren die Anführer, die über die Verteilung der Partner entschieden, und es waren die Führer, denen zum Schluß gewöhnlich die meisten zu Gebote standen. Noyes beispielweise verwandte den Großteil seiner Zeit darauf, mit den jüngsten, hübschesten, verführerischsten Frauen in Oneida zu schlafen. Untergeordnetere Mitglieder wurden mit weniger häufigen Koitusgelegenheiten und mit viel älteren Partnerinnen abgespeist. David Berg ging noch weiter und verlangte von den weiblichen Sektenmitgliedern das sogenannte »flirty fishing« – sie sollten skeptische männliche Außenstehende bekehren, indem sie mit ihnen schliefen – und forderte, daß sogar Kinder wahllos Sex haben sollten. Alles, einschließlich Sex, sollte ohne Angst, und vermutlich auch ohne Bevorzugung, geteilt werden; dennoch erhielt Berg wie andere Sektenführer den Löwenanteil sexueller Vergünstigungen.

Manchmal beruhten die Regeln, die die Kommunenführer erließen, auf Aberglauben, manchmal auf persönlichen Voreingenommenheiten, und manchmal auf (gewöhnlich mangelhaft begründeten) wissenschaftlichen Theorien. Noyes beispielsweise lehrte, es gebe eine ansteigende Teilhabe an der Humanität, die mehr oder minder mit dem Alter korreliere, so daß jüngere Gemeinschaftsmitglieder spirituell am meisten profitieren würden, wenn sie mit älteren schliefen und umgekehrt. Da er selbst eines der ältesten Mitglieder war, hatte er die beschwerliche Pflicht, den jüngeren entsprechende Gelegenheiten zu eröffnen, genau wie es ihr natürliches Vorrecht war, mit ihm zu schlafen. David Berg, Bhagwan Sri Rajneesh, David Koresh und viele andere entwickelten ähnliche Vorstellungen und untermauerten sie mit Ansprüchen der göttlichen Autorität.

Früher oder später mußte es zur Krise kommen. Da die Kommunenführer mehr als ihren gerechten Anteil an Partnerinnen abbekamen, dauerte es nicht lange, bis manche ihrer Anhänger neidisch wurden. Und wie wir bereits gesehen haben, werden sexualneidische Männer unruhig, und unruhige Männer werden schließlich gewalttätig und verlangen entweder gleiche Rechte für sich oder ein Ende der Exzesse ihrer Führer. In manchen Fällen üben die Führer so starke Kontrolle über die Köpfe und Seelen ihrer Anhänger aus, daß sie die Situation zumindest zeitweise zu entschärfen vermögen. In anderen können sie jene bis zum Ende zu loyalem Verhalten bewegen. Dies geschah beispielsweise in Jonestown und in Waco. Doch eine solche absolute Kontrolle erfordert gewöhnlich Gehirnwäsche und Indoktrination mit totalitären Prinzipien, die der Logik des Zusammenlebens widersprechen und oft in einer Katastrophe enden können. In Waco führte dies dazu, daß das ganze Camp bis auf die Grundmauern niederbrannte; in Jonestown hatte es einen Massensuizid und bei den Anhängern von Rajneesh die Auflösung der Gemeinschaft in Chaos und erbitterte Auseinandersetzungen zur Folge, die sogar in einigen Vergiftungen gipfelten. In Oneida besaß Noyes weder die Macht noch den Willen, dem eifersüchtigen Aufbegehren seiner Anhänger die Stirn zu bieten. Deshalb setzte er sich 1879, nach dem Skandal mit den beiden Mädchen, nach Kanada ab. Es dauerte nicht lange, und die Kommune, die er zurückgelassen hatte, brach in sich zusammen und zerfiel.

So sehr wir uns auch bemühen, uns über sie hinwegzusetzen, oder wie unangemessen sie uns auch erscheinen mag, wir werden immer in irgendeiner Form von sexueller Kultur leben, und sie ist genauso tiefverwurzelt und einflußreich wie unsere sexuelle Natur, auf der sie beruht. Ihre Anfänge liegen häufig in dem aufrichtigen Bestreben, die potentiell destruktive Seite der menschlichen Sexualität im Zaum zu halten und zu kontrollieren. Zuweilen gelingt das. Doch genausooft schaffen die Mythen und Religionen, die ihre Existenz rechtfertigen sollen, eine neue sexuelle Ordnung, die die Herrschaft der Mächtigen begünstigt und die Sexualität der leichtgläubigen Masse in seltsame neue Formen zwingt. Dieser Belastung müssen Kulturen sich anpassen, auf Biegen oder Brechen.

Das Christentum hat eine Kultur geschaffen, die Frieden, Hingabe an andere und Geborgenheit verteidigt – zumindest, was die Bekehrten und die Tugendhaften angeht. Dennoch sah es dabei stets die Notwendigkeit, das zu bekämpfen, was es, nicht immer zu Unrecht, als die selbstsüchtigste Tätigkeit auf der Welt betrachtete: Sex. Die Inbrunst, mit der das Christentum dabei zu Werke ging, hat durch die Jahrhunderte zu Schuldkomplexen, Zwanghaftigkeit und einer strikt auf Fortpflanzung abzielenden Orthodoxie geführt, die keinerlei Variationen zuläßt und der keine andere Kultur gleichkommt, was ihre Auswirkungen auf Männer wie Frauen angeht. Ihre Herrschaft scheint in den sechziger Jahren zusammengebrochen zu sein, doch heute, nach dem Scheitern der Experimente mit freier Liebe und mit dem plötzlichen Aufkommen von Aids, wendet man sich wieder den alten Mythen zu, deren Macht ungebrochen scheint.

Der konservative amerikanische Politiker Patrick J. Buchanan schrieb 1983 in der *New York Post*, Aids sei die Strafe der Natur für Homosexuelle; James Anderton, ehemals Polizeipräsident von Manchester, führte die Ausbreitung von Aids auf »degeneriertes Verhalten« in Form von »anstößigen Sexualpraktiken« zurück und erklärte, schwule Männer »wälzen sich in einem selbstgeschaffenen Sündenpfuhl«; und Lady Saltoun, Mitglied des englischen Oberhauses, machte kürzlich darauf aufmerksam, daß Homosexuelle unmöglich »dem Zorn Gottes entgehen« könnten. Selbst heute, zum Zeitpunkt der Niederschrift dieses Buches, hat der US-amerikanische Kongreß gerade 30 Millionen Dollar pro Jahr für eine Kampagne bewilligt, die Kinder dazu anhalten soll, Sex vor der Ehe abzulehnen, da dieser »moralisch falsch« sei.

Das Christentum trägt nicht als solches Schuld. Seine Verdammung der Sexualität glich es sehr oft dadurch aus, daß es Versöhnlichkeit und Erlösung herausstellte und damit einen konstruktiveren Weg zur Harmonie unter den Menschen wies als viele andere große Weltreligionen. Dennoch lehnte keine der anderen großen Religionen, ungeachtet all ihrer Probleme mit Frauenfeindlichkeit,

Intoleranz und Gewalt die Sexualität so rückhaltlos, absolut und eindeutig ab wie das Christentum, insbesondere der Katholizismus.

Angesichts der immer noch voranschreitenden Aidsepidemie sollten wir uns heute deutlicher denn je bewußt machen, daß wir auf Kontrollmechanismen für die menschliche Sexualität sowie auf eine Kultur angewiesen sind, die jene entwickelt, anpaßt und durchsetzt. Wir müssen jedoch ebenso anerkennen, daß alle menschlichen sexuellen Ausdrucksformen, ob heterosexuell oder homosexuell, ob zu Fortpflanzungszwecken oder zum reinen Vergnügen, genauso eine Quelle der Freude, des Glücks und der menschlichen Bindungen sein können wie der Ursprung von Eifersucht, Zerstörung und Krankheit.

Jüngst bemerkte Reverend Keith Walker von der Winchester Cathedral, der christliche Glaube entferne sich allmählich von der Vorstellung der Sexualität als Erbsünde und bewege sich auf eine Vorstellung der Sexualität als Erb*segen* zu. Ob dieser Gedanke schließlich Eingang in den Kanon des neuen christlichen Denkens finden wird, bleibt abzuwarten, doch er gibt uns Anlaß zur Hoffnung und vielleicht zu größerem Glück.

Teil III Das sexuelle Selbst

Wie unsere individuellen sexuellen Interessen entstehen.
Wie wir sie erwerben und wie wir sie erleben.

5 Ausnahmen bestätigen die Regel

Am Sonntagnachmittag, etwa einmal im Monat, verstauen Gary Woolfe und sein Freund Peter zwei Koffer in ihrem Wagen und fahren auf die Autobahn Richtung Epping Forest. Dort angekommen, laden sie die Koffer aus und fangen an, ihre Gerätschaften zurechtzulegen: Bandagen, eine große Reisetasche, zwei Stückchen dünnen Gummischlauch, eine Kette und eine Fußluftpumpe. Gary entkleidet sich, während Peter die Reisetasche öffnet und einen großen schwarzen Leichensack mit Hartplastikschale und weicher, aufblasbarer Innenausstattung hervorzieht. Von Kopf bis Fuß in die Bandagen gewickelt, steigt Gary dann in den Sack, und Peter zieht die Reißverschlüsse um ihn herum zu. Dann pumpt er den Sack mit der Luftpumpe auf, bis dieser Gary eng umschließt, steckt die beiden Schlauchstücke in Garys Nasenlöcher und fragt ihn freundlich, ob es ihm gut gehe. Sobald Gary bejahend brummt, nimmt Peter die Kette, befestigt ein Ende an dem Sack, wirft das andere über den Ast eines nahen Baumes und beginnt zu ziehen. Wenn er Gary gut vier Meter hoch in die Luft gehievt hat, sichert er die Kette und geht davon.

Einzig und allein bei diesem einsamen Aufgehängtwerden kann Gary sexuelle Erregung empfinden. Er räumt bereitwillig ein, daß diese Methode nicht gerade ideal ist, aber konventioneller Sex läßt ihn völlig kalt. Frauen lassen ihn kalt. Männer lassen ihn nicht ganz so kalt, aber er traut sich nicht, Beziehungen zu Männern anzuknüpfen. Und Callboys hält er sich aus Angst vor Aids vom Leib.

Garys Fall ist ein seltsames Rätsel. Er scheint sich in keine der evolutionären Strategien einzufügen, die wir im ersten Teil dieses Buches kennengelernt haben. Er ist aber auch nicht kulturell determiniert. Er hat im Grunde nichts mit dem westlichen kulturellen Erbe von Unterdrückung und Schuld zu tun. Was Gary erregend findet, ist das Gefühl völliger Abgeschlossenheit, das Gefühl von

Plastik, das sich an seine Haut preßt, das Risiko, entdeckt und bloßgestellt zu werden, und das Wissen, daß es Peter ist, der ihn in diese Lage gebracht hat.

Es ist ein sehr spezielles und etwas bizarres sexuelles Interesse, und die Frage nach seiner Entstehung führt uns zur dritten Kraft, die das menschliche Begehren formt: das Diktat unserer individuellen Veranlagung, sowohl der körperlichen als auch der geistig-seelischen. Ebenso wie wir einer sich geschlechtlich fortpflanzenden Spezies angehören und den Einflüssen unserer Kultur und Geschichte unterworfen sind, führt jeder von uns auch ein höchst individuelles Leben mit seinem eigenen charakteristischen Erscheinungsbild, seiner eigenen bestimmten Persönlichkeit und seiner eigenen Familie und seinem Freundeskreis.

Es sind diese Eigenheiten im Leben eines Individuums, die seine sexuellen Interessenmuster noch vor seinen Urtrieben und über die Einflüsse seiner Kultur hinaus auf ganz bestimmte Handlungen, Szenarios und Partner einschränken können, die es zu begehren und mit denen es nach Möglichkeit auch Befriedigung zu finden gelernt hat. Diese dritte Dimension des Begehrens erklärt jenen Teil unserer Sexualität, den wir für einzigartig und individuell halten – eine Art persönliche »Liebeslandkarte«. Dazu gehören Vorlieben jeglicher Art: für Jungs oder Mädchen, Blonde oder Brünette, Hirn oder Muskeln, Menschen, die unseren Eltern ähneln oder gerade nicht, Busen oder Po, Herrschaft oder Unterwerfung, wilden oder zahmen Sex. Die Summe unserer individuellen sexuellen Interessen kann so persönlich, so mannigfaltig und so kompliziert sein wie unsere Fingerabdrücke. Es überrascht daher wahrscheinlich nicht, daß die Prozesse, in deren Verlauf sich diese Interessen herausbilden, eine der umstrittensten Fragen der gesamten Sexualforschung bilden.

Angeboren?

Neben den von der Evolution geforderten sexuellen Paarungen blühte und gedieh stets auch eine Vielfalt andersartiger sexueller Interessen. Die Geschichte zeigt uns auf den ersten Blick, daß die menschliche Sexualität sich niemals nur auf den Fortpflanzungsakt beschränkte. In vielen frühen Zivilisationen fand man weitverbreitet Geschmack an analem Sex; in Hellas und Rom war die homosexuelle Pädophilie institutionalisiert; es gibt Indizien, daß im pharaonischen Ägypten sogar die Nekrophilie nicht unbekannt war. Der Geschichtsschreiber Herodot berichtet lakonisch, daß kein männlicher Einbalsamierer mit dem Leichnam einer vornehmen und schönen Frau allein bleiben durfte, um einer Schändung vorzubeugen. Übrigens hat dieses Schicksal etliche der begehrenswertesten Frauen jüngerer Zeiten getroffen; wie verlautet, waren Marilyn Monroe und Eva Perón darunter.

Doch wir Menschen sind mit unserer Flexibilität nicht allein auf der Welt. Es ist durchaus erwähnenswert, daß auch im Tierreich vielgestaltige sexuelle Interessen weit über die Notwendigkeiten der Reproduktion hinaus vorkommen. Es gibt schwule Seemöwen, masturbierende Stachelschweine (sie benutzen einen Stock) und Eidechsen, bei denen Lust und Schmerz zu einem ziemlich sadomasochistischen Verhaltensmuster verschmolzen sind.

Ein Trieb, der nicht weiter oder tiefer führt als hin zur einfachen, regelkonformen Paarung mit einem Exemplar des entgegengesetzten Geschlechts, ist daher nicht natürlicher, normaler oder gottgegebener als eine Liebeslandkarte, die beispielsweise bisexuelle Elemente enthält oder sich abseits der ausgefahrenen, auf Reproduktion abzielenden Hauptroute kreativere Wege bahnt. Die Evolution wäre in der Tat ein Präzisionsinstrument, wenn sie uns so unbeirrbar auf der Spur hielte, uns ausschließlich Sex erlaubte, der die Möglichkeit der Fortpflanzung in sich birgt. Doch gerade wenn wir anerkennen, daß vielfältige sexuelle Interessen sowohl normal als auch natürlich sind, müssen wir immer noch erklären, wie und warum sie existieren. Wie kommen wir dazu? Welchem Zweck könnten sie dienen? Hinsichtlich dieser Fragen ist die Sexualwissenschaft traditionell in zwei unversöhnliche Lager gespalten.

Auf der einen Seite stehen die Anhänger der Auffassung, daß unsere sexuellen Interessen ganz und gar Natur sind, daß sie von Geburt an in die Architektur unseres Körpers und unseres Gehirns eingebaut sind – angeboren, festgelegt, dauerhaft. Die alten

Griechen vertraten diese Ansicht über bestimmte Arten homosexueller Beziehungen; sie glaubten, daß Männer, die die passive Rolle bevorzugten, ein Lustorgan an der falschen Stelle hatten, das nur durch den Anus erreichbar sei. Zwar erwies sich diese anatomische Theorie als wackelig, doch die Vorstellung, die sexuelle Orientierung könnte angeboren sein, fasziniert die Forscher bis auf den heutigen Tag. Paradox ist nur, daß wir uns in den letzten Jahrhunderten zwar immer weiter von dem entfernt haben, was die Griechen als normal betrachteten, daß jedoch die Vorstellung, Menschen seien ein für allemal und von Natur aus schwul oder hetero, wieder Boden gewonnen hat. Heutzutage sprechen zwar Ansätze, die mit einer Verbeugung vor Darwin das Schwergewicht auf die Natur legen, von Genen oder Hormonen oder Gehirnstrukturen, doch die Botschaft ist dieselbe: Das sexuelle Verhalten ist der Ausdruck von angeborenen, unveränderlichen Persönlichkeitsmerkmalen.

Doch es gibt eine andere, gleichermaßen mächtige Lobby, die exakt das Gegenteil behauptet: daß nämlich alles ganz und gar von der Umwelt abhänge. Dieser Denkweise zufolge werden wir quasi als *tabula rasa*, als unbeschriebenes Blatt geboren, und unsere Kultur, unsere Bezugsgruppe und unsere Kindheitserfahrungen formen unsere Sexualität wie ein Bildhauer einen Klumpen Ton. Dieser Ansicht zufolge ist Homosexualität (wie alle anderen sexuellen Interessenmuster auch) nicht angeboren; sie wird nach und nach gelernt und hängt davon ab, wer uns gerade dann beeinflußt, wenn unser Sexualverhalten radikal änderbar ist.

Die Debatte zwischen den Anhängern der Anlage- und der Umwelttheorie ist uralt, erbittert und oftmals fruchtlos. Sie ist außerdem voll von Widersprüchen und Ironie. Im Westen war die *Tabula-rasa*-Theorie, der zufolge Umwelt und Erziehung der Weisheit letzter Schluß sind, für einige Jahrzehnte die Domäne jeans- und barttragener Soziologen, viele davon im politischen Spektrum links angesiedelt. Wenn wir unbeschriebene Blätter sind, so argumentierten sie, können – und sollten – sexuelle »Normen« in Frage gestellt und sexuelles Verhalten geändert werden. Doch in den neunziger Jahren gehörte etwa eine Gruppierung wie die Christian New Rightists zu den lautstärksten Verfechtern dieser Ansicht: Da ja

Sexualität erworben sei, so argumentieren sie, hätten sie das Recht, Versuche zu ihrer Beeinflussung zu fördern. Im Namen der Umwelt wurden daher Elektroschocktherapie, Aversionstherapie und andere seltsame und weitgehend erfolglose Behandlungen zur »Heilung« der Homosexualität angewandt.

Glücklicherweise wird jedoch mit zunehmendem Wissen über die sexuelle Entwicklung deutlich, daß keines der beiden Lager die Wahrheit gepachtet hat. Erbe und Umwelt sind weder diametrale Gegensätze, noch löscht ein Faktor den Einfluß des anderen mit Notwendigkeit aus. Anlage und Umwelt sind eher zwei Seiten derselben Medaille, wobei erstere das ursprüngliche Schema liefert, welches letztere dann verfeinert und verschönert.

Es gibt dafür subtile, aber gewichtige Gründe. Wenn wir in einem vollständig vorhersagbaren Universum lebten, in dem sich weder die Erde noch eines ihrer Geschöpfe veränderten, gäbe es überhaupt keine Notwendigkeit für Umwelteinflüsse: Wir könnten ganz und gar vorprogrammiert sein und dennoch wachsen und gedeihen. Stellen wir uns beispielsweise vor, jeder Mann auf der Welt sähe aus wie Tony Blair und jede Frau wie Cherie. Wir bräuchten nur ein einziges genetisches Programm, das uns befehlen würde, nach Partnern mit dem Aussehen, dem Geruch, den Eigenheiten und den Persönlichkeiten der Blairs Ausschau zu halten und alle zu begehren, die diese Merkmale besitzen. Doch so ist es nicht. Wir sind eine Spezies, die den Gesetzen der geschlechtlichen Fortpflanzung unterworfen ist, und geschlechtliche Fortpflanzung setzt voraus, daß alle Individuen sich unterscheiden: manche in Feinheiten und manche sehr dramatisch. Überdies müssen wir uns noch mit einer Fülle anderer Probleme herumschlagen: Wir müssen die Zeit und Energie, die wir für Sex aufwenden, abwägen gegen unser Bedürfnis nach Nahrung und Schutz sowie gegen das Bedürfnis, einen vorzeitigen Tod zu vermeiden.

In dieser unvorhersagbaren und sich ständig wandelnden Umwelt würde sich eine definitive Festlegung unserer sexuellen Vorlieben katastrophal auswirken. Was geschähe, wenn es die speziellen Eigenschaften, auf die wir programmiert wären, in unserer Umgebung, unserer Spezies oder sogar unserer Welt gar nicht

Leben in einem vorhersagbaren Universum? Man stelle sich vor, jeder sähe so aus wie Tony Blair oder seine Frau Cherie.

gäbe? Wir hätten überhaupt keine Chance, uns fortzupflanzen, und unsere Linie stürbe bald aus. Es gibt einfach keine andere Möglichkeit. Wir müssen flexibel sein, zumindest in einem gewissen Maße. Aus diesem Grund hat die Evolution uns nur mit dem absolut notwendigen Minimum an angeborenen Regeln für die Partnerwahl ausgestattet und überläßt es uns, die übrigen aufzustellen – aber erst nachdem wir geboren sind und eine Chance hatten, zu ermessen, welches Partnerspektrum uns überhaupt zur Verfügung steht.

Diese Regeln und ihre Ausnahmen nehmen wie so vieles, das für uns grundlegend ist, ihren Anfang im Augenblick der Empfängnis.

»Danke für die Gene, Mami«

Wenn sich Gene, die die Fortpflanzung begünstigen, schneller verbreiten sollen als andere, dann müssen sie dafür sorgen, daß wir Situationen ansteuern, in denen eine reelle Reproduktionschance besteht. Wenn es also in unserer Sexualität eine Komponente gibt, deren genetische Vererbung sinnvoll ist, dann die Anziehungskraft des entgegengesetzten Geschlechts. Zumindest ein gewisses Maß an heterosexuellen Neigungen sind in jeder Umwelt eine grundlegende Voraussetzung für erfolgreiche Reproduktion. Dennoch liefert eines der stichhaltigsten Argumente dafür, daß die Heterosexualität definitiv in uns festgelegt ist, ausgerechnet das Indiz, daß Homosexualität, zumindest in gewissem Maß, ebenfalls genetisch zu begründen ist.

Michael Bailey, Psychologe an der Northwestern University in Illinois, und Richard Pillard, Psychiater an der Universität von Boston, haben eine Reihe von Studien zu den genetischen Ursachen der sexuellen Orientierung durchgeführt, und zwar am Spezialfall eineiiger Zwillinge. Da jeder Zwilling eines eineiigen Zwillingspaares praktisch dasselbe genetische Material besitzt, so die Überlegung von Bailey und Pillard, würde ihnen die Befragung einer genügend großen Stichprobe eineiiger Zwillingspaare nach ihrer sexuellen Orientierung einen guten Anhaltspunkt dafür liefern, ob die Gene dafür eine Rolle spielen. Es gelang ihnen, für ihre neueste Studie 65 eineiige und 54 zweieiige Zwillingspaare zu gewinnen, die sie durch Anzeigen in Schwulenzeitschriften zusammenbrachten; darin hatten sie homosexuelle Männer und Frauen mit gleichgeschlechtlichen Zwillingsgeschwistern oder Adoptivgeschwistern aufgefordert, sich zu melden.

Die Ergebnisse der Forscher waren verblüffend. Bei etwa der Hälfte der eineiigen Geschwisterpaare waren beide Zwillinge homosexuell. Im Fall der zweieiigen Zwillinge jedoch, die nicht so viele Gene gemeinsam haben, waren nur etwa in 20 Prozent der Fälle beide Zwillinge homosexuell. Und als Bailey und Pillard die Adoptivgeschwister untersuchten, sackte der Anteil homosexueller Brüder und Schwestern auf etwa einen von zehn ab. Aus diesen Zahlen, die sie mit der Häufigkeit von Homosexualität in der Gesamtbevölkerung in Beziehung setzten (geschätzte 2 bis 10 Prozent), glaubten die Forscher den Schluß ziehen zu dürfen, daß der Anteil des genetischen Einflusses auf die sexuelle Orientierung bei 30 bis 70 Prozent liege.

Die Ergebnisse von Bailey und Pillard sind faszinierend, doch sie müssen sich genauso viele Frage gefallen lassen, wie sie beantworten. Wenn nur die Hälfte der homosexuellen eineiigen Zwillingspaare dieselbe sexuelle Orientierung gemein hatte, dann wies die andere Hälfte immer noch sehr verschiedene sexuelle Neigungen auf. Wenn es tatsächlich Gene für Homosexualität oder auch für Heterosexualität gibt, wo stecken sie und was tun sie?

Ein ehrgeiziger Genetiker nahm die Herausforderung an: Dean Hamer, eine gesprächige, sonnengebräunte Frohnatur. Hamers Labor befindet sich unter dem Dach des renommierten National Institute of Health in Washington DC, und er verfügt über einen Spielraum, um den ihn jeder Forscher beneiden würde: Er kann seinen wissenschaftlichen Interessen vergleichsweise frei nachgehen. Obwohl dieses Privileg größtenteils auf Hamers bahnbrechender molekulargenetischer Forschungsarbeit zum Krebs beruht, hat er nun beschlossen, seine Energie ganz auf die dornigsten Gebiete der menschlichen Sexualität zu konzentrieren.

Angeregt von Baileys und Pillards Arbeit begab sich Hamer am NIH zwei Jahre lang auf die Suche nach der genetischen Grundlage von Homosexualität und gab dann 1993 bekannt, er habe sie gefunden. Über Nacht wurde er zur Sensation. Seine Behauptung wurde auf allen Titelseiten breitgetreten, er wurde überall in den Vereinigten Staaten zu Talkshows eingeladen, und Tausende von T-Shirts mit Sprüchen wie *Danke für die Gene, Mami* begannen die Rücken schwuler Aktivisten zwischen Ost- und Westküste zu zieren.

Was aber hatte Hamer gemacht? Er hatte die Stammbäume von 114 schwulen Probanden, die er per Zeitungsannonce rekrutiert hatte, rekonstruiert und sie auf schwule Verwandte untersucht. Als erstes fiel ihm auf, daß solche Verwandte auf der mütterlichen Seite doppelt so oft wie auf der väterlichen auftauchten. Exakt dieses Muster hatte er erwartet, sollte das fragliche Gen auf dem X-Chromosom lokalisiert sein. Ein Mädchen erbt zwei X-Chromosomen, eines vom Vater und eines von der Mutter; ein Junge erbt ein X- und ein Y-Chromosom, und da das Y-Chromosom immer vom Vater stammt, muß das X zwangsläufig auf die Mutter zurückgehen. Damit hielt Hamer sein erstes Indiz in Händen.

Im nächsten Schritt sammelte Hamer vierzig schwule Brüderpaare und untersuchte ihre DNS. Dabei stellte er fest, daß mehr als 75 Prozent exakt dieselbe Konfiguration von Markern auf einem speziellen Abschnitt ihres X-Chromosoms, bezeichnet als Xq28, aufwiesen. Diese Zahl konnte unmöglich ein bloßes Zufallsergebnis sein. Wenn es tatsächlich ein Schwulengen gab, dann mußte es hier liegen.

Ab da erhoben sich Einwände gegen Hamers Forschungen. Erstens verbarg sich hinter Xq28 kein einzelnes Gen, wie die Medien unterstellt hatten, sondern eine große Anzahl von Genen, die sich über einen nach genetischen Maßstäben extrem großen Bereich verteilten. Unter anderem waren in diesem Abschnitt auch Marker für Farbenblindheit, Hämophilie und einige Formen von Diabetes gefunden worden. Und zweitens: Wenn dieses Gen Männer tatsächlich zu Schwulen machte, wie konnte es dann durch die Generationen weitervererbt worden sein? Wenn man davon ausging, daß homosexuelle Männer sich im Durchschnitt seltener fortpflanzten als heterosexuelle, dann hätte sie die gnadenlose natürliche Selektion schon längst aussieben müssen.

Hamer erhob seinerseits Einwände gegen den ersten Einwand. Er habe niemals behauptet, es sei ein einzelnes Gen; bewiesen habe er dagegen die Existenz einer genetischen Grundlage, und er habe den Abschnitt identifiziert, auf dem das Gen oder der Genkomplex mit hoher Wahrscheinlichkeit lag. Die Zeitungen trügen die Verantwortung für die Schlagzeilen.

Auf den zweiten Einwand ging er ausführlicher ein. Gestützt auf den Ansatz des bedeutenden Evolutionsbiologen Robert Trivers erklärte Hamer, daß das sogenannte Schwulengen möglicherweise nicht Homosexualität als solche kodiere und mit Sicherheit kein ausschließlich homosexuelles Verhalten. Vielleicht stehe es vielmehr für »sexuelles Hingezogensein zu Männern«. In diesem Fall wäre sein Vorhandensein bei Frauen von höchstem Nutzen, weil es sie zu sexueller Betätigung und zur Fortpflanzung triebe. Bei Männern jedoch könne seine Expression auf eine Fehlfunktion während der Embryonalentwicklung hindeuten; möglicherweise war eine Suppression ausgeblieben, die in der regulären Entwicklung hätte stattfinden sollen. Wenn das zutreffend sei, dürfe es nur eine Minderheit von Männern geben, bei der es als Schwulengen wirke. Bei denjenigen Männern, bei denen es »abgeschaltet« worden sei, sowie bei allen Frauen müsse es so ähnlich wirken wie ein Heterosexuellengen.

Bislang blieben Hamers Befunde und seine darauf gestützten Theorien Spekulation. Sie wurden von anderen Forschern noch nicht repliziert, und es gibt immer noch keine klare Schätzung, welches Ausmaß der genetische Einfluß hat. Während die Wissenschaftler sich darüber streiten, wie stichhaltig seine Ergebnisse sind – und die Sexualpolitiker über deren Konsequenzen –, hat Hamer selbst sich anderen Fragen zugewandt. Er führte weitere Befragungen und Familienstudien durch und untersuchte, ob es eine genetische Komponente gibt, die bestimmt, wie häufig ein Individuum Sex möchte, und ob sich dieser genetische Einfluß am Serotonin-Transportergen festmachen läßt. Noch umstrittener ist sein Versuch zu ermitteln, ob die Zahl der Partner, mit denen wir schlafen wollen, ebenfalls genetisch determiniert ist und mit der Länge unserer Dopamin-D4-Rezeptorgene variiert.

Der Streit um die Gene war am Ende vielleicht eher hitzig als erhellend. Und wir dürfen nicht vergessen, daß der Ursprung unseres Sexualverhaltens zwar in unseren Genen liegen mag, daß es sich aber durch unseren Körper ausdrücken muß. Wo also liegen die anderen Ursprünge unserer sich entwickelnden Sexualität?

Von den Genen zu den Hormonen

Nachdem ein neuer Mensch gezeugt worden ist, verlaufen die ersten vier oder fünf Wochen seiner Entwicklung in sexueller Hinsicht relativ ereignislos. Wir neigen zwar zu der Annahme, daß es zwei Sorten von Menschen gibt, männliche und weibliche, und daß jeder Mensch vom Augenblick der Empfängnis an zu einer dieser Sorten gehört, doch die Realität ist ein wenig komplizierter. Es ist völlig richtig, daß das genetische Geschlecht eines Menschen im Moment der Befruchtung festgelegt wird, doch in Wirklichkeit stellt dies nur das erste Stadium eines sexuellen Differenzierungsprozesses dar, der den Großteil der Zeit im Mutterleib in Anspruch nimmt.

Die Sache spielt sich folgendermaßen ab: In den ersten vier oder fünf Wochen nach der Empfängnis entwickelt sich jedes Individuum nach einem festgelegten Plan, der sich beim männlichen oder weiblichen Geschlecht kaum unterscheidet. Der Fötus besitzt eine winzige, noch nicht entwickelte Genitalleiste, aus der sich entweder die Samenleiter oder die Eileiter entwickeln, und einen kleinen Klumpen noch nicht differenzierter Zellen, die entweder zu Skrotum und Penis oder zu Vagina und Klitoris werden. Dauert dieser Zustand ohne hormonelle Einflüsse bis in die sechste oder siebte Woche fort, entwickelt sich der Fötus nach weiblichem Muster weiter und wird als kleines Mädchen geboren. Wird jedoch der Fötus mit Testosteron überflutet (was in der natürlichen Entwicklung eines Jungen auf ein Signal des Y-Chromosoms hin zu diesem Zeitpunkt geschehen sollte), verlassen Genitalien, Körper und Gehirn den weiblichen Entwicklungspfad und folgen nun dem männlichen. Der Hodensack differenziert sich aus der Genitalleiste, aus dem, was sonst eine Vagina geworden wäre, entsteht ein Penis, und das Gehirn wird anders verschaltet, um auf Testosteron und andere männliche Hormone statt auf Östrogen und andere weibliche Hormone reagieren zu können.

Dies ist einer der diffizilsten Prozesse, die in der menschlichen Entwicklung ablaufen. Wie alle anderen natürlichen Vorgänge ist auch er nicht gegen Abweichungen und Fehler gefeit; so können sich Unregelmäßigkeiten in der Testosteronausschüttung in dieser Phase dramatisch auf das sich entwickelnde Individuum auswirken und die Grenze zwischen männlich und weiblich verwischen, beides vermischen, sich überkreuzen lassen. Erzeugt der männliche Fötus nicht genügend Testosteron oder sollte sein Organismus es nicht verarbeiten können, wird das Baby mit den inneren Geschlechtsorganen eines Jungen, aber den äußeren Genitalien eines Mädchens geboren. Produziert dagegen ein weiblicher Fötus zuviel Testosteron, wie bei einer seltenen Erkrankung namens kongenitale adrenale Hyperplasie (KAH), hat das Kind die inneren Reproduktionsorgane eines Mädchens, jedoch ein äußeres Genital, das dem eines Jungen stark ähnelt.

Eines der bedeutendsten Therapiezentren für hormonelle Störungen dieser Art ist die School of Medicine der Johns Hopkins-Universität in Baltimore. Dort ist Ray Tyles, ein heute über vierzigjähriger KAH-Patient, dauerhaft in Behandlung. Obwohl Ray mit einem Organ geboren wurde, das wie ein kleiner Penis aussah, erklärten die Ärzte, die ihn entbunden hatten, seinen Eltern, er sei ein kleines Mädchen, und diese nahmen ihn als »Constance« mit nach Hause. Erst beim ersten Windelwechsel fiel ihnen die Abweichung auf, und geschockt riefen sie in der Klinik an. Nach zahlreichen Untersuchungen erhielt Ray die Diagnose KAH, und es wurde beschlossen, daß er als kleiner Junge wohl besser zurechtkommen würde. Mit sechs Jahren begann eine traumatische Serie von Operationen: Seine Genitalien wurden chirurgisch vergrößert, so daß sie unzweifelhaft männlich aussahen, und er wurde in Ray umbenannt.

Bei einem derart starken Einfluß auf den Körper eines sich entwickelnden Fötus liegt der Gedanke nicht fern, daß ein Testosteronüberschuß oder -mangel auch die Psyche beeinflussen könnte. Und den neuesten Forschungsergebnissen zufolge scheint dies auch der Fall zu sein. Wie Ray sich erinnert, fühlte er sich trotz seiner ersten Lebensjahre als Mädchen niemals wohl in dieser Rolle. Er wollte sich benehmen wie ein Junge, er wollte spielen wie ein Junge, er fühlte sich als Junge. Heute ist er überzeugt, daß er selbst dann, wenn er nicht operiert worden und körperlich eher wie ein Mädchen geblieben wäre, als Erwachsener männliche Vorlieben gezeigt hätte.

Rays Arzt war John Money, dessen Arbeiten die Vermutung stützen, daß die Konzentration der Hormone, die in den kritischen Monaten vor der Geburt im Blutstrom kreisen, entscheidend dazu beitragen, nicht nur das Geschlecht des Körpers, sondern auch das Geschlecht der Psyche festzulegen. Hormone sorgen gewöhnlich dafür, daß Männer eine maskuline Geschlechtsidentität und eine maskuline sexuelle Orientierung entwickeln, Frauen eine feminine Geschlechtsidentität und eine feminine sexuelle Orientierung – eine sexuelle Straßenkarte, die von da an größtenteils festgelegt ist. Bei der Komplexität unseres genetischen Erbes, unserer hormonellen Regelkreise und der menschlichen Gesellschaften, in denen wir heranwachsen, kommt es allerdings vor, daß die Dinge nicht so glattlaufen. Money weist darauf hin, daß das, was wir für die Grundmuster der Sexualität halten, in Wirklichkeit auf drei verschiedenen Bedingungen beruht: dem Geschlecht, dem wir körperlich angehören, dem Geschlecht, dem wir uns emotional zugehörig fühlen, und dem Geschlecht der Menschen, die wir begehren.

Während des überwiegenden Teils von Moneys beruflicher Laufbahn war die Vorstellung, daß die sexuelle Orientierung oder Identität in unserem Körper verwurzelt sein könnte, in Ungnade gefallen. Auf dem Unterfangen, Gehirne oder Hormone zu untersuchen, lastete der Verdacht einer Nähe zum Körperfaschismus. Erziehung, nicht Erbmasse war gerade die große Mode. Doch heute, wo wir dem Gehirn mit immer ausgefeilteren Kartierungsverfahren zu Leibe rücken und tiefer in die Wirkungsweise der Hormone und in die Wechselbeziehungen zwischen Körper und Gehirn eindringen, zeichnet sich immer deutlicher ab, daß Money und die, die ihm beipflichteten, recht hatten. Es zeichnet sich sogar ab, wo genau manche dieser für die sexuelle Orientierung verantwortlichen Zentren liegen könnten.

Das sexuelle Gehirn

1991 veröffentlichte Simon LeVay die Ergebnisse seiner Untersuchungen an den Gehirnen verschiedener Personen: homo- und heterosexuelle Männer, die an Aids gestorben waren, heterosexuelle Männer, die aus anderen Gründen gestorben waren, und eine Reihe von Frauen. Als er die Strukturen dieser Gehirne »blind« analysierte – das heißt, ohne zu wissen, zu welcher Person welches Gehirn gehörte –, stellte LeVay fest, daß ein bestimmter Cluster von Kernen der medialen *Area praeoptica* des Hypothalamus (bezeichnet als INAH-3) in den Gehirnen der schwulen Männer kleiner war als in denen der heterosexuellen Männer, unabhängig von der Todesursache. Seit einiger Zeit war bekannt, daß die mediale *Area praeoptica* etwas mit dem sexuellen Verhalten zu tun hat, und ebenso, daß sie bei Männern in aller Regel größer ist als bei Frauen. LeVays Ergebnisse schienen darauf hinzudeuten, daß der Hypothalamus schwuler Männer dem von Frauen ähnelte; mit anderen Worten, ihr Hypothalamus differenzierte sich nicht unter

Testosteroneinfluß. Bei LeVays Probanden war unklar, ob das Testosteron das Gehirn nicht in genügender Menge erreicht hatte oder ob die Männer nur nicht über einen Mechanismus verfügten, um das Hormon, das in ausreichender Menge zur Verfügung stand, zu verarbeiten. Klar war allerdings, daß hier möglicherweise der erste stichhaltige Beweis vorlag, daß schwule Männer aus physischen Gründen psychisch anders gepolt sind als Heteros und daß diese psychische Polung vielleicht nichts mit ihrer Erziehung, dagegen sehr viel mit ihrer vorgeburtlichen Entwicklung zu tun hat. In seinem Buch mit dem Titel *Keimzellen der Lust* faßt es LeVay lakonisch zusammen: »Schwule Männer haben einfach nicht die Gehirnzellen, um von Frauen angezogen zu werden.«

Seither sind neun Jahre verstrichen, und LeVays Studie ist immer noch Gegenstand heftiger Auseinandersetzungen. Aids wirkt sich auf das Gehirn verheerend aus und ruft zuweilen hochgradige Demenz und Blindheit hervor, so daß die untersuchten Gehirne möglicherweise von denen gesunder Menschen, ob schwul oder nicht, abweichen. Zudem ist es möglich, daß der Größenunterschied von INAH-3 eine *Folge* der Homosexualität der Männer und nicht ihre Ursache darstellt. Doch je mehr Zeit ins Land geht und je mehr ähnliche Experimente erscheinen, desto mehr scheint LeVays grundlegende Behauptung – daß sich die Gehirne von Schwulen und Heterosexuellen unterscheiden und daß diese Unterschiede möglicherweise tiefverwurzelte und unauslöschliche Unterschiede in ihrer Sexualität erklären – an Glaubwürdigkeit zu gewinnen.

Von den neueren Studien haben die beiden vielleicht interessantesten Laura Allen und Roger Gorski an der Universität von Kalifornien in Los Angeles und Dick Swaab am Institut für Hirnforschung in Amsterdam durchgeführt. Allen und Gorski befaßten sich in ihrer Studie mit den Kommissurenbahnen des Corpus callosum, des Balkens des Gehirns (er verbindet die linke Hälfte des Gehirns mit der rechten). Sie stellten ganz im Sinne LeVays fest, daß die Kommissurenbahnen schwuler Männer viel stärker denen von Frauen als denen anderer Männer ähnelten. Swaab dagegen schloß 1995 eine Untersuchung an sechs ursprünglich männlichen transsexuellen Frauen ab und fand einen Größenunterschied, der weder mit dem Geschlecht noch mit der sexuellen Orientierung, sondern ausschließlich mit der sexuellen Identität zusammenzuhängen schien – das heißt, mit dem Geschlecht, dem sich die Transsexuellen emotional zugehörig fühlten. Dieses Ergebnis mag auf den ersten Blick rätselhaft wirken, fällt jedoch besonders ins Gewicht, da es dafür spricht, daß es mindestens zwei getrennte Komponenten geben könnte, die unserer Sexualität zugrunde liegen (die Orientierung einerseits und die Identität andererseits), die sich beide unter dem Einfluß pränataler Hormone differenzieren und beide an einem eigenen neuralen Ort repräsentiert sind.

Es könnte sein, daß beide Regionen vom selben Testosteronüberschuß oder -mangel beeinflußt werden, was erklären würde, warum manche schwulen Männer effeminiert und manche lesbische Frauen viril wirken. Es ist jedoch genausogut möglich, daß das Testosteron nur eines der beiden entscheidenden Areale beeinflußt und das andere unberührt läßt. Dies könnte erklären, warum sich viele homosexuelle Menschen genauso verhalten wie heterosexuelle und sich von diesen nur in dem Geschlecht der Person, die sie begehren, unterscheiden. Dasselbe kann auch umgekehrt zutreffen; manche strikt heterosexuellen Männer zeigen eine Tendenz zur Femininität, und manche Frauen zeigen atypisch maskuline Züge, fühlen sich aber ausschließlich zu Männern hingezogen.

Auch diese Ergebnisse sind höchst umstritten, und bislang wurden sie noch nicht repliziert. Die schwindelerregende Komplexität des menschlichen Körpers birgt die Gefahr voreiliger Schlußfolgerungen. Dennoch gewinnt die Überzeugung, daß diese drei sich ergänzenden pränatalen Faktoren (Gene, Hormone und Gehirnstruktur) gemeinsam den Grundstein für die fundamentalen Aspekte der Sexualität legen, in den meisten Disziplinen der Sexualwissenschaft an Boden. Das gilt nicht nur für das Geschlecht, dem wir angehören, für das, dem wir uns zugehörig fühlen, und für das, welches wir begehren, sondern möglicherweise sogar für die Stärke unseres Geschlechtstriebs und vielleicht unseres Wunsches nach sexueller Abwechslung. Weniger gesichert ist, wie stark der Einfluß dieser pränatalen Faktoren ist. Es müssen noch andere, postnatale Faktoren am Werk sein, die unsere grundlegenden biologischen Prädispositionen verstärken, ergänzen oder aufheben und die die groben Umrißlinien unserer Sexualität in ein viel differenzierteres, viel abgerundeteres Bild verwandeln.

Diese anderen Faktoren greifen ab dem Augenblick, in dem wir den Mutterleib verlassen.

Aus dem Mutterleib in die Welt

Für Babies, die bis zum Schluß ausgetragen werden, muß die Geburt ein schlimmes Erwachen sein. Nach neun Monaten in der sicheren, gleichbleibenden Umgebung des Mutterleibs werden wir jäh in eine ganz neue Welt gestoßen. Unsere Augen sind geöffnet, unsere Finger tasten. Wir sehen, berühren, riechen, hören, schmekken. Unsere fünf Sinne vermitteln uns eine riesige Palette von Erfahrungen, von denen einige haftenbleiben und als anregend erlebt werden, während andere eine sofortige und dauerhafte Aversion hervorrufen. Doch wie ertasten wir unseren Weg durch dieses Minenfeld der unbekannten Empfindungen? Wie erfassen wir die darin eingeschlossenen Möglichkeiten, und wie ermessen wir deren ganzes Spektrum?

In den vierziger Jahren nahm ein Wissenschaftlerteam, darunter die Kinderpsychologen John Bowlby, Mary Ainsworth sowie James und Joyce Robertson, ein bahnbrechendes Projekt in Angriff. Sie filmten unzählige Säuglinge und Kleinkinder und beobachteten ihre Reaktionen, wenn sie von ihren Eltern getrennt oder wieder mit ihnen vereint wurden. Damals herrschte auf den Kinderstationen der Krankenhäuser ein strenges Reglement, und die Eltern sollten die Kinder möglichst wenig besuchen, um sie nicht zu beunruhigen. Nicht daß das Pflegepersonal grob gewesen wäre: Die Kinder wurden gefüttert, behütet und warmgehalten. Dennoch machten die Babies ausnahmslos Schreckliches durch. Zuerst protestierten sie, brüllten, weinten und suchten nach ihrer Mutter. Noch beunruhigender war, daß sie, wenn niemand auf ihr Schreien einging, in apathische Verzweiflung versanken. Nach diesem Stadium reagierten sie, selbst wenn die Eltern zurückkehrten, auf jeden weiteren menschlichen Kontakt entweder mit Tobsucht, ängstlichem Klammern oder völliger Gleichgültigkeit.

Die Kinder waren eindeutig und unwiderruflich auf menschliche Interaktion mit erwachsenen Bezugspersonen eingestellt, und wenn sie diese nicht erhielten – obwohl sie gefüttert und gewärmt wurden und ihr Überleben gesichert war –, reagierten sie tief verstört. Außerdem zeigten sie, wenn eine Interaktion mit Erwachsenen stattfand, eine Reihe von Verhaltensweisen, die das Interesse und die Aufmerksamkeit dieser Erwachsenen, ob bewußt oder nicht, wachhielten. Die Kinder blickten ihre Pflegepersonen an, streckten die Arme nach ihnen aus, klammerten sich an sie, ahmten ihre Mimik nach und führten brabbelnde »Gespräche« mit ihnen. Die Robertsons und eine ganze Generation von Beziehungspsychologen nach ihnen argumentierten aufgrund dieser Filme und der in ihnen dokumentierten Verhaltensweisen, daß Bindung ein universeller Prozeß ist, der im Überlebensimperativ der Evolution wurzelt. Wie sie vermuten, kommen Kinder mit einem angeborenen Arsenal von Verhaltensweisen zur Welt, um ihre Eltern in ihre Nähe zu locken und sie so wirksam in ihren Bann zu ziehen, daß eine Bindung entstehen kann, die dafür sorgt, daß sich das Baby in Sicherheit und Geborgenheit entwickelt. Bindung ist nicht nur die Grundlage der späteren psychischen Entwicklung, sie ist die beste Überlebenschance eines Säuglings.

Die meisten Eltern folgen den Signalen des Säuglings und widmen sich seiner Betreuung und Pflege mit einer Hingabe, die bedingungsloser – determinierter – Liebe entspringt. Unter diesen Umständen verläuft die frühe Entwicklung des Kindes in vorhersehbaren Bahnen. Als Neugeborenes erkennt es zwar seine Mutter am Geruch, seine Bedürfnisse nach Aufmerksamkeit können aber von einer breiten Palette von Menschen erfüllt werden. Je älter es jedoch wird, desto mehr bindet es sich an bestimmte Menschen, insbesondere die »Hauptbezugsperson«, in den meisten Fällen die Mutter. Ab einem Alter von etwa sieben Monaten, wenn das Kind zu krabbeln beginnt, können es nur wenige Menschen außer den Hauptbezugspersonen beruhigen, und Fremden begegnet es mit Vorsicht, sogar Argwohn. Das Bindungsverhalten – fordernd, klammernd und oft sehr lautstark – erreicht den Gipfelpunkt, wenn das Kind zum Kleinkind heranwächst und seine Bezugspersonen während längerer Erkundungsexpeditionen in die Welt als sichere Basis benutzt. Solange das Kind darauf vertrauen kann, daß seine Bedürfnisse erfüllt werden und daß die Welt im großen und ganzen gut und vorhersagbar ist, treten solche expliziten Forderungen immer mehr in den Hintergrund, und der kleine Junge oder das kleine Mädchen gewinnt mehr und mehr Unabhängigkeit. So läuft das Programm im Idealfall ab, und das tut es bei etwa 60 Prozent aller Kinder. Sie erreichen eine gute Anpassung und eine stabile Bindung an ihre Bezugspersonen.

Leider sind manche Eltern nicht imstande, die bedingungslose Liebe und fortgesetzte Aufmerksamkeit zu bieten, die ihr Kind braucht. Die einen sind für lange Zeiträume abwesend, den anderen gelingt es einfach nicht, eine Bindung einzugehen; wieder andere machen vielleicht persönliche Krisen durch (schwere Erkrankungen, Gewalt in der Ehe, Zerrüttung der Familie), die die Bildung gesunder, stabiler Beziehungen jeder Art verhindern. In diesen Fällen kann sich das Kleinkind ganz anders entwickeln und Bindungsstörungen ausbilden, die seine Beziehungen zu anderen Menschen empfindlich beeinträchtigen. Wenn sich seine Bezugspersonen unvorhersagbar verhalten, manchmal auf das Kind eingehen und dann wieder nicht, kann das Kind in eine solche Verwirrung geraten, daß es über das übliche Maß hinaus klammert und sich so verzweifelt um Aufmerksamkeit bemüht, daß es ihnen praktisch niemals von der Seite weicht – ein Verhaltensmuster, das Mary Ainsworth »ängstlich/ambivalent« nannte. Wenn die Bezugspersonen das Trostbedürfnis des Kindes durchgängig ignorieren, sieht das Bild noch schlimmer aus: Das Kind verschließt sich, wendet sich von ihnen ab, sucht keinen Kontakt mehr und zieht sich auf »Vermeidungsstrategien« zurück. In jüngerer Zeit hat man ein weiteres Muster identifiziert: Wenn die Reaktionen der Bezugspersonen (wegen Drogen- oder Alkoholmißbrauch, Depression oder Verwirrtheit) so unvorhersagbar sind, daß das Kind keine Ahnung hat, mit welcher Reaktion es rechnen muß, verhält es sich selbst völlig desorganisiert, klammert sich zuweilen an seine Bezugspersonen und meidet sie dann wieder. Die tragischste Entwicklung schließlich, wie Bowlby und seine Nachfolger in ihren Studien feststellten, nahmen Säuglinge in Waisenhäusern und anderen Einrichtungen, die überhaupt keine Gelegenheit hatten, Bindungen anzuknüpfen; sie erkrankten später oft körperlich, litten häufiger an Depressionen, und einige von ihnen nahmen sich das Leben. Zudem fiel es ihnen äußerst schwer, in ihrem Leben überhaupt noch Bindungen einzugehen.

Cindy Hazan und ihre Kollegen, die diese Störungen ausführlich untersucht haben, sind überzeugt, daß sie unser Wissen über die Mechanismen, die in einer normentsprechenden kindlichen Entwicklung ablaufen, entscheidend voranbringen. Mehr noch, sie glauben, daß sie uns etwas über den viel später einsetzenden Prozeß der sexuellen Anziehung zu sagen haben.

Durch die Beobachtung erwachsener Liebespaare in der Öffentlichkeit konnten Hazan und ihre Forscherkollegen eine vorhersagbare Folge von Verhaltensweisen ausfindig machen, die exakt nach dem zuvor identifizierten Muster der Eltern-Kind-Bindung ablief. Wenn sich die Partner zu ihrem ersten Rendezvous trafen und sich sympathisch fanden, spielte sich jedesmal derselbe komplizierte Tanz zwischen ihnen ab. Eingeleitet wurde er durch das Erregen der Aufmerksamkeit (hier eher ein netter Einstiegssatz statt durchdringendes Geschrei), dem im Lauf des Abends in aller Regel flüchtige Berührungen, scheues Lächeln, in zunehmendem Maße selbstsichere, tiefe Blicke und schließlich das Spiegeln der Gesten des jeweils anderen folgten: das Haar aus dem Gesicht streichen, einen Schluck Wein aus dem Glas nehmen, sogar Probehäppchen vom Essen austauschen.

Überdies entwickelten sich Beziehungen, die auf diese Weise begonnen hatten, nach einem ganz ähnlichen Muster wie die frühen Bindungen weiter; von einer Phase vor einer eigentlichen Bindung, in der das gesuchte Objekt relativ wenig vertraut war und die gewünschte Reaktion von verschiedenen Partnern kommen konnte, über ein ausschließliches romantisches Interesse an einer einzigen Person bis hin zu der tiefen Bindung zweier Liebender und schließlich der gut angepaßten Partnerschaft einer langen Ehe, wo sie wieder zum Alltag geworden war.

Wenn offenbar das Szenario der wechselseitigen Anziehung zwischen Erwachsenen dem Prozeß der Bindung zwischen Eltern und Säugling ähnelte und dieselben Mechanismen in etwa der gleichen Reihenfolge abliefen, dann müßten sich in den Beziehungen der Erwachsenen, so dachten sich Hazan und ihre Kollegen, noch Spuren der realen Kindheitserfahrungen ausdrücken. Um dieser Vermutung nachzugehen, veröffentlichte sie gemeinsam mit ihrem Fachkollegen Phillip Shaver einen Fragebogen zu Liebe und Bindung in einer der größten Tageszeitungen von Denver in Colorado, der *Rocky Mountain News*. Sie analysierten mehr als sechshundert Einsendungen sowie weitere hundert Reaktionen von Universitätsstudenten »in festen Händen«. Allen Befragten wurden Beschreibungen einer stabilen, ängstlichen und »vermeidenden« Bindung vorgelegt, und sie sollten sich einem Typus zuordnen. Danach sollten sie Fragen über ihre Liebeserfahrungen als Erwachsene beantworten.

Diejenigen, die vermeidende Bindungsmuster entwickelt hatten, meist infolge von wiederholter Nichtbeachtung oder Zurückweisung, räumten ein, daß sie ihre Partner am liebsten auf Distanz hielten. Sie verabscheuten heftige Gefühlsschwankungen und waren bestrebt, sich emotional nicht zu sehr einzulassen; sie waren weniger eifersüchtig, legten aber auch weniger Wert auf Nähe. Dagegen verhielten sich die ängstlich/ambivalenten Partner, die wahrscheinlich vom unsteten Verhalten ihrer Eltern durcheinandergebracht worden waren, genau umgekehrt: Sie waren emotional, abhängig und aufmerksamkeitsbedürftig. Sie waren hochgradig eifersüchtig und besitzergreifend; sie glaubten auch häufiger an Liebe auf den ersten Blick und an die Macht der Liebe und erlebten die sexuelle Anziehung und den Wunsch nach Erwiderung ihrer Gefühle intensiver. Dagegen schilderte die Mehrzahl der Menschen, die sich in die Kategorie »stabil« einstuften, nicht nur Liebe und Sex positiver, sondern ihre Beziehungen hielten auch länger: Im Schnitt bestanden sie etwa zehn Jahre lang, während die der »vermeidenden« Partner 5,97 Jahre und die der »ängstlich/ambivalenten« 4,98 mühsame Jahre überdauerten.

Doch obwohl die Arbeiten von John Bowlby, den Robertsons

und Hazan überzeugend sind und einen Großteil dessen bestätigen, was hinsichtlich der Auswirkungen des Elternverhaltens auf die späteren sexuellen Beziehungen schon geraume Zeit vermutet wird, fühlen sich viele Menschen zu Partnern und Szenarios hingezogen, die mit ihren Eltern oder ihrer Beziehung zu ihnen sehr wenig gemein haben.

Es müssen also noch andere, komplexere Kräfte am Werk sein.

Neuronale Netzwerke

Gene Abel vom Institut für Verhaltensmedizin in Atlanta hat sich seit mehr als einem Vierteljahrhundert auf die wilderen Gefilde des sexuellen Interesses spezialisiert und wird häufig hinzugezogen, wenn es sexuelle Verhaltensmuster zu klären gilt, die so ungewöhnlich oder extrem sind, daß sie die Betreffenden vor Gericht gebracht haben.

Aufgrund seiner Erfahrung mit Hunderten von Fällen ist Abel zu der Überzeugung gelangt, daß wir unsere sexuellen Interessen in einer frühen Phase des Lebens erlernen; daß wir sie durch Verknüpfung unserer Erfahrungen mit angenehmen oder unangenehmen Empfindungen lernen; daß wir sie allmählich lernen und daß wir sie, wenn wir sie einmal gelernt haben, nur schwer wieder verlernen können. Zur Illustration zitiert er die Geschichte eines Mannes, der mit Videobändern von sechs Stunden Gesamtspieldauer in seinem Arbeitszimmer auftauchte. Die Bänder zeigten allesamt ausschließlich Frauenhände, an deren Ringfinger deutlich sichtbar ein Ehering steckte; in manchen Aufnahmen wurden die Ringe gedreht oder liebkost.

Der Mann war zu diesen Aufnahmen gekommen, indem er Frauen in den Straßen seiner Heimatstadt ansprach und ihnen erzählte, er habe vor zu heiraten, habe aber keinen passenden Ehering für seine Liebste finden können, bis er zufällig den ihren gesehen habe. Ob er ihn vielleicht mit seiner Videokamera aufnehmen dürfe, damit er einen ähnlichen finden könne? Die Frauen zeigten sich gewöhnlich geschmeichelt und gaben seiner Bitte nach, woraufhin der Mann nach Hause lief, das Band in seinen Videorekorder legte und zu masturbieren begann. Leider kam die ganze Sache einige Jahre später ans Licht, als er tatsächlich heiraten wollte. Seine Frau liebte ihn aufrichtig, konnte jedoch kaum akzeptieren, daß er nur zum Orgasmus kam, wenn er starr ihren Ehering fixierte und gewöhnlich auch damit spielte. Wenn sie den Ring abnahm oder wenn er ihn nicht im Blickfeld hatte, war er vollständig impotent.

Um erklären zu können, wie dieser Proband ein derart bizarres Erregungsmuster erworben haben mochte, mußte Abel über pränatale Einflüsse oder den elterlichen Erziehungsstil hinausgehen. Wie ungewöhnlich auch immer die Hormonkombination gewesen sein mochte, die auf ihn eingewirkt hatte, ein derart spezielles und ungewöhnliches Problem ließ sich einfach nicht auf so etwas zurückführen. Abel mußte sich bei seiner Analyse dieses Falls auf die spätere Kindheit des Probanden konzentrieren, um die Frage zu beantworten, warum er sich wohl auf einen so rätselhaften Reiz fixiert hatte. Dazu griff er auf die Ergebnisse eines neuen Ansatzes in der Erforschung der Hirnentwicklung zurück.

Wahrscheinlich sind mit der Geburt bereits die Grundregeln für bewundernswerte Manipulations-, Bindungs- und Sprachleistungen in unserem Gehirn festgelegt, doch in anderer Hinsicht ist es auch erstaunlich ungeformt und flexibel. Praktisch jede neue Erfahrung vermag Einfluß auf die Struktur unseres Gehirns zu nehmen, neue Verbindungen zwischen Nervenzellen herzustellen und physische Bahnen zu bilden, die unser Überleben sichern.

Sobald unsere Entwicklung einsetzt, sobald wir die Gerüche, Farben und Formen der Welt um uns herum in uns aufnehmen, verändern sich auch unsere neuronalen Verknüpfungen sowie die Zellen selbst, die sie herstellen. Es bilden sich eigene Bahnen für bestimmte häufig wiederholte Empfindungen und Erfahrungen heraus. Andere, die nicht benutzt werden, bilden sich zurück. Während der ersten Jahre unserer Entwicklung reorganisieren sich die Zellen und Bahnen in unserem Gehirn Schritt für Schritt und nehmen eine weniger diffuse, schärfer umrissene Form an. Es entstehen Netzwerke, in die sich unsere Erfahrungen und unsere emotionalen Reaktionen auf diese Erfahrungen unsichtbar, aber unauslöschlich eingraben.

Die Phase der stürmischsten Entwicklung dieser Bahnen sind die ersten achtzehn Lebensmonate; dies ist infolgedessen eine entscheidende Phase auch für unsere keimende Sexualität. Falls wir lernen, die Stillung unserer Bedürfnisse an der Mutterbrust mit Trost und Belohnung zu assoziieren, dann kann es sein, daß körperliche Nähe und Wärme später das Gefühl von Trost und Belohnung auslösen. Falls wir zurückgewiesen, unterdrückt oder mißhandelt werden, können sich statt dessen die dementsprechenden Gefühle festsetzen.

All diese neue Gehirnaktivität bedeutet, daß etwas anderes weichen muß. Diejenigen Bahnen, die nicht oft benutzt werden, gehen unter, damit sich die übrigen um so besser ausprägen und festigen und damit sparsam gewirtschaftet wird. Dennoch bleiben zahlreiche jungfräuliche Bahnen übrig, und bis zum Alter von etwa acht Jahren lassen sich relativ leicht neue Verknüpfungen herstellen. Zu diesem Zeitpunkt sind dann die meisten der wichtigsten Bahnen festgelegt und die weitgehend nutzlosen oder überzähligen vergessen, und das Gehirn bremst sein Tempo. Es werden weniger leicht neue Bahnen angelegt, Erinnerungen und Erfahrungen werden weniger dauerhaft oder effektiv gespeichert. Das heißt nicht, daß keine neuen Erfahrungen mehr dazukommen könnten oder keine neuen Verknüpfungen herzustellen wären. Wenn man eine Fremdsprache oder ein Musikinstrument lernen will, kann man schließlich in jedem Alter damit beginnen. Nur wird es mit fortschreitendem Alter immer schwieriger, vom rein mechanischen Lernen auf dieses instinktive, einfache Erinnern umzuschalten, das für unberührten Speicherplatz und rasch knüpfbare Verbindungen charakteristisch ist.

Mit etwa dreizehn bis vierzehn Jahren sind die wichtigsten Umbauarbeiten abgeschlossen, die nützlichen Bahnen gefestigt und die überflüssigen abgebaut. Das Gehirn hat jetzt seine grundlegenden strukturellen Entwicklungsziele erreicht, es ist individuell, vollständig und voll ausgebildet. In ihm gespeichert sind diejenigen Lebensprogramme, Vorlieben, Erfahrungen und Fertigkeiten, die überdauern werden.

Dieser neue Forschungszweig, in dem John Holland und Gerald

Edelman die Pionierarbeiten leisteten, der aber immer noch in den Kinderschuhen steckt, hat den Sexualwissenschaftlern zu der Erkenntnis verholfen, daß ein Reiz die innere Architektur des Gehirns um so tiefgreifender beeinflußt, je früher ihm ein Kind ausgesetzt ist. Doch es spielt nicht nur eine Rolle, zu welchem Zeitpunkt der Reiz einwirkt. Er muß auch noch wiederholt einwirken. Wiederholung war einer der bedeutsamsten Faktoren zur Klärung der Frage, warum Gene Abels Proband auf die Eheringe von Frauen fixiert war.

Abel setzt an der frühen Kindheit des Mannes an. Dieser bekam regelmäßig Besuch von einer Tante, die er ganz besonders schön fand. Seine Tante ließ ihn immer wieder auf ihrem Schoß sitzen, und dort zog ihn ihre Angewohnheit, den Ehering an ihrem Ringfinger zu drehen, in Bann. Sie nahm den Ring häufig ab und gab ihn ihm zum Spielen: etwas, was er schließlich mit seiner Tante assoziierte und durch seine Zuneigung zu ihr mit seinem eigenen sinnlichen Vergnügen. Von da an war er gefangen in einer Art Rückkoppelungsschleife, die dafür sorgte, daß dieses besondere Muster der Anziehung in seiner Phantasie und buchstäblich auch in seinem Gehirn immer stärker fixiert wurde.

Trotz der Tatsache, daß der Fetisch dieser Person auf die Wiederholung einer lustvollen Tätigkeit zurückging, muß die Assoziation nicht unbedingt lustvoll und die spätere Handlungsweise auch nicht unbedingt harmlos sein. Abel und einem Großteil der Sexualwissenschaftler zufolge ruft eine nachhaltige Stimulation des Kindes gleich welcher Art wahrscheinlich Muster hervor, die mit hochgradiger Erregung assoziiert sind und überdauern können. Dies könnte erklären, warum mißhandelte Kinder später selbst zu einem überproportional hohen Anteil zu Mißhandlern werden, obwohl Mißhandlung, Mißbrauch und Demütigung zutiefst traumatische Erfahrungen sind. In ihrem sadistischen Verhalten können sich die Mißhandler sowohl mit dem Aggressor als auch mit dem Opfer identifizieren. Als Aggressor rächen sie sich für die Erniedrigung, die sie in ihrer Kindheit erdulden mußten. Als Opfer wiederholen sie die Handlungsweise, die zutiefst mit ihrem eigenen Lebensmuster assoziiert ist: Sie ist schmerzlich, aber auch tröstlich durch ihre Vertrautheit.

Der Großteil der Stimulation, der Kinder ausgesetzt sind, geht von ihren Eltern aus. In aller Regel sind es die Eltern, die sie verwarnen und ausschimpfen, aber auch loben und belohnen. Doch je mehr dieser Einflüsse erforscht werden, desto klarer tritt zutage, daß es nicht nur die Eltern sind, die die Entwicklung der Sexualität des Kindes lenken, indem sie ihr hier und da einen Stupser in die eine oder andere Richtung geben. Es sind auch die Altersgenossen des Kindes und insbesondere die Art und Weise ihrer Interaktion mit dem Kind.

Fassen wir zusammen: Wir sind mit einer Prädisposition, entweder Männer oder Frauen zu begehren, auf die Welt gekommen, der Charakter der Beziehung zu unseren Eltern hat sich gefestigt, und wir haben aufgrund der Stimulation in unseren ersten Lebensjahren einige unserer ganz persönlichen Vorlieben entwickelt – kurz, wir haben bereits die zentralen Aspekte unseres persönlichen sexuellen Leitbilds erworben. Wir sind zu diesem Zeitpunkt fünf Jahre alt. Jetzt können wir mit dem Experimentieren beginnen. Und das spielt sich gewöhnlich in zwei Formen ab: als sexuelles Spiel oder als Geschlechtsrollenspiel.

Sexuelle Spiele und Geschlechtsrollenspiele

Die Schule ist, wie oft gesagt wird, eine Übung für das Erwachsenenleben. Wir lernen, wie man Freundschaft schließt, Bündnisse schmiedet und die verschiedenen komplizierten Aufgaben bewältigt, mit denen der Weg ins Erwachsenenleben gepflastert ist. Doch wie die Forschung erhellt, erwerben wir dort zugleich mit dem Wissen und den sozialen Fertigkeiten auch sexuelle Fertigkeiten. Und dieser Lernprozeß ist zwar weniger formell, aber keinesfalls weniger wichtig.

Thore Langfeldt ist ein norwegischer Sexualwissenschaftler, der bahnbrechende Arbeiten über die sexuelle Entwicklung von Kindern durchgeführt hat. Wenn Langfeldt Kinder im Alter von vier bis fünf Jahren beim Spiel studierte und sie sich unbeobachtet fühlten, ergriffen und umklammerten sie sich häufig und verfielen in rhythmische Schaukelbewegungen, die dem Geschlechtsverkehr ähnelten. Sie kamen nicht zum Orgasmus, oder zumindest gewöhnlich nicht, doch sie praktizierten mit Gewißheit dieselben Bewegungen und verspürten dieselben lustvollen Empfindungen, die Erwachsene später beim Sex erleben.

In Kulturen, die derartiges Verhalten nicht mißbilligen, spielen fast alle Kinder sexuelle Spiele, und dies scheint Teil der normalen, gesunden Entwicklung zu sein. John Money, den wir zu Anfang dieses Kapitels kennengelernt haben, führt die fast durchgängige sexuelle Gesundheit der Aborigines im nordaustralischen Arnhem Land, mit denen er gelebt hat und bei denen er als Ältester gilt, auf den Umstand zurück, daß dort das kindliche sexuelle Spiel voll und ganz zugelassen ist. Außerdem entwickeln sich, wie Money vermerkt, bei unseren nächsten Verwandten, den Primaten, Individuen, die von ihren Spielkameraden getrennt werden und keinen zum Umklammern und Besteigen haben, zu impotenten und neurotischen Erwachsenen.

Ohne Aufsicht sind sich viele Kinder des sexuellen Gehalts ihrer Spiele in vollem Umfang bewußt. Manchmal schließen diese auch Masturbation ein, die in aller Regel im Alter von fünfzehn bis sechzehn Monaten einsetzt, und zuweilen wechselseitige genitale Exploration. Wie man heute glaubt, hat mindestens die Hälfte aller Jungen im Alter von zehn Jahren irgendeine Art von sexuellem Spiel mit anderen Kindern erlebt; bei Mädchen liegt der Anteil bei etwa einem Drittel.

Gelegentlich vollziehen Kinder sogar regelrechten Geschlechtsverkehr.

In unserer Kultur, in der »Sex« bis vor kurzem noch als schmutziges Wort und Kinder als die letzte Bastion der Unschuld galten, wurden natürlich die meisten Zeichen von jugendlichem sexuellem Interesse mit aller Macht unterdrückt. Doch selbst wo dies immer noch praktiziert wird, beschäftigen sich Kinder mit sublimierten oder sozial akzeptierten Alternativen wie »Mutter-und-Vater«- oder »Doktor«-Spielen, bei denen Küssen, Liebkosen und genitale Inspektion den Erwachsenen als unbefangenes und unschuldiges Herumprobieren präsentiert werden können.

Sexuelle Spiele sind ein wichtiger Teil unseres sexuellen Lernens; dabei lernen wir, wie man sich sexuelle Lust verschafft und was man damit anfängt. Doch das ist nicht alles. Gleichermaßen wichtig ist ein anderer Aspekt unseres alltäglichen Experimentierens in der Kindheit: das Geschlechtsrollenspiel. Die Psychologin Melissa Hines hat sich lange damit befaßt, wie wir männlich oder weiblich, maskulin oder feminin, hetero- oder homosexuell werden. Und einen Großteil ihrer Forschungsarbeiten hat sie im Klassenzimmer durchgeführt – oder im Kinderzimmer.

In einer Studie legte Hines in einer Spielgruppe für Zwei- bis Vierjährige mehrere Spielzeuge nieder und beobachtete, welche Kinder mit welchen Spielzeugen spielten. Die Jungen griffen ohne Umschweife zu den Lastwagen und die Mädchen zu den Puppen. Das überraschte Hines nicht; es sagte auch nichts über den Ursprung dieser Präferenzen aus. Ihr Interesse weckte vielmehr eine andere Gruppe: Sie legte dieselben Spielzeuge Mädchen vor, die einer ungewöhnlich hohen pränatalen Testosteronausschüttung ausgesetzt gewesen waren, und diese Mädchen gingen fast ausnahmslos auf die Lastwagen los. Möglicherweise lenkte tatsächlich etwas in der pränatalen Gehirnorganisation Jungen auf einen typisch maskulinen Entwicklungspfad und Mädchen auf einen typisch femininen.

Doch zu welchem Grad war dieses Verhalten angeboren und wieviel davon wurde im Verlauf der kindlichen Entwicklung gelernt? Um diese Frage zu klären, stellte der Psychiater Richard Green gemischtgeschlechtliche Kindergruppen zusammen und ließ sie verschiedene Aufgaben ausführen, etwa eine Geschichte erzählen oder einen Ball werfen. In dem Wissen, daß es eine typisch männliche und eine typisch weibliche Art und Weise, einen Ball zu werfen, gibt, die mehr vom Körperbau der beiden Geschlechter als von stilistischen Präferenzen abhängt, suchte er nach Ausnahmen. Sehr rasch fand er einige wenige Jungen, die in weiblicher Art warfen, mehr aus dem Handgelenk als aus der Schulter. Sie wiesen keinerlei körperliche Auffälligkeiten auf, doch psychisch zeigte die Mehrheit von ihnen Nichtübereinstimmungen mit ihrem sozialen Geschlecht. Sie fühlten sich als »Weicheier« und wurden von ihren Klassenkameraden auch häufig so genannt.

Dem lag offenbar zugrunde, daß diese besonderen Jungen schon von einem sehr frühen Alter an das Empfinden hatten, nicht ganz dazuzugehören, keine typischen Jungen zu sein. Dies wiederum mochte auf pränatale Hormonschwankungen oder abweichende Gehirnstrukturen zurückzuführen sein. Es konnte aber auch auf die Beziehung zu ihren Eltern zu einem sehr frühen Zeitpunkt ihres Lebens zurückgehen. Wo immer auch der Grund lag, diese Jungen konnten sich nicht mit anderen ihres Geschlechts identifizieren und hatten statt dessen begonnen, sich mit den Mädchen zu identifizieren; sie kopierten ihre Spiele, sie teilten ihre Interessen und ahmten sogar ihre charakteristischen Bewegungen nach.

Grenn verfolgte die Entwicklung solcher Jungen durch die Pubertät bis ins Erwachsenenalter und stellte dabei fest, daß sich 80 Prozent homosexuell orientierten. Sie hatten nicht nur weitere Charakteristika des entgegengesetzten Geschlechts angenommen, sondern fühlten sich auch wie dieses sexuell zu Männern hingezogen.

Es ist schwierig, in Erfahrung zu bringen, ob Jungen, die subjektiv aus den rigiden Klischees ihres Geschlechts herausfallen, sich aus eigenem Antrieb verweiblichen oder ob sie dazu gezwungen sind, weil sie von ihren gleichgeschlechtlichen Altersgenossen ausgegrenzt werden. Unabhängig vom biologischen Substrat der Entwicklung des sozialen Geschlechts ist jedoch sicher, daß auch gewisse Aspekte des Lernens eine Rolle spielen. Dies geschieht zum Teil in der Schule, und der Lernprozeß ist bis zum Alter von acht Jahren weitgehend abgeschlossen.

Paraphilien

Im Falle normaler, gesunder Kinder lautet das Idealrezept, ihnen sexuelle Spiele zu erlauben, ohne diese zu einem alles dominierenden Interesse werden zu lassen, und ihnen zu gestatten, die ihrem Geschlecht entsprechende Geschlechtsidentität zu entwickeln, ohne sich von Abweichungen von den traditionellen Männlichkeits- beziehungsweise Weiblichkeitsidealen zu sehr aus der Fassung bringen zu lassen. Bei dieser Aufgabe hilft den Eltern gewöhnlich das Kind selbst und verschafft sich so quasi die Chance, mit Freunden zu experimentieren, von Gleichaltrigen zu lernen und von seinen Eltern auf ein Muster sexueller Interessen hingeleitet zu werden, mit denen es sozial nicht aneckt, die es ohne Probleme ausleben kann und mit denen es im Regelfall Befriedigung erlangt. Viele Kinder schaffen das auch ohne starke elterliche Führung und manche sogar gänzlich ohne explizite Führung und Anleitung.

Doch trotz der bemerkenswerten Robustheit kleiner Kinder gibt es zwei elterliche Reaktionen, die die Kinder mit an Sicherheit grenzender Wahrscheinlichkeit auf ungewöhnlichere Pfade lenken. Die eine besteht in einem extremen Forcieren von sexuellen und Geschlechtsrollenspielen, die andere in vollkommener Verbannung jeglichen sexuellen Verhaltens. Einem Kind zu früh sexuelle Erfahrungen aufzuzwingen, ob als Gleichaltriger oder, schlimmer noch, als Erwachsener, kann traumatische und verheerende Folgen nach sich ziehen wie bei Opfern sexuellen Mißbrauchs. Ähnlich schädigend kann es auf der anderen Seite sein, dem Kind jedwedes Wissen über Sexualität oder jede sexuelle Erfahrung vorzuenthalten, wenn es in die Pubertät eintritt. Von den Personen, die sexuelle Zwänge in ihrer extremsten Form, sogenannte Paraphilien (unter anderen Vergewaltigungsdrang, Sodomie und Nekrophilie) entwickeln, geben mehr als die Hälfte an, in Elternhäusern aufgewachsen zu sein, in denen das Thema Sexualität strengstens verboten war. Nelson Cooper, der nur durch Hypoxiphilie – Selbststrangulation – sexuelle Lust erleben konnte, erinnert sich in seiner 1991 erschienenen Autobiographie *Breathless Orgasm*, daß er, als er seinen ersten feuchten Traum hatte, so wenig über Sex wußte, daß er ernsthaft glaubte, er könne nun menschliche Milch aus sich herauspressen. Ähnlich berichtet Karen Greenlee, die als Erwachsene ausschließlich Leichen erregend fand, daß sie schon im Alter von fünf oder sechs Jahren von Toten fasziniert gewesen war. Sie sah damals John F. Kennedys Leichenzug im Fernsehen, empfand jedoch eine derartige Distanz zu ihren Eltern, daß sie nicht mit ihnen über ihre Gefühle zu reden vermochte, und so konnte auch ihre Neigung nicht mehr korrigiert werden.

Ohne die Möglichkeit, selbstbewußt mit der eigenen Sexualität zu experimentieren und mit den Eltern darüber zu reden, besteht wie bei Nelson die Gefahr, daß der sexuelle Lernprozeß in ungewöhnliche und oftmals unangemessene Richtungen abdriftet. Wenn das gesamte Thema Sexualität als derart abstoßend und gefährlich erlebt wird, kann sich, wie John Money betont, die bizarrste Paraphilie entwickeln, da sie eine Möglichkeit bietet, die eigenen sexuellen Empfindungen so zu kanalisieren, daß das Risiko von Ablehnung, Abscheu oder Strafe sich verringert. Paraphilien stellen sich dann als gangbare Bewältigungsstrategien dar.

Mark Matthews, dessen Memoiren *Der Pferde-Mann* gerade auf deutsch erschienen sind und der eine Internet-Seite für Menschen wie ihn selbst, die ausschließlich Tiere begehren, unterhält, erinnert sich an den größten Vorzug des Ponys, mit dem er seine Unschuld verlor: Es konnte ihn nicht auslachen. Marks Eltern hatten ihn als Jungen wiederholt gewarnt, daß Sex etwas Böses sei. Als seine Mutter ihn dann eines Tages bei einem sexuellen Spiel mit seiner Cousine ertappte, schlug sie ihn. Sie erklärte dem Sohn, daß er böse und schmutzig sei, daß es eine schreckliche Sünde sei. Einige Jahre später, als er ein Teenager war, paarte sich sein aufkeimender Geschlechtstrieb mit seiner tiefverwurzelten Angst vor Frauen und trieb ihn dazu, seine erste sexuelle Erfahrung auf einem benachbarten Bauernhof zu machen, indem er seine Hand in die Vagina einer Stute einführte. In den folgenden zwei oder drei Jahren masturbierte er über Bildern nackter Frauen, doch mit der Erinnerung an die Stute im Hinterkopf. Im Alter von sechzehn Jahren, einsam, übergewichtig und mit sehr geringem Selbstwertgefühl, bat er eine Klassenkameradin, mit ihm zum Abschlußball zu gehen. Sie ließ ihn umstandslos abblitzen, beschimpfte ihn als krank. In diesem Moment, so erinnert sich Mark, habe er jede Hoffnung aufgegeben, daß irgendein Mädchen in dieser Schule, dieser Stadt, diesem Land, vielleicht der Welt irgend etwas mit ihm zu tun haben wollte. Er lief zu einer nahegelegenen Weide und stieß auf eine junge Stute, mit der er in seiner Not den Koitus vollzog. Er blickte nie zurück und lebt jetzt, einigermaßen zufrieden, mit seiner Pferde-»Frau« Dottie in einer Wohnwagensiedlung im mittleren Westen der Vereinigten Staaten.

Gefangen im sozialen Geschlecht

Das übereifrige Fördern, der Mißbrauch oder das verkniffene Verbieten der kindlichen Sexualität kann also das aufkeimende sexuelle Interesse eines Individuums radikal umlenken. Dasselbe gilt auch in bezug auf das soziale Geschlecht. Eine zu rigide oder strenge Forderung nach Anpassung an geltende Ideale, dazu Lächerlichmachen oder Strafe für Nonkonformismus, und das Kind steckt in seinem sozialen Geschlecht wie in zu engen Schuhen, befreit sich aus dieser Klammer nur des Nachts, im geheimen, oder wenn der Druck unerträglich wird. Nelson Cooper strangulierte sich nicht nur selbst, sondern zeigte auch einen starken Drang zum Transvestismus. Er erinnert sich, daß er das Blumenmädchenkostüm seiner Schwester anzog und seiner Mutter erzählte, er würde am liebsten in eine Maschine hineingehen und auf der anderen Seite als Mädchen wieder herauskommen. Seine Mutter lachte ihn aus, und seine Wünsche tauchten zunächst ab; später traten sie in seiner Gewohnheit, nur mit einem winzigen Bikinislip bekleidet zu masturbieren, wieder zu Tage.

Sexualpsychologisch bemerkenswert ist, daß mehr als 90 Prozent der Personen, bei denen eine Paraphilie festgestellt wurde, männlich sind. Wie manche Fachleute meinen, könnte die Neuverschaltung des Gehirns durch den Testosteroneinfluß im Mutterleib das Schema des männlichen sexuellen Begehrens über eine im Grunde weibliche physische Blaupause legen, und dies wiederum könnte der Ursprung der späteren Verwirrung sein. Doch dieselben Erfahrungen von Unterdrückung oder Mißbrauch, die bei Männern zu Paraphilien führen können, rufen bei Frauen unter Umständen ähnliche Störungen des sexuellen Verhaltens hervor.

Für Mädchen kann sich die Festlegung auf bestimmte Geschlechtsideale sogar noch schädlicher auswirken. Viele Elternhäuser orientieren sich noch immer an rigiden und stereotypen Geschlechtsrollen; Jungen wird beigebracht, daß Macht, Abenteuer und Verantwortung ihre Domäne seien, und Mädchen lernen, sie seien von Natur aus unterwürfig und sollten nach Bescheidenheit, Passivität und Fürsorglichkeit streben. Jedwedes Verhalten, das diese Kategorien zu gefährden scheint, wird lächerlich gemacht, verspottet und beschimpft; und da Mädchen traditionell stärker eingeschränkt werden als Jungen, lasten Geschlechtsstereotypen auf ihnen besonders schwer. Werden solche Geschlechtsideale zu rigoros durchgesetzt, kann sich in den Mädchen ein tiefsitzender Groll aufstauen, der sich später in Racheaktionen gegen ihre Eltern, ihre Kultur und ihr Geschlecht ausdrückt. Psychoanalytiker fassen heute unter dieser Rubrik eine ganz neue Palette von Problemen als spezifisch weibliche Perversionen, die sich in interessanten Aspekten von den für Männer typischen Paraphilien unterscheiden. Während männliche Paraphilien zumeist an Objekte außerhalb des Körpers gebunden sind und unmittelbar auf das Erreichen des sexuellen Höhepunkts abzielen, scheinen die weiblichen Störungen den ganzen Körper in Mitleidenschaft zu ziehen oder sich als scheinbar nichtsexuelle Verhaltensmuster zu manifestieren. Zu diesen Störungen gehören Kleptomanie, Anorexie und Selbstverstümmelung.

Im Treibsand der sexuellen Normen ist es zuweilen schwierig, die Linie zwischen experimentellem Sexualverhalten und voll entwickelten Paraphilien zu ziehen. Dennoch kommen letztere, die sich weniger durch ein vergängliches Interesse als durch ein ausschließliches und zwanghaftes Verlangen nach ungewöhnlichen Partnern oder Handlungen auszeichnen, sehr selten vor; weniger als ein Prozent der Bevölkerung ist betroffen. Überdies sind sie häufig nicht nur Folge unzulänglichen Elternverhaltens oder einer unglücklichen Schulzeit, sondern auch von Lernschwächen und bisweilen auch von Hirnanomalien. Untersuchungen von Ron Langevin in Toronto sprechen dafür, daß mehr als 40 Prozent aller sadistischen Triebtäter in der linken Gehirnhälfte Anomalien aufweisen, während Stephen Hucker, heute an der Queen's University in Ontario, nachwies, daß bei Pädophilen die rechte Hirnhemisphäre zu einem ähnlichen Prozentsatz betroffen ist. Ähnlich fand Fred Berlin am National Institute for Sexual Trauma in Baltimore, daß Paraphile eine überproportional hohe Zahl verschiedener ungewöhnlicher körperlicher Befunde aufweisen, von Chromosomenaberrationen über Hormonschwankungen bis zu

Gehirnanomalien verschiedenster Art. Körperliche Befunde wie diese führen nicht zwangsläufig zu Paraphilien und sind auch nicht in jedem Fall die Ursache paraphiler Neigungen, doch es steht außer Zweifel, daß sie neben Mißhandlung durch die Eltern und frühen negativen Erfahrungen mit gleichaltrigen Kindern eine bedeutsame Rolle spielen können.

Nettoergebnis

Wenn wir in die Pubertät eintreten, haben alle Kräfte, die auf uns einwirken sollen, ihr Werk getan und sind fast alle Stadien, die wir durchlaufen sollen, abgeschlossen: Gene, Hormone, pränatale Gehirnorganisation, Eltern-Kind-Bindung, einmalige Eindrücke, Entwicklung neuronaler Netzwerke, sexuelle Spiele, Geschlechtsrollenspiele und das Lernen unter Gleichaltrigen. Manchmal wirken alle diese Kräfte in Übereinstimmung und schieben uns problemlos auf den Pfad des ausschließlich heterosexuellen, geschlechtsrollenkonformen, vollkommen vorgezeichneten sexuellen Begehrens ohne Um- und Abwege, ohne Macken und Schrullen. Wir werden stinknormal. Dies ist jedoch eher die Ausnahme als die Regel.

Die meisten Menschen, selbst wenn sie sich selbst als vollkommen durchschnittlich einstufen, haben sich ihre je besonderen kleinen Eigenheiten zugelegt. Wenn wir uns in die Welt der Phantasien vorwagen, etwa mit Hilfe der ausführlichen Briefe, die Nancy Friday und andere gesammelt haben, oder zwischen die Umschlagblätter kommerzieller Pornomagazine, so treffen wir immer auf ganz spezielle Neigungen, auf Variationen des Grundthemas. Ein wenig Fesseln und Unterwerfen hier, eine Andeutung von gleichgeschlechtlichen Neigungen da und in den Magazinen Seite um Seite voller Telefonsexanzeigen für jeden Geschmack, in denen Urinieren und Dominieren, Dresche und Demütigung geboten werden. Diese Druckerzeugnisse haben zum Ziel, die größtmögliche Anzahl Menschen in der kürzestmöglichen Zeit anzusprechen, und wenn sie auch, wie die Werbung, die Entscheidungen mancher Menschen mit Sicherheit beeinflussen (allein dadurch, daß sie sie mit Dingen bekanntmachen, von deren Existenz sie sonst nie erfahren hätten), würden sie schlichtweg nicht überleben, wenn der Markt kein nennenswertes Interesse zeigen würde. Kommerzielles sexuelles Material vermag vielleicht dafür zu sorgen, daß die eine oder andere sexuelle Betätigung zur Mode wird, doch sie kann keine gänzlich neuartigen Formen des menschlichen Verlangens einführen. Pornographie pervertiert nicht eine im übrigen kreuzbrave Leserschaft, sie geht auf tiefverwurzelte sexuelle Interessen von Normalverbrauchern beiderlei Geschlechts ein.

Diese Jedermannspornographie macht heute die größte Sparte im Mediengeschäft aus und übertrifft sowohl die Filmindustrie als auch die Musikbranche. 1996 wurden allein in den Vereinigten Staaten acht Milliarden Dollar dafür ausgegeben. Doch auch Konsumenten mit spezielleren pornographischen Interessen existieren in genügender Anzahl, um Publikationen für Minderheiten zu einem lukrativen Geschäft zu machen.

Die menschliche Lust ist, wie ich hoffe gezeigt zu haben, außerordentlich geschmeidig und schlängelt sich auf ihrem Weg hin zur Erfüllung durch ein komplexes System ineinandergreifender Kräfte, die dafür sorgen, daß sie sich den ganz individuellen Lebensumständen des jeweiligen Menschen flexibel anpaßt. Dennoch hat die Evolution bei all unserer Flexibilität – alle haben leicht unterschiedliche sexuelle Geschmäcker und viele haben radikal andere – im Hintergrund mehrere Sicherheitsnetze installiert, die dafür sorgen, daß die überwiegende Mehrheit von uns sich sexuell linientreu verhält, unabhängig von unseren speziellen erotischen Interessen. Manche dieser Kräfte wirken, wie wir gesehen haben, auf eine Art Festverschaltung der Heterosexualität hin, manche verweisen uns in entscheidenden Stadien unserer frühen Entwicklung auf unsere Eltern, manche haben sogar mit dem Einfluß unserer Freunde und Klassenkameraden zu tun. Doch unter diesen klaren und üblicherweise hilfreichen Signalen liegt noch eine weitere Schicht, eine Schicht, die mit aller Macht wirksam wird, wenn wir das nächste und letzte Stadium der sexuellen Entwicklung erreichen – die Pubertät.

Pubertät

Manchmal bricht es in unsere Träume ein wie eine Lokomotive, die durch die Nacht rast, manchmal schleicht es sich still und heimlich an und verändert uns behutsam, Schritt für Schritt. Das Verlangen – nicht mehr die sanfte Sehnsucht unserer frühen Jahre, sondern die heißblütige Lust, die herzklopfende Erregung und der ausgewachsene Orgasmus.

Bei den meisten Jugendlichen kündet die erste zielgerichtete Masturbation nicht nur von ihrem Eintritt in die sexuelle Reife, sondern auch davon, daß sie sich zum ersten Mal ihrer wahren, elementaren Begierden im eigentlichen Sinn bewußt werden. Bei den meisten Jugendlichen gehört zu dieser Episode eine Phantasievorstellung oder eine Geschichte, die um einen sexuell reifen Partner des anderen Geschlechts kreist. Bei manchen jedoch nicht. Diejenigen, deren sexuelle Interessen in geringerem Maße gebilligt wurden, entdecken ihre wahren Wünsche oft erst später. Einer von Dean Hamers Schwulengenträgern erkannte erst nach seiner Heirat und nach seiner Scheidung, daß er schwul war; damals hatte er sich entschlossen, auf eine Anzeige zu antworten, die sich an Menschen mit bisexuellen Erfahrungen richtete, und die Erfahrung gemacht, daß er einen Mann lieber berührte und roch als eine Frau. Obwohl er zuvor keine homosexuellen Erfahrungen gemacht hatte, kam ihm dies plötzlich vor wie die natürlichste Sache der Welt.

Obwohl ihre Vorlieben ganz anders gelagert waren, durchlitt Karen Greenlee etwas Ähnliches. Der Tod hatte sie seit ihrer Kindheit erregt und fasziniert, doch es war unmöglich, mit ihren strengen Eltern darüber zu sprechen. Immer wieder hatte sie sich erfolglos bemüht, sich sowohl mit Jungen als auch mit Mädchen zu verabreden, bis sie sich eines Nachmittags allein mit einer jungen, nackten Leiche fand. Als angehende Einbalsamiererin hatte sie sich daran gewöhnt, mit Toten umzugehen, doch an diesem Nachmittag überwältigte Karen die Wucht ihres Verlangens. Sie erinnert sich: »Ich war am Balsamieren und ging dahin und dorthin. Ich verschüttete etwas und rutschte aus. Ich stolperte und berührte mit meinen Lippen den Arm dieses Burschen. Ich fiel auf ihn, und das war es. Es traf mich wie ein Blitz. Es war wie ... ich bin daheim.«

Den angemessenen Ausdruck der eigenen sexuellen Interessen zu entdecken und von der Phantasie zu wirklicher sexueller Aktivität überzugehen fällt niemandem leicht. Selbst für diejenigen, deren Begierden ganz durchschnittlich sind, kann es eine harte Prüfung werden, einen willigen und verfügbaren Partner zu finden. Paraphile treffen auf ungleich größere Schwierigkeiten: Ihren sexuellen Wünschen steht möglicherweise nicht nur das Gesetz im Weg, sondern oft auch ihr Mangel an Selbstbewußtsein. Manche von uns mögen als Jugendliche das Gefühl gehabt haben, es wäre vielleicht besser, sich die ganze Sache gleich abzuschminken. Doch bei denjenigen, die den Bogen nicht auf Anhieb raushaben, sorgt die massive Geschlechtshormondusche, die die Pubertät auslöst (Testosteron bei Jungen, Östrogen bei Mädchen), dafür, daß sie sich ausreichend oft ausreichend erregt fühlen, um weiter zu experimentieren, bis sie den richtigen Knopf erwischen. Daher kommt es vor, daß in dieser Phase ein breites Spektrum von Masturbationsphantasien und Handlungen ausprobiert wird, manche homosexuell, manche heterosexuell, manche vielleicht inzestuös, manche sogar mit Tieren.

Mit den für die Pubertät charakteristischen psychischen Veränderungen ist es natürlich nicht getan. Es treten auch dramatische körperliche Veränderungen ein.

Diese körperlichen Veränderungen in Statur, Gesicht und Linienführung des Körpers sind es, die das letzte Sicherheitsnetz entlang der Hauptroute zur Reproduktion knüpfen. Dieses Netz besteht aus einem ganzen Arsenal von Anpassungen, die uns dazu treiben, andersgeschlechtliche Partner, die Anzeichen maximaler Fruchtbarkeit zeigen, auszuwählen und auf sie zu reagieren. Und es sind dieselben Anpassungen, die uns Fruchtbarkeit erkennen und auf sie reagieren lassen, die im wesentlichen unsere Wahrnehmung von Schönheit bestimmen. Denn gleichgültig, ob wir hetero- oder homosexuell sind, alles, worum es bei Schönheit eigentlich geht, ist Fruchtbarkeit.

Universelle Schönheit

Als David Marquardt vier Jahre alt war, erlitt seine Mutter einen Autounfall. Sie flog mit dem Kopf voran durch die Windschutzscheibe, erlitt mehrere Knochenbrüche und eine schwere Entstellung ihres Gesichts. Sie wurde umgehend ins Krankenhaus eingeliefert und mehrfach operiert, bevor der kleine David sie besuchen durfte. Der Besuch schockierte ihn zutiefst. Statt des lächelnden, tröstenden Gesichts, das er kannte, blickte ihn, wie David sich erinnert, jemand an, der aussah »wie ein Monster«. Ihre Zähne waren miteinander verdrahtet, ihr Kiefer war gebrochen, ihre Nase war zerschmettert, und das ganze Gesicht war genäht und sah aus wie zusammengeheftet. David rannte schreiend aus dem Krankenhaus.

Als David heranwuchs, verfolgte ihn das Bild seiner Mutter im Krankenhaus und seine Reaktion auf ihr wiederhergestelltes Gesicht. Er beschäftigte sich wie unter Zwang mit Schönheit, hatte Beziehungen mit einer Reihe schöner Frauen und begann eine Ausbildung als Zahnarzt, dann als plastischer Chirurg. Nach und nach gewann er den Eindruck, daß all die schönen Menschen, die er zu sehen bekam – und an denen er arbeitete –, etwas seltsam Ähnliches verband. Etwas nahezu Mathematisches, fast Architektonisches. Es war ihm unheimlich, und da er wußte, daß die Ideen über universelle Schönheit nicht unbedingt populär waren, sprach er nicht darüber. Dennoch blieb David in seiner Freizeit an der Sache dran. Er befaßte sich mit der Geschichte des Schönheitsideals von den Griechen bis zu den Präraphaeliten und stellte fest, daß trotz der erheblichen zeitlichen und kulturellen Unterschiede viele Autoren zu auffällig ähnlichen Folgerungen gelangt waren.

Die in Davids Augen faszinierendste Theorie war eine der ältesten. Für Platon entsprach alles Schöne dem Goldenen Schnitt, der sich in Zahlen etwa durch das Verhältnis 1:1,5 ausdrücken läßt. In bezug auf das menschliche Gesicht bedeutete dies, daß der Abstand vom Haaransatz bis zum Mund anderthalbmal so groß wie der Abstand vom Haaransatz zu den Augen sein sollte und daß der Abstand vom Haaransatz zum Kinn dem anderthalbfachen Abstand eines Ohres zum anderen entsprechen sollte. In neuerer Zeit wurde die Lehre vom Goldenen Schnitt auch auf einzelne Gesichtsbereiche angewandt; so sollte der ideale Mund anderthalbmal so breit sein wie die Nase und die idealen Zähne anderthalbmal so lang wie breit.

Marquardt war gefesselt von diesem goldenen Mittel und fragte sich, ob es sich als Standardmaßstab auf alle Elemente jedes Gesichts und alle Beziehungen zwischen diesen anwenden ließ. Er stellte eine umfangreiche Sammlung von Portraits zusammen und machte sich an die Arbeit. Er legte geometrische Verbindungslinien über die Gesichter und vermaß sie peinlich genau. Anfangs waren seine Bemühungen vergeblich. Sosehr er sich auch anstrengte, bestimmte Elemente entzogen sich dem Ideal. Dann gelang ihm ein Durchbruch. Indem er das Verhältnis mit Fünfecken statt Rechtecken bildlich umsetzte, konnte er das Gesicht sehr viel genauer kartieren. Überdies fügten sich die Gesichter nun in das Schema ein.

Bald glaubte er, den Code geknackt zu haben. Es gab in der Tat ein Idealverhältnis, es lag sehr dicht an dem, was Platon angenommen hatte, und es galt für alle Elemente des Gesichts und sämtliche Verbindungen zwischen ihnen. Das Verhältnis betrug 1:1,618, und es ließ sich in Form einer Art gezeichneter Maske über jedes Gesicht legen. Je besser das Gesicht paßte, desto schöner fand es Marquardt.

Um herauszufinden, ob dies nun sein ganz individueller Geschmack war oder ein allgemeines Phänomen, bat Marquardt mehrere Leute in sein Arbeitszimmer und forderte sie auf, eine Serie von zwanzig Gesichtern nach ihrer Attraktivität zu ordnen. Alle brachten die Gesichter in exakt dieselbe Reihenfolge, und in jedem Fall war die Bewertung um so höher, je besser das Gesicht in das Schema paßte. Dann wollte Marquardt das schönste Gesicht der Welt ermitteln und legte seine Maske über die Gesichter von Models und Filmstars. Unter den Größen von heute kamen Cindy Crawford und Whitney Houston dem Ideal am nächsten. Unter den Favoriten der Vergangenheit waren es das Siebziger-Jahre-Model Karen Graham und der junge Marlon Brando.

Marquardts Methode mag ein wenig handgestrickt wirken, und seine Daten sind ganz sicherlich zugunsten eines typisch west-

Topmodel Cindy Crawford: Das schönste Gesicht der Welt?
Der junge Marlon Brando: Das männliche Schönheitsideal von gestern?

lichen Erscheinungsbildes verzerrt, doch die Vorstellung, daß wir alle denselben grundlegenden Begriff von Schönheit haben und daß dieser bestimmten geometrischen Standards entspricht, findet eine wachsende Anhängerschaft unter denjenigen, die sich wissenschaftlich mit der Schönheit des Menschen befassen – nicht aus persönlicher Leidenschaft oder Gewinnsucht, sondern im Rahmen eines akademischen Interesses.

Wie Donald Symons von der Universität von Kalifornien in Santa Barbara meint, gibt es eine Reihe von Merkmalen, die Menschen aus allen Kulturen und Lebensbereichen durchgängig schön finden, nicht bloß weil sie einem kulturellen Ideal entsprechen, sondern weil sie in unserem Fortpflanzungstrieb wurzeln und sich in ein Schema einfügen, das maximales reproduktives Potential signalisiert: Jugend, Fruchtbarkeit, Gesundheit, Widerstandskraft gegen Krankheiten und genetische Qualität. Nach Symons Überzeugung ist unser Gehirn darauf programmiert, solche Signale zu erkennen und darauf zu reagieren, das heißt, sie in Empfindungen wie Freude und Entzücken umzusetzen, die für unsere Reaktion auf Schönheit typisch sind. Die Gesamtsumme derartiger Signale repräsentiert nach Symons Auffassung die verschiedenen Facetten von Schönheit, und obwohl sie von Mode, kulturellen Variationen oder persönlichem Geschmack überlagert, verfeinert oder ergänzt werden können, bleiben sie unterschwellig stabil und konstant.

Das erste und offensichtlichste Signal für Gesundheit und daher Schönheit sendet die Hülle, in die wir alle verpackt sind: unsere Haut. Quer durch fast alle Kulturen und in praktisch jedem Teil der Welt gelten Frauen, deren Haut etwas heller ist als beim ethnischen Durchschnitt traditionell als begehrenswerter als diejenigen mit dunklerer Haut.

Pierre van den Berghe und Peter Frost, die die Wahrnehmung von Attraktivität in Abhängigkeit von der Hautfarbe untersucht haben, schreiben die fast universelle Vorliebe für Blässe dem Umstand zu, daß unsere Haut mit der Pubertät heller und dann mit dem Alter und bei Frauen mit jeder folgenden Schwangerschaft immer dunkler wird. Infolgedessen sind die hellhäutigeren Frauen jeder Rasse meist auch diejenigen im heiratsfähigen Alter: fruchtbar, aber nicht mit Kindern belastet, vor sich noch all ihre gebärfähigen Jahre. In der modernen Welt, in der wir es mit komplexen, multiethnischen Gesellschaften und den Folgen vieler Kontakte zwischen den Rassen zu tun haben, wird die Bevorzugung der einen oder anderen Hautfarbe von weitaus komplizierteren Zusammenhängen bestimmt. Zu Zeiten unserer Vorfahren jedoch, als wir uns stets nur in einem relativ kleinen Kreis ziemlich ähnlicher Menschen bewegten, sind uns einfach nie größere Unterschiede in der Hautfarbe – wie es sie zwischen Menschen mancher verschiedenen Rassen gibt – vor Augen gekommen, weshalb unser Fruchtbarkeitsradar leicht nach Unterschieden der Hauthelligkeit sondieren konnte.

Nicht allein die Haut dunkelt nach, wenn wir älter werden. Bei Angehörigen der westlichen Kulturen wird auch das Haar dunkler. Unabhängig von seiner grundsätzlichen Farbe ist es zu Beginn relativ hell, wird während der Kindheit allmählich dunkler, hellt sich in der Pubertät wieder auf und verliert sich dann allmählich bis zum Grau. Wenn Frauen das hellste Haar haben, sind sie zugleich auf dem Gipfelpunkt ihrer Fruchtbarkeit. Blonde sehen darum vielleicht wirklich so aus, als könnten sie mehr Kinder gebären. Doch werden die Blonden insofern von Brünetten und Rotschöpfen ausgestochen, als deren dunkleres oder auffälligeres Haar ein feines, blasses Gesicht und die anderen Dimensionen von Haarpracht, Fülle und Glanz, besser zur Geltung bringen kann. Bei beiden Geschlechtern ist eine üppige Mähne ein deutliches Indiz für Jugend, Gesundheit und daher Schönheit.

Farbe und Beschaffenheit unserer Haut und unseres Haars dürften als Signale unserer Fortpflanzungsfähigkeit durchaus genügt haben, insbesondere in unseren Urzeiten. Doch sendet der menschliche Körper noch zahlreiche andere Signale aus, und eines der wichtigsten davon, speziell bei Frauen, hat mit dem Verhältnis ihres Taillenumfangs zu ihrem Hüftumfang zu tun.

»90-60-90«

Auf den ersten Blick scheint dieses Zahlenverhältnis zu willkürlich, als daß es die Basis von Urteilen über Attraktivität abgeben könnte. Taille-zu-Hüfte-Verhältnisse sind so verschieden und so sehr der Mode unterworfen, daß eine Verallgemeinerung zunächst nicht sinnvoll erscheint. Die Venus von Willendorf mit ihren grotesk übertriebenen Hüften läßt keinen Bezug zu der eleganten, klassisch proportionierten Venus von Milo erkennen, die wiederum mit der sinnlicheren, üppigeren Venus Botticellis wenig gemein hat. Überdies zeigt keine von ihnen auch nur die geringste Ähnlichkeit mit Supermodels wie Kate Moss oder Jodie Kidd, die eher an verwahrloste Kinder erinnern. Doch Devendra Singh, ein scharfsinniger Psychologe an der Universität von Texas, behauptet, man müsse hier differenzieren. Singh, der das Taille-Hüfte-Verhältnis zu seiner Lebensaufgabe gemacht hat, wollte herausfinden, ob es Konstanten hinter den kulturellen und historischen Variationen gibt. Wenn Menschen Schönheit anhand der Körperform beurteilen wollen, wonach genau halten sie dann Ausschau?

Singh ermittelte zunächst, wie sich die Formen der Models aus

Schönheitsideale im Wechsel der Zeit: Üppige Sinnlichkeit …
… versus klassisch proportionierte Eleganz

dem *Playboy* und der Bewerberinnen für den Titel der Miss America von den sechziger bis zu den späten achtziger Jahren verändert haben. Wie sich zeigte, wurden die Frauen zwar immer schlanker, doch ihr Taille-Hüfte-Verhältnis (*Waist-Hip-Relation*; WHR) blieb exakt dasselbe; der Taillenumfang betrug zuverlässig zwischen 68 und 72 Prozent ihres Hüftumfangs oder, wie Singh es ausdrückt, »WHRs von 0.68 bis 0.72«. War dies nun eine Eigentümlichkeit des Westens oder ein universelleres Phänomen? Um diese Frage zu klären, fertigte Singh Umrißzeichnungen von zwölf Frauen an; vier davon waren schlank, vier durchschnittlich und vier relativ schwergewichtig. Dann wandelte er deren Taille-Hüfte-Verhältnis so ab, daß es zwischen sehr groß und sehr klein variierte, und bat 580 Per-

Das extreme Taille-Hüft-Verhältnis wurde mit dem eng geschnürten Korsett betont.

sonen unterschiedlichen Alters, unterschiedlicher Hautfarbe und mit unterschiedlichem kulturellem Hintergrund, die Frauen nach ihrer Attraktivität zu beurteilen.

Den weitaus höchsten Rang erzielte die durchschnittliche Frau mit dem kleinsten WHR. Auf den zweiten kam die durchschnittliche Frau mit dem zweitkleinsten WHR. Doch als die Frauen aus der leichteren und der schwereren Gruppe in der Rangordnung aufzutauchen begannen, war eindeutig zu sehen, daß sie nicht nach ihrem Gewicht, sondern nach ihrem Taille-Hüfte-Verhältnis beurteilt wurden. Eine schwergewichtige Frau mit kleinem WHR wurde durchgängig als attraktiver bewertet als eine mittelschwere Frau mit großem WHR. Die Probanden gaben an, daß erstere nicht nur attraktiver aussehe, sondern auch jugendlicher wirke und, was entscheidend war, auch fruchtbarer zu sein schien.

Als Singhs Zeichnungen Amerika verließen und Männern in aller Welt vorgelegt wurden, war der Effekt noch verblüffender. Von Hongkong bis Indien, von Afrika bis zu den Azoren bevorzugten die Männer unterschiedlich füllige Frauen, doch hinsichtlich des begehrtesten Taille-Hüfte-Verhältnisses wichen sie kein Jota

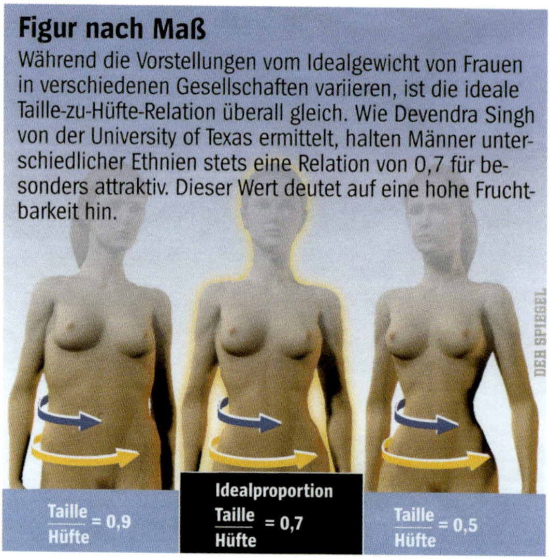

Figur nach Maß: Das Taille-Hüfte-Verhältnis als Kriterium für weibliche Attraktivität

voneinander ab. Und wie um dieses Ergebnis noch zusätzlich zu unterstreichen, geschah folgendes: Als man die Zeichnungen einem der abgeschiedensten Stämme der Erde, den Shiwair im Amazonasregenwald, vorlegte, gaben die Männer Urteile über die Fruchtbarkeit der Frauen ab, ohne überhaupt dazu aufgefordert zu sein. So deutete ein Stammesangehöriger auf eine mittelschwere Frau mit einem idealen WHR und bemerkte: »Das ist die schönste. Sie kann sechs oder acht Kinder bekommen.« Unter Hinweis auf eine weniger kurvige fügte er hinzu: »Diese andere hier kann nicht so viele bekommen.«

In den Augen dieser von westlichen Maßstäben völlig unbeeinflußten Männer bestand ein direkter, expliziter Zusammenhang zwischen Attraktivität, idealem WHR und Gebärfähigkeit – eine Korrelation, die Singhs Überzeugung zufolge in der Psyche jedes Mannes verankert ist und die dazu dient, daß er die gebärfreudigste Gefährtin findet und sich in sie verliebt. Für diese Theorie spricht eine neuere Studie aus Holland, wonach von solchen Frauen, die eine In-vitro-Fertilisation vornehmen lassen, diejenigen mit idealem WHR die weitaus größte Chance einer Befruchtung haben. Pro 10 Prozent Verschiebung dieses Verhältnisses sank die Wahrscheinlichkeit einer Empfängnis tatsächlich um 30 Prozent.

Der perfekte Durchschnitt

Ein wohlproportionierter Körper, glänzendes Haar und zarte, klare Haut. Diese drei leicht zu beobachtenden, eindeutig nachweisbaren Attribute liefern stets zuverlässige Anhaltspunkte für die Jugend, Fitness und Fruchtbarkeit eines Individuums. Und obgleich die drei Kennzeichen zu einem gewissen Grad auch für Männer gelten – ihr Taille-Hüfte-Verhältnis sollte bei 80 bis 90 Prozent liegen, sie sollten möglichst groß sein (einem neueren Bericht des *Wall Street Journal* zufolge sind je 2,5 cm mehr Körpergröße eine Steigerung des Jahresgehalts um 6000 Dollar wert), und sie sollten sich möglichst lange möglichst viel Haar erhalten –, haben körperliche Merkmale wie diese relativ wenig Bedeutung im Vergleich zu anderen, weniger offensichtlichen Zeichen wie Status und Vermögen. Wenn man jedoch genauer hinschaut, kommt eine Fülle von anderen Signalen ins Spiel, die sowohl bei Männern als auch bei Frauen relevant sind und in die Linien und Konturen der aussagekräftigsten Reklametafel für die individuelle Fruchtbarkeit überhaupt eingegraben sind: das Gesicht.

Ende des neunzehnten Jahrhunderts machte sich Sir Francis Galton, ein Verwandter von Charles Darwin und der Begründer der Eugenik, auf die Suche nach dem ultimativen Verbrechergesicht. Er machte Portraitaufnahmen verschiedener Gauner und Schurken und legte sie übereinander. Das Ergebnis, so meinte er, würde sich dazu verwenden lassen, zukünftige Kriminelle zu identifizieren und sie daran zu hindern, eine ganze Gattung unverbesserlicher und hoffnungsloser Übeltäter hervorzubringen. Unglücklicherweise vermischten sich die vermeintlich gaunerhaften Unregelmäßigkeiten bei seiner Prozedur nicht etwa zu der schaurig-verbrecherischen Fratze, die er zu schaffen gehofft hatte, sondern fügten sich zu einem unauffälligen, jedoch seltsam attraktiven Durchschnittsgesicht zusammen.

Genau ein Jahrhundert danach verwenden Judith Langlois und ihr Team an der Universität von Texas ebendieses Verfahren, um unsere Wahrnehmung von Schönheit zu untersuchen. Die Forscherin füttert ihren Computer mit zahlreichen Gesichtern und erzeugt daraus eine schematische Vorlage, ein perfektes Durchschnittsgesicht, das sie anschließend Kollegen, Studenten und Freunden vorlegt. Ausnahmslos urteilen sie, daß das Durchschnittsgesicht allen Einzelgesichtern überlegen ist. Langlois glaubt nicht nur, daß uns die Fähigkeit, Schönheit ausfindig zu machen, angeboren ist, sondern auch, daß unsere Schönheitsdetektoren auf eine Art Idealgesicht geeicht sind, das wir entweder sehr früh im Leben in einem Mittelungsprozeß entwickeln oder das vielleicht sogar schon vor der Geburt in uns angelegt ist. Um diese Hypothese zu testen, zeigt die Forscherin zuvor als attraktiv und als unattraktiv beurteilte Gesichter sowohl Menschen aus verschiedenen Kulturen und Hintergründen als auch sehr kleinen Kindern, die viel weniger Gelegenheit hatten, einen kulturell begründeten Schönheitsbegriff zu erwerben. Nicht nur alle Ethnien stimmen in ihren Urteilen über Schönheit überein, sondern auch die Kleinkinder; sie schauen die schönen Gesichter weitaus länger an und spielen länger mit den Puppen, die die schöneren Gesichter haben.

Langlois' Forschungsergebnisse sind faszinierend, doch ihr Befund, daß der Durchschnitt am attraktivsten ist, stieß auf Widerspruch bei anderen Fachleuten auf diesem Gebiet, deren Ansicht nach Durchschnittlichkeit zwar von Vorteil ist, die Sache jedoch nicht ganz erklärt. Die Gesichter, die wir wirklich schön finden, so diese Forscher, sind Durchschnittsgesichter, die in bestimmten Schlüsseldimensionen manipuliert wurden: Kiefergröße, Kinngröße und Augenbrauengröße.

Victor Johnston von der Staatsuniversität von New Mexico hat ein Spiel namens Faceprints erfunden, auf das man über seine Homepage im Internet (http://www-psych.nmsu.edu/~vic/faceprints) zugreifen kann. In einer Version des Spiels bekommen die Spieler dreißig Gesichter zu sehen, alle männlich oder alle weiblich, und sollen sie anhand einer Schönheitsskala von 1 bis 9 bewerten. Die höchstbewerteten Gesichter werden dann miteinander gepaart, um zwei digitale Nachkommen hervorzubringen. Diese Nachkommen ersetzen dann die am schlechtesten bewerteten Gesichter der Gesamtgruppe. Die Gesichter durchlaufen also eine Evolution und werden allmählich immer attraktiver, bis ein Spieler schließlich einem

Gesicht eine glatte 10 zuerkennt und das Spiel endet. Johnston vergleicht dann den Durchschnitt aller Gesichter der ersten Generation mit dem Gesicht mit der Idealnote 10, die das Ende des Spiels signalisierte. Bei den Männern stellt er regelmäßig fest, daß das Ideal einen breiten Kiefer, ein ausgeprägteres Kinn und eindrucksvollere Augenbrauen besitzt als der Durchschnitt. Bei den Frauen gilt das umgekehrte; schmale Kiefer sowie eine hohe, ebenmäßige obere Gesichtshälfte mit großen Augen und vortretenden Wangenknochen werden besonders hoch bewertet.

Der Grund für diese Vorlieben liegt nach Johnstons Überzeugung darin, daß Brauen, Kinn und Wangenknochen genau die Bereiche sind, die von dem Testosteron- beziehungsweise Östrogenschwall zu Beginn der Pubertät am stärksten beeinflußt werden. Eine hohe Stirn und ein schmales Kinn sind Marker für einen starken Östrogenschub, der bei Frauen mit hoher Fruchtbarkeit verknüpft ist. Ähnlich kennzeichnet der breite Unterkiefer des Mannes einen merklichen Testosteronschub, was in der Umwelt unserer Urahnen für Frauen auf der Suche nach Stärke und Schutz ein gutes Zeichen gewesen wäre. Testosteron ist ein mehrfach effektiver Marker für Fortpflanzungsfähigkeit, Widerstandskraft gegen allerlei Krankheiten und für generelle Virilität.

Symmetrische Körper

Neben Langlois' Theorie der Durchschnittlichkeit und Johnstons Theorie der Extreme gibt es einen dritten Eckpfeiler in der Erforschung unserer Wahrnehmung der Schönheit von Gesichtern. Mit diesem befaßt sich Randy Thornhill an der Universität von New Mexico in Albuquerque.

Thornhill ist Verhaltensforscher und hat sich in den beiden ersten Jahrzehnten seiner wissenschaftlichen Laufbahn mit dem Liebesleben der japanischen Skorpionsfliege beschäftigt. Mitte der achtziger Jahren richtete er sein Augenmerk auf den Menschen, weil ihn die Frage umtrieb, ob einige seiner Erkenntnisse über unsere geflügelten Gefährten vielleicht auch für unsere Spezies gelten. Besonders interessierte Thornhill der mögliche Zusammenhang zwischen Symmetrie und Sexappeal. Bei den Skorpionsfliegen vermochten diejenigen Exemplare mit einem sehr symmetrischen Körper – gemessen an der Übereinstimmung zwischen der rechten und der linken Körperhälfte – Partner am effektivsten anzulocken und an sich zu binden. Dies schien ihnen sogar dann zu gelingen, wenn sie nicht sichtbar waren; sie setzten ein Pheromon ein, so daß ihre potentiellen Partner sie, wenn schon nicht sehen, so doch riechen konnten.

Um herauszufinden, ob Menschen ähnliche Urteile fällen, bestimmte Thornhill bei mehreren hundert Studenten seiner Universität deren Symmetrie anhand sieben verschiedener Körperteile: Füße, Knöchel, Hände, Handgelenke, Ellbogen sowie Breite und Länge der Ohren. Dann legte er den Studenten einen vertraulichen Fragebogen vor, um zu ermitteln, wann sie ihre Unschuld verloren, wie viele Sexualpartner sie gehabt hatten und so fort. Als Thornhill die Ergebnisse gemeinsam mit seinem Kollegen Steve Gangestad auswertete, zeichnete sich ein klares Bild ab. Die symmetrischsten Männer hatten nicht nur durchschnittlich drei bis vier Jahre früher ihre Unschuld verloren als ihre einseitigeren Geschlechtsgenossen, Symmetrie erwies sich auch als zuverlässiger Faktor für die Diagnose des sexuellen Erfolges; die symmetrischsten Angehörigen beider Geschlechter nahmen nicht nur früher sexuelle Aktivitäten auf, sie hatten auch sehr viel mehr Partner.

Und das war erst der Anfang. In einer späteren Studie erhielten Thornhill und Gangestad ein – bislang allerdings nicht repliziertes – Ergebnis, wonach sehr symmetrische Männer Frauen tendenziell mehr Orgasmen verschaffen (ein Ergebnis, das fast zu gut mit Bakers und Bells Theorien zur weiblichen Untreue übereinstimmt) und möglicherweise auch intelligenter sind. An der Universität von Michigan fand man zudem heraus, daß die symmetrischsten Angehörigen beider Geschlechter vielleicht auch die gesündesten sind; sie berichten generell weniger über Beschwerden jedweder Art von verstopfter Nase über Schlaflosigkeit bis hin zu Eifersucht und Wut.

In der Umwelt unserer Vorfahren, in der sich die Anpassung zur

Bevorzugung symmetrischer Individuen entwickelt haben dürfte, war ein Großteil des Körpers sichtbar und jeder Teil könnte Informationen über die Fortpflanzungsfähigkeit seines Besitzers oder seiner Besitzerin geliefert haben. Beispielsweise fanden Thornhill und Gangestad auch, daß symmetrische Brüste größerer Fruchtbarkeit entsprechen, daß eine symmetrische Gestalt von einer unbeeinträchtigten Entwicklung zeugt und daß symmetrische Gesichter auf ausgewogene Gene und hervorragende Immunität gegen Parasiten hindeuten. Doch der Forschungsgegenstand der Symmetrie ist damit noch längst nicht erschöpft, und er könnte noch unerwartete Finessen bergen. Mit einer bemerkenswerten Studie hat John Manning von der Universität Liverpool gezeigt, daß sich möglicherweise die Symmetrie des weiblichen Gesichts um den Zeitpunkt des Eisprungs herum durch ein leichtes Anschwellen des Gewebes kaum merklich verstärkt und daß dadurch die Frau gerade dann, wenn sie am fruchtbarsten ist, ein klein wenig attraktiver wird.

Liebe geht durch die Nase

Wenn auch unsere Augen besonders empfänglich für Schönheit sind, so würden doch viele sagen, daß es unsere Nasen um so weniger sind. Als unsere Vorfahren den aufrechten Gang erlernten, um der sengenden afrikanischen Sonne weniger Angriffsfläche zu bieten, konnten zwar unsere Augen weiter blicken, doch mit unserer Nase ging es bergab. Die Düfte, mit denen wir selbst und andere Tiere unser Revier markiert oder Spuren gelegt hatten, fielen aus der bewußten Wahrnehmung heraus und sanken ins Unterbewußte ab, vergessen, aber alles andere als verloren.

So hätte es sich zumindest abspielen können. Viele von uns glauben, daß es sich wirklich so zugetragen hat. Schließlich sind wir stolz darauf, eine mehr oder weniger geruchlose Gesellschaft zu sein; wir schrubben und shamponieren, bis die prägnanteren Gerüche unseres Körpers beseitigt sind, um sie anschließend durch kommerziell hergestellte und oftmals widerstreitende Duftsurrogate zu ersetzen: Rose, Nelke, Sandelholz, Zitrus, Jasmin.

Dennoch verbergen die Hersteller hinter diesen bizarren Kompositionen ein Geheimnis. Die teuersten Inhaltsstoffe eines Parfüms, ob für Männer oder Frauen, werden nicht aus Früchten, Blumen oder Gewürzen gewonnen, sondern aus den weniger edlen Teilen von Tieren: Moschus aus dem Moschusbeutel im Bauch des Moschushirsches, Amber aus den Eingeweiden des Pottwals, Zibet aus den Analduftdrüsen der wilden Zibetkatze, Bibergeil aus den zwischen After und Geschlechtsteilen sitzenden Drüsensäcken des Bibers. Aufwendig und häufig illegal aus einer dahinschwindenden Wildtierpopulation gewonnen, verleihen diese Substanzen Düften ihr sinnliches Aroma, ihren Sexappeal, ihre animalische Basis. Wir nehmen vielleicht Fruchtaromen wahr, doch wir reagieren auf das Tier.

Würden wir Parfüm und Rasierwasser über Bord werfen und unseren Körper ungehindert ausdünsten lassen, würden wir bald feststellen, daß unsere natürlichen Gerüche zurückkehren, vielleicht weniger wirksam als bei unseren Urahnen, aber eben nicht völlig wirkungslos. Helen Keller, die blind und taub geboren wurde, verfügte über einen hochempfindlichen Geruchssinn, ebenso – im Bereich der Fiktion – die Romanfigur Grenouille, der Bösewicht im Mittelpunkt von Patrick Süskinds *Das Parfum*. Grenouille lebt im achtzehnten Jahrhundert und ist fasziniert von Drogen und Düften. Selbst in monströser Weise geruchlos, beschließt er, sich mit dem verführerischsten und unwiderstehlichsten Parfüm, das er kennt, einzureiben, dem Duft von Jungfrauen. Er ermordet junge Mädchen und extrahiert ihren natürlichen Geruch mit Hilfe fettgetränkter Tücher.

Das Parfum ist eine Parabel über persönliche und sexuelle Obsessionen, ein Schauerroman in geschliffener Prosa, der die Nase des Lesers für Duftnuancen sensibilisiert, deren wir uns selten bewußt werden. Nicht nur für den allgemeinen Menschenduft – »ein schweißig-fettes, käsig-säuerliches, ein im ganzen reichlich ekelhaftes Grundthema« –, der allen Menschen früherer Zeiten gleichermaßen anhaftete, sondern auch für den ganz spezifischen, individuellen Geruch von Säuglingen, Kindern, Männern und Frauen, die in verschiedenem Alter, in verschiedener Stimmung und zu verschiedenen Zeitpunkten im Monat jeweils ein wenig anders riechen.

Zu der Zeit, als Süskind *Das Parfum* schrieb, arbeitete Karl Grammer (der das in Kapitel 2 beschriebene Club-Experiment durchführte) mit seinen Doktoranden an mehreren zukunftsweisenden Studien auf demselben Gebiet über die Beschaffenheit männlicher und weiblicher Gerüche und ihren möglichen Einfluß auf unsere sozialen und sexuellen Begierden.

Grammer untersuchte den männlichen Geruch, und zwar insbesondere, ob er auf Frauen in Abhängigkeit von deren Monatszyklus anziehend oder abstoßend wirkte. Aus Grammers eigener Arbeit sowie der Arbeit von Baker und Belli ergab sich, daß Frauen um den Zeitpunkt der Ovulation herum möglicherweise für Empfindungen und Erfahrungen offen waren, die sie zu anderen Zeiten sehr viel weniger interessierten. Ausgehend von der schlichten Prämisse, daß »Männer stinken«, bat Grammer 290 Frauen, an einem Wattebausch zu riechen, der in einen der wichtigsten Bestandteile von Männerschweiß getaucht worden war: Androsteron. Die Frauen sollten angeben, an was sie der Geruch erinnerte und ob sie ihn als positiv oder negativ empfanden. Dann sollten sie ihr Alter mitteilen, ob sie die Pille nahmen und in welcher Zyklusphase sie waren.

Die Androsteronforschung lief schon seit einiger Zeit und hatte einige vielsagende Resultate erbracht. Britische Forscher besprühten Stühle oder Telefonzellen damit und stellten fest, daß Frauen – und gelegentlich Männer – sich danach länger auf und in ihnen aufhielten. Androsteron ist ein Hauptbestandteil des sinnlichen, verführerischen Duftes von Moschusparfüms und, zum Entzücken der Gourmets, von Trüffeln. Doch Androsteron war ein zweischneidiges Schwert, das unterschwellig genauso Aggression oder Abscheu transportierte wie Sexappeal, insbesondere für andere Männer. Ein Unternehmen, das kommerzielle Geruchsforschung betreibt, stellte fest, daß damit präparierte Geldscheine früher ausgegeben wurden. Und als Grammers Schnüfflerinnen den Geruch der Wattebäusche charakterisieren sollten, assoziierten sie recht wenig Schmeichelhaftes: Schweiß, Urin, Klebstoff, Chemiekästen,

Männer »kurz davor«. Das Gesamturteil über Androsteron fiel niederschmetternd negativ aus. Wenn Männergeruch derart abstoßend ist, so wunderte sich Grammer, worin in aller Welt liegt dann der sexuelle Nutzen für die Männer, so daß sie ihn überhaupt entwickelt haben?

Den Schlüssel zur Lösung des Rätsels bekam Grammer in die Hand, als er die Reaktionen der Frauen auf den Geruch von Androsteron mit der Zyklusphase, in der sie gerade waren, in Verbindung brachte. Die Frauen, die gerade einen Eisprung hatten, beschrieben den Geruch weitaus positiver und gaben im Vergleich zu den negativen Reaktionen der ganzen Stichprobe insgesamt neutrale Urteile ab. Die Botschaft war eindeutig: Männlicher Geruch lockt die Frauen nicht an, sondern dient als eine Art Ovulationsradar, das es den Männern erlaubt, bei genau den Frauen zum Zuge zu kommen, die gerade einen Eisprung haben und empfängnisbereit sind.

Parallel untersuchte Grammers Doktorandin Astrid Jütte weibliche Gerüche und stieß auf gleichermaßen machiavellistische Prozesse. Jütte ahmte mit Mischungen synthetischer Geruchsstoffe den Geruch der Vaginalsekrete von Frauen in verschiedenen Zyklusphasen nach, füllte diese Mixturen in Edelstahlbehälter und ließ zufällig ausgewählte männliche Beurteiler daran riechen. Der Mann roch an jeweils einem der als »Copuline« bezeichneten Gemische und sollte dann Fotos verschiedener Frauen nach deren Attraktivität bewerten. Vier unterschiedliche Mixturen wurden geprüft: Eine entsprach dem Geruch menstruierender Frauen, eine roch nach Frauen um den Eisprung herum, eine nach prämenstruellen Frauen, und die vierte bestand aus schlichtem Wasser.

Die Ergebnisse waren nicht leicht zu interpretieren, aber in sich schlüssig. Der am höchsten bewertete Geruch oder vielmehr Nichtgeruch war das Wasser, weil die Männer die anderen Düfte im allgemeinen als unangenehm empfanden. Doch genau dieselben »unangenehmen« Gerüche zogen höhere Bewertungen der Fotos durch die Männer nach sich. Überdies war dieser Effekt am ausgeprägtesten bei Frauen, die optisch nicht besonders anziehend wirkten. Fotos, die die Männer als durchschnittlich oder nur geringfügig attraktiv bewerteten, wenn sie an dem Wasser rochen, wurden als ziemlich oder sehr attraktiv beurteilt, wenn sie an Copulinen rochen. Zudem ließ die Copulinmischung, die den Duft von Frauen in der Ovulationsphase nachahmte, den Testosteronspiegel der Männer hochschnellen, in manchen Fällen auf 150 Prozent. Obwohl die Männer die Gerüche nicht bewußt als attraktiv wahrnahmen, standen ihre Geruchsdetektoren in direkter Verbindung mit ihrem Unbewußten, tricksten die bewußten Entscheidungsprozesse aus und wiesen die Männer auf der allertiefsten, instinktiven Ebene an, ihre Zurückhaltung über Bord zu werfen und ihrer Nase nachzugehen.

Die Experimente von Grammer und Jütte sprechen dafür, daß der menschliche Geruchssinn entgegen seiner vermeintlichen Bedeutungslosigkeit in Wahrheit eines unserer raffiniertesten und subtilsten sexuellen Signalsysteme darstellt. Er ist imstande, nicht nur allgemein passende Kandidaten für den Koitus, sondern sogar genaue Zeitfenster, in denen dieser am ehesten Früchte trägt, im wahrsten Sinn des Wortes zu erschnüffeln. Doch auch wenn diese Arbeiten faszinierend sind, so wurde das vielleicht bemerkenswerteste Geruchsexperiment jenseits der österreichischen Grenzen in der Schweiz durchgeführt.

Wunderkind Wedekind

In einem prächtigen Gebäudekomplex an den belebten, gediegenen Geschäftsstraßen von Bern eilen Tausende Studenten aus ganz Europa in ihre Vorlesungen. Zwischen der soliden, nüchternen Arbeitsmoral der Universität Bern und der freizügigeren Lebensart von Wien, Amsterdam und München, wo sich ein Großteil der fortschrittlichsten europäischen Sexualforschung abspielt, scheinen Welten zu liegen, doch seit Anfang der neunziger Jahre gerät Bern immer wieder in die Schlagzeilen. Damals begann der Biologie-Senkrechtstarter Claus Wedekind diese Universität als Basis zu nutzen, um die Wirkung des sogenannten Major Histocompatibility Complex (MHC) auf die Partnerwahl zu untersuchen. Sehr verkürzt gesagt, wollte er wissen, ob wir den bestgeeigneten Partner »herauszuriechen« imstande sind. Nicht irgendeinen Partner, sondern den für uns richtigen Partner. Auch Wedekinds Studenten erschien dies als eine nahezu unlösbare Aufgabe. Es ist schon schwer zu glauben, daß wir den Geruch der Fruchtbarkeit zu entdecken vermögen, geschweige denn den Geruch der Kompatibilität. Gab es einen derartigen Geruch überhaupt? Und wenn ja, wie roch er?

Um diese Fragen zu beantworten, stellte Wedekind eine Gruppe von Männern zusammen und bat sie, in zwei aufeinanderfolgenden Nächten jeweils dasselbe T-Shirt zu tragen und sich der üblichen geruchserzeugenden Aktivitäten zu enthalten, etwa Rasierwasser zu benutzen, Knoblauch zu essen und Sex zu haben. Die T-Shirts wurden daraufhin markiert und in Kisten mit nur einem kleinen, dreieckigen Loch im Deckel gelegt. Dann wurden verschiedene Frauen gebeten, das Labor aufzusuchen und ihre Nase in die Öffnung der Kisten zu stecken und einen tiefen Atemzug zu nehmen.

Die Frauen ließen sich die männlichen Düfte um die Nase wehen und sollten dann jedes T-Shirt nach Intensität, nach »angenehm« oder »unangenehm« und nach Sexappeal beurteilen. Bislang klingt es nicht so, als unterschiede sich dieses Vorgehen deutlich von dem Grammers und Jüttes. Es gab jedoch einen wichtigen Unterschied. Während Grammer und Jütte von der Prämisse ausgegangen waren, daß Männer im großen und ganzen gleich riechen, fahndete Wedekind nach Unterschieden. Er fahndete überdies nach Unterschieden in einem ganz bestimmten Punkt. Die Männer hatten nicht nur eine Stichprobe ihres Geruchs zur Verfügung gestellt, sondern auch eine Blutprobe, so daß die Forscher einen Teil ihres individuellen Genoms kartieren konnten. Unter den Zehntausenden Genen, die jeder Mensch besitzt, gibt es drei kleine Gruppen, die das Individuum gegen verschiedene Krankheiten immunisieren können. Diese Gene machen den erwähnten MHC aus. Zudem gaben in Wedekinds Experiment nicht nur die Männer eine Blutprobe ab, sondern auch die Frauen.

Von einem rein genetischen Standpunkt aus müßten die robustesten, krankheitsresistentesten Kinder von Paaren mit unterschiedlichen Genen in ihren MHCs abstammen. Verschiedene Gene bedeuten Widerstandsfähigkeit gegen verschiedene Krankheiten. Eine gemischte Kombination verschiedener Widerstandsmuster ist für jedes Kind, das sie erbt, sehr von Vorteil. Vom rein genetischen Standpunkt aus wäre es daher sinnvoll, sich stärker zu Personen mit einer von der eigenen abweichenden MHC-Konfiguration hingezogen zu fühlen als zu solchen mit einer ähnlichen. Aber sollte es denn möglich sein, daß der Geruchssinn so fein abgestimmt, so perfekt geeicht ist, daß er quasi den Geruch einzelner Gene zu erkennen und darauf zu reagieren vermag? Das scheint unmöglich, doch zu genau diesem Ergebnis gelangte Wedekind.

Fast jede Frau beurteilte den Geruch von Männern, deren MHC sich von ihrem eigenen unterschied, als stärker, angenehmer und auch bedeutend verlockender. Als Wedekind seine Resultate bekanntgab, riefen sie Ungläubigkeit und Verblüffung gleichermaßen hervor. Sein Briefkasten war verstopft, sein Telefon klingelte unaufhörlich, und er mußte die ersten Monate nach der Veröffentlichung seiner Ergebnisse permanent Interviewanfragen von Zeitungen und Illustrierten aus mehr als dreißig Ländern abwehren.

Warum interessiert uns das? Was ist so faszinierend daran, daß wir vielleicht sogar die Gene anderer Leute riechen können? Und selbst wenn wir über diese Fähigkeit verfügen sollten, so beeinflußt sie doch sicherlich nicht unsere Partnerwahl im Schmelztiegel des realen Lebens? Wedekind, ob man es glaubt oder nicht, ist davon überzeugt. Und seine Freiwilligen ebenfalls. Denn als das Experiment abgeschlossen war und die Frauen den Tag abschließend Revue passieren lassen sollten, äußerten viele, daß ihnen etwas ganz Bestimmtes aufgefallen sei. Die Gerüche, die sie leiden mochten, waren ihnen nicht nur die angenehmsten, sondern erinnerten sie seltsam an ihren derzeitigen oder einen verflossenen Lebensgefährten. Es wäre möglich, daß die Assoziation mit gegenwärtigen oder früheren Partnern beeinflußt hatte, wie angenehm die Frauen die Gerüche fanden – doch genauso ist es möglich, daß die Gerüche, wie unterschwellig auch immer, von vornherein ihre Partnerwahl bestimmten.

Hier liegt das wahre Geheimnis von Wedekinds Untersuchung. Bei der Unzahl von Menschen, die uns im Laufe unseres Lebens begegnen, bei all den Zufallsbekanntschaften, die unseren Weg kreuzen, und bei all den Auswahlentscheidungen, die wir treffen, haben unser Bewußtsein und unser Körper möglicherweise die Fähigkeit, unser Begehrensspektrum radikal zu verengen – weiter noch als es das grundlegende menschliche Bedürfnis nach Abwechslung vermag, als es die Rollenvorschriften, die unsere Kultur uns auferlegt, und sogar als jene Menschen es vermögen, die wir als Kinder bewundern gelernt haben. Dieses Spektrum könnten wir auf den einen Typus Mensch, sogar auf ein einziges Individuum einschränken, das im eigentlichen Sinne »für uns gemacht« ist.

Wenn dies zutrifft, dann sollten wir über diese Fähigkeiten selbstverständlich soviel wie möglich wissen, denn sie bergen vielleicht den Schlüssel zu dem, was wir mehr als alles andere begehren: den Gefährten, die Gefährtin unserer Seele. Den vollkommenen Partner. Unsere bessere Hälfte. Mit dieser Suche und mit den Kriterien, an denen wir uns dabei orientieren, befaßt sich das nächste Kapitel.

6 Die Dauer der Liebe

Kleines Grün war das hübscheste Mädchen der Kompanie. Mit ihren von Bändern zusammengehaltenen Zöpfen und ihrer handbestickten Unterwäsche beschämte sie alle anderen Mädchen. Sie sang in der Schlafbaracke, sie sang auf dem Feld, und sie hatte einen ungewöhnlich lebhaften Gang, als ob sie die Welt intensiver, lebendiger erlebte als die anderen, mit denen sie ihr Leben teilte.

Wir schreiben das Jahr 1974. Wir sind in der Landwirtschaftlichen Produktionsgenossenschaft »Rotes Feuer«, nicht weit von der Küste des Ostchinesischen Meeres gelegen. Mao sitzt unerschütterlich fest im Sattel, die kleine rote Mao-Bibel wird im ganzen Land andächtig gelesen, die Lieder aus Madame Maos Revolutionsopern erklingen in allen Theatern, in den Häusern und auf den Feldern, und kommunistische Parolen werden mit glühendem Eifer skandiert.

»Rotes Feuer« war eine der großen landwirtschaftlichen Produktionskollektive, in die junge Männer und Frauen zum Arbeitseinsatz für die Volksrepublik geschickt wurden; von morgens bis abends ernteten sie Weizen, Baumwolle und Ölsaaten, die Ohren voller Propaganda, die Füße schlammverkrustet. Am Ende eines langen Arbeitstages kehrten sie erschöpft von den Feldern zurück und gingen nach einer Schüssel Reis sofort zu Bett. Dort träumten sie dann von der Revolution, vom glorreichen Großen Vorsitzenden, vom Sieg über die Kapitalisten. Kleines Grün jedoch träumte von der Liebe.

Einige Wochen zuvor hatte sie einen Genossen von einer benachbarten Kompanie kennengelernt, einen jungen, bebrillten Büchermenschen. Als sie ihre Schlafstelle aufsuchte, ging er ihr nicht mehr aus dem Kopf. Er war ziemlich groß und sah ziemlich gut aus. Doch er hatte etwas, das darüber hinausging. Etwas

Unbekanntes. Etwas beinahe Unfaßbares. Er paßte genau zu einer Vorstellung, die sie in sich trug, einem Traum, einem inneren Bild. Sie beide, wie sie ihr Leben gemeinsam verbrachten. Glücklich und zufrieden. In wechselseitiger Liebe. Von all den Menschen, die ihr je begegnet waren, von all den Menschen, die ihr wohl jemals begegnen würden, war dies der eine, der zu ihr gehörte. Und sie sehnte sich nach ihm mit einem Verlangen, das ganz anders war als ihre Liebe zu Mao, zu ihrem Land, zu dem Leben, wie sie es bislang geführt hatte. Und sie wußte, daß ihr Verlangen falsch war. Kürzlich hatten die *Volkszeitung* und die *Rote Fahne*, die staatlich sanktionierten Zeitungen, sich in scharfer Form über die Beziehungen zwischen Erwachsenen geäußert. Flirten, Kokettieren, Miteinandergehen – all das galt als eitel, unnötig, sinnlos. Es beanspruchte nur Zeit, die besser darauf verwendet wurde, die Revolution voranzutreiben. Und was am schlimmsten war, es lenkte von der absoluten Loyalität zu Mao ab. Aus diesem Grunde war, zumindest in der Produktionsgenossenschaft »Rotes Feuer«, die romantische Liebe zwischen zwei Menschen verboten.

Kleines Grün hatte Angst vor den Folgen, wenn sie und ihr Liebster zusammen erwischt würden. Angst vor Strafe, Angst vor Demütigung. Am meisten Angst jedoch vor einer Trennung. Deshalb trafen sich die beiden Liebenden heimlich. Nachts, weit draußen auf den abgelegensten Feldern, unter dem weiten Himmelszelt. Romantischer ging es nicht mehr.

Dann, eines Nachts im Frühsommer, als Kleines Grün und ihr Geliebter zusammen draußen auf dem Feld waren, hörten sie ein Rascheln. Sie fuhren herum, konnten jedoch zuerst nichts erblicken. Dann flammte plötzlich eine Taschenlampe auf. Dann noch eine. Und noch eine. Bald waren sie in den Lichtkegeln von mehr als dreißig Taschenlampen gefangen. Die anderen Mitglieder ihrer Kompanie hatten mitbekommen, was sie trieben, und waren aufgefordert worden, sie zu ergreifen. An der Spitze der Abordnung stand Kommandantin Yan.

Yan beschloß, an dem Paar ein Exempel zu statuieren. Kleines Grün wurde einer Gehirnwäsche unterzogen, bis sie ein Dokument unterschrieb, wonach ihr Geliebter sie vergewaltigt hatte; er wurde umgehend exekutiert. Kleines Grün wurde in ihre Kompanie zurückgeschickt, beschämt und streng angewiesen, sich nicht wieder zu verlieben. Von da an hörte sie auf, zu singen und sich das Haar mit Bändern zu binden. Ihre Unterhosen waren verschlissen, und sie bestickte sie nicht mehr. Vor den Augen ihrer Genossen versank sie langsam in tiefe Verzweiflung. Keiner vermochte sie zu trösten oder aufzumuntern. Sie wurde aufgedunsen, verwahrloste. Sie zog sich völlig in sich selbst zurück. Ihre Augen waren wie tot, und sie sprach nicht mehr. Einige Monate später fand man sie mit dem Gesicht nach unten im Fluß treiben. Da sie im Leben nicht mit ihrem Geliebten zusammensein konnte, hatte sie sich im Tod mit ihm vereint.

Anchee Min, ehemals Rotgardistin und Propagandafilmschauspielerin, die die Geschichte von Kleines Grün in ihrer Autobiographie *Rote Azelee* erzählt, erlebte die zerstörerische, verdummende Kraft einer Ideologie, die sich weigert, die Liebe als reales oder achtenswertes Phänomen anzuerkennen. Mao war vielleicht der jüngste Verfechter der Ansicht, daß die Liebe genauso überflüssig wie unnütz sei, mit Sicherheit jedoch nicht der einzige. Denn in ihrer langen und wechselvollen Geschichte war die Liebe (und was dagegen zu unternehmen sei) Gegenstand von mehr Geschichten und Dramen, mehr Mythen und Legenden, mehr Abhandlungen und Schriftstücken als jede andere menschliche Emotion. Von den einen als Krönung der menschlichen Existenz gepriesen, von den anderen als Ursprung allen Elends verdammt, ist die Liebe das vielleicht meistdiskutierte und doch am wenigsten verstandene Gefühl des Menschen.

Sicherlich, die Liebe wirft eine Reihe von Fragen auf. Während sie für die elterliche Fürsorge wohl unabdingbar ist, ist sie zur Fortpflanzung mit Sicherheit nicht notwendig. Sie ist nicht deckungsgleich mit Lust oder Bewunderung oder sogar Zuneigung. Sie ist keine wesentliche Voraussetzung für funktionierende – nicht einmal für lustvolle – sexuelle Beziehungen oder für die Ehe. Und es zeichnet sich ab, daß andere Gesellschaften in der Tat völlig anders zur romantischen Liebe stehen. Je nachdem, wo und wann ein Mann oder eine Frau lebt, kann diese Emotion entweder jenseits ihres Gefühlshorizonts oder aber im Zentrum ihres Universums liegen.

Tatsächlich gab es schon so viele Meinungen darüber, ob es Liebe gibt, was Liebe ist, warum sie entsteht, wie sie sich anfühlt und was man dagegen machen sollte, daß anscheinend jeder über eine andere Empfindung redet. Es gab natürlich auch Übereinstimmungen. Immer wurde eingeräumt, daß die Liebe manchmal sehr mächtig ist und daß sie plötzlich, fast ohne Vorwarnung zuschlagen kann. Doch sobald man sie zu analysieren versuchte, schlüpfte sie einem durch die Finger; sie war zu empfindlich, um festgenagelt zu werden, zu unfaßbar, um sich fassen zu lassen, zu flüchtig, um sie mit einem Satz aufzuspießen wie einen Schmetterling und mit einem Etikett zu versehen, auf dem Stamm, Klasse, Ordnung, Familie, Gattung und Art fein säuberlich verzeichnet sind.

Von der Liebe zur Limerenz

Die Psychologin Dorothy Tennov hat einen der wichtigsten Beiträge dieses Jahrhunderts zur Liebesforschung geleistet. Während Lawrence und Auden darüber geschrieben und Russell und Barthes darüber philosophiert haben, hat Tennov die Liebe zu definieren versucht. Ihr Ziel bestand nicht darin, Eingang in die Psychologielehrbücher zu finden – obwohl das geschehen ist –, und auch nicht darin, sich einen Namen zu machen – was ebenfalls geschehen ist. Ihr ging es vielmehr darum, ihren Studenten zu helfen. Sie waren begabt, um das klarzustellen; manche von ihnen waren sogar hochbegabt. Allerdings versuchte sie Tennov nicht bei ihrem Fortkommen auf der Universität zu unterstützen, sondern in ihrem persönlichen Leben, insbesondere ihrem Liebesleben.

Wie Tennov sich erinnert, kam ihr die Idee, die Liebe wissenschaftlich zu erforschen, an dem Tag, als eine Studentin namens Marilyn eine schriftliche Hausaufgabe nicht rechtzeitig abgab. Als Tennov sie nach dem Grund fragte, brach sie unvermittelt in Tränen aus und schluchzte in ihr Taschentuch, daß ihr Freund Mark gerade mit ihr Schluß gemacht habe.

Tennov tat sie leid, doch statt Marilyn einfach gehen zu lassen und sich anderen Dingen zuzuwenden, begann sie zu überlegen. Wie viele ihrer anderen Studenten hatten diese Qualen durchstehen müssen? Wer in ihrer Vorlesung, in ihrem Seminar, an ihrer Universität war bis über beide Ohren verliebt, glücklich oder unglücklich, wessen Gedanken kreisten um nichts anderes mehr, so daß sein Leben, seine Stimmung und Persönlichkeit durcheinandergerieten? Und wenn dieser Zustand schon an ihrer Universität weit verbreitet war und das alltägliche Leben ihrer Studenten beeinflußte, wieviel Unheil mußte er dann erst im wirklichen Leben anrichten? War das wirklich ein Thema, das keine weiteren Untersuchungen verdiente oder lohnte?

Tennov beschloß, einen Fragebogen zu verteilen, zuerst an ihre Studenten, dann an jeden, der Interesse zeigte. Die Antworten, aufgeschlüsselt und verarbeitet in ihrem Buch *Limerenz: Über Liebe und Verliebtsein* stellen den ersten formalen Versuch der Moderne dar, die Liebe in ihre Grundbestandteile zu zerlegen und ihre Struktur und Funktion zu untersuchen. Tennov drang dabei sowohl zu einer Arbeitsdefinition von Liebe als auch zur Beschreibung eines Zustands vor, der so deutlich abgegrenzt war, daß sie beschloß, ihm einen neuen Namen zu geben: »Limerenz«. Diesen Zustand, so Tennov, hatten 98 Prozent der befragten Personen irgendwann einmal erlebt, und er zeichnete sich sowohl durch Konsistenz als auch durch Vorhersagbarkeit aus. Es war ein spezifischerer Zustand als »Liebe«, »bis über beide Ohren verknallt« oder nach jemandem »verrückt sein«. Limerenz war jener beflügelnde, drängende, alles überrollende Gefühlsüberschwang, über den man sich einfach nicht hinwegsetzen kann. Tennov umriß die wichtigsten Attribute der Limerenz und beschrieb sie in einer Weise, daß die Leser nicht nur die typischen Merkmale des Zustands, sondern auch seinen Verlauf würden erkennen können.

Die meisten von Tennovs Befragten vermochten den genauen Augenblick, in dem alles begann, anzugeben. Manchmal war es eine Unterhaltung, manchmal ein verstohlener Blick. Manchmal war die oder der Betreffende ein alter Bekannter oder eine alte Bekannte, manchmal eine neue Bekanntschaft. Wie auch immer die Umstände und wer auch immer die Person, das kennzeichnende Merkmal des ersten Augenblicks bestand einfach darin, daß diese Person plötzlich eine neue und besondere Bedeutung erhielt – eine Bedeutung, die sie, zumindest für eine Zeitlang, zum wichtigsten Menschen auf der Welt machte.

Wenn der Funke einmal gezündet hat, so Tennov, verspürt der Verliebte einen Erregungsschwall, einen Energieschub, ein gesteigertes Wohlgefühl. Die Chance auf wahres Glück liegt in der Luft. Eine Ahnung von Freiheit, von unendlichen Möglichkeiten. Alle derartigen Empfindungen sind jedoch flüchtig, denn kaum daß sie eingesetzt haben, werden sie von plötzlichen Anwandlungen des zweiten Tennovschen Hauptmerkmals begleitet: Das Denken beginnt fast zwanghaft um das Objekt der Begierde zu kreisen.

Anfangs nur leise, dann immer stärker und öfter beherrscht der/die Geliebte die Gedanken des/der Verliebten. Er/sie stellt sich vor, was das Objekt seiner/ihrer Begierde tut, was es fühlt, was es von dem Buch halten würde, das er/sie gerade liest, von der Kleidung, von den Eltern, den Freizeitbeschäftigungen und Freunden. Tennov forderte ihre Befragtengruppe auf, die Zeit zu schätzen, die sie mit Gedanken an ihr Liebesobjekt verbrachten, und obwohl die Schätzungen zwischen 30 und 100 Prozent schwankten, gestanden alle ein, daß diese Gedanken einen Zug von Unfreiwilligkeit, ja fast Zwanghaftigkeit trugen. Sosehr man auch versucht, sich seinen Schatz aus dem Kopf zu schlagen, er kommt immer wieder zurück.

Diese unaufhörlichen geistigen Bilder begleitet natürlich die inständige Hoffnung des Liebenden, daß sein Verlangen erwidert wird. Doch in den Anfangsstadien der Liebe ist, wie Tennov schreibt, eine vollständige Erwiderung der Gefühle weniger wirksam als ein Element der Verzögerung, der Verweigerung. Hier liegt der Ursprung der Schmerzen in der Brust, der intensiven Sehnsucht, der vollständigen Abhängigkeit der Stimmung von und der offensichtlichen Unterwerfung des Liebenden unter die geliebte Person. Derselbe Faktor steckt hinter den Grübeleien der Verliebten über alle Einzelheiten der letzten Begegnung – von der Kleidung des Liebesobjekts über die Worte, die ausgetauscht wurden, bis hin zu dem Tonfall, in dem sie gesprochen wurden, und dem

Blick, der sie begleitete –, hinter der Suche nach Anzeichen für eine mögliche Erwiderung der Gefühle und demzufolge für die Verheißung des Paradieses.

In den Anfangsstadien der Limerenz, so Tennov, ist es möglich, mehrere Menschen zugleich zu begehren, doch in dem magischen Augenblick, in dem die Erwiderung der Gefühle zum ersten Mal offenbar wird, fallen alle anderen Mitbewerber weg, und das Erlebnis gewinnt eine Intensität und Ausschließlichkeit, die es aus allen andersgearteten Beziehungen heraushebt. Obwohl die sexuelle Anziehung fast immer stark ist, ist dem Verliebten außerdem bewußt, daß er etwas verspürt, das darüber hinausgeht, das eher spirituell ist, etwas, das ebenso aus den Tiefen seiner Seele wie aus dem innersten Kern seines Körpers kommt.

Ein weiteres wichtiges Definitionsmerkmal der Limerenz bezeichnet Tennov (mit einem Begriff von Stendhal) als »Kristallisation«.

Stendhal, der französische Romancier des neunzehnten Jahrhunderts, den vor allem sein Werk *Rot und Schwarz* bekannt gemacht hat, schrieb ebenfalls eine Abhandlung über die romantische Liebe, in der er das Augenmerk auf den schimmernden, wie diamantenen Glanz lenkt, den der geliebte Mensch in den Augen des Liebenden annimmt; er erscheint ohne Makel, als Konglomerat ausschließlich bezaubernder, wertvoller, nahezu vollkommener Eigenschaften. Ebendiesen Vorgang nannte er »Kristallisation«, nach einem Prozeß, den er in den Salzbergwerken von Hallein bei Salzburg beobachtet hatte. Wurde ein Stock in einen wassergefüllten Schacht geworfen, ein gewöhnlicher Feld-Wald-und-Wiesenstock, und ein paar Wochen darin gelassen und dann wieder herausgeholt, dann war er vollständig mit einer Schicht schimmernder Salzkristalle überzogen. Glänzend, glitzernd, im Licht funkelnd sah er nicht mehr aus wie ein Stock, sondern wie ein juwelenbesetzter Zauberstab; er hatte etwas Magisches, fast Mystisches. Der Betrachter war nun blind für die Tatsache, daß es sich um einen Stock handelte, und wollte nur noch die Möglichkeit sehen, etwas Seltenes von großem Wert vor sich zu haben, etwas von unvergleichlicher Schönheit.

Tennov, die von Stendhal stark beeinflußt ist, bestätigt, daß die Kristallisation ein integraler Bestandteil der Limerenz ist, sieht jedoch ihre Wirkung anders. Die Kristallisation blendet nicht etwa die Fehler des Liebesobjekts aus und ersetzt sie durch Diamanten; Tennov ist vielmehr überzeugt, daß die Fehler selbst zu Diamanten werden. Der Verliebte nimmt die Mängel des Objekts seiner Begierde genauso deutlich wahr wie jeder andere, er deutet sie nur anders. Während in den Augen der meisten Menschen eine Warze eine Warze ist, ist die Warze des geliebten Menschen in den Augen des Verliebten niedlich und anbetungswürdig. Der Verliebte beachtet also einerseits die Fehler des oder der Geliebten nicht oder bewundert sie sogar und übertreibt andererseits seine oder ihre positiven Eigenschaften: Ein freundliches Wesen wird als ungewöhnliche Seelengröße gesehen, und zwei schöne blaue Augen werden zu den blauesten und schönsten der Welt.

Aufgrund dieser und anderer Vorgänge steigert sich die Großartigkeit der geliebten Person in den Augen des Verliebten noch mehr. Infolgedessen scheint die Erwiderung der Gefühle, auf die der oder die Verliebte so sehnsüchtig hofft, noch unwahrscheinlicher, löst jedoch, sofern die Hoffnung sich erfüllt, noch größere Freude aus. So steigern sich Unsicherheit, Empfindlichkeit und Sehnsucht immer weiter und erzeugen eine Art Spirale, die nur durch eine vollständige und anhaltende Erwiderung der Gefühle oder aber durch schroffe Verachtung und Abweisung durchbrochen werden kann. Im ersteren Fall kann sich eine realistischere, dauerhaftere Bindung entwickeln. Im letzteren macht sich Verzweiflung breit, entweder vorübergehend oder anhaltend.

Damit haben wir einen Überblick über die gesamte Palette der Verhaltensweisen, Emotionen und Kognitionen, von denen fast alle Befragten Tennov berichteten und welche die Limerenz ausmachen. Der Vorgang stellte das Leben der Betroffenen auf den Kopf, oft in genauso störender wie beflügelnder Weise, und viele bezeichneten ihn als die aufwühlendste Erfahrung ihres Lebens. Konnte etwas derart Tief- und offenbar Übergreifendes eine exklusive Erfindung des Westens sein?

So wortgewaltig Tennov ihn beschreibt und so wirkungsvoll auch der Vorgang selbst ist, den sie beschreibt, es gab und gibt Gesellschaften, die keine dieser strahlenden Visionen zu kennen scheinen. Gesellschaften, in denen Paare sich um des Geldes, der Pflicht oder der Kinder willen zusammentun, in denen Männer und Frauen ihr eigenes Leben ohne eine Spur von »Romantik« führen. Jetzt, da Liebe und Limerenz definiert worden sind, ist es Zeit, sie in anderen Zeiten und an anderen Orten auf ihre Stichhaltigkeit zu überprüfen.

Erwachsenwerden auf Mangaia

Als Helen Harris' winziges Flugzeug auf Mangaia aufsetzte, wußte sie kaum, was sie erwartete. Es gab zahlreiche Reiseführer über die pazifischen Inseln, doch die meisten davon befaßten sich, was kaum überraschte, mit den milchweißen Stränden und den sorgfältig herausgeputzten Ferienregionen der größeren, leichter zu erreichenden Inseln wie Tahiti, Fidschi und Rarotonga. Mangaia, die südlichste der Cook-Inseln, war nach allem, was Harris wußte, eine der reizlosesten und abgelegensten von allen: Sie verfügte nur über begrenzte Süßwasservorräte, kaum Elektrizität und praktisch keinen Tourismus. Die Einwohner lebten in kleinen Baracken aus Beton, ernährten sich von Taro und Büchsensardinen, und was an Besucherunterkünften vorhanden war, bestand aus einem einzigen Fremdenzimmer mit einem Bett im Kolonialstil und einer Teilzeitputzkraft. Doch während Mangaia Touristen wenig zu bieten hatte, übte es auf Anthropologen großen Reiz aus, denn seit Ende der sechziger Jahre, als ernsthafte Feldforschung eingesetzt hatte, standen die Bewohner in dem Ruf, in zweierlei Hinsicht besonders zu sein: Erstens hielten sie den Weltrekord in sexueller Freizügigkeit. Und zweitens hatten sie keinen Begriff von romantischer Liebe.

Um diesen beiden Gerüchten nachzugehen, war Helen Harris gekommen, bewaffnet mit ihrem sechzehnjährigen Sohn, einem Sony-Walkman und dem Talent fürs Zuhören. Harris, Studentenwerksleiterin an der Universität von Kalifornien in Santa Barbara, legte gerade letzte Hand an ihre Doktorarbeit über das Wesen und die Entstehung der romantischen Liebe, und es hatte sie neugierig gemacht, daß genau hier, im Pazifischen Ozean des zwanzigsten Jahrhunderts, eine Kultur existieren sollte, die angeblich gar kein Bedürfnis danach hatte – ja nicht einmal eine Ahnung, was das überhaupt sein sollte.

Die Gerüchte waren in die Welt gesetzt worden, als Donald Marshall, ein Anthropologe, der für seine Feldstudien im Südpazifik berühmt wurde, Mangaia einen Besuch abstattete und an eine Gruppe einheimischer Männer geriet. Er spendierte ihnen großzügig Bier und bat sie, ihm von Mangaias sexuellem Sittenkodex zu erzählen. Sie erklärten ihm ganz ernst, daß der typische achtzehnjährige Mangaianer Nacht für Nacht je drei Orgasmen erlebe; mit achtundzwanzig falle diese Zahl auf zwei Orgasmen pro Nacht in fünf Nächten pro Woche und auf einen Orgasmus pro Nacht zwei- bis dreimal pro Woche mit vierzig.

Dieses beeindruckende Sexualleben, so behaupteten sie, diene ausschließlich der Lust; das zusätzliche Gefühlskonglomerat, das wir als romantische Liebe bezeichnen würden, spiele dabei keine Rolle. Sowohl für Jungen wie für Mädchen konnte die sprachliche Redewendung, die dem Ausdruck »Ich liebe dich« am ehesten entsprach, nur eines bedeuten: »Ich will Sex mit dir.« Marshall veröffentlichte seine Erkenntnisse 1971, und ein Vierteljahrhundert lang wurden sie kritiklos geschluckt. Doch wie sah die Wahrheit aus? Hatte es ihn zufällig auf die sexbesessenste Insel der Welt verschlagen, die die romantische Liebe gegen den ungehemmten und häufigen Koitus zwischen den Geschlechtern eingetauscht hatte, oder gab es eine andere Erklärung?

Helen Harris brauchte nicht lange, um das herauszufinden. Kurz nachdem sie auf der Insel eingetroffen war, erwarb sie ein kleines Haus in örtlicher Bauweise und richtete sich darin ein. Ihr Sohn tauschte seinen Walkman gegen ein Schwein, Helen erklärte sich zu Französischunterricht in der Dorfschule bereit, und langsam wurden sie zu einem Teil der örtlichen Gemeinde. Anfangs zögerlich, dann immer häufiger erzählten ihr die Inselbewohner von ihrem Leben.

Sicher war, daß auf Mangaia eine gewisse sexuelle Freizügigkeit herrschte. Wie auf vielen Pazifikinseln galt das Experimentieren auf sexuellem Gebiet als natürlicher und unausweichlicher Bestandteil des Erwachsenwerdens. Sobald die Kinder in die Pubertät eintraten, begannen sie die Aufmerksamkeit des jeweils anderen Geschlechts zu suchen – bei Tänzen, unterwegs, durch Seitenblicke in der Kirche. Doch dank der christlichen Missionare, die seit Mitte des neunzehnten Jahrhunderts unermüdlich das Wort Gottes auf der Insel verbreitet hatten, war der eigentliche Kopulationsakt in den Untergrund gedrängt worden. Wenn Menschen miteinander schlafen wollten, mußten sie das im verborgenen tun, entweder indem sie sich nachts heimlich in die Büsche verzogen oder, wenn sie besonders wagemutig waren, indem sich der Junge ins Haus des Mädchens schlich, nachdem ihre Eltern schlafengegangen waren. Diese Form von Sex, als *tomo vaine* oder Nachtkriechen bezeichnet, wurde besonders mißbilligt, wirkte sich jedoch zuweilen zugunsten des Jungen aus, weil die Strafen, die ihn erwarteten, wenn er erwischt wurde, ihn in den Augen seiner Liebsten nur um so kühner erscheinen ließen.

Als Harris fragte, warum Nachtkriecher bestraft wurden, gaben ihre Informanten gewöhnlich nicht die Antwort, weil Sex als solcher falsch sei, sondern weil die Bindung, die möglicherweise daraus entstand, mit den sorgfältig eingefädelten Verheiratungsplänen der Eltern in Konflikt geraten konnte. Das verblüffte Harris. Bedeutete dies, daß es auf Mangaia doch eine Art romantischer Liebe gab? Aber natürlich, erwiderten die Informanten. Sie war einer der Hauptgründe für Kummer und Leid auf der Insel. Warum denn das? Weil junge Leute, die sich verliebten, nicht mehr vernünftig überlegten, wen sie heiraten sollten. Traditionell diente die Ehe auf Mangaia einem vorrangigen Zweck: den Landbesitz und das Ansehen der Schwiegereltern zu vergrößern, indem sie ihre Kinder in reiche und erfolgreiche Familien einheiraten ließen. Die Liebe mit ihrer offensichtlichen Launenhaftigkeit ging blind über so ernste Erwägungen wie die von Status und Vermögen hinweg und richtete sich häufig auf die ungeeignetsten Partner. Wenn überdies verliebte Paare gewaltsam getrennt wurden, litten sie und jammerten. Zuweilen verließen sie sogar die Insel. Und ein- oder zweimal war eine Selbsttötung bekanntgeworden. Was für eine Emotion war das, die soviel Kummer und Aufregung verursachte, die so ein heilloses Durcheinander anrichtete, die die Vernunft über Bord warf und keinen Gesetzen außer ihren eigenen gehorchte? Welcher vernünftige Mensch vermochte zu verstehen, welchen Sinn die romantische Liebe hatte, geschweige denn, daß er sie billigen würde?

Doch was war nun dran an Marshalls Behauptung, die Mangaianer wüßten nichts von Liebe? »Vielleicht fördern wir sie nicht«, erwiderten einige der Älteren, »doch das heißt nicht, daß wir nichts von ihr wissen.« Und an ihrer Sexbesessenheit? Stimmte es, daß die jungen Männer nachtein, nachtaus zwei- oder dreimal Sex hatten? »Wo haben Sie denn das gehört?« fragten die Mangaianer. Von Donald Marshall, der vor einigen Jahren hier gewesen war. »Ah, Marshall«, sagten sie. »Das Problem an Marshall war, daß er alles glaubte, was diese Jungen ihm erzählt haben. Er hätte was anderes zu hören bekommen, wenn er auch mit den Frauen gesprochen hätte. Was erwarten Sie denn, wenn Sie eine Bande junger Männer zusammenholen und sie betrunken machen? Sie geben mit ihrem vielen Sex an!«

Nach Amerika zurückgekehrt, nach insgesamt neun Monaten auf der Insel war Harris klüger. Wo immer und wen immer sie auch gefragt hatte, jeder wußte über die Liebe Bescheid, die meisten hatten sie erlebt und bei einigen (den Glücklichen, die sich in sozial begünstigte Partner verliebt hatten) war sie ein Faktor bei der Eheschließung gewesen. Und als Harris ihr Interesse von Mangaia ab- und anderen Kulturen zuwandte – ob nichtwestlichen, in denen Liebe angeblich nicht existieren sollte, oder westlichen Kulturen des vormodernen Zeitalters –, stieß sie überall auf dasselbe Muster.

Vom Dschungel des Amazonas bis zu den Inuit in Alaska, von den Bewohnern der Insel Ifalik bis zu den Wüstennomaden und vom alten Ägypten bis ins China des zwanzigsten Jahrhunderts wußte jeder um die romantische Liebe. Jeder kannte ihre Freuden und Leiden, ihre Launenhaftigkeit, ihr blitzartiges Einsetzen und die ergreifenden, herzerwärmenden Empfindungen, die ihren Verlauf begleiten. Doch nur an sehr wenigen dieser Orte galten solche Gefühle als edel oder lohnenswert und fast nirgends als solide Grundlage für eine Ehe. Die alten Griechen betrachteten die Liebe als eine Art Gebrechen wie Tuberkulose oder Wahnsinn; die Römer sahen sie als Gesellschaftsspiel an; die Japaner wiesen ihr die Rolle einer reizvollen, aber im wesentlichen irrealen Flucht aus der abstumpfenden Routine der Pflichterfüllung und des Familienlebens zu; und in aller Welt fuhren Eltern unabhängig von ihrer Meinung über die Freuden oder den Wert der Liebe fort, die Ehen und Affären ihrer Kinder mit eisernem Pragmatismus zu arrangieren.

Die vielleicht anschaulichste Anekdote über die Einstellungen zur Liebe in nichtwestlichen Kulturen erzählte die mutige Anthropologin Dr. Audrey Richards, die in den dreißiger Jahren bei den Bemba im heutigen Sambia lebte. Wie sie sich erinnerte, bat man sie eines Abends am Feuer, etwas aus ihrer eigenen Sagenwelt zum besten zu geben, und sie erzählte einem ganzen Dorf eine klassische englische Fabel über die Abenteuer eines jungen Prinzen, der Berge erkletterte, gegen Ungeheuer kämpfte und meilenweit ging, um Herz und Hand seiner Geliebten zum Ehebund für immer zu gewinnen. Am Ende ihrer Geschichte angelangt, blickte sie in die Runde, in der Erwartung zustimmenden Kopfnickens und nostalgischen Lächelns. Doch sie sah nur in ein Meer bestürzter, verblüffter Gesichter, und es herrschte ein lastendes, peinliches Schweigen. Schließlich ergriff der Dorfälteste, sichtlich bemüht, nicht unhöflich zu sein, aber zu verwirrt, um länger stumm zu bleiben, das Wort: »Warum hat er sich denn nicht einfach ein anderes Mädchen gesucht?«

Warum also machen wir im Westen so viel Aufhebens um die Liebe? Warum glauben wir, sie sei der höchste Ausdruck unserer Menschlichkeit, das Ziel, nach dem wir alle streben sollten, Endzweck, Verpflichtung, oft gar der Sinn unseres Lebens? Warum wollen wir, daß sie ewig dauert? Warum gehen wir solche Risiken ein, um sie zu finden? Und warum in aller Welt heiraten wir deshalb?

Die platonische Liebe nach Platon

Die Sache nimmt ihren Anfang im Athen des vierten vorchristlichen Jahrhunderts, als der aufstrebende Philosoph Platon beschließt, eine Abhandlung mit dem Titel *Das Gastmahl* zu schreiben, in der er die Lehren seines verstorbenen großen Mentors

Sokrates preist. Ort des Geschehens ist das Haus des Agathon, eines tragischen Dichters jener Zeit, und den Rahmen bildet ein Abendessen mit anschließender Debatte zwischen diversen angesehenen Bürgern Athens, einschließlich des Komödiendichters Aristophanes, des stattlichen jungen Aristokraten Alkibiades und natürlich Sokrates.

Das Gesprächsthema ist die Liebe: ihre Natur, ihr Ursprung, ihr Sinn und Zweck. Zwar formuliert Sokrates die Leitgedanken und stellt heraus, daß die vollkommene Liebe eine Liebe zu geistigen Formen und ewigen Ideen ist, doch es ist die wunderliche Allegorie des Dramatikers Aristophanes über die Liebe und die Ursprünge der Menschheit, die sich langfristig als dauerhafter erwiesen hat.

Aristophanes behauptet, daß in einer früheren Zeit, als die Götter noch jung und die Welt ganz neu war, die Menschen nach einem etwas anderen Muster gestaltet waren, als wir es heute kennen. Jeder hatte vier Arme, vier Beine, zwei Gesichter und einen Leib, der ihm erlaubte, sich so, »wie die Radschlagenden die Beine nach oben herumwerfend einen Kreis beschreiben [...] schnell im Kreise [davonzubewegen]«. Die Götter, voll Angst angesichts dieser übermütigen Geschöpfe, »gewaltig an Kraft und Stärke«, fühlten sich in ihrer Herrschaft über die Erde bald von ihnen herausgefordert und beschlossen, der Drohung zu begegnen, indem sie die Menschen in zwei Hälften zerschnitten. Die Menschen wehrten sich, doch die Götter obsiegten, und bald waren alle Menschen glatt mittendurchgeteilt, so daß jeweils zwei identische Wesen entstanden.

Die so erzeugten Geschöpfe, die ersten modernen Menschen, funktionierten perfekt. Sie konnten gehen, sprechen, lachen, hüpfen und springen. Doch in ihrem Innern herrschte Aufruhr. Denn jeder fühlte sich nur wie ein halber Mensch und sehnte sich verzweifelt danach, wieder ganz zu werden. Manche sollten ihre zugehörige Hälfte nie finden und Jahr um Jahr fruchtlos suchen, andere jedoch hatten mehr Glück. Und jetzt kam, so Aristophanes, die Liebe hinzu, denn die Liebe sei ein tiefes Sehnen, das Verlangen nach vollkommener Vereinigung und das seltsame Gefühl, nach Hause zu kommen, das die Begegnung zweier Menschen begleite, die buchstäblich füreinander, einer als bessere Hälfte des anderen, geschaffen waren. In einer der ausdrucksvollsten Passagen aller Schriften Platons schildert Aristophanes dieses Gefühl: »Denn es kann doch wohl nicht die Gemeinschaft des Liebesgenusses sein, deretwegen der eine dem andern sich so froh und mit so großem Eifer vereint, sondern etwas andres will offenbar die Seele der beiden, was sie nicht sagen kann, aber in Zeichen verkündet sie ihr Wollen und in Rätseln. Und wenn, da sie beisammenliegen, Hephaist zu ihnen träte, sein Werkzeug in der Hand, und fragte: Was ist es, ihr Menschen, was ihr voneinander haben wollt? Und sie wüßten es nicht, und er fragte wieder: Begehrt ihr wohl dies, so sehr als möglich in Eins zusammenzugehn, so daß ihr Tag und Nacht voneinander nicht ablaßt? Denn wenn ihr das begehrt, so will ich euch in Eins zusammenschmelzen und -schweißen, so daß ihr, die zweie, Einer geworden seid und, solange ihr lebt, als Einer beide gemeinsam lebt, und wenn ihr gestorben seid, auch dort im Hades Einer statt zweie seid, gemeinsam im Tode? Wohlan, seht, ob ihr das erstrebt und euch diese Erfüllung zufrieden macht! – Wir wissen, das hörend würde nicht einer nein sagen oder einen anderen Wunsch verraten, sondern würde meinen, genau das gehört zu haben, was er von je begehrte: vereint und verschweißt mit dem Geliebten aus zweien Einer zu werden.«

Dieses Verschmelzen, dieses Sehnen, diese den ganzen Körper ergreifende Empfindung war genau das, was Liebende in aller Welt von Anbeginn der Zeiten an erfahren hatten, doch statt sie als Gebrechen oder Krankheit und als Hindernis auf dem rechten Weg der Eheanbahnung zu sehen, stellte Platon die Liebe als unglaublich sensiblen Mechanismus dar, der uns dazu bringt, nach ebenjener Person zu suchen, sie zu erkennen und auf sie zu reagieren, mit der wir wahrhaft vereint zu werden verdienen. Sollte uns dies mißlingen oder sollten wir uns unwissentlich mit einer anderen verbinden, so verfehlen wir, wie Platon andeutet, in irgendeiner Weise unsere vom Kosmos vorherbestimmte Pflicht. Falls wir dagegen genügend Kraft (oder Glück) haben, diese Person zu finden, werden uns unsagbare Freuden zuteil.

Von diesem Augenblick an war der Samen für ein Muster der Liebe gelegt, das fast ein Jahrtausend später aufblühen sollte; ein

Muster, das auf dem griechischen Konzept der Suche aufbaute, es mit einer neuen, christlichen Spiritualität verband, einen Spritzer arabische Schwärmerei hinzufügte und ihm ein ganz eigenes Gefüge und Gepräge gab. Man nannte es die höfische Minne.

Die höfische Minne

Zeit: Sonntag, 25. April 1227. Ort: eine Straße auf dem italienischen Festland nahe Venedig. Geschehen: Auftritt der Göttin Venus unter dem gewöhnlichen Volk Italiens. Zweck: ein Turnier mit den Rittern und Knappen des Landes, um die Liebe einer vollkommenen, namenlosen Dame zu gewinnen.

Die Forderung war so ausgefallen wie außergewöhnlich, und es stellte sie ein Mann, der für seine Zeit so typisch war wie für die unsrige ungewöhnlich: der verzweifelte, liebeskranke, scheinbar halb wahnsinnige Baron Ulrich von Lichtenstein. Zu jedem anderen Zeitpunkt oder Ort hätte Ulrichs Vorhaben ihn direkt ins Irrenhaus gebracht. Doch hier, im Europa des dreizehnten Jahrhunderts, stellte es eine zwar unleugbar tollkühne Geste dar, gab ihn aber keineswegs der Lächerlichkeit preis. Denn Ulrich suchte, wie viele andere Ritter jener Zeit, eine Möglichkeit, seine Liebe zu einer Frau kundzutun, die in jeder Hinsicht unerreichbar war. Es handelte sich um eine Wiener Edelfrau von hoher Abkunft, hohem Ansehen und hochnäsigem, eiskaltem Betragen. Er war jünger und von niedrigerem Rang, so daß ihm, obwohl er sich mit zweiundzwanzig Jahren seine Sporen verdient hatte, keinerlei Hoffnung blieb, sie je für sich zu gewinnen. Denn abgesehen von dem Rangunterschied zwischen ihnen war sie verheiratet. Und zu allem Überfluß war er es ebenfalls.

Doch wir sind im dreizehnten Jahrhundert, wo Ehen nicht von den Beteiligten, sondern von ihren Eltern verabredet wurden und zumindest im Adel eher der Besiegelung eines Bündnisses zwischen zwei Familien als der einer Zuneigung zwischen zwei Individuen dienten. Es kam durchaus vor, daß aus solchen Verbindungen Liebe erwuchs, doch genausooft war dies nicht der Fall. Um daher einem Aufbegehren der Beteiligten oder den sozialen Spannungen, die aus geschiedenen Ehen resultieren mochten, vorzubeugen, drückte die Kultur gegenüber außerehelichem Verlangen beide Augen zu, einem Verlangen, das als höfische Minne kodifiziert wurde.

Ihren Hauptprinzipien zufolge, die an den Höfen gebildeter Edelfrauen wie Eleonore von Aquitanien mit ihrer melancholisch-sehnsuchtsvollen Atmosphäre zu höchster Blüte entwickelt wurden, konnte ein Ritter einer hochwohlgeborenen Dame, mit der er nicht verheiratet war, seine Liebe erklären und sollte es sogar. Er sollte sich einer Reihe von Prüfungen unterziehen, um ihre Wertschätzung zu gewinnen und ihren guten Namen zu verteidigen. Danach konnte er sie mit allen erdenklichen Botschaften und Beteuerungen verfolgen, solange er nicht tatsächlich mit ihr ins Bett ging. Es ist ungeklärt, ob diese Bedingung verhindern sollte, daß der Ehemann Hörner aufgesetzt bekam, oder ob sie eher im Zusammenhang einer allgemeinen, christlich inspirierten Erhöhung des Spirituellen über das Irdische entstand. Sicherlich wahr ist, daß die teilweise, jedoch nicht vollständige Erwiderung, die die höfische Minne verlangte, wohl als psychologisches Rezept zur Anstachelung der Leidenschaft erdacht wurde.

Als der Baron von Lichtenstein seine Verehrung seiner Wiener Angebeteten in ein Lied faßte, verhielt sie sich lehrbuchhaft: distanziert, jedoch nicht völlig abweisend. Sie teilte ihm mit, daß er zu gering für sie und das Lied zu schwülstig sei und daß ihr seine Hasenscharte nicht gefiel. Einem weniger fixierten Anbeter hätte dies den Rest gegeben. Doch für einen derart ergebenen Verehrer wie Ulrich war es Öl ins Feuer. Der Bemerkung über sein Gesicht entnahm er, daß sie ihn zur Kenntnis genommen hatte, und wenn sie ihn zur Kenntnis genommen hatte, bestand sicherlich Hoffnung. Er mußte nur an seinem Dichtwerk feilen, sein Aussehen verbessern und auf der sozialen Stufenleiter höherklettern.

Als erstes ließ er seine Hasenscharte chirurgisch korrigieren, was ihn beim Stand der mittelalterlichen Medizin für sechs Wochen mit Fieber aufs Krankenlager warf. Dann komponierte er ein neues Lied, das er ihr brav zur Prüfung übersandte. Und als drittes begann er eine Turnierkarriere, die von derart glänzendem Erfolg gekrönt war, daß die Dame nicht unbeeindruckt bleiben konnte. Nachdem er all dies in die Wege geleitet hatte, war Ulrich gewappnet, sein Anliegen erneut vorzutragen; er wurde endlich zu einer Jagdgesellschaft eingeladen, wo er, falls sich die Gelegenheit ergab, vielleicht mit ihr sprechen durfte. Leider war der Ritter, als es dann tatsächlich soweit kam, derart überwältigt, daß er kein einziges Wort über die Lippen brachte. Erzürnt ob dieses linkischen Auftritts verbannte ihn die Dame für immer. Nun, nicht ganz für immer. Nachdem er sie von nahem erblickt, ihre Hand berührt und ihre Aufmerksamkeit erhalten hatte, wenn auch nur für einen Augenblick, war Ulrich nun vollends außerstande, sie sich aus dem Kopf zu schlagen.

Er focht wie nie zuvor, stand zahllose Abenteuer durch, und als ihm zu Ohren kam, er habe ihr Mißfallen erregt, weil er sich fälschlicherweise damit gebrüstet hatte, im Dienst an ihr einen Finger verloren zu haben, hackte er ihn sich prompt ab, verpackte ihn in einen eigens dafür genähten Samtbeutel und sandte ihn ihr mit einem langen Gedicht über die Begebenheit.

Nun wirklich beeindruckt, teilte die namenlose Dame Ulrich mit, sie schaue sich den Finger täglich an, ein Zugeständnis, das ihn in einen solchen Freudentaumel versetzte, daß er seinen letzten und höchsten Plan in Angriff nahm, die berüchtigte Turnierprozession von Venedig nach Wien, auf der er mit sämtlichen Rittern der Lombardei, Österreichs und Böhmens kämpfen wollte. Und um zu beweisen, daß er ausschließlich im Namen der Liebe zu Felde zog, trat er in der Aufmachung der römischen Göttin Venus an. Zeitgenössischen Berichten zufolge gaben der Baron und sein Gefolge einen überaus spektakulären Anblick ab. Der Zug wurde angeführt von einem Dutzend Knappen, von Kopf bis Fuß in Weiß gekleidet. Danach folgten zwei Kammerzofen, dann ein Miniorchester und schließlich zum Abschluß eine mannsgroße Gestalt zu Pferd, gekleidet in ein auffällig überladenes, sahnefarbenes Gewand mit einem schweren Schleier, einem Kopfputz aus Perlen und taillenlangen juwelenbesetzten Haarflechten.

Bei den häufigen Stops, die Ulrich einlegte, um mit diversen

Herausforderern zu kämpfen, zerbrach er insgesamt 307 Lanzen. Er vollbrachte ein großartiges Heldenstück, das fünf Wochen in Anspruch nahm, seinen Namen in allen Provinzen, durch die er zog, bekannt machte und dessen Kunde sogar bis zu den Burgmauern seiner namenlosen, gesichtslosen Dame drang. Als er schließlich dort anlangte, war er fest überzeugt, er werde zu ihr vorgelassen werden und könne ihr sein Anliegen vortragen, sie vielleicht sogar küssen, sollte er für würdig befunden werden.

Fast wahnsinnig vor Begierde fand sich der Baron vor dem Tor der Dame ein, woraufhin man ihm befahl, seine Rüstung abzulegen und sich ihr in der Kleidung eines der Aussätzigen zu nähern, die gewöhnlich um Almosen baten. Glückselig tauschte der Baron seinen Staat gegen Lumpen und verbrachte sogar die Nacht in einem Graben, um noch echter zu wirken. Dann warf er ein Seil zu ihrem Schlafzimmerfenster hinauf und kletterte daran hoch, um sie zu küssen, fand sie jedoch von acht Zofen umgeben, die sich weigerten, den Raum zu verlassen. Die Dame weidete sich an Ulrichs Enttäuschung, ergriff dann, während er sich noch an das Seil klammerte, eine Schere und schnitt es an der Fensterbank durch, so daß er in den Burggraben zurückstürzte.

Als der Baron wieder vorsprach, nicht wütend, sondern voll reiner, ungetrübter Liebe, schien das Maß voll zu sein. Das Spiel war zu weit gegangen, der Baron hatte seine Beharrlichkeit bewiesen und sollte nun endlich seine Belohnung erhalten. Und dies geschah auch. Statt ihn auf einen Kreuzzug zu schicken wie ursprünglich geplant, schmolz die einstmals herzlose Dame nun in seinen Armen dahin und gewährte ihm, nach fünfzehn langen Jahren, die Freuden ihrer zarten Liebkosungen.

Worin diese Liebkosungen bestanden, werden wir nie erfahren, denn was wir über den Baron wissen, stammt vorwiegend aus seinen eigenen Memoiren, die er gegen Ende seines Lebens einem Schreiber diktierte, wobei er aber alle intimen Details verschwieg. Doch wenn andere, ähnliche Beispiele für höfische Minne zur Orientierung dienen können, dann wurde ihm wahrscheinlich das Recht gewährt, mit ihr allein zu bleiben, sie zu küssen und möglicherweise ihren nackten Leib im Bett zu liebkosen. Der volle

Die höfische Liebe lebte von der Vorstellung spiritueller Erfüllung, der sexuelle Vollzug der Liebe war nicht das Ziel und meist auch gar nicht gewünscht.

sexuelle Vollzug ihrer Liebe war nicht das Ziel und oft auch gar nicht gewünscht. In jenen Tagen standen den Rittern Prostituierte, Mägde und Stallburschen zu Gebote, um ihre rein sexuellen Triebe zu befriedigen.

Es ging um die Erfüllung von etwas anderem. Etwas Spirituellem, etwas, das auf einer ganz anderen Ebene lag. Und seltsamerweise, wenn die Erfüllung eintrat, begann es dahinzuschwinden. Denn kaum war Ulrich wie so viele andere Ritter jener Zeit im Besitz seines Preises, beschloß er, ihn wieder loszulassen. Vielleicht langweilte sich seine Dame und nahm sich einen anderen Verehrer, vielleicht vermochte keiner von beiden die hochgeschraubten Erwartungen des anderen zu erfüllen, oder vielleicht merkten sie, wie es Jägern so oft ergeht, daß die Hatz wichtiger und erfüllender war als das Stellen der Beute. Wie auch immer, die Beziehung hielt nur zwei Jahre, bevor Ulrich ihr entsagte und erneut loszog, diesmal als Kämpfer für eine andere Dame, diesmal verkleidet als König Artus von England und diesmal noch tollkühner als zuvor.

Doch was hat uns diese bizarre Institution der höfischen Minne noch mitzuteilen? Inwiefern sagt sie, fast tausend Jahre später, unserer eigenen Generation noch etwas, die die Rüstung seit langem abgelegt hat, die in ihrem Werbeverhalten weitaus fester auf der Erde steht und die, sofern beide Parteien zustimmen, gewöhnlich aus individueller, freier Entscheidung heiratet? Einerseits sind die Geschichten der fahrenden Ritter absurd: ein unermüdliches Streben nach dem Unerreichbaren auf der Suche nach dem Undurchführbaren. Andererseits kristallisierte sich dabei eine ganz eigene und neuartige Sicht der Liebe heraus; die Sehnsucht wurde zum Ideal erhoben, der Schmerz in eine Art latente, langsam verzehrende Ekstase verwandelt und die Hochstimmung aus einem vorübergehenden, vergänglichen Hoch zu einem transzendenten, letztgültigen Ziel umgeformt. Zum Wesenskern, zur Essenz, zum eigentlichen Sinn des Lebens.

Überdies markieren die außergewöhnlichen Abenteuer der fahrenden Ritter eine kulturelle Brücke zwischen dunklen Zeitaltern der Barbarei und der neuen Fülle der Renaissance. Die Höfe Aquitaniens mögen in einem von dem unsrigen völlig verschiedenen geistigen Universum gelegen haben, doch sie läuteten eine neue Epoche der Verfeinerung und Bildung ein, die ihren Einfluß durch die neuerfundene Druckerpresse bis in die fernsten Winkel Europas geltend machte. Generationen von Lesern stillten ihren Hunger nach ähnlichen Erzählungen von unglücklich Liebenden, ritterlichen Heldentaten und höchsten, unmöglichen Freuden. Lancelot und Ginevra, Tristan und Isolde und etwas später Romeo und Julia: die großen romantischen Mythen der westlichen Welt. Neuerfunden, weiterentwickelt und gewandet in die Kostüme jedes neuen Zeitalters, dauert die Macht dieser Mythen fort, so daß wir heute noch der Vorstellung anhängen, daß sich zu verlieben Pflicht, höchstes Ideal, der Altar ist, auf dem alle anderen Erwägungen geopfert werden sollten. Wir sind verliebt in die Liebe: Wir beten zu ihrer allumfassenden Macht und können es kaum erwarten, von ihr überrollt zu werden.

Wir sind verliebt in die Liebe. Die Liebe zwischen Romeo und Julia gehört zu den romantischen Mythen der westlichen Welt.

Brücken der Liebe

Die Hängebrücke über den Capilano Canyon schwingt sich über ein tief eingeschnittenes, schmales Tal westlich von Vancouver. Sie ist 1,50 Meter breit und 135 Meter lang und besteht aus Holzbohlen, die von dünnen Drahtseilen zusammengehalten werden. In der Mitte senkt sie sich tief ab, sie schaukelt im Wind und erbebt unter jedem Schritt. Zur Linken und zur Rechten hat man einen atemberaubenden Ausblick über die Wälder und Berge der pazifischen

Nordwestküste. Schaut man nach unten, fällt der Blick siebzig Meter tief auf Felsen und Stromschnellen. Ein merkwürdiger Ort, um die romantische Liebe zu erforschen, doch für die Augen von Donald Dutton und Arthur Aron schien er 1974 perfekt geeignet.

Aron, ehemals Psychologe mit einem Hang zur östlichen Mystik, und Dutton, sein praktischer gesinnter Kollege, hatten sich viele Stunden lang die Köpfe über die Eingebungen und Impulse der Liebe heißgeredet. Warum schweigt sie nicht, bis wir auf einen passenden Partner stoßen, warum verhält sie sich nicht still, wenn wir einen Fehler nach dem anderen machen, um dann plötzlich zu explodieren, wenn wir uns endlich richtig anstellen? Wir verlieben uns oft in Menschen, die uns einfach nicht guttun, oder zu einem Zeitpunkt, wo wir wissen, daß es uns nicht guttut, so daß es sein könnte, daß wir nicht bloß kulturellen Normen folgen oder sinnvolle evolutionäre Strategien umsetzen. Es müssen andere Faktoren im Spiel sein. Faktoren, die uns zu bestimmten Zeiten anfälliger für Verliebtheit machen als zu anderen, fast unabhängig davon, welcher Person wir begegnen. Faktoren, die mit unserem Alter, unserer Bereitschaft, unserer gesamten Einstellung oder unserer Stimmungslage zu tun haben könnten.

Bei ihren Streifzügen durch die Geschichte, die Philosophie und die experimentelle Psychologie stießen Dutton und Aron zu ihrem Erstaunen auf einen gemeinsamen Faktor: Angst. Wäre die Liebe zwischen Romeo und Julia genauso berauschend gewesen, wenn nicht die Gefahr sie gewürzt hätte? Hätte sich Ulrichs namenlose Dame als derart unwiderstehlich erwiesen, wenn sie ihn von der ersten Begegnung an mit offenen Armen empfangen hätte? Und was war mit Kleines Grün? Wie sie selbst gemerkt haben dürfte, ist kaum etwas so verlockend wie der Reiz des Verbotenen. Könnte es sein, daß ein Schuß intensiver Angst – ob der geliebte Mensch sie dem Liebenden einflößt oder ob sie aus etwas erwächst, das außerhalb der Kontrolle beider liegt – tatsächlich zum Entstehen von romantischer Sehnsucht beiträgt oder gar ihr Katalysator ist?

Um dieser Frage nachzugehen, durchkämmte Aron wochenlang die psychologische Literatur. Dabei stieß er auf verschiedene Studien, denen zufolge die Empfänglichkeit für romantische

Anziehungskräfte zunimmt, wenn Menschen Erfahrungen wie Bedrohungen, Herausforderungen, Strapazen oder Erschöpfung ausgesetzt waren. Mit anderen Worten Erfahrungen, die starke physische oder psychische Erregung hervorrufen. Romantische Anwandlungen, Liebe, Limerenz, wie immer man es auch nennen mag, entzünden sich, wie allgemeinere Formen von Erregung auch, möglicherweise dann am schnellsten, wenn wir uns – freiwillig oder auch unfreiwillig – in Umständen befinden, die neuartige oder extreme emotionale Reaktionen auslösen. An dieser Stelle kam die Brücke ins Spiel.

Gemeinsam mit Dutton machte sich Aron daran, eine Situation zu konstruieren, in der Personen anderen Menschen, über die sie sehr wenig wußten, unter der Bedingung maximaler emotionaler Erregung begegnen würden.

Dutton schlug sofort die Brücke vor, und sobald Aron sie zum ersten Mal überquert hatte – an den Handlauf geklammert, bei jedem Schritt zögernd und jeden Blick in den schwindelerregenden Abgrund beiderseits vermeidend –, war er überzeugt. Die Brücke machte angst, jagte aber nicht zu großes Entsetzen ein. Das Beste war, daß es ein Stück flußabwärts eine weitaus sicherere Brücke gab: niedriger, geschlossener und solider gebaut. Diese Brücke konnte als Kontrollbedingung dienen.

Und so lautete der Plan: Eine attraktive weibliche Eingeweihte sollte auf der Mitte jeder Brücke Position beziehen und die männlichen Brückengänger, von denen einige an Duttons und Arons Universität rekrutiert worden waren, bitten, einen kurzen Fragebogen auszufüllen, der dem Anschein nach der Wirkung des Ausblicks auf die kreative Ausdrucksfähigkeit galt. Danach sollte sie die Männer noch um weitere Angaben bitten, etwa Alter, Bildung, frühere Besuche der Brücke und so fort, und zum Schluß sollte sie sie auffordern, eine kurze Geschichte zu einem Bild zu schreiben, das sie bei sich trug. Doch in dem Augenblick, in dem sie weitergingen, sollte das Mädchen sie zurückrufen, eine Telefonnummer auf ein Stück Papier kritzeln und ihnen erklären, daß sie, wenn sie mehr über das Experiment wissen wollten, sie auch gerne privat anrufen dürften.

Der Tag des Experiments kam, die Forscher eilten zur Brücke, und die Männer gingen einer nach dem anderen darüber und hielten bei der Frau an. Inzwischen bewachten Aron und Dutton im Basislager den Anrufbeantworter. Wenn ein Anruf für Gloria eintraf, wußten sie, daß es sich um einen Mann handelte, der die hohe Brücke überquert hatte. Kam ein Gespräch für Donna, mußte es einer sein, der die niedrige Brücke überquert hatte. Am Ende des Tages waren von achtzehn möglichen Anrufen neun für Gloria gekommen, während Donna nur zwei erhalten hatte. Als Aron und Dutton überdies die Anrufhäufigkeit mit dem sexuellen Gehalt der Geschichten sowie der Zahl der Männer, die den Fragebogen auszufüllen bereit waren, in Beziehung setzten, stellten sie fest, daß die hohe Brücke sowohl eine beträchtlich höhere Bereitschaft als auch die sexuell aufgeladeneren Geschichten erbracht hatte.

Was können wir nun aus diesem Experiment schließen? Daß wir uns, wenn wir uns verlieben möchten, eine gefährliche Brücke suchen sollten und daß wir sie, wenn wir mit unserer Liebe auf Gegenseitigkeit stoßen möchten, auf dem Geländer überqueren sollten? Oder vielleicht umgekehrt, daß wir bei einem Leben in völliger Vorhersehbarkeit, ohne Dramatik oder Abenteuer, dazu verdammt wären, ohne Liebe zu leben? Das alles hört sich etwas übertrieben und phantastisch an. Zugegeben, doch wie alles, was wir sagen, insbesondere auf dem Gebiet der Liebe, könnte es ein Körnchen Wahrheit enthalten, das etwas über den grundlegenden Sinn und Zweck der Liebe besagt.

Insbesondere Aron beeindruckten die Ergebnisse dieses Experiments so nachhaltig, daß er sich seitdem wissenschaftlich mit Liebe befaßt. Heute geht er zwar ein wenig auf Distanz zu dem Experiment, dennoch erwies es sich als wichtiger Schritt in der Entwicklung der Theorie, die er heute vertritt: daß nämlich die romantische Liebe ein grundlegendes Instrument der Erweiterung des Selbst ist. Dieser Theorie zufolge ist Liebe das effizienteste Mittel, Individuen zu motivieren, über sich hinauszugehen und eine andere Person in ihr Leben zu integrieren. Durch die Vereinigung und Verschmelzung können beide die Ansichten, die Erfahrungen und so weiter des jeweils anderen hinzugewinnen und, bildlich gesprochen, im Haus des anderen wie im eigenen wohnen. Dies entspricht auf der einen Seite ein wenig dem, was Aristophanes bei Platon schildert, auf der anderen Seite aber auch der Evolutionstheorie. Aron überprüfte es anhand zweier einfacher Experimente.

Beim ersten bat er 325 Studenten, über zehn Wochen hinweg alle vierzehn Tage einmal einen Fragebogen auszufüllen, der nur Fragen nach ihrer persönlichen Wesensart stellte und danach fragte, ob sie sich in den letzten beiden Wochen verliebt hatten. Wenn sich die Probanden nicht verliebt hatten, waren ihre Selbstbeschreibungen kurz und gleichbleibend. Hatten sie sich jedoch verliebt, nahmen die Beschreibungen beträchtlich an Länge und Ausführlichkeit zu. Das zweite Experiment war komplizierter. Hier erhielten Menschen, die in langfristigen Beziehungen lebten, eine umfangreiche Liste von Adjektiven und sollten dem Versuchsleiter erklären, ob diese auf sie selbst, ihren Partner, beide oder keinen zutrafen. Nach einer kurzen Zeitspanne bekamen sie dieselbe Liste nochmals vorgelegt und sollten angeben, ob die Adjektive nur auf sie selbst zutrafen. In nahezu allen Fällen erfolgten die schnellsten Antworten bei Adjektiven, die sowohl auf die befragte Person als auch ihren Partner zutrafen, die langsamsten dagegen bei denen, die nur auf sie selbst zutrafen. Dies sprach offenbar dafür, daß die Probanden so eng mit ihren Partnern verschmolzen waren, daß sie erst geistig aus der Beziehung heraustreten mußten, bevor sie sich selbst als isoliertes Individuum betrachten konnten.

Als Aron, der nun mit seiner Frau Elaine zusammenarbeitete, diese beiden Experimente als Einheit beurteilte und zudem ein wenig über das Lexikon der Liebe nachsann (»Ich platze vor Glück«, »Ich verging in seinen/ihren Armen«, »Ich versank in seinen/ihren Augen«), fiel ihm auf, daß Liebende in gewissem Sinn tatsächlich fest miteinander verbunden, verschmolzen, zusammengewachsen schienen. Und daß das Ganze am Ende größer und effizienter wirkte als die Summe seiner Teile.

Die hohe Brücke steht also, wenn auch nur metaphorisch, dafür, daß, die nicht wagen, auch nicht gewinnen. Weil es ihnen entweder schon schwerfällt, mit ihrem jetzigen Leben Schritt zu halten, oder aus Angst vor dem Unbekannten, einem möglichen Kontrollverlust, den schwindelerregenden Gipfeln und gähnenden Abgründen der Ungewißheit schließen sie sich in einem Schutzpanzer ein, der ein Eindringen von außen verhindert. In manchen Fällen, wenn eine der im letzten Kapitel erwähnten Bindungsstörungen vorliegt, kann dieser Zustand lebenslang anhalten, bei anderen Menschen nur zeitweise, etwa bedingt durch übergroße Arbeitsbelastung, plötzlichen Mangel an Selbstvertrauen oder unerschütterliche Selbstgenügsamkeit. Diese Typen hätten erst gar keinen Fuß auf die hohe Brücke gesetzt.

Andererseits könnte das Brückenexperiment bei denjenigen, die für die Liebe – für das Leben – offen sind, eine Saite zum Klingen bringen. Die Zeitungen sind voll von Geschichten über Urlaubsromanzen, die aus der Verlockung der Exotik, dem Reiz des Unbekannten, dem Versprechen von etwas Neuem und Gefährlichem heraus geboren werden. Solche Liaisons halten meist nicht lange. Zunächst einmal fehlt ihnen das Element der Ähnlichkeit und Ergänzung, das eine wirkliche Liebeserfahrung auszeichnet, doch darum geht es in Arons Arbeit gar nicht. Sie untersucht, was Liebe entzündet, nicht was sie dauerhaft macht. Und genauso wie eher lustvolle Angstzustände dazu beitragen können, können dies auch die weniger oder gar nicht lustvollen. Das Phänomen der Kriegsliebe ist nicht nur der Stoff zahlreicher Romane, sondern real zu beobachten – entzündet und angefacht vom Heulen der Fliegeralarmsirenen, dem engen Zusammenkauern im Luftschutzbunker und dem Pfeifen und Heulen der Kugeln und Bomben. Wäre *Vom Winde verweht* genauso romantisch, wenn es nicht vor dem flammenden Hintergrund des amerikanischen Bürgerkriegs spielte? Und warum verspüren so viele Soldaten in Not und Bedrängnis das Bedürfnis, Liebesbriefe zu schreiben und zu bekommen, selbst von Wildfremden?

Unter weniger ungewöhnlichen Umständen läßt sich bei Menschen, die zusammen in einem Lift gefangen sind, die ein gemeinsames Problem eint oder die miteinander eine beschwerliche Reise unternommen haben, zuweilen dasselbe Phänomen beobachten. Art Aron konnte die ersten Regungen romantischer Liebe sogar im Labor erzeugen. Dazu sperrte er zwei einander völlig fremde Personen anderthalb Stunden lang zusammen in einen Raum ein, wo sie sich wechselseitig eine Reihe immer intimerer Fragen stellen mußten. Am Ende des Durchlaufs gaben die meisten Probanden an, sich von dem Fremden in einer Weise romantisch angezogen zu fühlen, die ihren Gefühlen ihrem langfristigen Partner gegenüber gleichkam oder diese sogar übertraf. (Wie Aron sich erinnert, marschierte mehr als ein besorgter Partner ruhelos im Flur vor dem Labor auf und ab, während der Mensch, den er liebte, einem Fremden allerlei Intimitäten mitteilte.) Die auf diese Weise erzeugten Gefühle halten nicht immer an, zuweilen aber doch. Das erste Paar, mit dem er seine Experimente anstellte, landete sogar vor dem Traualtar, und Aron und seine Mitarbeiter waren Ehrengäste auf der Hochzeit.

Von der hohen Brücke aus gesehen, muten Ulrich von Lichtensteins Verrenkungen nun nicht mehr so gänzlich fremdartig an. Wenn sich wohlgenährte kanadische Psychologiestudenten des zwanzigsten Jahrhunderts im Vollbesitz ihrer geistigen Kräfte durch die bloße Überquerung einer Brücke zu verliebten Handlungen treiben lassen, dann scheint es vielleicht nicht mehr so abwegig, daß ein in vieler Hinsicht gefährdeter Ritter des Mittelalters bereit war, nur für ein freundliches Wort seiner Angebeteten sein Leben aufs Spiel zu setzen. Menschen in aller Welt und zu allen Zeiten der Geschichte haben sich trotz aller Risiken verliebt, sehr wahrscheinlich vor allem anderen allein deswegen, weil es so ein gutes Gefühl ist. Doch unser kulturelles Erbe der höfischen Minne und unser Glaube an die Liebe als eine vollkommene Macht sind ein zweischneidiges Schwert. Vielleicht zu unserem Glück werden wir heute ermutigt, sie auf realistischere Partner zu richten. Aber zu unserem Unglück glauben viele von uns, versagt zu haben, wenn die Liebe, die wir erfahren, nicht so vollkommen oder dauerhaft ist wie erwartet.

Dauerhafte Liebe

Kerstin Uvnas-Moberg forscht am Karolinska-Institut in Stockholm und glaubt, daß unsere ererbte Vorstellung von Liebe schlicht am Kern der Sache vorbeigeht. Oder vielmehr, daß sie nur die

Hälfte des Bildes ausmacht. Wenn an der Liebe nicht mehr dran wäre als die hochgepeitschte, ruhelose, verzweifelte, schlaflose Sehnsucht, die die Gefühle Ulrichs für seine Angebetete, Romeos für Julia oder Isoldes für Tristan kennzeichnen, dann wäre die Liebe in der Tat etwas Merkwürdiges, ja Ungeheuerliches. Hinderlich, unnütz, im Sinne der Evolution unproduktiv. Sie würde uns in unserer Sucht nach Erregung von einer riskanten Situation in die nächste stolpern lassen, so daß wir es nirgendwo lange genug aushielten, um dafür zu sorgen, daß unsere Gene Erfolg haben. Sicher, wir benötigen eine gewisse Energie, um dem Objekt unserer Begierde nachzustellen, und wir brauchen die Beharrlichkeit und Motivation, eine anfängliche Zurückweisung zu verkraften, sonst bekämen wir niemals eine Chance, einen Partner zu gewinnen. Doch die Besänftigung einer solchen verzehrenden Leidenschaft und das Abflauen des Vollbilds der Limerenz sind unabdingbar, wenn wir in die Art dauerhafter und wechselseitig befriedigender Beziehung hinübergleiten wollen, zu deren Anknüpfung die Liebe ursprünglich gedacht war.

Uvnas-Moberg ist eine der weltweit führenden Expertinnen für ein Hormon namens Oxytocin. Es wird tief im Hypothalamus gebildet und von der wichtigsten Schaltzentrale des Gehirns, der Hypophyse, gespeichert und ausgeschüttet. Oxytocin könnte teilweise dafür verantwortlich sein, daß wir uns von dem himmelhochjauchzenden Zustand der Verliebtheit lösen und ihn allmählich in den ganz anderen Zustand der ruhigen, stillen Freude umwandeln.

Der Einfluß von körpereigenen chemischen Substanzen wie Oxytocin auf unser Verhalten ist eines der komplexesten und faszinierendsten Gebiete der gesamten Biologie und zudem eines, auf dem es noch viel zu entdecken gilt. Immer wieder erbringt die Forschung Hinweise auf Zusammenhänge zwischen bestimmten Substanzen der Körperchemie, und kaum sind die Befunde veröffentlicht, stellt sich heraus, daß die ursprüngliche Substanz in Wirklichkeit ein Gemenge aus mehreren getrennten und unabhängigen Substanzen ist, dessen Gleichgewicht und Gesamtspiegel sich in Reaktion auf außerkörperliche Bedingungen ständig leicht verändert. Die bloße Anzahl der Hormone und ihre zuweilen antagonistischen Wirkungen haben zur Folge, daß die Endokrinologen schon alle Hände voll damit zu tun haben, allein die aktuelle Fachliteratur zu verfolgen. Doch ist genau dies das Gebiet, auf dem die Pharmaunternehmen im neuen Jahrhundert einen Großteil ihres Geldes verdienen werden. Bestseller wie Prozac (deutscher Handelsname Fluctin), schnell wirkende Entgiftungsmittel für Drogenabhängige und vielleicht bessere Medikamente gegen Schizophrenie hängen davon ab, daß wir die buchstäblich unbegreiflich komplizierte Mixtur chemischer Substanzen in unserem Kopf besser verstehen.

Es gibt vier grundlegende Familien neurochemischer Substanzen – Substanzen, die bei Männern wie Frauen vom Gehirn ausgeschüttet werden –, die unser subjektives Wohlbefinden beeinflussen und je nach den konkreten Umständen variieren. Es sind Hormone wie auch das Testosteron und das Östrogen, denen wir in vorausgegangenen Kapiteln begegnet sind, doch im Unterschied zu diesen sind ihre Wirkungen subtiler und flüchtiger, das Gehirn spielt eine wichtige Rolle bei ihrer Steuerung, und sie zeigen bei beiden Geschlechtern viel ähnlichere Wirkungen. Die bekannteste dieser Substanzen ist das Adrenalin, der Zünder des Systems, das wahrscheinlich hauptsächlich für unser anfängliches Hochgefühl verantwortlich ist, wenn wir uns verlieben. Adrenalin ist jedoch auch der Fußsoldat der instinktiven Reaktion »Angriff oder Flucht« unseres Körpers, die von bedrohlichen Situationen ausgelöst wird und uns auf sofortiges Handeln vorbereitet. Blut wird in die Muskeln umgeleitet, das Herz pumpt schneller, der Blutzuckerspiegel steigt. Zugleich schaltet das Verdauungssystem ab, der Mund wird trocken, und die Nährstoffe, die vielleicht im Magen auf die Aufbereitung warten, gehen nicht mehr ins Blut über. Der psychische Zustand ist gekennzeichnet durch Hyperwachheit, durch absolute Bereitschaft. Körper wie Geist stehen unmittelbar vor der Aktion.

Wie die anderen neurochemischen Substanzen muß Adrenalin unglaublich fein dosiert ausgeschüttet werden, um richtig wirken zu können. Unser Gehirn reagiert auf unsere Lebensumstände zudem mit einer diffizilen Mischung anderer neurochemischer Botenstoffe, von denen vor allem Dopamin, Serotonin und die Endorphine zu nennen sind. Diese beeinflussen unsere Empfindungen in ähnlich radikaler Weise. Darüber hinaus wirbeln in diesem Gebräu noch zwei weitere, etwas rätselhafte Substanzen herum, die mit unserem Verhalten in der Liebe zu tun haben. Die erste heißt Phenylethylamin, abgekürzt PEA. Es ist offenbar einer der Stoffe, die für das Gefühl verantwortlich sind, im siebten Himmel zu schweben, das jeder kennt, der so richtig verliebt ist. Man hat sogar vermutet – wahrscheinlich zu Unrecht –, daß PEA das »Romantikhormon« ist und daß Menschen, die sich dauernd aufs neue verlieben, einen chronisch niedrigen PEA-Spiegel haben, den sie durch ihre ständigen romantischen Affären in die Höhe zu treiben suchen.

Zu guter Letzt ist da noch Uvnas-Mobergs Lieblingsstoff: Oxytocin. Seit vielen Jahren ist das Oxytocin als das wichtigste Hormon im Zusammenhang mit der Geburt bekannt; es löst Wehen aus und stillt die Blutung danach. Doch wie Uvnas-Mobergs Arbeiten zeigen, hat Oxytocin eine weitaus größere Wirkungsbandbreite, und das vielleicht nicht nur auf physischer, sondern auch auf psychischer Ebene.

Wie die Bindungstheoretiker, die wir im vorigen Kapitel kennengelernt haben, ist Uvnas-Moberg fasziniert von der Interaktion zwischen Mutter und Kind. Auch sie möchte wissen, warum manche Mütter so rasch eine so tiefgehende Bindung zu ihrem Baby herstellen, während andere den Dreh offenbar niemals richtig rauskriegen. Doch statt nur deren Verhalten zu beobachten, will sie in ihren Körper eindringen, die unsichtbaren, aber übermächtigen Gezeiten des Oxytocins im Blutstrom der Mütter messen und analysieren. Und in den gemütlichen, bequemen Zimmern, die das Karolinska-Institut Müttern und ihren neugeborenen Babies bietet, tut sie genau das. Ein großartiger Arbeitsplatz: Zwar quengeln und schreien gelegentlich die Säuglinge, doch insgesamt herrscht eine Atmosphäre von außerordentlicher Ruhe und Zufriedenheit. Hier fühlt sich offensichtlich niemand zu Flucht oder Angriff getrieben. Statt dessen sind die Mütter ganz mit dem Stillen ihrer Neugeborenen beschäftigt, die Räume durchströmt eine feuchte Wärme, die Stimmung wirkt nach innen gekehrt, fast träge. Und wenn Uvnas-Moberg Blut abnimmt und die Proben analysiert, stellt sie ein interessantes Muster fest. Die Mütter mit den höchsten Oxytocinspiegeln haben nicht nur die meiste Milch, sondern sie äußern auch die größte Zufriedenheit; sie überlassen sich bereitwillig der entspannten, gelassenen Geisteshaltung, die für Mutter und Kind gleichermaßen notwendig ist, um eine angemessene Bindung zueinander herzustellen.

Es wirkt wie ein klassisches Beispiel für die Rückkoppelungsschleifen, mit denen sich die Hormonforschung herumschlägt, eine Henne-Ei-Situation, in der sich nicht entscheiden läßt, was zuerst da war – das Hormon, das Verhalten, das es auslöst, oder der psychische Zustand, der das Verhalten motiviert. Ursache und Wirkung zu entwirren war eine Puzzlearbeit, doch insbesondere im Falle des Oxytocins schien sie wichtig, denn wenn ein Hormon sich derart bedeutsam auf unsere frühesten und tiefgreifendsten Erfahrungen von Liebe auswirkt, dann kann es uns vielleicht auch noch etwas über die Liebe sagen.

Und wie Uvnas-Moberg bald herausfand, war es auch so, denn Oxytocin wird nicht nur während der kritischen Phasen um die Geburt und während des Stillens erzeugt, sondern auch als Reaktion auf drei andere Aktivitäten: Streicheln, Küssen und Miteinanderschlafen. Diese Wirkung ist nicht auf Frauen begrenzt. Vor einigen Jahren ergaben Tests an masturbierenden Männern, daß der Spiegel dieses Hormons im Augenblick der Ejakulation sprunghaft hochschnellt; wahrscheinlich hatte es etwas mit der Lust des Orgasmus und dem Gefühl glücklicher Ermattung danach zu tun. Und erst vor kurzem fand Uvnas-Moberg auch einen langsamen, aber stetigen Anstieg bei Massagen. In einem Fall fand sich bei einem Mann nach einer besonders langen und entspannenden Behandlung ein Oxytocinspiegel, der sogar dem einer stillenden Mutter gleichkam. Das wechselseitige Küssen, Berühren und Liebkosen, das für den mittelalterlichen Ritter Ulrich das Ziel bildete, ist für viele von uns erst der Anfang.

Es scheint also, daß es zwei Sorten Liebe geben könnte, jede mit einem eigenen Satz neurochemischer Substanzen und ihrer eigenen spezifischen Funktion. Zuerst stellt sich ein Anfangsschub aus Energie und Hochstimmung ein, hervorgerufen von Adrenalin und verwandten Substanzen, der uns hilft, die Hindernisse zwischen uns und dem geliebten Menschen zu überwinden. Dann tritt ein zweiter, ruhigerer, angenehmerer, oxytocingesteuerter Zustand ein, der dazu beiträgt, die Art stabiler, langfristiger Beziehung zu etablieren, die Voraussetzung für die Aufzucht unseres Nachwuchses ist.

Wahre Liebe ist also, wie jeder alte und weise Ratgeber weiß, mehr als der Zustand der Limerenz, mehr als das verrückte Gefühl, das Ulrich im Nacken saß und Romeo und Julia ins Verderben trieb. Sie wechselt von den Gipfeln und Abgründen der romantischen Sehnsucht zu den grünen Weiden der festen Beziehung. Vom Fieber der Jagd zu den ruhigeren Freuden der Dauerhaftigkeit und Elternschaft. Vom Glück des Heiratsantrags zum ruhigen Alltag der Ehe. Und genau wie sich unsere Liebe verändert, so verändern auch wir uns. Wir bekommen unseren Appetit wieder, holen versäumten Schlaf nach und tauschen Nylonstrümpfe und Pumps gegen warme, bequeme Hausschlappen und lange, gemütliche Abende zu Hause ein. Einstmals die Sklaven unserer Gefühle, lernen wir, wenigstens teilweise, sie zu beherrschen, und statt in unseren Partner verliebt zu sein, lernen wir ihn lieben.

Dies erklärt zwar das Warum, Wann und Wozu der romantischen Liebe aus biochemischer Perspektive, doch was ist mit dem entscheidendsten Bestandteil, dem unverzichtbaren Wen? Gibt es tatsächlich bestimmte Menschen, in die wir uns zwangsläufig verlieben müssen? Und wenn ja, woher wissen wir dann mit Sicherheit, daß wir den- oder diejenige gefunden haben?

Das tragische Ende einer vollkommenen Liebe

Justin und Ursula begegneten sich im Sommer 1964. Er war ein sechzehnjähriger britischer Eliteschüler mit wohlhabenden Eltern, die über gute Beziehungen verfügten, und vor ihm lag eine strahlende Zukunft. Sie war eine ungarische Emigrantin, die mit nichts als einem Lammfellmantel, Stiefeln und einem Beutel mit Essen über die österreichische Grenze geflohen war. Sie war mehr als zehn Jahre älter als er. Sie hatten sich kennengelernt, als sie gemeinsam mit ihrem Mann seinen Eltern einen Besuch abstattete. Für Justin war es Liebe auf den ersten Blick. In dieser Nacht schlich er sich zu ihrem Schlafzimmer und schob einen Zettel unter der Tür durch, auf dem stand, daß er sie liebte. Am nächsten Tag verschwand sie. Im darauffolgenden Sommer, als er siebzehn war, fuhr Justin nach Südfrankreich, wo seine Eltern eine Villa gemietet hatten. Da war sie wieder; sie saß im Garten in einer Hollywoodschaukel. Er war wie vom Blitz getroffen. Er ging sofort zu ihr und sagte ihr ins Gesicht, daß er sie liebte. Sie brach in Tränen aus. Einige Wochen danach beschloß sie, ihren Mann zu verlassen und den Rest ihres Lebens mit Justin zu verbringen. In den folgenden siebzehn Jahren reisten sie durch die Welt, nur sich selbst genug. Sie waren besessen voneinander. Sie konnten einander nicht aus den Augen lassen. Ihre Leidenschaft war so verzehrend, daß nicht einmal Justins Familie an die beiden herankam. Wie Justins Bruder Tim später in einem Buch über ihre Beziehung schrieb, ließ ihre Leidenschaft einfach keinen Raum für Freunde, Vertraute, nicht einmal Brüder.

Dann, eines Tages Ende 1981, nach fast zwei Jahrzehnten, in denen sie sich ergänzt hatten wie »zwei Hälften einer Frucht«, fand man Ursula tot in ihrem Hotelzimmer auf, neben sich einen Revolver und ein Häufchen Schlaftabletten. Aus den vorhandenen Dokumenten und ihrem Tagebuch ging hervor, daß sie den Gedanken, alt zu werden, nicht ertrug. Mit nunmehr vierundvierzig Jahren verspürte sie die ersten dunklen Ahnungen ihrer Sterblichkeit, und ihre Liebe war bislang so leidenschaftlich, so hingebungsvoll, so verzehrend gewesen, daß der Gedanke, sie könnte einmal schwinden, für sie eine schrecklichere Bedrohung gewesen war als der Tod. Als Justin die Nachricht erhielt, war er untröstlich. Immer wieder suchte er die Orte auf, an denen sie einst verweilt hatten, kehrte nach Hause zu seinen Eltern zurück, durchstreifte dann die Straßen von London auf der Suche nach etwas, irgend etwas, das ihn an sie erinnerte. Einige Monate später ging er nach Afrika zurück, wo sie viel Zeit miteinander verbracht hatten, und schoß sich in den Kopf. Tim reiste hin, um den Leichnam abzuholen, den man, umgeben von Bildern von Ursula, in einem Hotelzimmer in Khartum aufgefunden hatte. Er brachte ihn in das nahe Nyala, wo Justin, wie Tim wußte, begraben zu werden wünschte. Dort fand er Ursulas Grab vor, neben ihr einen freien Platz und eine Inschrift in griechisch: »Ursula und Justin – eins«. Sein Grab wartete schon auf ihn.

In gewisser Weise verkörpert die Geschichte von Justin und Ursula die Apotheose des westlichen romantischen Ideals, das den platonischen Mythos zweier füreinander bestimmter Seelen mit den höfischen Elementen der Gefahr, der Leidenschaft und des Verhängnisses verknüpft. Doch statt zu beklagen, daß eine solch innige Liebe und vollkommene Seelenvereinigung nicht allen Liebenden zuteil werden, sollten wir eher dankbar sein, daß dies so selten vorkommt.

Wenn die Liebe wirklich so funktionieren würde, daß es für jeden Menschen auf der Welt nur einen einzigen, perfekten Partner gäbe und es einen Donnerschlag täte, wenn wir ihn finden, aber umgekehrt verzweifelten, wenn nicht, dann hätte unsere Rasse wohl nicht überlebt. Bedenkt man, daß die Weltbevölkerung gegenwärtig fast sechs Milliarden beträgt, dann wären die Chancen, unseren einzigen, vollkommenen Seelengefährten zu finden, in der Tat gering; und selbst wenn wir Erfolg hätten, würde das darauffolgende jähe Feuerwerk die lebenslange Verbindung, die danach kommen sollte, sehr reizlos scheinen lassen. Genau dieses Problem hatte Ursula; sie wurde nicht damit fertig, daß die glühende Leidenschaft, die sie an Justin geschweißt hatte, sich schließlich abzukühlen begann.

Glücklicherweise ist die Liebe etwas nachsichtiger und nachgiebiger konstruiert. Denn sie hat sich in der menschlichen Psyche nicht zu dem Zweck entwickelt, nur *den* passenden Partner zu genau *dem* richtigen Zeitpunkt zu finden. Und der Schlüssel liegt im »Passen«, nicht in der Perfektion. Untersuchen wir also nochmals, was dafür sorgt, daß wir uns zu manchen Menschen hingezogen fühlen und zu anderen nicht. Im vorigen Kapitel nannte ich zwei Kräfte, die hier am Werk sind. Erstens universelle Anzeichen für

Jugend, Gesundheit und Fruchtbarkeit, die weltweit als Schönheit erfahren werden. Zweitens eine Reihe individueller Merkmale, die mit den Ecken und Kanten unserer eigenen Kindheit und Erziehung zu tun haben. Ich möchte nun ein drittes Element einführen, ein Element, das diejenigen Menschen, in die wir uns verlieben könnten, von denjenigen abgrenzt, die wir nur sexuell begehren. Dieses dritte Element könnten wir als Komplementarität bezeichnen.

Ähnlich, aber nicht gleich

Welche der beiden folgenden Aussagen trifft eher zu? Erstens: Gegensätze ziehen sich an. Zweitens: Gleich und gleich gesellt sich gern. Diese Frage ist in bezug auf menschliche Beziehungen heftig diskutiert worden. Verschiedene Studien in den sechziger und frühen siebziger Jahren, insbesondere die von Elaine und G. William Walster, sprechen für die erste Behauptung. Als sie ihre Probanden aufforderten, zwischen mehreren Typen von Menschen zu wählen, die sich allesamt sehr zu ihnen hingezogen fühlten, neigten diese überwiegend zu denjenigen, die ihnen selbst am unähnlichsten waren. Mit einer Anspielung auf die westliche Vorstellung von tragischer Liebe wurde dieses Phänomen prompt als »Romeo-und-Julia-Effekt« bezeichnet. Doch schien eine etwa gleiche Anzahl von Arbeiten, hauptsächlich von Donn Byrne und seinen Mitarbeitern, exakt das Gegenteil zu belegen. In Byrnes Experimenten bevorzugten die Probanden offenbar klar Menschen, die ihnen selbst sehr ähnlich waren, sowohl vom Aussehen als auch von der Persönlichkeit her. Dieses Phänomen könnten wir nach einer Gestalt der griechischen Mythologie »Narziß-Effekt« nennen: Narziß verliebte sich in sein eigenes Spiegelbild.

In jüngerer Zeit fand David Perrett, ein Psychologe an der Universität von St. Andrews, der die verschiedenen Elemente sexueller Attraktivität untersucht, interessante Indizien für den Narziß-Effekt. Wie Judith Langlois und Victor Johnston, die uns im vorigen Kapitel begegnet sind, erzeugt Perrett am Computer Bilder von individuellen Gesichtern, Durchschnittsgesichtern und Ideal-

Der junge Narziß, häufig zitierte Gestalt der griechischen Mythologie, verschmähte die Liebe der Nymphe Echo. Seine Strafe bestand darin, daß er sich in sein eigenes Spiegelbild verliebte und erst durch die Verwandlung in eine Blume von seiner Qual erlöst wurde.

gesichtern und bittet seine Versuchspersonen, sie zu bewerten. Wie Langlois stellt er dann fest, daß Durchschnittsgesichter höher bewertet werden als individuelle, und wie Johnston stellt er fest, daß Idealgesichter noch höher bewertet werden. Doch Perrett geht noch einen Schritt weiter. Mit Hilfe eines hochentwickelten Morphing-Programms und seiner eigenen Intuition nimmt er anschließend das Gesicht der jeweils beurteilenden Person auf, verändert auf subtile Weise deren Geschlecht und gibt auch dieses Bild in den Computer ein. Infolgedessen bekommen männliche Beurteiler eine weibliche Version ihres eigenen Gesichts und weibliche eine männliche Version zu sehen. Wenn sie diese zusammen mit individuellen, Durchschnitts- und Idealgesichtern beurteilen sollen, stufen viele von ihnen die geschlechtsumgewandelte Version ihres eigenen Gesichts – das sie bemerkenswerterweise nie als ihr eigenes erkennen – als das attraktivste von allen ein. Sie sehen etwas Unbeschreibliches darin, etwas, das sie fast unwiderstehlich anzieht.

Oberflächlich gesehen scheint dies etwas überraschend. Quasimodo würde immer noch aussehen wie Quasimodo, egal welches Geschlecht man ihm verliehe, und sicherlich würde er immer noch Esmeralda wählen. Wie uns zudem die Studien zum Geruch und die Theorien über den grundlegenden Zweck der geschlechtlichen Fortpflanzung lehren, wäre es sicherlich am sinnvollsten, Menschen zu bevorzugen, die sich von uns unterscheiden: Ein anderes Aussehen verheißt andere Gene, und andere Gene sorgen für widerstandsfähigere Kinder.

Durchaus, aber denken wir noch einmal nach. Viele von uns begehren vielleicht Frauen, die wie Marilyn Monroe aussehen, oder Männer mit der Ausstrahlung und der Macht eines JFK, doch die meisten von uns verlieben sich nicht in solche Menschen, weil die Chancen äußerst schlecht stehen, daß diese unsere Gefühle erwidern werden. Hier haben wir also den geheimen Sicherungsmechanismus der Liebe. Sie ist keine simple, einseitige Emotion, die wir jeder Person, die wir begehren, einfach mit allem Drum und Dran aufdrängen, in der Hoffnung, sie werde sie wie durch ein Wunder erwidern. In unseren Tagen kehren derart einseitige Liebesgefühle in der Verfolgung von Berühmtheiten wieder, deren extremster Ausdruck das Clérambault-Syndrom ist, bei dem der Verliebte sich hartnäckig der Illusion hingibt, daß der Mann oder die Frau, den oder die er verehrt, ihn irgendwie wiederlieben könnte. Der erste dokumentierte Fall dieser Art war eine Frau, die Tag für Tag vor den Toren des Buckingham-Palastes Stellung bezog, in der festen Überzeugung, sie habe eine leidenschaftliche Affäre mit George V. Solche Empfindungen sind in Ordnung, solange sie auf Schwärmereien von Teenagern oder vorübergehende Phantasien beschränkt bleiben, doch in der Welt der Beziehungen zwischen Erwachsenen,

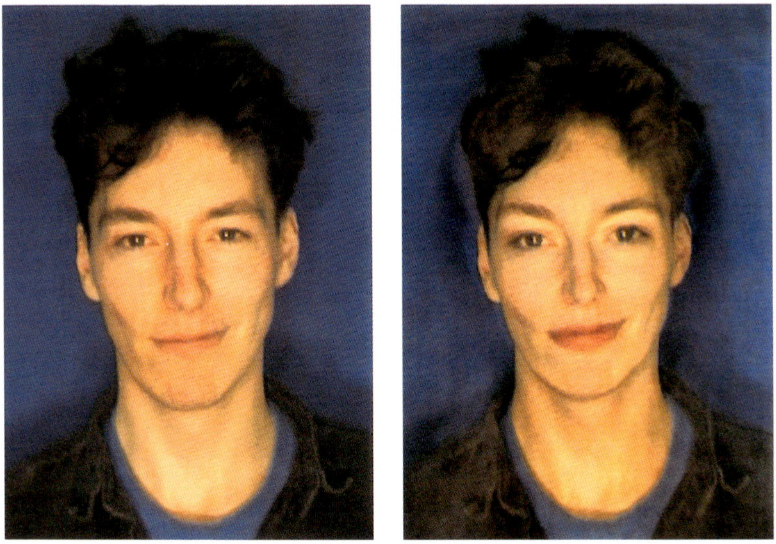

Der »Narziß-Effekt«. Durch Computerbearbeitung erstellte Versionen eines Gesichts, links männlich, rechts weiblich. Versuchspersonen wählten oft die geschlechtsumgewandelte Variante ihres eigenen Konterfeis.

in der die Erwiderung dieser Gefühle die notwendige Voraussetzung für den Daseinszweck unserer Spezies – die Fortpflanzung – darstellt, sind sie alles andere als hilfreich.

Die romantische Liebe hat sich keineswegs entwickelt, damit wir unser Leben mit schwärmerischen Gefühlen zubringen, sondern um uns in wechselseitig befriedigende und dauerhafte Beziehungen zu führen – die Art Beziehungen, die wir brauchen, um eine Familie zu gründen und unseren Genen die bestmöglichen Chancen in zukünftigen Generationen mitzugeben. Infolgedessen ist es zweckmäßig, wenn Liebe die Wahrnehmung von Vollkommenheit mit der Wahrscheinlichkeit der Erwiderung der Gefühle verrechnet und sich so lange zurückhält, bis die Chance auf Erwiderung in der Luft liegt. Und wenn man Donn Byrne, Art Aron und anderen, die sich mit diesem Thema befaßt haben, glaubt, ist einer der zuverlässigsten einschlägigen Anhaltspunkte das Maß der Ähnlichkeiten. Wer uns in seinem Aussehen, seinen Fertigkeiten und seiner Persönlichkeit ähnelt, erwidert unsere Zuneigung mit größerer Wahrscheinlichkeit als jemand, der stark aus unserer Art schlägt.

Der Evolutionspsychologe Bruce Ellis macht dies seinen Studenten auf interessante Weise klar. Er wählt eine Gruppe von dreißig Studenten aus und klebt jedem eine Karte mit einer Zahl von 1 bis 30 auf die Stirn. Dann sollen sie sich mit einem Partner mit der höchstmöglichen Zahl zu einem Paar zusammentun. Natürlich drängen sich zu Beginn alle um die Nummer 30, doch Nummer 30 interessiert sich für niemanden außer Nummer 29. Infolgedessen bilden diese beiden ein Paar, und nun sammelt sich der Rest um Nummer 28. Das ganze Spiel beginnt wieder von vorne, bis Nummer 28 mit Nummer 27, Nummer 26 mit Nummer 25 und so weiter bis hinunter zu Nummer 1 verbunden ist.

Genau wie in Ellis' Experiment läuft es auch im wirklichen Leben. Die meisten Menschen vermögen kaum die Aufmerksamkeit derjenigen mit dem höchsten »Partnerwert« zu wecken und müssen ihr Augenmerk deshalb weiter nach unten richten, bis ein Partner auftaucht, der möglicherweise Bereitschaft zeigt. Zwar hat jeder potentielle Partner eine etwas anders gelagerte Mischung von Vorzügen zu bieten, doch in neun von zehn Fällen wird die Wahl schließlich auf einen fallen, der als Partner einen ähnlichen Wert hat wie man selbst.

Genau hier dürfte der Grund für das von Tennov und Stendhal beschriebene Phänomen liegen, daß nämlich Verliebte dazu neigen, die positiven Eigenschaften der geliebten Person wie durch ein Vergrößerungsglas zu sehen und ihre negativen entweder nicht zu beachten oder daran Gefallen zu finden. Um mit Stendhal zu sprechen, können wir uns noch in einen Stock verlieben, doch es hilft, wenn wir ihn dazu als diamantenbesetzten Zauberstab wahrnehmen. Mit Ellis zu sprechen, müssen wir uns vielleicht mit einer 5 zufriedengeben, doch es hilft, wenn wir sie als 10 wahrnehmen. Die von Dichtern und Denkern so oft beklagte Blindheit der Liebe ist kein grausamer und zufälliger Trick der Evolution, sondern eigens dazu da, uns mit denjenigen Partnern in Einklang zu bringen, die wir für uns einnehmen – und auch halten – können.

Dies erklärt sehr plausibel, warum wir zwar nach Vollkommenheit verlangen, uns aber in Menschen verlieben, die uns weitgehend ähneln. Und es erklärt die scheinbar entgegengesetzten Ergebnisse der Walsters, deren Versuchspersonen zwischen verschiedenen Partnern wählen sollten, die sich allesamt sehr zu ihnen hingezogen fühlten. Dabei übergingen sie die ihnen sehr ähnlichen Partner zugunsten derjenigen, die völlig anders waren. Schön und gut. Doch wir sollten uns ins Gedächtnis rufen, daß diese Probanden bereits die Gewißheit hatten, daß all diese potentiellen Partner an ihnen interessiert waren. In dem Wissen, daß sie ihre Zeit nicht mit Leuten verschwenden würden, die sich im Zweifelsfall nichts aus ihnen machten, hatten die Probanden ihre Ähnlichkeitsdetektoren abgeklemmt und gegen solche ausgetauscht, die man Komplementaritätsdetektoren nennen könnte – Detektoren, die auf die beste und variantenreichste Mischung von Eigenschaften abgestimmt waren, um sie untereinander auszutauschen und mit der jeweils eigenen zu verweben. Die allerbesten Paarbildungen überhaupt sind daher im allgemeinen diejenigen, in denen die wechselseitige Anziehung mit Komplementarität verknüpft ist. Er ist gut in den einen Dingen, sie ist gut in anderen. Er ist kreativ, sie ist praktisch. Er ist ein toller Koch, sie ist gut in Sprachen. Er hat zuweilen Anwandlungen von Genialität, sie kann besser mit Leuten umgehen. Statt daß daher dasselbe enge Spektrum von Fertigkeiten verdoppelt und gar in Konkurrenz zueinander gebracht würde, läßt sich auf diese Weise eine größere Aufgabenpalette erfolgreich bewältigen, und es wird eine breitere Palette von Eigenschaften (von einer variantenreicheren genetischen Ausstattung ganz zu schweigen) von den Eltern an das Kind weitergegeben.

Um nun die Ausgangsfrage, ob sich Gegensätze anziehen oder gleich und gleich sich gern gesellt, wieder aufzugreifen, so lautet die frustrierende, aber zwingende Antwort, daß beides zutrifft. Unter idealen Bedingungen verlieben wir uns in Menschen, die uns weitgehend ähnlich sind und sich dennoch ausreichend von uns unterscheiden, damit das Ergebnis unserer Vereinigung mehr ist als die Summe seiner Teile. Doch wie wir in diesem Buch gesehen haben, ist die Vorstellung von einem Mann und einer Frau, die in vollkommener Harmonie miteinander leben und sich vom ersten Augenblick bis zu ihrem Todestag mit dem anderen und nur mit ihm zufriedengeben, in der Mehrzahl der Fälle unrealistisch und taugt nicht zum Leitbild.

Liebe und Ehe

Worin also besteht das Wesen einer langfristigen Beziehung zwischen Liebe und Ehe? Können wirklich beide zusammengehen, oder muß ein Leben, in dem die Ansprüche von Kindern, Hausarbeit, Berufstätigkeit und Ehepartner unter einen Hut gebracht werden müssen, dieser Verbindung praktisch zwangsläufig den Garaus machen? Und wenn die Liebe tatsächlich kentert, was sollen wir dann tun? Das Schiff schnell wieder flottmachen und wider alle Vernunft darauf hoffen, daß wir das offene Meer und den klaren blauen Himmel unserer einstmals so perfekten Einheit wiederfinden? Oder akzeptieren, daß es in jedem Boot ein Leck gibt, uns paddelnd zufriedengeben und den Kopf möglichst immer über Wasser halten? Oder sollten wir bei den ersten Anzeichen von Schwierigkeiten zu den Rettungsbooten rennen, das sinkende Schiff verlassen und uns umgehend nach einem schöneren, neueren Schiff umsehen?

Die Anthropologin Helen Fisher glaubt fest an letzteres. Außerdem vermutet sie, daß Scheidung und der Tod der Liebe von frühester Zeit an ein Problem gewesen sein dürften. Beim Studieren von Statistiken der Vereinten Nationen über die Scheidungsraten von zweiundsechzig Völkern in aller Welt fiel ihr auf, daß eine unverhältnismäßig hohe Zahl von Ehen nach etwa vier Jahren Dauer geschieden wird, zu exakt dem Zeitpunkt, zu dem sich die anfängliche Liebesbindung abgeschwächt hat, soweit sie nicht durch die Langzeit-Körperchemie (oder eine langfristige Bindung, wenn Sie eine psychologische Erklärung bevorzugen) ersetzt wurde. Aufgrund ihres evolutionstheoretischen Ansatzes war Fisher keineswegs überrascht, daß auf der ganzen Welt die verbreitetsten Scheidungsursachen Untreue und Unfruchtbarkeit sind. Das lag einfach auf der Hand. Denn wenn die Chancen auf Weiterverbreitung der eigenen Gene durch einen sterilen oder untreuen Partner zunichte gemacht werden, ist es weitaus besser, ihn ziehen zu lassen.

Doch Fisher spann den Gedankengang noch weiter. In dem Hochschnellen der Scheidungsziffern nach drei bis vier Jahren Ehe drückt sich ihrer Ansicht nach eine Aufforderung der Evolution an uns aus: Wir sind nun lange genug zusammengeblieben, um ein Kind zu zeugen und es zu versorgen, bis es aus dem gröbsten raus ist; jetzt sollten wir uns mit einem anderen zusammentun und ein weiteres Kind zeugen, um unsere Gene in einer neuen Kombination weiterzugeben. Die Studie weist jedoch mehrere Schwachstellen auf. Erstens bedeutet das Sichverlieben einen beträchtlichen Zeit- und Energieaufwand. Warum also sollte man es öfter tun als nötig? Zweitens bedeutet das Verlassen des ehelichen Nestes zumindest zeitweise, auf sich allein gestellt zu sein. Warum dieses Risiko auf sich nehmen? Und drittens, wie können wir sicher sein, daß der nächste Ehepartner besser ist als der vorige – oder freundlicher zu einem Kind, das nicht einmal sein eigenes ist? Sicherlich empfiehlt es sich, solange wir nicht wissen, daß wir an einen dauerhaften Versager geraten sind, bei dem Partner zu bleiben, den wir haben, statt jedesmal wieder in die Lotterie einzusteigen.

Art Aron, der den Verlauf von Ehen über die gesamte Lebensspanne untersucht hat, stimmt Fisher darin zu, daß die frühen Jahre sehr schwierig sein können, sieht jedoch dabei andere Kräfte am Werk. Er schreibt die Belastung, unter der manche Ehepaare stehen, nicht dem Bedürfnis nach genetischer Vielfalt zu, sondern dem sich verengenden Spektrum der Möglichkeiten zur Erweiterung. In den ersten, berauschenden Jahren einer Beziehung, wenn das Paar stets Neues übereinander erfährt, neue Erfahrungen miteinander teilt und die Aufgabe in Angriff nimmt, zusammenzuziehen, zu heiraten und eine Familie zu gründen, wechseln sich Expansion und Verschmelzung ständig ab. Wenn jedoch das Leben immer mehr zur Routine wird und jeder die Macken, Vorlieben, Erinnerungen und Erfahrungen des anderen immer besser kennenlernt, verringern sich die Möglichkeiten zu weiterer Expansion. Dies gehört nach Arons Ansicht wesentlich zur Verfaßtheit des Menschen dazu, und statt nun über Bord zu springen, sollten wir gemeinsam beziehungsaufbauende Aufgaben in Angriff nehmen: Alles, was dazu taugt, die Empfindungen von Hochstimmung, Neuheit und wohliger Angst wiederzugewinnen, die unsere frühen gemeinsamen Jahre auszeichneten.

Die vielleicht aussagekräftigsten Studien über das, was ein Paar scheidet und was es bindet, stammen von John Gottman in Seattle. Gottman betreibt das größte Forschungsinstitut über Liebe und Ehe in den Vereinigten Staaten; es hat die Aufgabe, das Wesen und die Entwicklung der typischen zeitgenössischen Ehe zu verfolgen. Hier finden sich Paare ein, deren Beziehung besonders gut oder auch besonders schlecht läuft, sowie solche mit einer ganz durchschnittlichen Verbindung, um sich von Gottman und seinem zehnköpfigen Team unter die Lupe nehmen zu lassen. Zuerst halten sich die Paare vierundzwanzig Stunden in einer Experimentalwohnung auf und verbringen darin einen ihrer eigenen Einschätzung nach typischen Tag. Mit Hilfe von Kameras an den Wänden, Mikrophonen im Wohnzimmer und Probenröhrchen im Bad, mit denen Speichel- und Urinproben genommen werden, analysiert Gottman jedes Detail ihres Verhaltens und ihres Umgangs miteinander, sucht nach Streßfaktoren, Zeichen von Zuneigung, Konflikten und ihren Lösungen.

Danach begeben sich beide Partner in Gottmans Arbeitszimmer und diskutieren ihre Beziehung aus ihrem Blickwinkel. Sie schildern, wie sie sich kennengelernt haben, was sie am anderen anziehend fanden, wann sie geheiratet haben, wer sich worum kümmert und wie sie das gemeinsame Leben und die Erziehung ihrer Kinder einschätzen. Gottman behauptet, allein aufgrund dieses Interviews mit 94prozentiger Sicherheit vorhersagen zu können, ob ein Paar zusammenbleibt oder ob ihm der steinige Weg der Trennung oder Scheidung vorherbestimmt ist. Doch das Wesentliche kommt erst später, wenn das Paar sein Hightech-Labor betritt, Platz nimmt und mit einer ganzen Batterie technischer Geräte verkabelt wird. Mit auf die Brust geklebten EKG-Elektroden, Transpirations- und Pulsmessern an den Fingerspitzen, einem Atemgürtel zur Ermittlung der Atemfrequenz in Höhe des Zwerchfells und einer Videokamera nur Zentimeter vor ihrem Gesicht sollen sie einen Bereich ihrer Beziehung diskutieren, in dem es ständig zu Auseinandersetzungen kommt.

Immer wieder tauchen dieselben Themen auf: Er redet nicht, sie hört nicht zu; die Kinder machen ihr Intimleben zunichte; ihre Tage verlaufen so gewöhnlich, so langweilig; sie haben keine gemeinsamen Interessen; ihre Liebe hat allen Glanz verloren; ihr Leben ist fade geworden. Doch der Unterschied zwischen dieser Diskussion und den normalen, alltäglichen Tiraden, die landauf, landab, über alle Meere und in aller Welt zu hören sind, liegt darin, daß hier jeder Atemzug, jeder Herzschlag, jedes Erheben und Senken der Stimme, jedes Zucken der Hände und jedes winzige Scharren der Füße von einem Team hochspezialisierter Beziehungsfachleute registriert, gemessen, abgetastet und verglichen wird. Und an ihrer Spitze, herrschend über die trüben Gewässer der Ehe wie ein moderner Neptun, steht der graubärtige, augenzwinkernde Gottman.

Doch was hat er mit Hilfe all der Meßkurven, Ausdrucke, Monitore und Mikrophone herausgefunden?

Das Allerwichtigste ist nach Gottmans Ansicht nicht, wie oft das Paar streitet, wie viele Probleme jeder Partner mit dem anderen hat (man erbt eine Reihe unlösbarer Probleme, gleichgültig mit wem man zusammen ist), nicht einmal, wie sehr jeder fremdzugehen geneigt ist. Es ist vielmehr die Art und Weise, wie das Paar mit auftretenden Konflikten und Problemen *umgeht*. Manche streiten viel, finden jedoch die Versöhnung so reizvoll, daß diese sie für die Kosten des Konflikts mehr als entschädigt; manche streiten sehr wenig, ziehen es vor, über Meinungsverschiedenheiten hinwegzugehen und sich auf die positiven Seiten ihrer Beziehung zu konzentrieren, und manche wiederum wenden soviel Zeit für das Aushandeln von Kompromissen auf, daß selten Unstimmigkeiten auftreten.

Alle diese Muster sind verbreitet, und sie sind ganz gewiß gesund. Doch wenn Gottman eine bestimmte Kategorie von Verhaltensweisen sieht, weiß er, daß sie eine sonst stabile Ehe zerrütten können. Diese Verhaltensweisen sind so destruktiv, daß er sie als die »vier apokalyptischen Reiter« bezeichnet. Es sind dies Kritik (die Persönlichkeit oder das Verhalten des Partners angreifen), Verachtung (den Partner verhöhnen oder verspotten), Abwehr (Verantwortung für ein Problem leugnen und statt dessen den Partner beschuldigen) und Mauern (sich aus einem Streit zurückziehen und dem Partner eisiges Schweigen entgegensetzen sowie sich weigern, wieder auf den Partner zuzugehen). Jeder zeigt zuweilen die eine oder andere dieser Verhaltensweisen, doch der durchgängige, ungemilderte Einsatz solcher Techniken, insbesondere wenn er nicht durch Momente von Unterstützung, Liebe und wechselseitiger Zuneigung durchbrochen wird, ist ein sicheres Zeichen für eine drohende Krise und ein endgültiges Zerwürfnis.

Doch nicht nur das: Gottman zufolge können diese Handlungsweisen unserer körperlichen Gesundheit genauso schaden wie unserem psychischen Wohlbefinden. In einer Studie stellten Gottman und seine Mitarbeiter fest, daß das von einem Paar gezeigte Ausmaß an Kritik und Verachtung unmittelbar mit der Zahl der infektiösen Erkrankungen zusammenhing, die beide in den folgenden fünf Jahren erlitten. Je höher das Maß an Kritik, desto häufiger und bösartiger die Infektionen. Gottman erklärt dieses Phänomen so: Wenn beide Partner negativ miteinander umgehen, insbesondere wenn sie einen der »vier Reiter« gegen den anderen schicken, steigt ihr Blutdruck, stehen sie stärker unter Streß und befinden sie sich durchgehend in einem physiologischen Erregungszustand, weshalb sie rastlos und potentiell aggressiv werden.

In den Anfangsstadien einer Beziehung, wenn beide Parteien die jeweils andere für sich einzunehmen suchen und blind für deren Fehler sind, können Streß und Erregung in eine positive Richtung wirken und als angenehm erfahren werden – selbst wenn sie von einer Kabbelei oder einem Krach hervorgerufen werden. Sind jedoch die Partner mehrere Jahre zusammen gewesen und ist der Glanz des Verliebtseins unter den Anforderungen des Lebens stumpf geworden, sollte die Ehe als Hafen im Sturm des Lebens fungieren und nicht als weiterer Sturm. Wir verfügen einfach nicht über die Energie, uns sowohl zu Hause als auch draußen in der Welt ständig mit Problemen herumzuschlagen. Wir wollen Frieden, Trost und Sicherheit, sowohl als Geber wie als Empfänger. Aus diesem Grund gibt, wie Paare in aller Welt festgestellt haben, die erneute Zufuhr von erregenden Hormonen ihrer Beziehung keinen neuen Schub, sondern schlägt ihr ins Gesicht. Aus demselben Grund bemühen sich die ihrer Illusionen beraubten Partner nicht etwa, sich auch selbst für ihren einst idealisierten Partner attraktiver zu machen, sondern reagieren oft mit Wut und Hohn und sehen die Fehler des anderen klarer als je zuvor.

Für Ehen, in denen die vier Reiter immer wieder ihre Köpfe erheben – und eigentlich für alle Ehen – lautet Gottmans weiser und simpler Rat, der jeweils anderen Person Raum zu lassen, sie möglichst zu trösten und, wenn sich Kritik gelegentlich wirklich nicht vermeiden läßt, diese wenigstens durch ein hohes Maß an Lob, Ermutigung und Unterstützung abzumildern. Wie jeder gute Rat liest sich das auf dem Papier sehr gut, ist jedoch in der Praxis schwer umzusetzen. Aber warum fällt es uns nach alldem so schwer, die Liebe lange lebendig zu erhalten?

Es kann sein, daß die Evolution uns – ungeachtet der Funktion der Liebe bei der Realisierung unserer genetischen Interessen – einfach nicht dazu geschaffen hat, daß wir so lieben, wie wir glauben, es zu sollen – treu, innig und für immer. In der heutigen Welt sind unsere Ehen in einem weit höheren Maß Streß ausgesetzt als je zuvor in der menschlichen Geschichte. Der offensichtlichste Grund dafür ist, daß wir sehr viel länger leben, was unseren Beziehungen Forderungen auferlegt, mit denen sich die Mehrheit unserer Vorfahren niemals hat auseinandersetzen müssen. Wir sind umgeben von kulturellen Signalen, die uns auf individuelle Befriedigung um jeden Preis verpflichten. Je mehr Bindungen an die Familie, den Geburtsort und die eigene Arbeit als vorübergehend und austauschbar betrachtet werden, desto mehr neigen wir dazu, emotional alles auf eine Karte zu setzen, nämlich auf eine stabile und dennoch leidenschaftliche Beziehung. Und anders als die überwiegende Mehrzahl der Menschen vor uns stellen wir heute die romantische Liebe in den Mittelpunkt der Ehe und erwarten, daß sie anhält, ohne zu schwinden oder sich auch nur ein wenig zu verändern, gleichgültig, wie sehr wir selbst altern und uns verändern. Als ob dieser stets wachsende Erwartungsdruck noch nicht genug wäre, ist die Trennung für die Desillusionierten heute wahrscheinlich einfacher als je zuvor. Wen wundert es da, daß 50 Prozent aller Ehen heute mit einer Scheidung enden.

Doch trotz dieser vielfachen Belastungsproben und trotz der zahlreichen Gestaltungsalternativen für menschliche sexuelle Beziehungen – von dem Kampf jeder gegen jeden auf Pitcairn bis zur freien Liebe in Oneida, von der Polygamie der hebräischen Pariarchen bis zum Zölibat der frühen Christen, von den altorientalischen despotischen Haremsbesitzern bis zu den liebeskranken Minnerittern des dreizehnten Jahrhunderts – ist die Vereinigung eines Mannes und einer Frau, in guten wie in schlechten Zeiten, in Reichtum und Armut, bis daß der Tod sie scheidet, immer noch ein genauso vernünftiger und realistischer Versuch, menschliche Beziehungen zu optimieren und zur Steigerung des Glücks, des Friedens und der Stabilität der Menschheit beizutragen, wie jede andere der Myriaden Alternativen. Das heißt weder, daß ihr Gelingen garantiert noch daß sie für jeden Mann und jede Frau das Richtige ist. Doch daß 50 Prozent der Ehen scheitern, bedeutet auch, daß 50 Prozent halten. Und in einer Spezies, die mit den Narben und Trophäen aus dreieinhalb Milliarden Jahren des Lügens, Betrügens, Tyrannisierens und Manipulierens hervorgegangen ist, ist dies ein Grund zum Feiern und vielleicht auch zur Hoffnung.

Literatur

Abel, G. G., Becker, J. V., Cunningham-Rathner, J., Mittelman, S. und Rouleau, J.-L., »Multiple Paraphilic Diagnoses Among Sex Offenders«, *Bulletin of the American Academy of Psychiatry and the Law,* 16:2, 153–68

Abel, G. G. und Blanchard, E. B., »The Role of Fantasy in the Treatment of Sexual Deviation«, *Archives of General Psychiatry,* 30, 467–75 , 1974

Abel, G. G., Mittelman, M. S. und Becker, J. V., »Sex Offenders: Results of Assessment and Recommendations for Treatment«, in M. H. Ben-Aron, S. J. Hucker und C. D. Webster (Hrsg.), *Clinical Criminology,* M & M Graphics, Toronto, 1985

Abel, G. G. und Osborn, C., »The Paraphilias: The Extent and Nature of Sexually Deviant and Criminal Behavior«, in J. M. W. Bradford (Hrsg.), *Psychiatric Clinics of North America,* 15:3, 675–87, September 1992

Abramson, P. und Pinkerton, S., *With Pleasure: Thoughts on the Nature of Human Sexuality,* OUP, Oxford, 1995

—, *Sexual Nature / Sexual Culture,* University of Chicago Press, Chicago, 1996

Ackerman, D., *A Natural History of Love,* Vintage, New York, 1994

Acton, W., *Prostitution, Considered in Its Moral, Social and Sanitary Aspects,* n.p., London, 1857

—, *The Functions and Disorders of the Reproductive Organs in Childhood, Youth, Adult Age, and Advanced Life, Considered in Their Physiological, Social, and Moral Relations,* Presley Blakiston, Philadelphia (PA), 1875

Adams, H. E., Davis, J. M. und Lohr, B. A., »Sexual Arousal to Erotic and Aggressive Stimuli in Sexually Coercive and Noncoercive Men«, *Journal of Abnormal Psychology,* 106:2, 230–42, 1997

Ainsworth, M. D. S., »Attachment: Retrospect and Prospect«, in C. M. Parkes und J. Stevenson-Hinde (Hrsg.), *The Place of Attachment in Human Behavior,* Basic Books, New York, 1982

—, »Attachments Across the Life Span«, *Bulletin of the New York Academy of Medicine,* 61, 792–811, 1985

Ainsworth, M. D. S., Blehar, M. C., Waters, E. und Wall, S., *Patterns of Attachment: A Psychological Study of the Strange Situation,* Erlbaum, Hillsdale (NJ), 1978

Alexander, R. D., *The Biology of Moral Systems,* Aldine de Gruyter, New York, 1987

Alexander, R. D. und Noonan, K. M., »Concealment of Ovulation, Parental Care and Human Social Evolution«, in N. Chagnon und W. Irons (Hrsg.), *Evolutionary Biology and Human Social Behavior,* Duxbury, North Scituate (MA), 1979

Allen, L. S. und Gorski, R. A., »Sex Difference in the Bed Nucleus of the Stria Terminalis of the Human Brain«, *Journal of Comparative Neurology*, 302:697–706, 1990

—, »Sexual Dimorphism of the Anterior Commissure and Massa Intermedia of the Human Brain«, *Journal of Comparative Neurology*, 312:97–104, 1991

—, »Sexual Orientation and the Size of the Anterior Commissure in the Human Brain«, *Proceedings of the National Academy of Sciences of the USA*, 89:7199–202, 1992

Allen, L. S., Richey, M. F., Chai, Y. M. und Gorski, R. A., »Sex Differences in the Corpus Callosum of the Living Human Being«, *Journal of Neuroscience*, 11:4, 933–42, 1991

Anonymous, *Onania; Or, the Heinous Sin of Self-Pollution, and All Its Frightful Consequences, in both Sexes, Considered. With Spiritual and Physical Advice to Those Who Have Already Injur'd Themselves by this Abominable Practice*, John Phillips, Boston (MA), 1724; facsimile reprint edition in C. Rosenberg und C. Smith-Rosenberg (Hrsg.), *The Secret Vice Exposed! Some Arguments Against Masturbation*, Arno Press, New York, 1974

Anthony, E., *Thy Rod and Staff. New Light on the Flagellatory Impulse*, Little, Brown, London, 1995

Armstrong, K., *Nah ist und schwer zu fassen der Gott*, Droemer Knaur, München, 1993

Aron, A., »The Matching Hypothesis Reconsidered: Comment on Kalick and Hamilton«, *Journal of Personality and Social Psychology*, 54:3, 441–6, 1988

Aron, A., Aron, E. N., Tudor, M. und Nelson, G., »Close Relationships as Including Others in the Self«, *Journal of Personality and Social Psychology*, 60:2, 241–53, 1991

Aron, A., Aron, E. N. und Smollan, D., »Inclusion of Other in the Self Scale and the Structure of Interpersonal Closeness«, *Journal of Personality and Social Psychology*, 63:4, 596–612, 1992

Aron, A., Melinat, E., Aron, E. N., Vallone, R. D. und Bator, R. J., »The Experimental Generation of Interpersonal Closeness: A Procedure and Some Preliminary Findings«, *Personality and Social Psychology Bulletin*, 23:4, 363–77, 1997

Aron, A. und Westbay, L., »Dimensions of the Prototype of Love«, *Journal of Personality and Social Psychology*, 70:3, 535–51, 1996

Aron, E. N. und Aron, A., »Love and Expansion of the Self: The State of the Model«, *Personal Relationships*, 3:45–8, 1996

Augustinus, A., *Bekenntnisse*, dtv, München, 1997

Auclair, M. (dt. Übers. Oswalt von Nostitz), *Das Leben der heiligen Teresa von Avila*, St.-Benno-Verlag, Leipzig, 1977

Avila von, T., siehe Auclair, M.

Bailey, J. M., Dunne, M. und Martin, N. G., »Sex Differences in the Distribution and Determinants of Sexual Orientation«, *Nature Genetics*, 1997 (unter *Review*)

Bailey, J. M., Finkel, E., Blackwelder, K. und Bailey, T., »Masculinity, Femininity and Sexual Orientation«, *Journal of Personality and Social Psychology*, 1997 (unter *Review*)

Bailey, J. M., Gaulin S., Agyci, Y. und Gladue, B. A., »Effects of Gender and Sexual Orientation on Evolutionarily Relevant Aspects of Human Mating Psychology«, *Journal of Personality and Social Psychology*, 66:6, 1081–93, 1994

Bailey, J. M. und Pillard, R., »Genetics of Human Sexual Orientation«, *The Annual Review of Sex Research*, 1996

Baker, R. R., *Krieg der Spermien*, Limes, München, 1997

Baker, R. R. und Bellis, M. A., »›Kamikaze‹ Spenn in Mammals?«, *Animal Behaviour*, 33:1387–8, 1988

—, »Elaboration of the Kamikaze Spenn Hypothesis: A Reply to Harcourt«, *Animal Behaviour*, 37:865–7, 1989

—, »Number of Sperm in Human Ejaculates Varies in Accordance with Sperm Competition«, *Animal Behaviour*, 37:867–9, 1989

—, »Human Sperm Competition: Ejaculate Manipulation by Females and a Function for Female Orgasm«, *Animal Behaviour*, 46:887–909, 1993

—, *Human Sperm Competition: Copulation, Masturbation and Infidelity*, Chapman & Hall, New York, 1995

Bancroft, J., *Grundlagen und Probleme menschlicher Sexualität*, Enke, Stuttgart, 1985

Barbaree, H. E. und Marshall, W. L., »Erectile Responses Among Heterosexual Child Molesters, Father-Daughter Incest Offenders, and Matched Non-offenders: Five Distinct Age Preference Proftles«, *Canadian Journal of Behavioral Science*, 21:1, 70–82, 1989

Barlow, D. H., Sakheim, D. K. und Beck, J. G., »Anxiety Increases Sexual Arousal«, *Journal of Abnormal Psychology*, 92, 49–54, 1983

Barkow, J. M., Cosmides, L. und Tooby, J. (Hrsg.), *The Adapted Mind*, OUP, New York, 1992

Barthes, R., *Fragmente einer Sprache der Liebe*, Suhrkamp, Frankfurt am Main, 1988

Becker, J. B., Breedlove, S. M. und Crews, D., *Behavioral Endoctinology*, MIT Press, Cambridge (MA), 1993

Behrens, T., *The Monument*, Jonathan Cape, London, 1988

Bell, A. P. und Weinberg, S., *Der Kinsey-Institut-Report über weibliche und männliche Homosexualität*, C. Bertelsmann, München, 1978

Bell, A. P, Weinberg, S. und Hammersmith, S. K., *Sexual Preference: Its Development in Men and Women*, Indiana University Press, Bloomington (IN), 1981

Bellis, M. A. und Baker, R. R., »Do Females Promote Sperm Competition? Data for Humans«, *Animal Behaviour*, 40:997–9, 1990

Benjamin, J., Lin, L., Patterson, C., et al., »Population and Familial Association Between the D4 Dopamine Receptor Gene and Measures of Novelty Seeking«, *Nature Genetics*, 12:81–4, 1996

Benshoof, L. und Thomhill, R., »The Evolution of Monogamy and Concealed Ovulation in Humans«, *Journal of Social and Biological Structures*, 2:95–106, 1979

Berenbaum, S. A. und Hines, M., »Early Androgens are Related to Childhood Sex-typed Toy Preferences«, *Psychological Science*, 3:203–6, 1992

Berlin, F. S., »Sex Offenders: A Biomedical Perspective« in J. C. Greer und I. R. Stuart (Hrsg.), *The Sexual Aggressor: Current Perspectives on Treatment*, Van Nostrand Reinhold Company, New York, 1983

Berman, M., Gladue, B. und Taylor, S., »The Effects of Hormones, Type-A Behavior Pattern, and Provocation on Aggression in Men«, *Motivation and Emotion*, 17:2, 125–38, 1993

Betzig, L. L., *Despotism and Differential Reproduction: A Darwinian View of History*, Aldine de Gruyter, New York, 1986

—, »Causes of Conjugal Dissolution: A Cross-Cultural Study«, *Current Anthropology*, 30:654, 676, 1989

—, »Medieval Monogamy«, *Journal of Family History*, Vol. 20, 2:181–216, 1990

—, »History« in M. Maxwell (Hrsg.), *The Sociobiological Imagination*, SUNY, Albany (NY), 1991

—, »Roman Polygyny«, *Ethology and Sociobiology*, 13:309–49, 1992

—, »Roman Monogamy«, *Ethology and Sociobiology*, 13:351–83, 1992

—, »Sex, Succession and Stratification in the First Six Civilizations« in L. Ellis (Hrsg.), *Social Stratification and Socioeconomic Equality*, Praeger, New York, 1993

—, »Sex in History«, *Michigan Today*, 26: 1, March 1994

—, »Wanting Women Isn't New; Getting Them Is, Very«, *Politics and the Life Sciences*, 14:1, 24–37, 1995

Betzig, L. L., Borgerhoff Mulder, M. und Turke, P. (Hrsg.), *Human Reproductive Behaviour*, CUP, Cambridge, 1988

Betzig, L. L. und Turke, P., »Those Who Can Do: Wealth, Status and Reproductive Success on lfaluk«, *Ethology and Sociobiology*, 6:79–87, 1985

Birkett, D., *Schlange im Paradies*, A. Knaus-Verlag, München, 1999

Blackwood, E. (Hrsg.), *The Many Faces of Homosexuality: Anthropological Approaches to Homosexual Behavior*, Harrington Park Press, New York, 1986

Borgerhoff Mulder, M., »The Relevance of the Polygyny Threshold Model to Humans«, in C. G. N. Mascie-Taylor and A. J. Boyce (Hrsg.), *Human Mating Patterns*, CUP, Cambridge, 1988

—, »Women's Strategies in Polygynous Marriage«, *Human Nature*, 31:45–70, 1992

Bornemann, E., *Childhood Phases of Maturity*, Prometheus, Buffalo (NY), 1994

Bouhdiba, A., *Sexuality in Islam*, Routledge & Kegan Paul, London, 1985

Bowlby, J., *Bindung* (Bd.1 des Originalwerks *Attachment and Loss*), Kindler, München, 1975

—, *Trennung* (Bd. 2 des Originalwerks *Attachment and Loss*), Kindler, München, 1976

—, *Das Glück und die Trauer*, Klett-Cotta, Stuttgart, 1982

—, *Attachment and Loss, Volume 3. Loss*, Basic Books, New York, 1980

Broude, G. J. und Greene, S. J., »Cross-cultural Codes on Twenty Sexual Attitudes and Practices«, *Ethnology*, 15:409–29, 1976

Brown, D., *Human Universals*, McGraw-Hill, New York, 1991

Brown, D. und Hotra, D., »Are Prescriptively Monogamous Societies Effectively Monogamous?« in L. L. Betzig, M. Borgerhoff Mulder und P. Turke (Hrsg.), *Human Reproductive Behaviour*, CUP, Cambridge, 1988

Brown, P., *The Body and Society: Men, Women and Sexual Renunciation in Early Christianity*, Columbia University Press, New York, 1988

Brownmiller, S., *Gegen unseren Willen. Vergewaltigung und Männerherrschaft* (10. Aufl.), Fischer, Frankfurt am Main, 1994

Bullough, V. L., *Sexual Variance in Society and History*, University of Chicago Press, Chicago, 1976 / Wiley Interscience Press, New York, 1976

Bullough, V. L. und Bullough, B., *Sin, Sickness and Sanity: A History Of Sexual Attitudes*, Garland Publishing, New York, 1977

—, *Human Sexuality: An Encyclopaedia*, Garland Publishing, New York, 1994

—, *Science in the Bedroom: A History of Sex Research*, Basic Books, New York, 1994

—, *Sexual Attitudes: Myths and Realities*, Prometheus, Buffalo (NY), 1995

— et al., *How I Got Into Sex*, Prometheus, Buffalo (NY), 1997

Bullough, V. L., Bullough, B. und Elias, J., *Gender Blending*, Prometheus, Buffalo (NY), 1997

Bullough, V. L. und Brundage, J., *Sexual Practices and the Medieval Church*, Prometheus, Buffalo (NY), 1982

Burr, C., *A Separate Creation: How Biology Makes Us Gay*, Bantam, London, 1996

Burt, D. M. und Perrett, D. I., »Perception of Age in Adult Caucasian Male Faces: Computer Graphic Manipulation of Shape and Information«, *Proceedings of the Royal Society of London*, B, 259:137–43, 1995

—, »Perceptual Asymmetries in Judgments of Facial Attractiveness, Age, Gender, Speech and Expression«, *Neuropsychologia*, 35:5, 685–93, 1997

Buss, D., »Love Acts: The Evolutionary Biology of Love«, in R. Sternberg und M. Bames (Hrsg.), *The Psychology of Love*, Yale University Press, New Haven, 1988

—, »From Vigilance to Violence: Tactics of Mate Retention in American Undergraduates«, *Ethology and Sociobiology*, 9, 291–317, 1988

—, »Sex Differences in Human Mate Preferences: Evolutionary Hypotheses Tested in 37 Cultures«, *Behavioural and Brain Sciences*, 12:1–49, 1989

—, »Conflict Between the Sexes: Strategic Interference and the Evocation of Anger and Angst«, *Journal of Personality and Social Psychology*, 56:5, 735–47, 1989

—, »Mate Preference Mechanisms: Consequences for Partner Choice and Intrasexual Competition«, in J. H. Barkow, L. Cosmides und J. Tooby (Hrsg.), *The Adapted Mind*, OUP, New York, 1992

—, *Die Evolution des Begehrens. Geheimnisse der Partnerwahl*, Kabel, Hamburg, 1994

—, et al., »Sex Differences in Jealousy: Evolution, Physiology and Psychology«, *Psychological Science*, 3:251–255, 1992

Buss, D. und Dedden, L. A., »Derogation of Competitors«, *Journal of Social and Personal Relationships*, 7:395–422, 1990

Buss, D. und Greer, A., »Tactics for Promoting Sexual Encounters«, *Journal of Sex Research*, 31:3, 185–201, 1994

Buss, D. und Malamuth, N. M., *Sex, Power, Conflict: Evolutionary and Feminist Perspectives*, OUP, New York, 1996

Buss, D. und Schmitt, D. P., »Sexual Strategies Theory: An Evolutionary Perspective on Human Mating«, *Psychological Review*, 100:204–32, 1993

—, »Strategic Self-Promotion and Competitor Derogation: Sex and Context Effects on the Perceived Effectiveness of Mate Attraction Tactics«, *Journal of Personality and Social Psychology*, 70:6, 1996

Buunk, B. P, Angleitner, A., Oubaid, V. und Buss, D., »Sex Differences in Jealousy in Evolutionary and Cultural Perspective: Tests from the Netherlands, Germany and the United States«, *Psychological Science*, 1996

Buunk, B. P, Angleitner, A., Oubaid, V., Buss, D. und van Driel, B., *Variant Lifestyles and Relationships*, Sage Publications, London, 1989

Byrne, D., *The Attraction Paradigm*, Academic Press, New York, 1971

Byrne, D. und Kelley, K., *Alternative Approaches to the Study of Sexual Behaviour*, Erlbaum, Hillsdale (NJ), 1986

Byrne, D. und Mumen, S. K., »Maintaining Loving Relationships« in R. Sternberg und M. Barnes (Hrsg.), *The Psychology of Love*, Yale University Press, New Haven, 1988

Capellanus, A., Hartliebs, J. und Karnein, A., *De amore*, Beck, München, 1970

Caplan, P., *The Cultural Construction of Sexuality*, Routledge & Kegan Paul, London,1987

Carrier, J. M., »Homosexual Behaviour in Cross-cultural Perspective« in J. Marmor (Hrsg.), *Homosexual Behavior: A Modern Reappraisal*, Basic Books, New York, 1980

Carter, C. S., »Oxytocin and Sexual Behavior«, *Neuroscience and Biobehavioral Reviews*, 16:131–44, 1992

—, »Neuroendocrine Perspective on Social Attachment and Love«, *Psychoneuroendocrinology*, 1997

— et al., »Adrenocorticoid Hormones and the Development and Expression of Mammalian Monogamy«, *Annals of the New York Academy of Sciences*, 771:82–9, 1995

—, »Peptides, Steroids and Pair Bonding«, *Annals of the New York Academy of Sciences*, 1997

Cashdan, E., »Attracting Mates: Effects of Paternal Investment on Mate Attraction Strategies«, *Ethology and Sociobiology*, 14, 1–24, 1993

—, »Women's Mating Strategies«, *Evolutionary Anthropology*, 5:4, 134–43, 1996

Chagnon, N., »Is Reproductive Success Equal in Egalitarian Societies?«, in N. Chagnon und W. Irons (Hrsg.), *Evolutionary Biology and Human Social Behavior*, Duxbury, North Scituate (MA), 1979

Chagnon, N., Flinn, M. V. und Melancon, T. F., »Sex-Ratio Variation Among the Yanomamö Indians«, in N. Chagnon und W. Irons (Hrsg.), *Evolutionary Biology and Human Social Behavior*, Duxbury, North Scituate (MA), 1979

Chagnon, N. und Irons, W. (Hrsg.), *Evolutionary Biology and Human Social Behavior*, Duxbury, North Scituate (MA), 1979

Classen, C., Howes, D. und Synnott, A., *Aroma: The Cultural History Of Smell*, Routledge & Kegan Paul, London, 1994

Cloninger, C. R., Adolfsson, R. und Svrakic, N., »Mapping Genes for Human Personality«, *Nature Genetics,* 12:3–4, 1996

Concar, D., »Sex and the Symmetrical Body«, *New Scientist,* 22 April 1995

—, »Sisters Are Doing It for Thernselves«, *New Scientist,* 17 August 1996 Cosmides, L. und Tooby, J., »Cognitive Adaptations for Social Exchange«, in J. H. Barkow, L. Cosmides und J. Tooby (Hrsg.), *The Adapted Mind,* OUP, New York, 1992

Craik, E. (Hrsg.), *Marriage and Property: Women and Marital Customs in History*, Aberdeen University Press, Aberdeen, 1991

Crenshaw, T., *Die Alchimie von Liebe und Lust. Hormone steuern unser Liebesleben*, dtv, München, 1999

Crenshaw, T. und Goldberg, J. P., *Sexual Pharmacology: Drugs That Affect Sexual Functioning*, W. W. Norton & Co., New York, 1996

Cronin, H., *The Ant and the Peacock*, CUP, Cambridge, 1993

Croutier, A. L., *Harem – Die Welt hinter dem Schleier*, Heyne, München, 1989

Crow, T. J., »Sexual Selection as the Mechanism of Evolution of Machiavellian Intelligence: A Darwinian Theory of the Origins of Psychosis«, *Journal of Psychopharmacology*, 10: 1, 77–87, 1996

Daly, M., Wilson, M. und Weghorst, S. J., »Male Sexual Jealousy«, *Ethology and Sociobiology*, 3:11–27, 1982

Daly, M. und Wilson, M., *Sex, Evolution and Behavior*, Willard Grant Press, Boston, 1983

—, *Homicide,* Walter de Gruyter & Co., New York, 1988

—, »Killing the Competition: Female / Female and Male / Male Homicide«, Human Nature, 1:81–107, 1990

—, »The Man Who Mistook His Wife for a Chattel«, in J. H. Barkow, L. Cosmides und J. Tooby (Hrsg.), *The Adapted Mind*, OUP, New York, 1992

Damasio, A., *Descartes' Irrtum. Fühlen, Denken und das menschliche Gehirn*, dtv, München, 1998

Darwin, C., bearbeitet von D. Haek, *Die Enstehung der Arten durch natürliche Zuchtwahl oder Die Erhaltung der Rassen im Kampfe ums Dasein*, Singer, Charlottenburg & Leipzig, 1909

—, *Die Abstammung des Menschen und die Zuchtwahl in geschlechtlicher Beziehung*, Singer, Charlottenburg & Leipzig, 1909

Dawkins, R., *Das egoistische Gen*, Rowohlt, Reinbek, 1994

Dawkins, R. und Krebs, J. R., »Arms Races Between and Within Species«, *Proceedings of the Royal Society of London*, B, 205:489–511, 1979

de Beauvoir, S., *Das andere Geschlecht. Sitte und Sexus der Frau*, Rowohlt, Reinbek, 1952

D'Emilio, J. und Freedman, E., *Intimate Matters: A History of Sexuality in America*, Harper & Row, New York, 1988

de Rougemont, D., *Love in the Western World*, Pantheon, New York, 1956

Deacon, T., *The Symbolic Species: The Co-evolution of Language and the Human Brain*, Penguin Press, London, 1997

Diamond, J., *Why is Sex Fun? The Evolution of Human Sexuality*, Weidenfeld & Nicolson, London, 1997

Dickemann, M., »The Ecology of Mating Systems in Hypergynous Dowry Societies«, *Social Science Information*, 18:163–95, 1979

—, »Female Infanticide and Reproductive Strategies of Stratified Human Societies« in N. Chagnon und W. Irons (Hrsg.), *Evolutionary Biology and Human Social Behavior*, Duxbury, North Scituate (MA), 1979

—, »Paternal Confidence and Dowry Competition: A Biocultural Analysis of Purdah«, in R. D. Alexander und D. W. Tinkle, *Natural Selection and Social Behavior: Recent Research and New Theory*, Chiron Press, New York, n.d.

—, »Reproductive Strategies and Gender Construction. An Evolutionary View of Homosexualities«, in J. P. de Cecco und J. P. Elia (Hrsg.), *If You Seduce a Straight Person, Can You Make Them Gay?*, Harrington Park Press, New York, 1993

—, »Wilson's Panchreston: The Inclusive Fitness Hypothesis of Sociobiology Re-Examined«, *Journal of Homosexuality*, 28:1 / 2, 147–83, Haworth Press, 1995

Dion, K. L. und Dion, K. K., »Romantic Love: Individual and Cultural Perspectives«, in R. Sternberg und M. Barnes (Hrsg.), *The Psychology of Love*, Yale University Press, New Haven, 1988

Dobash, R. P. und Dobash, R. F., »Wives: The ›Appropriate‹ Victims of Marital Violence«, *Victimology*, 2:426–42, 1978

Dobash, R. P., Dobash, R. E., Cavanagh, C. und Wilson, M., »Victimology Interview: Wife Beating – The Victims Speak«, *Victimology*, 2:608–22, 1978

Dover K. J., *Greek Homosexuality*, Harvard University Press, Cambridge (MA), 1978

Duberman, M. B., Vicinus, M. und Chauncey, G. (Hrsg.), *Hidden from History: Reclaiming the Gay and Lesbian Past*, Penguin, London, 1989

Dunbar, R., »Are You Lonesome Tonight?«, *New Scientist*, 11 February 1995

Dutton, D., *The Batterer*, Basic Books, New York, 1995

—, »Gender Differences in Anger / Anxiety Reactions to Witnessing Dyadic Family Conflict«, *Canadian Journal of Behavioral Science*, 26:3, 353–64,1994

Dutton, D. und Aron, A. P., »Some Evidence for Heightened Sexual Attraction Under Conditions of High Anxiety«, *Journal of Personality and Social Psychology*, 30:4, 510–17, 1974

Dutton, D., Saunders, K. und Starzomski, A., »Intimacy-Anger and Insecure Attachment as Precursors of Abuse in Intimate Relationships«, *Journal of Applied Social Psychology*, 24:15, 1367–86, 1994

Ebstein, R. P., Novick, O., Umansky, R., et al., »Dopamine D4 receptor (D4DR) Exon 111 Polymorphism Associated With the Human Personality Trait of Novelty Seeking«, *Nature Genetics*, 12:78–80, 1996

Edelman, G. M., *Göttliche Luft, vernichtendes Feuer*, Piper, München, 1995

Ellis, B. und Symons, D., »Sex Differences in Sexual Fantasy: An Evolutionary Psychological Approach«, *Journal of Sex Research*, 25: 527–55, 1990

Ellis, H., *Studies in the Psychology of Sex*, F. A. Davies, New York, 1905; reprinted by Random House, New York, 1942

Everaerd, W. und Laan E., »Desire for Passion: Energetics of Sexual Response«, *Journal of Sex and Marital Therapy*, 21:4, 355–63, 1995

Faderman, L., *Köstlicher als die Liebe der Männer*, Eco-Verlag, Zürich,1990
Farrar, F. W., *The Life of St Augustine*, Hodder & Stoughton, London, 1993
Fisher, H. E., »The Four-year Itch«, *Natural History*, 22–23 October 1987
—, »Evolution of Human Serial Pairbonding«, *American Journal of Physical Anthropology*, 78:331–54, 1989
—, »Monogamy, Adultery and Divorce in Cross-species Perspective«, in M. H. Robinson und L. Tiger (Hrsg.), *Man and Beast Revisited*, Smithsonian Institution Press, Washington DC, 1991
—, *Anatomy of Love: The Natural History of Monogamy, Adultery and Divorce*, W. W. Norton & Co., New York, 1992
—, »The Nature of Romantic Love«, *The Journal of NIH Research*, 6: 59–64, 1994
—, »The Nature and Evolution of Romantic Love«, in W. Jankowiak (Hrsg.), *Romantic Passion: A Universal Experience?*, Columbia University Press, New York, 1995
Ford, C. S. und Beach, F. A., *Patterns of Sexual Behaviour*, Harper & Row, New York, 1951
Foster, L., *Religion and Sexuality: Three American Communal Experiments of the Nineteenth Century*, OUP, Oxford, 1981
Forsyth, A., *Die Sexualität in der Natur*, dtv, München, 1991
Foucault, M., *Sexualität und Wahrheit. Band 1–3*, Suhrkamp, Frankfurt a. M., 1995
Fox, R., *The Red Lamp of Incest*, Dutton, New York, 1980
Frayser, S. G., *Varieties of Sexual Experience: An Anthropological Perspective on Human Sexuality*, HRAF Press, New Haven, 1985
—, *Studies in Human Sexuality: A Selected Guide*, HRAF Press, New Haven, 1987
Friday, N., *Die sexuellen Phantasien der Frauen*, Rowohlt, Reinbek, 1993
—, *Verbotene Früchte*, Goldmann, München, 1994
—, *Die sexuellen Phantasien der Männer*, Scherz, München, 1980

Gallup Jr, G. G. und Suarez, D., »Homosexuality as a By-product of Selection for Optimal Heterosexual Strategies«, *Perspectives in Biology and Medicine*, 26:315–22, 1983
Gamman, L. und Makinen, M., *Female Fetishism: A New Look*, Lawrence & Wishart, London, 1994
Garber, M., *Die Vielfalt des Begehrens. Bisexualität von Sappho bis Madonna*, Fischer, Frankfurt am Main, 2000
Gaylin, W. und Person, E., *Passionate Attachments*, The Free Press, New York, 1988
Geer, J. H. und O'Donohue, W. (Hrsg.), *Theories of Human Sexuality*, Plenum Press, New York, 1987
Gerlsma, C., Buunk, B. P. und Musters, W. C., »Correlates of Self-reported Adult Attachment Styles in a Dutch Sample of Married Men and Women«, *Journal of Social and Personal Relationships*, 13:2, 313–20, 1996

Gibson, I., *The English Vice: Beating, Sex and Shame in Victorian England and After,* Duckworth, London, 1979
Gilbert, H., *The Sexual Imagination: From Acker to Zola,* Jonathan Cape, London,1993
Gillis, J. R., »From Ritual to Romance: Toward an Alternative History of Love«, in C. Stearns und P. Stearns (Hrsg.), *Emotion and Social Change*, n. p., New York, 1988
Gladue, B. A., »The Biopsychology of Sexual Orientation«, *Current Directions in Psychological Science,* 15, 150–4, 1994
Gladue, B. A., Beatty, W. W., Larson, J. und Staton, R. D., »Sexual Orientation and Spatial Ability in Men and Women«, *Psychobiology,* 18:1, 101–8, 1990
Gladue, B. A., Boechler, M. und McCaul, K. D., »Hormonal Response to Competition in Human Males«, *Aggressive Behavior,* 15, 409–22, 1989
Gladue, B. A. und Delany, J. J., »Gender Differences in Perception of Attractiveness of Men and Women in Bars«, *Personality and Social Psychology Bulletin,* 16, 378–91, 1990
Gooren, L. J., »Concepts and Methods of Biomedical Research into Homosexuality and Transsexualism«, *Journal of Psychology and Human Sexuality*, 6:1, 5–21, 1993
Gooren, L. J. und Cohen-Kettenis, P. T., »Development of Male Gender / Identity Role and a Sexual Orientation Towards Women in a 46 XY Subject with an Incomplete Form of the Androgen Insensitivity Syndrome«, *Archives of Sexual Behavior,* 20:5, 459–70, 1991
Gooren, L. J., Fliers, E. und Courtney, K., »Biological Determinants of Sexual Orientation«, *Annual Review of Sex Research*, 1: 175–96, 1990
Gottman, J. M., »Tredicting the Longitudinal Course of Marriages«, *Journal of Marital and Family Therapy,* 17:1, 1991
—, *What Predicts Divorce,* Erlbaum, Hillsdale (NJ), 1994
—, *Laß uns einfach glücklich sein! Der Schlüssel zu einer harmonischen Partnerschaft,* Heyne, München, 1998
Graham, S., *A Lecture to Young Men,* Weedon & Cory, Providence, 1834; facsimile reprint edition by Amo Press, New York, 1974
Grammer, K., Filova, V. und Fieder, M., »The communication Paradox and Possi ble Solutions: Towards a Radical Empiricism« (keine weiteren bibliographischen Angaben)
Grammer, K., Jütte, A. und Fischermann, B., »The Fight Between the Sexes ... and the War of the Signals«, in *Sexualität im Spiegel der Wissenschaft: Edition Universitas,* Hirzel, Stuttgart, 1996
Green, R., »Gender Identity in Childhood and Later Sexual Orientation«, *American Journal of Psychiatry,* 142: 339–41, 1985
—, *The »Sissy-Boy Syndrom« and the Development of Homosexuality,* Yale University Press, New Haven, 1987
Greenberg, D. F., *The Construction of Homosexuality,* University of Chicago Press, Chicago, 1988
Greenberg, M. und Littlewood, R., »Post-adoption Incest and Phenotypic Matching: Experience, Personal Meanings and Biosocial Implications«, *British Journal of Medical Psychology,* 68:29–44, 1995

Gregersen, E., *The World of Human Sexuality,* Irvington, New York, 1994
Gutierres, S. E., Kenrick, D. T. und Partch, J. J., »Contrast Effects in Self-assessment Reflect Evolved Gender Differences in Mating Criteria«, 1997

Hamer, D. H., und Copeland, P., *Das unausweichliche Erbe. Wie unser Verhalten von unseren Genen bestimmt ist,* Scherz, München, 1998
Hamer, D. H., Hu, S., Magnuson, V., et al., »A Linkage Between DNA Markers on the X Chromosome and Male Sexual Orientation«, *Science,* 261:321–7, 1993
Hamilton, W. D., »The Evolution of Altruistic Behaviour«, *American Naturalist,* 97:354–6, 1963
—, »The Genetical Evolution of Social Behaviour«, Teil 1 und 2, *Journal of Theoretical Biology,* 7:1–52, 1964
—, »Extraordinary Sex Ratios«, *Science,* 156:477–88, 1967
—, »Gamblers Since Life Began: Barnacles, Aphids, Elms«, review of Williams' *Evolution of Sex* and Ghiselin's *The Economy of Nature and the Evolution of Sex,* in *Quarterly Review of Biology,* 50:175–80, 1975
—, »Sex Versus Non-Sex Versus Parasite«, *Oikos,* 35:282–90, 1980
—, »Recurrent Viruses and Theories of Sex«, *TREE,* 7:8, 277–8, 1992
Hamilton, W. D., Axelrod, R. und Tanese, R., »Sexual Reproduction as an Adaptation to Resist Parasites«, *Proceedings of the National Academy of Sciences of the USA,* 87:3566–73, 1990
Harper, R. F., *The Code of Hammurabi, King of Babylon About 2250 BC,* University of Chicago Press, Chicago, 1904
Harris, H., *Human Nature and the Nature of Romantic Love,* 1995 (Manuskript)
Harrison, B., »Underneath the Victorians«, *Victorian Studies,* 10:3, 239–63, 1966–67
Harrison, F., *The Dark Angel: Aspects of Victorian Sexuality,* Fontana, London,1977
Haste, C., *Rules of Desire: Sex in Britain, World War I to the Present,* Pimlico, London,1992
Hatfield, E., »Passionate Love and Companionate Love«, in R. Sternberg and M. Bames (Hrsg.), *The Psychology of Love,* Yale University Press, New Haven, 1988
Hatfield, E. und Clark, R. D., »Gender Differences in Receptivity to Sexual Offers«, *Journal of Psychology and Human Sexuality,* 2:1, 39–55, 1989
Hatfield, E. und Rapson, R. L., *Love, Sex and Intimacy: Their Psychology, Biology and History,* HarperCollins, New York, 1993
Hatfield, E., Sprecher, S., Pillemer, J. T., Greenberger, D. und Wexler, P., »Gender Differences in What Is Desired in the Sexual Relationship«, *Journal of Psychology and Human Sexuality*, 1:2, 39–52, 1988
Hauspfater, G. und Hrdy, S. B., *Infanticide: Comparative and Evolutionary Perspectives,* Aldine Press, New York, 1984
Hazan, C. und Shaver, P., »Attachment as an Organizational Framework for Research on Human Relationships«, *Psychological Inquiry,* 5: 1, 1–22, 1994
—, »Deeper Into Attachment Theory«, *Psychological Inquiry,* 5:1, 68–79, 1994

Heiman, J. R., »Female Sexual Response Patterns«, *Archives of General Psychiatry*, 37: 1311–16, 1980
—, »A Process Model of Adult Attachment Formation«, in *Handbook of Personal Relationships* (2. Aufl.), John Wiley, New York, 1997
Heiman, J. R. und Morokoff, P. J., »Effects of Erotic Stimuli on Sexually Functional and Dysfunctional Women: Multiple Measures Before and After Sex Therapy«, *Behavioural Research and Therapy*, 18:127–37, 1980
Heiman, J. R. und Rowland, D. L., »Affective and Physiological Sexual Response Patterns: The Effects of Instructions on Sexually Functional and Dysfunctional Men«, *Journal of Psychosomatic Research*, 27:2, 105–16,1983
Heiman, J. R., Rowland, D. L., Hatch, J. P. und Gladue, B. A., »Psychophysiological and Endocrine Responses to Sexual Arousal in Women«, *Archives of Sexual Behavior*, 20:2, 171–86, 1991
Henriques, F., *Love in Action: The Sociology of Sex*, Dutton, New York, 1960
—, *The Pretence of Love: Prostitution and Society. Volume I: Primitive, Classical and Oriental*, Panther, London, 1962
Hieronymus Sanctus, *Des Heiligen Eusebius Hieronymus Ausgewählte Schriften*, Koesel & Pustet, München, 1936
Hill, E. M., Nocks, E. S. und Gardner, L., »Physical Attractiveness: Manipulation by Physique and Status Displays«, *Ethology and Sociobiology*, 8:143–54, 1987
Hines, M., Chiu, L., McAdams, L. A., Bentler, P. M. und Lipcamon, J., »Cognition and the Corpus Callosum: Verbal Fluency, Visuospatial Ability and Language Lateralization Related to Midsagittal Surface Areas of Callosal Subregions«, *Behavioral Neuroscience*, 106: 3–14, 1992
Hinsch, B., *Passions of the Cut Sleeve: The Male Homosexual Tradition in China*, University of California Press, London, 1990
Hite, S., *Hite-Report. Das sexuelle Erleben der Frau* (8. Aufl.), Goldmann, München, 1990
—, *Das sexuelle Erleben des Mannes*, Goldmann, München, 1986
Hofman, M. A. and Swaab, D. F., »The Sexually Dimorphic Nucleus of the Preoptic Area in the Human Brain: A Comparative Morphometric Study«, *Journal of Anatomy*, 164: 55 72, 1989
Hrdy, S. B., »Infanticide Among Animals: A Review, Classification and Examination of the Implications for the Reproductive Strategies of Females«, *Ethology and Sociobiology*, 1:13–40, 1979
—, »The Evolution of Human Sexuality: The Latest Word and the Last«, review of Symons' *Evolution of Human Sexuality*, in *The Quarterly Review of Biology*, 54: 309–14, 1979
—, *The Woman That Never Evolved*, Harvard University Press, Cambridge, 1981
—, »Behavioral Biology and the Double Standard«, in S. K. Wasser (Hrsg.), *Social Behavior of Female Vertebrates*, Academic Press, New York, 1983
—, »Empathy, Polyandry, and the Myth of the Coy Female«, in R. Bleier (Hrsg.), *Feminist Approaches to Science*, Pergamon Press, New York, 1986
—, »The Primate Origins of Human Sexuality«, in R. Bellig und G. Stevens (Hrsg.), *The Evolution of Sex*, record of Nobel Conference XXIII, Harper & Row, San Francisco, 1988

—, »Sex Bias in Nature and in History: A Late 1980s Re-examination of the ›Biological Origins‹ Argument«, *Yearbook of Physical Anthropology*, 33:25–37, 1990

Hrdy, S. B., Janson, C. und Schaik, C., »Infanticide: Let's Not Throw Out the Baby With the Bath Water«, *Evolutionary Anthropology*, 8:5, 1994–95

Hrdy, S. B. und Whitten, P. L., »Patterning of Sexual Activity«, in B. Smuts et al. (Hrsg.), *Primate Societies*, University of Chicago Press, Chicago, 1987

Hu, S., Pattatucci, M., Patterson, C., et al., »Linkage Between Sexual Orientation and Chromosome Xq28 in Males but not in Females«, *Nature Genetics*, 11:248–56, 1995

Hucker, S. J., »Self-harmful Sexual Behavior«, *Psychiatric Clinics of North America*, 8:2, 323–37, 1985

Hucker, S. J., Langevin, R., Wortzman, G., Bain, J., Handy, L., Chambers, J. und Wright, S., »Neuropsychological Impairment in Pedophiles«, *Canadian Journal of Behavioral Science*, 18, 440–8, 1986

Hucker, S. J. und Stermac, L., »The Evaluation and Treatment of Sexual Violence, Necrophilia and Asphyxiophilia«, *Psychiatric Clinics of North America*, 15:3, 703–19, 1992

Hull, E. M., Lorrain, D. S. und Matuszewich, L., »Extracellular Dopamine in the Medial Preoptic Area: Implications of Sexual Motivation and Hormonal Control of Copulation«, *The Journal of Neuroscience*, 15:11, 7465–71, 1995

—, et al., »Organisational and Activational Effects of Dopamine on Male Sexual Behavior«, in L. Ellis und L. Ebertz (Hrsg.), *Males, Females and Behavior: Toward Biological Understanding*, Praeger Press, Westport (CT), 1998

Hunt, M. J., *The Natural History of Love*, Hutchinson, London, 1960

Insel, T. R. und Carter, C. S., »The Monogamous Brain ...«, *Natural History*, August 1995

Irons, R., »Human Female Reproductive Strategies« in S. K. Wasser (Hrsg.), *Social Behavior of Female Vertebrates*, Academic Press, New York, 1985

Jackson, J. C., *Hints on the Reproductive Organs: Their Diseases, Causes and Cure on Hydropathic Principles*, Fowlers & Wells, Boston (MA), 1853

—, *The Sexual Organism and Its Healthful Management*, B. Leverett Emerson, Boston (MA), 1865

Jankowiak, W., *Sex, Death and Hierarchy in a Chinese City: An Anthropological Account*, Columbia University Press, New York, 1992

—, *Romantic Passion: A Universal Experience*, Columbia University Press, New York, 1994

Jankowiak, W. und Fischer, E. F., »A Cross-cultural Perspective on Romantic Love«, *Ethnology*, 31:2: 149–55, 1992

Johnson, R. A., *We: Understanding the Psychology of Romantic Love*, Harper & Row, San Francisco, 1983

Johnston, V. S. und Franklin, M., »Is Beauty in the Eye of the Beholder?«, *Ethology and Sociobiology*, 14: 183–99, 1993

Jordan, H. W. und Howe, G., »De Clérambault Syndrome (Erotomania): A Review and Case Presentation«, *Journal of the National Medical Association*, 72:10, 979–85, 1980

Jordan, H. W. und Johnson-Warren, M., »Trotomania: Seventeen Years Later«, 1997

Kalish, N., *Lost and Found Lovers,* Morrow, New York, 1997

Kaplan, L. J., *Weibliche Perversionen. Von befleckter Unschuld und verweigerter Unterwerfung,* Hoffmann und Campe, Hamburg, 1991

Karlen, A., »Homosexuality in History«, in J. Marmor (Hrsg.), *Homosexual Behavior: A Modern Reappraisal,* Basic Books, New York, 1980

Katz, J. N., *The Invention of Heterosexuality,* Plume Books, New York, 1995

Kellogg, J. H., *Man the Masterpiece, or Plain Truths Plainly Told about Boyhood, Youth, and Manhood,* Signs of the Times Publishing Association, Warburton (Australia), 1906

—, *Plain Facts for Old and Young, Embracing the Natural History and Hygiene of Organic Life,* I. F. Segner, Burlington (IA), 1888; facsimile reprint edition by Arno Press, New York, 1974

—, *The Ladies' Guide in Health and Disease: Girlhood, Maidenhood, Wifehood, Motherhood,* Signs of the Times Publishing Association, Warburton (Australia), 1908

Kennedy, J. G., »Circumcision and Excision in Egyptian Nubia«, *Man,* NS 5.2:175–91, 1970

Kenrick, D. T. und Gutierres, S. E., »Contrast Effects and Judgments of Physical Attractiveness: When Beauty Becomes a Social Problem«, *Journal of Personality and Social Psychology*, 38:1, 131–40, 1980

—, »Influence of Popular Erotica on Judgements of Strangers and Mates«, *Journal of Experimental Social Psychology*, 25, 159–67, 1989

—, »Contrast Effects in Self-Assessment Reflect Evolved Gender Differences in Mating Criteria« (in Druck)

Kenrick, D. T. und Keefe, R. C., »Age Preferences in Mates Reflect Sex Differences in Human Reproductive Strategies«, *Behavioral and Brain Sciences*, 15, 75–133, 1992

Kenrick, D. T., Keefe, R. C., et al., »Age Preferences and Mate Choice Among Homosexuals and Heterosexuals: A Case for Modular Psychological Mechanisms«, *Journal of Personality and Social Psychology*, 69:6, 1166–72, 1995

—, »Adolescents' Age Preferences for Dating Partners: Support for an Evolutionary Model of Life-History Strategies«, *Child Development*, 67, 1499–511, 1996

Kenrick, D. T., Neuberg, S. L, Zierk, K. L. und Krones, J. M., »Evolution and Social Cognition: Contrast Effects as a Function of Sex, Dominance and Physical Attractiveness«, *Personality and Social Psychology Bulletin*, 20:2, April 1994

Kenrick, D. T., Groth, G. E., Trost, M. R. und Sadalla, E. K., »Integrating Evolutionary and Social Exchange Perspectives on Relationships: Effects of Gender, Self-appraisal and Involvement Level on Mate Selection Criteria«, *Journal of Personality and Social Psychology*, 64:6, 951–69, 1993

Keuls, E. C., *The Reign of the Phallus: Sexual Politics in Ancient Athens*, University of California Press, London, 1985

King, B. M., *Human Sexuality Today*, Prentice Hall, New Jersey, 1996

Kinsey, A. C., Pomeroy, W. B. und Martin, C. E., *Das sexuelle Verhalten des Mannes*, Fischer, Frankfurt am Main, 1970

Kinsey, A. C., Pomeroy, W. B., Martin, C. E. und Gebhard, P. H., *Das sexuelle Verhalten der Frau*, Fischer, Frankfurt am Main, 1970

Klassen, A. D., Williams, C. J. und Levitt, E. E, *Sex and Morality in the United States: An Empirical Enquity Under the Auspices of the Kinsey Institute*, Wesleyan University Press, Middletown (CT), 1989

Klima, B., »A Triple Burial from the Upper Palaeolithic of Dolni Vestonice, Czechoslovakia«, *Journal of Human Evolution*, 16:831–5, 1988

Kohl, J. V. und Francoeur, R. T., *The Scent of Eros: Mysteries of Odor in Human Sexuality*, Continuum, New York, 1995

Kosnick, A., et al. (Hrsg.), *Human Sexuality: New Directions in American Catholic Thought*, Paulist Press, New York, 1977

Krafft-Ebing, R. von, *Psychopathia sexualis*, Matthes & Seitz, München, 1997

Kressel, G. M., »Sororicide / Filiacide: Homicide for Family Honour«, *Current Anthropology*, 22:2, 141–58, 1981

Kurosawa, M., Lundeberg, T., Agren, G., Lend, I. und Uvnas-Moberg, K., »Massage-like Stroking of the Abdomen Lowers Blood Pressure in Anesthetized Rats: Influence of Oxytocin«, *Journal of the Autonomic Nervous System*, 56, 26–30, 1995

Laan, E. und Everaerd, W., »Determinants of Female Sexual Arousal: Psychophysiological Theory and Data«, *Annual Review of Sex Research*, 6, 32–76, 1995

—, »Habituation of Female Sexual Arousal to Slides and Film«, *Archives of Sexual Behavior*, 24:5, 517–41, 1995

Laan, E., Everaerd, W. und Evers, A., »Assessment of Female Sexual Arousal: Response Specificity and Construct Validity«, *Psychophysiology*, 32, 476–85, 1995

Laan, E., Everaerd, W., van Aanhold, M. und Rebel, M., »Performance Demand and Sexual Arousal in Women«, *Behavioural Research and Therapy*, 31:1, 25–35, 1993

Laan, E., Everaerd, W., van Bellen, G. und Hanewald, G., »Women's Sexual and Emotional Responses to Male- and Female-Produced Erotica«, *Archives of Sexual Behavior*, 23:2, 153–69, 1994

Laan, E., Everaerd, W., van Berlo, R. und Rijs, L., »Mood and Sexual Arousal in Women«, *Behavioral Research and Therapy*, 33:4, 441–3, 1995

La Cerra, P., Cosmides, L. und Tooby, J., »Psychological Adaptations in Women for Assessing a Man's Willingness to Invest in Offspring«, paper presented at the Fifth Annual Meeting of the Human Behavior and Evolution Society, Binghamton, New York, 1993

Laiou, A. E. (Hrsg.), *Consent and Coercion to Sex and Marriage in Ancient and Medieval Societies*, Dumbarton Oaks, Washington DC, 1993

Langevin, R., »Sexual Anomalies and the Brain«, in W. L. Marshall, D. R. Laws und H. E. Barbaree (Hrsg.), *Handbook of Sexual Assault: Issues, Theories, and Treatment of the Offender*, Plenum Press, New York, 1990

Langfeldt, T., »Sexual Development in Children«, in M. Cook und K. Howells (Hrsg.), *Adult Sexual Interest in Children*, Academic Press, London, 1981

Langlois, J. H., Ritter, J. M., Roggman, L. A. und Vaughn, L. S., »Facial Diversity and Infant Preferences for Attractive Faces«, *Developmental Psychology*, 27:1, 79–84, 1991

Langlois, J. H. und Roggman, L. A., »Attractive Faces Are Only Average«, *Psychological Science*, 1, 115–21, 1990

Langlois, J. H. und Musselman, L., »What is Average and What is Not Average About Attractive Faces?«, *Psychological Science*, 5:4, 214–19, 1994

—, »The Myths and Mysteries of Beauty«, in D. R. Calhoun (Hrsg.), *1996 Yearbook of Science and the Future*, Encyclopaedia Britannica, Chicago, 1996

Langlois, J. H. und Rieser-Danner, L, A., »Infants' Differential Social Responses to Attractive and Unattractive Faces«, *Developmental Psychology*, 26:1, 153–9, 1990

Lake, M., *Duft und Sinnlichkeit: wie Aromen unser Leben bestimmen*, Hugendubel, München, 1995

Laqueur, T., *Making Sex: Body and Gender from the Greeks to Freud,* Harvard University Press, Cambridge (MA), 1992

Laumann, E. O., Gagnon, J. H., et al., *The Social Organization of Sexuality: Sexual Practices in the United States*, University of Chicago Press, Chicago, 1994

Lawson, A., *Adultery: An Analysis of Love and Betrayal*, Basic Books, New York, 1988

Legg, C. R. und Booth, D. (Hrsg.), *Appetite: Neural* and *Behavioural Bases,* OUP, Oxford, 1994

Leitenberg, H. und Henning, K., »Sexual Fantasy«, *Psychological Bulletin,* 117:3, 469–96, 1995

Lesch, K. P., Bengel, D., Heils, A., et al., »Association of Anxiety-related Traits with a Polymorphism in the Serotonin Transporter Gene Regulatory Region«, *Science,* 274:1527–30, 29 November 1996

Levin, R. J., »Facets of Female Behaviour Supporting the Social Script Model of Human Sexuality«, *Journal of Sex Research*, 11:4, 348–52, 1975

—, »The Mechanics of Human Female Sexual Arousal«, *Annual Review of Sex Research,* 3, 1–47, 1992

Levin, R. J. und Wagner, G., »Self-reported Central Sexual Arousal Without Vaginal Arousal, Duplicity or Veracity Revealed by Objective Measurement«, *Journal of Sex Research,* 540–4, n.d.

Lewinsohn, R., *A History of Sexual Customs,* Harper, New York, 1958

Lewis, C. S., *The Allegory of Love*, OUP, Oxford, 1938

LeVay, S., *Keimzellen der Lust. Die Natur der menschlichen Sexualität*, Spektrum Akademischer Verlag, Heidelberg, Berlin, Oxford, 1994

Liebowitz, M. R., *The Chemistry of Love,* Little, Brown, Boston (MA), 1983

Littlewood, R., »Military Rape«, *Anthropology Today*, 13:2, 7–16, 1997

Luther, M., *Die Bibel*, Evangelische Haupt-Bibelgesellschaft, Berlin, 1952

Macfarlane, A., *Marriage and Love in England, 1300–1840*, Blackwell, Oxford, 1986

MacLean, P. D., *A Triune Concept of the Brain and Behaviour*, University of Toronto Press, Toronto, 1973

—, »Sensory and Perceptive Factors in Emotional Function of the Triune Brain« in R. G. Grennell und S. Gabay (Hrsg.), *Biological Foundations of Psychiatry*, Vol. 1, 177–98, 1976

—, »Evolutionary Psychiatry and the Triune Brain«, *Psychological Medicine*, 15, 219–21, 1985

McWhirter, D. P., Sanders, S. A. und Reinisch, J. M. (Hrsg.), *Homosexuality / Heterosexuality: Concepts of Sexual Orientation*, OUP, New York, 1990

Malamuth, N. M., »Rape Proclivity Among Males«, *Journal of Social Issues*, 37, 138–57, 1981

—, »Evolution and Laboratory Research on Men's Sexual Arousal: What Do the Data Show and How Can We Explain Them«, *Behavioral and Brain Sciences*, 15, 394–6, 1992

—, »The Confluence Model of Sexual Aggression: Feminist and Evolutionary Perspectives«, in D. Buss und N. M. Malamuth (Hrsg.), *Sex, Power, Conflict: Evolutionary and Feminist Perspectives*, OUP, New York, 1996

Malinowski, B., *The Sexual Life of Savages in North-Western Melanesia*, Routledge & Sons, London, 1932

—, *Sex and Repression in Savage Society*, World, New York, 1965

Mandelker, I. L., *Religion, Society and Utopia in Nineteenth-Century America*, University of Massachusetts Press, Amherst, 1984

Manning, J. T., et al., »Asymmetry and the Menstrual Cycle in Women«, *Ethology and Sociobiology*, 17:1–15, 1996

Marmor, J. (Hrsg.), *Homosexual Behavior: A Modern Reappraisal*, Basic Books, New York, 1980

Marshall, D. S. und Suggs, R. C. (Hrsg.), *Human Sexual Behavior: Variations in the Ethnographic Spectrum*, Prentice Hall, New Jersey, 1972

Marshall, W. L., Laws, D. R. und Barbaree, H. E. (Hrsg.), *Handbook of Sexual Assault: Issues, Theories and Treatment of the Offender*, Plenum Press, New York, 1990

Mason, M., *The Making of Victorian Sexual Attitudes*, OUP, Oxford, 1994

Masters, W. H. und Johnson, V. E., *Die sexuelle Reaktion*, Rowohlt, Reinbek, 1989

—, *Impotenz und Anorgasmie*, Goverts-Krüger-Stahlberg, Frankfurt am Main, 1973

—, *Homosexualität*, Ullstein, Berlin, 1980

Masters, W. H., Johnson, V. E. und Kolodny, R. C., *Liebe und Sexualität. Partnerschaft*, Ullstein, Berlin, 1993

Matthews, M., *Der Pferde-Mann: was einen Zoophilen antreibt*, Jahn & Ernst, Hamburg, 1999

Maynard Smith, J., »What Use is Sex?«, *Journal of Theoretical Biology*, 30:319–35, 1971

—, »Recombination and the Rate of Evolution«, *Genetics*, 78:299–304, 1974

—, »Why Be an Hermaphrodite?«, *Nature*, 263:125–6, 1976
—, *The Evolution of* Sex, CUP, Cambridge, 1978
—, »Contemplating Life Without Sex«, *Nature*, 324:300–1, 1986
—, »Theories of Sexual Selection«, *Trends in Ecology and Evolution*, 6:146–1991
—, *Evolution. Prozesse, Mechanismen, Modelle*, Spektrum Akademischer Verlag, Heidelberg, Berlin, Oxford, 1996
McCaul, K. D., Gladue, B. A. und Joppa, M., »Winning, Losing, Mood and Testosterone«, *Hormones and Behavior*, 26, 486–504, 1992
McManners, J. (Hrsg.), *The Oxford History of Christianity*, OUP, Oxford, 1993
Mead, M., *Jugend und Kindheit in Samoa*, dtv, München, 1979
Mellen, S. L. W., *The Evolution of Love*, W. H. Freeman, San Francisco, 1981
Meston, C. M. und Gorzalka, B. B., »Psychoactive Drugs and Human Sexual Behavior: The Role of Serotogenic Activity«, *Journal of Psychoactive Drugs*, 24:1, 1–40, 1992
—, »The Effects of Sympathetic Activation on Physiological and Subjective Sexual Arousal in Women«, *Behavioral Research and Therapy*, 33:6, 651–64, 1995
Michod, R. E. und Levin, R. B. (Hrsg.), *The Evolution of Sex: An Examination of Current Ideas*, Sinauer Press, Sunderland (NIA), 1987
Miller, G. F., »Sexual Selection for Protean Expressiveness: A New Model of Hommid Encephalization«, paper delivered to the 4th annual meeting of the Human Behaviour and Evolution Society, Alberquerque, 6–22 July 1992
Min, Anchee, *Rote Azalee. Ein Frauenleben in China*, Kiepenheuer und Witsch, Köln, 1994
Mithen, S., *The Prehistory of the Mind*, Thames & Hudson, London, 1996
Moir, A. und Jessel, D., *Brainsex. Der wahre Unterschied zwischen Mann und Frau* (2. Aufl.), ECON-Taschenbuch-Verlag, Düsseldorf, 1994
Mondimore, F. M., *A Natural History of Homosexuality*, Johns Hopkins University Press, Baltimore, 1996
Money, J., *Love and Love Sickness*, Johns Hopkins University Press, Baltimore, 1980
—, *The Destroying Angel*, Prometheus, Buffalo (NY), 1985
—, *Gay, Straight and In-Between: The Sexology of Erotic Orientation*, OUP, Oxford, 1988
—, *Lovemaps*, Irvington, New York, 1988–93
—, *Reinterpreting the Unspeakable: Human Sexuality 2000*, Continuum, New York, 1994
—, *Gendermaps: Social Constructionism, Feminism and Sexosophical History*, Continuum, New York, 1995
—, *Principles of Developmental Sexology*, Continuum, New York, 1997
Money, J., Cawte, J. E., Bianchi, G. N. und Nurcombe, B., »Sex Training and Traditions in Arnhern Land«, *British Journal of Medical Psychology*, 43:383–99, 1970
Money, J. und Ehrhardt, A. A., *Man and Woman, Boy and Girl: The Differentiation and Dimorphism of Gender Identity from Conception to Maturity*, Johns Hopkins University Press, Baltimore, 1972

Money, J. und Lamacz, M., *Vandalized Lovemaps*, Prometheus, Buffalo (NY), 1989

Money, J., Wainwright, G. und Hingsburger, D., *The Breathless Orgasm: A Lovemap Biography of Asphyxiophilia*, Prometheus, Buffalo (NY), 1991

Muller-Lyer, F. C., *The Evolution of Modern Marriage*, Allen & Unwin, London 1913

Muncey, R. L., *Sex and Marriage in Utopian Communities: Nineteenthcentury America*, Indiana University Press, Bloomington, 1973

Murphy, W. D., Seckl, J. R., Burton, S., Checkley, S. A. und Lightman, S. L., »Changes in Oxytocin and Vasopressin Secretion During Sexual Activity in Men«, *Journal of Clinical Endochnology and Metabolism*, 65: 738–41,1987

Murray, T. B., *Pitcairn: The Island, the People and the Pastor*, SPCK, London, 1853

—, *The Home of the Mutineers*, American Sunday School Union, Philadelphia, 1856

Nash, E., *Plaisirs d'Amour: An Erotic Guide to the Senses*, Harper San Francisco, New York, 1995

Nash, R. J., *Look for the Woman*, Harrap, London, 1984

Nefzawi, Sheikh (engl. Übers. R. Burton), *The Perfumed Garden*, Park Street Press, Rochester (VT), 1992

Neumann, F., »Ulrich von Lichtenstein's Frauendienst«, in *Zeitschrift für Deutschkunde*, 1926

Nicolson, R. B., *The Pitcairners*, Angus & Robertson, London, 1966

Ovid, *Liebe als Kunst*, Ed. Propyläen, Frankfurt a. M., 1969

Pagels, E., *Adam, Eva und die Schlange*, Rowohlt, Reinbek, 1994

Parker, R. und Ganyon, J. (Hrsg.), *Conceiving Sexuality*, Routledge & Kegan Paul, New York, 1995

Pascal, M., *Varieties of Man / Boy Love: Modern Western Contexts*, Wallace Hamilton Press, New York, 1992

Pearsall, R., *The Worm in the Bud: The World of Victorian Sexuality*, Weidenfeld & Nicholson, London, 1969

Peck, J. R. und Feldman, M. W., »Kin Selection and the Evolution of Monogamy«, *Science*, 240:1672–4, 1988

Pennebaker, J. W., Dyer, M. A., et al., »Don't the Girls Get Prettier at Closing Time: A Country and Western Application to Psychology«, *Personality and Social Psychology Bulletin*, 5:1, 122–5, 1979

Penzer, N. M., *The Harem*, Harrap, London, 1936

Perrett, D. I. und Benson, P., »Face to Face With the Perfect Image«, *New Scientist, 22* February 1992

Perrett, D. I ., May, K. A. und Yoshikawa, S., »Facial Shape and Judgements of Female Attractiveness«, *Nature*, 368:239–42

Phillips, R., *Putting Asunder: A History* of *Divorce in Western Society*, CUP, Cambridge, 1988

Plato, *Symposion*, Ars Una, Neuried, 1994

Polhemus, T. und Randall, H., *Rituals of Love: Sexual Experiments, Erotic Possibilities,* Picador, London, 1994
Pomeroy, S. B., *Goddesses, Mores, Wives and Slaves: Women in Classical Antiquity,* Schocken, New York, 1975
Porter, R. und Teich, M., *Sexual Knowledge, Sexual Science: The History Of Attitudes to Sexuality*, CUP, Cambridge, 1994

Quale, G. R., *A History of Marriage Systems,* Greenwood Press, Westport (CT), 1988
Quinsey, V. L. und Lalumiere, M. L., »Evolutionary Perspectives on Sexual Offending«, *Sexual Abuse: A Journal of Research and Treatment*, 7:4, 301–15,1995

Radway, J. A., *Reading the Romance,* Verso, London, 1987
Rattray Taylor, G., *Im Garten der Lüste. Herrschaft und Wandlungen der Sexualität,* Fischer, Frankfurt am Main, 1970
Reid, R., »Medical Aspects of Gender Identity Disorder (Transsexualism) and Their Legal Relevance«, talk given at the Jubilee Rooms, House of Commons, London, 30 June 1994
Reinisch, J. R., and Beasley, R., *Der neue Kinsey-Institut-Report,* Heyne, München, 1991
Riddle, J. M., *Contraception and Abortion from the Ancient World to the Renaissance,* Harvard University Press, Cambridge (MA), 1994
Ridley, M., *Evolution,* Blackwell, Oxford, 1994
Ridley, M., *Eros und Evolution,* Droemer Knaur, München, 1995
—, *Die Biologie der Tugend,* Ullstein, Berlin, 1997
Rose, S., Lewontin, R. C. und Kamin, L. J., *Not In Our Genes: Biology, Ideology and Human Nature,* Pantheon, London, 1994
Rowland, D. A. und Perrett, D. I., »Manipulating Facial Appearance through Shape and Colour«, *Computer Graphics,* 70–6, September 1995
Rowland, D. L., Heiman, J. R., Gladue, B. A., et al., »Endocrine, Psychological and Genital Response to Sexual Arousal in Men«, *Psychoneuroendocrinology,* 12:2, 149–58, 1987
Rubinow, D. R. und Schmidt, P. J., »Androgens, Brain and Behavior«, *American Journal of Psychiatry,* 153:8, 974–84, 1996
—, »Psychoneuroendocrinology«, in H. I. Kaplan und B. J. Sadock (Hrsg.), *Comprehensive Textbook of Psychiatry IV,* Williams & Wilkins, Baltimore, 1995
Rugoff, M., *Prudery and Passion: Sexuality in Victorian America,* Rupert Hart-Davis, London, 1972
Rusbridger, A., *A Concise History of the Sex Manual,* Faber & Faber, London,1986
Ruse, M., *Homosexuality: A Philosophical Enquiry,* Blackwell, Oxford, 1988
Russett, C. E., *Sexual Science: The Victorian Construction of Womanhood,* Harvard University Press, Cambridge (MA), 1989

Sadalla, E. K., Kenrick, D. T. und Vershure, B., »Dominance and Heterosexual Attraction«, *Joumal of Personality and Social Psychology,* 52:4, 730–8,1987
Sanders, E. P., *Sohn Gottes,* Klett-Cotta, Stuttgart, 1996

Scharff, D. E., *The Sexual Relationship: An Object Relations View of Sex and the Family,* Routledge & Kegan Paul, London, 1982

Scheib, J. A., »Female Choice in the Context of Donor Insemination«, in P. A. Gowaty (Hrsg.), *Feminism and Evolutionary Biology: Boundaries, Intersections and Frontiers,* Chapman & Hall, New York, 1997

Shaw, B. D., »Explaining Incest: Brother-Sister Marriage in Graeco-Roman Egypt« in *Man*, 27.2:267–99, 1992

Shepher, J., »Mate Selection Among Second-generation Kibbutz Adolescents: Incest Avoidance and Negative Imprinting«, *Archives of Sexual Behaviour*, 1:293–307, 1971

—, *Incest: A Biosocial View*, Academic Press, New York, 1983

Sherfey, M. J., *The Nature and Evolution of Female Sexuality*, Vintage, New York, 1972

Short, R. V. und Balaban, E. (Hrsg.), *The Differences Between the Sexes*, CUP, Cambridge, 1994

Simon, W., *Postmodern Sexualities*, Routledge & Kegan Paul, London, 1996

Singh, D., »Body Shapes and Women's Attractiveness: The Critical Role of Waist-Hip Ratio«, *Human Nature*, 4:3, 297–321, 1993

—, »Adaptive Significance of Female Physical Attractiveness: Role of Waist-to-hip Ratio«, *Journal of Personality and Social Psychology*, 65:2, 293–307, 1993

Slob, A. K., Bax, C. M., Rowland, D. L., et al., »Sexual Arousability and the Menstrual Cycle«, *Psychoneuroendocrinology*, 21:6, 545–58, 1996

Slob, A. K., Ernste, M. und van der Werff ten Bosch, J. J.,»Menstrual Cycle Phase and Sexual Arousability in Women«, *Archives of Sexual Behavior*, 20:6, 567–77, 1991

Slob, A. K. und van der Werff ten Bosch, J. J., »The Fundamental Role of Gonadal Steroids in Sexual Behaviour«, *Balliere's Clinical Psychiatry*, 3:1, 1–24,1997

Smith, E. R., Byrne, D., Becker, M. A. und Przybyla, D. P. J., »Sexual Attitudes of Males and Females as Predictors of Interpersonal Attraction and Marital Compatibility«, *Journal of Applied Social Psychology*, 23, 1011–34,1993

Smith, J. R. und Smith, L. G., *Beyond Monogamy: Recent Studies of Sexual Alternatives in Marriage*, Johns Hopkins University Press, Baltimore, 1974

Smith, R. L. (Hrsg.), *Sperm Competition and the Evolution of Animal Mating Systems*, Academic Press, Orlando, 1984

Solomon, R. C., *Love: Emotion, Myth and Metaphor*, Prometheus, Buffalo (NY), 1990

Spencer, C., *Homosexuality. A History*, Fourth Estate, London, 1995

Spiro, M. E., *Children of the Kibbutz*, Harvard University Press, Cambridge (MA), 1958

Sprenger, J., Institoris, H. und Schmidt, J. W. R., *Der Hexenhammer* (3. Aufl.), dtv, München, 1983

Stearns, S. C. (Hrsg.), *The Evolution of Sex and Its Consequences*, Birkhäuser, Basel, 1987

Steele, V., *Fetish: Fashion, Sex and Power*, OUP, Oxford, 1996

Stendhal, *Über die Liebe*, Aufbau Taschenbuch Verlag, Berlin, 1999
Sternberg, R. und Barnes, M. (Hrsg.), *The Psychology of Love*, Yale University Press, New Haven, 1988
Stevens, A. und Price, J., *Evolutionary Psychiatry: A New Beginning*, Routledge & Kegan Paul, London, 1996
Stoddart, D. M., *The Scented Ape: The Biology and Culture of Human Odour*, CUP, Cambridge, 1990
Stone, L., *The Family, Sex and Marriage in England, 1500–1800*, Harper Torchbook, New York, 1979
—, »Sex in the West«, The New Republic, 8 July 1985
—, *The Past and the Present Revisited*, Routledge & Kegan Paul, London, 1987
—, *Road to Divorce: England, 1530–1987*, OUP, Oxford, 1990
—, *Uncertain Unions and Broken Lives*, OUP, Oxford, 1992
Stubrin, J. P., *Sexualities and Homosexualities*, Kamac, London, 1994
Swaab, D. F., »Desirable biology«, *Nature*, 382, 22 August 1996
Swaab, D. F., Gooren, L. J. G. und Hofman, M. A., »The Human Hypothalamus in Relation to Gender and Sexual Orientation«, *Progress in Brain Research*, 93:205–19, 1992
Swaab, D. F. und Hofman, M. A., »Sexual Differentiation of the Human Hypothalamus: Ontogeny of the Sexually Dimorphic Nucleus of the Preoptic Area«, *Developmental Brain Research*, 44, 314–18, 1988
—, »An Enlarged Suprachiasmatic Nucleus in Homosexual Men«, *Brain Research*, 537, 141–8, 1990
—, »Sexual Differentiation of the Human Hypothalamus in Relation to Gender and Sexual Orientation«, TINS, 18:6, 264–70, 1995
Swaab, D. F., Zhou, J. N., Fodor, M. und Hofman, M. A., »Gender and Sexual Orientation-related Differences in the Human Hypothalamus«, *Frontiers in Endochnology*, 20, 135–52, 1996
Symons, D., *The Evolution of Human Sexuality*, OUP, New York, 1979
—, »Precis of *The Evolution of Human Sexuality*«, *Behavioural and Brain Sciences*, 3, 171–214, 1980
—, »Another Woman That Never Existed«, review of S. Hrdy's *The Woman That Never Evolved, The Quarterly Review of Biology*, 57:3, 297–300,1982
—, »Darwinism and Contemporary Marriage« in K. Davis (Hrsg.), *Contemporary Marriage,* Russell Sage Foundation, New York, 1985
—, »An Evolutionary Approach: Can Darwin's View of Life Shed Light on Human Sexuality?« in J. H. Geer und W. O'Donohue (Hrsg.), *Theories of Human Sexuality*, Plenum Press, New York, 1987
—, »Beauty is in the Adaptations of the Beholder …« in P. R. Abramson und S. D. Pinkerton (Hrsg.), *Sexual Nature, Sexual Culture*, University of Chicago Press, Chicago, 1995
—, »Neoteny Reconsidered«, comment on Doug Jones' »Sexual Selection, Physical Attractiveness and Facial Neoteny«, *Current Anthropology,* 1996
Symons, D. und Ellis, B., »Sex Differences in Sexual Fantasy: An Evolutionary Psychological Approach«, *Journal of Sex Research,* 27: 527–55, 1990

—, »Human Male-Female Differences in Sexual Desire« in A. E. Rasa, C. Vogel und E. Voland (Hrsg.), *The Sociobiology of Sexual and Reproductive Strategies*, Chapman & Hall, New York, 1989

Tannahill, R., *Kulturgeschichte der Erotik*, Zsolnay, Hamburg, 1992
Taylor, T., *The Prehistory of Sex*, Fourth Estate, London, 1996
Tennov, D., *Limerenz: Über Liebe und Verliebtsein*, Koesel, München, 1979
Thompson, C. J. S., *Poisons and Poisoners*, Harold Shaylor, London, 1931
Thomson, O., *A History of Sin*, Canongate, Edinburgh, 1993
Thornhill, N. W., »Characteristics of Female Desirability: Facultative Standards of Beauty«, *Behavioural and Brain Sciences*, 12:35–6, 1989
—, »The Evolutionary Significance of Incest Rules«, *Ethology and Sociobiology*, 11: 113–29, 1989
Thornhill, N. W. und Thornhill, R., »Human Rape: An Evolutionary Analysis«, *Ethology and Sociobiology*, 4:137–73, 1983
—, »The Evolutionary Psychology of Men's Coercive Sexuality«, *Behavioural and Brain Sciences*, 15, 363–421, 1992
Thornhill, R., »Is There Psychological Adaptation to Rape?«, *Analyse and Kritik* 16, July 1994
Thornhill, R. und Bryant Furlow, F., »The Orgasm Wars«, *Psychology Today*, January-February 1996
Thornhill, R. und Gangestad, S., »Human Facial Beauty: Averageness, Symmetry, and Parasite Resistance«, *Human Nature*, 4:3, 237–69, 1993
—, »Human Fluctuating Asymmetry and Sexual Behaviour«, *Psychological Science*, 5:5, 297–302, 1994
—, »The Evolution of Human Sexuality«, *TREE*, 11:2, 98–102, 1996
Thornhill, R., Gangestad, S. und Comer, R., »Human Female Orgasm and Mate Fluctuating Asymmetry«, *Animal Behaviour*, 50, 1601–15, 1995
Thornhill, R., Gangestad, S. und Yeo, R., »Facial Attractiveness, Developmental Stability and Fluctuating Asymmetry«, *Ethology and Sociobiology*, 15:73–85, 1994
Thornhill, R., Pape Moller, A. und Soler, M., »Breast Asymmetry, Sexual Selection and Human Reproductive Success«, *Ethology and Sociobiology*, 16:207–19, 1995
Thornhill, R. und Watson, P., »Fluctuating Asymmetry and Sexual Selection«, *TREE*, 9:1, 21–5, 1994
Tiger, L., *The Pursuit of Pleasure*, Little, Brown, London, 1991
Tiger, L. und Robinson, M. H. (Hrsg.), *Man and Beast Revisited*, Smithsonian Institution, Washington DC, 1991
Tissot, S. A., *Von der Onanie*, Fleischer, Leipzig, 1826
Tooby, J., »Pathogens, Polymorphism and the Evolution of Sex«, *Journal of Theoretical Biology*, 97:557–76, 1982
—, »The Emergence of Evolutionary Psychology« in D. Pines (Hrsg.), *Emerging Syntheses in Science*, Santa Fe Institute, Santa Fe (NM), 1987
Tooby, J. und Cosmides, L., »The Innate Versus the Manifest: How Universal Does a Universal Have to Be?«, *Behavioural and Brain Sciences*, 12:36–7,1989

—, »Adaptation Versus Phylogeny: The Role of Animal Psychology in the Study of Human Behavior«, *International Journal of Comparative Psychology*, 2:3, 175–88, 1989
—, »The Past Explains the Present: Emotional Adaptations and the Structure of Ancestral Environments«, *Ethology and Sociobiology*, 11:375–424, 1990
—, »On the Universality of Human Nature and the Uniqueness of the Individual: The Role of Genetics and Adaptation«, *Journal of Personality*, 58:1, 17–67, 1990
—, »The Psychological Foundations of Culture«, in J. H. Barkow, J. Tooby und L. Cosmides (Hrsg.), *The Adapted Mind*, OUP, New York, 1992
Townsend, J. M. und Levy, G. D., »Effects of Potential Partners' Physical Attractiveness and Socio-economic Status on Sexuality and Partner Selection«, *Archives of Sexual Behaviour*, 311, 149–64, 1990
Travin, S. und Protter, B., *Sexual Perversion: Integrative Treatment Approaches for the Clinician*, Plenum Press, New York, 1993
Trivers, R. L., »The Evolution of Reciprocal Altruism«, *The Quarterly Review of Biology*, 46:35–7, 1971
—, »Parental Investment and Sexual Selection« in B. Campbell (Hrsg.), *Sexual Selection and the Descent of Man*, Aldine-Atherton, Chicago, 1972
—, »Parent-Offspring Conflict«, *American Zoologist*, 14:249–64, 1974
Tyldesley, J., *Töchter der Isis. Die Frau im Alten Ägypten*, Limes, München, 1996
Tysoe, M., *Love Isn't Quite Enough: The Psychology of Male-Female Relationships*, Fontana, London, 1992

Uvnas-Moberg, K., »Breastfeeding: Physiological, Endocrine and Behavioural Adaptations Caused by Oxytocin and Local Neurogenic Activity in the Nipple and Mammary Gland«, *Acta Paediatrica*, 1995
—, »Physiological and Endocrine Effects of Social Contact«, *Annals of the New York Academy of Science: Neurobiology of Affiliation*, 1995
—, »Our Undiscovered ›Peace and Calm‹ Hormones«, *AMTA*, May 1996
—, »Neuroendocrinology of the Mother-Child Interaction«, *TEM*, 7:4, 1996

Valero, H., *Yanoáma: The Story of a Woman Abducted by Brazilian Indians*, Allen & Unwin, London, 1969
van den Berghe, P. L., *Human Family Systems: An Evolutionary View*, Greenwood Press, Westport (CT), 1979
van den Berghe, P. L. und Mesher, G. M., »Royal Incest and Inclusive Fitness«, *American Ethnologist*, 7.2.300–17, 1980
van den Berghe, P. L. und Frost, P., »Skin Colour Preference, Sexual Dimorphism and Sexual Selection: A Case of Gene Culture Coevolution?«, *Ethnic and Racial Studies*, 9: 87–113, 1986
van Gulik, R., *Sexual Life in Ancient China: A Preliminary Survey of Chinese Sex and Societyfrom c. 1500 BC until AD 1644*, E. J. Brill, Leiden, 1974
Vatsyayana, *Das Kamasutra,* dtv, München, 1997

Walker Bynum, C., *Holy Feast and Holy Fast: The Religious Significance of Food to Medieval Women,* University of California Press, Los Angeles, 1987

—, *Fragmentation and Redemption: Essays on Gender and the Human Body in Medieval Religion,* Urzone Publishers, New York, 1991

—, *The Resurrection of the Body in Western Christianity, 200–1336,* Columbia University Press, New York, 1995

Wallen, K., »Desire and Ability: Hormones and the Regulation of Female Sexual Behaviour«, *Neuroscience and Behavioural Reviews,* 14:233–41, 1990

—, »The Evolution of Female Sexual Desire«, in P. Abramson und S. Pinkerton (Hrsg:), *Sexual Nature, Sexual Culture,* University of Chicago Press, Chicago, 1995

Waller, N. G. und Shaver, P. R., »The Importance of Nongenetic Influences on Romantic Love Styles: A Twin-Family Study«, *Psychological Science,* 5:5, 268–74, 1994

Walsh, A., *The Science of Love: Understanding Love and Its Effects on Mind and Body,* Prometheus, Buffalo (NY), 1991

Walsh, H., *Mandatory Celibacy and Sexual Ethics in the Latin Rite of the Roman Catholic Church,* D. Ed dissertation manuscript, 1994

—, *Bowsie* (Manuskript)

Walster, E. und Walster, G. W., »Effect of Expecting to be Liked on Choice of Associates«, *Journal of Personality and Social Psychology,* 67, 402–4, 1963

Warner, M., *Alone of All Her Sex: The Myth and Cult of the Virgin Mary,* Picador, London, 1990

Webb, Peter, *The Erotic Arts,* New York Graphics Society, Boston, 1975

Wedekind, C., Seebeck, T., Bettens, F. und Paepke, A. J., »MHC-dependent Mate Preferences in Humans«, *Proceedings of the Royal Society of London,* B 260, 245–9, 1995

Weeks, J., *Lebensstil, Sexualität und Emanzipation. Die Kontroverse um die schwule und lesbische Identität,* Jackwerth & Welker Verlag, Bonn, 1997

Weinberg, T. S., *S&M: Strategies in Dominance and Submission,* Prometheus, Buffalo (NY), 1995

Weinrich, J. D., *Sexual Landscapes,* Scribner, New York, 1987

Welldon, Estela V., *Mother, Madonna, Whore,* The Guilford Press, London, 1988

—, »Women As Abusers«, in K. Abel, M. Buscewicz, et al. (Hrsg.), Planning *Community Mental Health Services for Women,* Routledge, London, o.J.

—, »Female Perversion and the Hollywood Touch« (keine weiteren bibliographischen Angaben)

—, »Equality is not Sameness: A Psychoanalytic View of the Sexes«, *Indian Journal of Social Work,* LIII:3, 429, 1992

—, »Female Sex Offenders«, *Prison Service Journal,* 107, 39–47, 1996

—, »Perversions in Men and Women«, *British Journal of Psychotherapy,* 12:4, 480–6, 1996

Wellings, K., Field, J., Johnson, A. M. und Wadsworth, J., *Sexual Behaviour in Britain: the National Survey of Sexual Attitudes and Lifestyles,* Penguin, London, 1994

Westermarck, E., *The History of Human Marriage* (5. Aufl.), Allerton Press, New York, 1922

Westphal, K., »Die konträre Sexualempfindung: Symptom eines neuropathologischen (psychopathischen) Zustandes«, *Archiv für Psychiatrie und Nervenkrankheiten*, 2:73–108, 1869

Whitehurst, R. N., »Violence Potential in Extramarital Sexual Responses«, *Journal of Marriage and the Family*, 33: 683–91

Wiederman, M. W., »Evolved Gender Differences in Mate Preferences: Evidence from Personal Advertisements«, *Ethology and Sociobiology*, 14:331–52, 1993

—, »Women, Sex and Food: A Review of Research on Eating Disorders and Sexuality«, *Journal of Sex Research*, 33:4, 301–11, 1996

Wiederman, M. W. und Allgeier, E. R., »Gender Differences in Sexual Jealousy: Adaptationist or Social Learning Explanation?«, *Ethology and Sociobiology*, 14:115–40, 1993

Williams, G. C., *Adaptation and Natural Selection: A Critique of Some Current Evolutionary Thought*, Princeton University Press, Princeton, 1974

—, *Sex and Evolution*, Princeton University Press, Princeton, 1975

—, *Plan and Purpose in Nature*, HarperCollins, New York, 1997

Williams, L., *Hard-Core. Macht, Lust und die Traditionen des pornographischen Films*, Stroemfeld, Basel, 1995

Wilson, A. N., *Der geteilte Jesus. Gotteskind oder Menschensohn*, Goldmann, München, 1995

Wilson, E. O., *Sociobiology: The New Synthesis*, Harvard University Press, Cambridge (MA), 1975

—, *On Human Nature*, Harvard University Press, Cambridge (MA), 1978

Wilson, G. D., »The Psychology of Male Sexual Arousal«, in A. Gregoire und J. P. Prior (Hrsg:), *Impotence: An Integrated Approach to Clinical Practice*, Churchill Livingstone, Edinburgh, 1993

—, »Gender Differences in Sexual Fantasy: An Evolutionary Analysis«, *Person. Individ. Differences*, 22:1, 27 31, 1997

Wilson, G. D. und Barrett, P. T., »Parental Characteristic and Partner Choice: Some Evidence for Oedipal Imprinting«, *Journal of Biosocial Sciences*, 19:157–61, 1987

Wilson, M. und Daly, M., »The Man Who Mistook His Wife for a Chattel«, in J. H. Barkow, L. Cosmides und J. Tooby (Hrsg.), *The Adapted Mind*, OUP, New York, 1992

—, »Spousal Homicide Risk and Estrangement«, *Violence and Victims*, 8:1, 3–1993

—, »Who Kills Whom in Spouse Killings? On the Exceptional Sex Ratio of Spousal Homicides in the United States«, *Criminology*, 30:2, 189–215, 1992

Wilson, M., Daly, M., Dobash, R. P. und Dobash, R. E., »The Myth of Sexual Symmetry in Marital Violence«, *Social Problems*, 391, 71–91, 1992

Wilson, M., Daly, M. und Johnson, H., »Lethal and Non-lethal Violence Against Wives«, *Canadian Journal of Chminology*, 37:331–61, 1995

Wilson, M., Daly, M. und Singh, L., »Children Fathered by Previous Partners: A Risk Factor for Violence Against Women«, *Canadian Journal of Public Health*, 84:209–10, 1993

Wright, R., *The Moral Animal: Why We Are the Way We Are*, Little, Brown, London, 1995

Zhou, J. N., Hofman, M. A., Gooren, L. und Swaab, D. F., »A Sex Difference in the Human Brain and Its Relation to Transsexuality«, *Nature*, 378, 68–70

Zhou, J. N., Hofman, M. A. und Swaab, D. F., »No Changes in the Number of Vasoactive Intestinal Polypeptide-expressing Neurons in the Suprachiasmatic Nucleus of Homosexual Men; Comparison With Vasopressin-Expressing Neurons«, *Brain Research*, 672, 285–8, 1995

Bildnachweis

17 Französisch 19. Jahrhundert, »Negerin«. London, National Gallery. © AKG, BERLIN

18/19 Michelangelo Buonarotti, »Die Erschaffung Adams«, 1511/12. Rom, Vatikan, Sixtinische Kapelle. © AKG, BERLIN

21 Weibliche Chromosomen. © L. Willat, Service / Science Photo Library, Focus

29 Jean-Auguste-Dominique Ingres, »Das türkische Bad«, 1862. Paris, Musée du Louvre. © AKG, BERLIN

30 Bernardino Pinturicchio, Bildnis des Papstes Alexander VI. – Ausschnitt aus dem Fresko »Die Auferstehung«, 1492/95. Rom, Vatikan, Appartamento Borgia. © AKG, BERLIN

41 New England Patriots im Playoff-Halbfinale der NFL. © dpa / ZB Berlin

52 Meryl Streep in *Die Brücken am Fluß*. © pwe Verlag Hamburg

53 Sharon Stone in *Basic Instinct*. © pwe Verlag Hamburg

58 Illustration nach Vatsyayanas »Kamasutra«. Privatbesitz

73 Dustin Hoffman in *Die Reifeprüfung*. © pwe Verlag Hamburg

79 Adam Perry © Spencer Rowell Productions

111 Altsteinzeit, ca. 20 000 v. Chr., »Venus von Willendorf«, Wien, Naturhistorisches Museum. © AKG, BERLIN

126 Afghanische Frauen erhalten UNHCR-Hilfspakete in Kabul. © dpa / ZB Berlin

127 Vornehme Chinesin mit verkrüppeltem Füßen, Foto, um 1890. © AKG, BERLIN

149 Franz v. Stuck, »Die Sünde«, 1893. Graz, Neue Galerie am Joanneum. © AKG, BERLIN

150 Raffael, »Die Sixtinische Madonna«, um 1513. Dresden, Gemäldegalerie, Alte Meister. © AKG, BERLIN

156 Veronese, »Der Heilige Sebastian«, um 1565. Wien, Kunsthistorisches Museum. © AKG, BERLIN

157 Gaudenzio Ferrari, »Martyrium der Heiligen Katharina«. Mailand, Pinacoteca di Brera. © AKG, BERLIN

159 Nicolas Lancret, »Geißelung eines jungen Mannes im Nonnenkloster«, um 1730. Tours, Musée des Beaux-Arts. © AKG, BERLIN

160 Francisco de Goya, »Flagellantenprozession«, um 1812/14. Madrid, Academia de San Fernando. © AKG, BERLIN

Die Originalausgabe unter dem Titel
»Anatomy of Desire. The Science and Psychology of Sex, Love and Marriage« erschien 1998 bei Little, Brown and Company, London.

Mit 36 Abbildungen

ISBN 3-352-00631-8

1. Auflage 2000

Einbandgestaltung Wulf Winckelmann, visàvis
Druck und Binden GRAFO S.A., Bilbao
Printed in Spain

www.ruetten-und-loening.de